Der Anwendungsbereich des Akteneinsichts- und Informationszugangsgesetzes des Landes Brandenburg

Europäische Hochschulschriften

Publications Universitaires Européennes
European University Studies

Reihe II
Rechtswissenschaft

Série II Series II
Droit
Law

Bd./Vol. 3303

PETER LANG
Frankfurt am Main · Berlin · Bern · Bruxelles · New York · Oxford · Wien

Antonia Winterhager

Der Anwendungsbereich des Akteneinsichts- und Informationszugangsgesetzes des Landes Brandenburg

PETER LANG
Europäischer Verlag der Wissenschaften

Die Deutsche Bibliothek - CIP-Einheitsaufnahme

Winterhager, Antonia:

Der Anwendungsbereich des Akteneinsichts- und Informationszugangsgesetzes des Landes Brandenburg / Antonia Winterhager. - Frankfurt am Main ; Berlin ; Bern ; Bruxelles ; New York ; Oxford ; Wien : Lang, 2002
(Europäische Hochschulschriften : Reihe 2, Rechtswissenschaft ; Bd. 3303)
Zugl.: Potsdam, Univ., Diss., 2001
ISBN 3-631-38554-4

517
ISSN 0531-7312
ISBN 3-631-38554-4

www.peterlang.de

Vorwort

Die vorliegende Arbeit wurde im Wintersemester 2000/2001 vom Fachbereich Rechtswissenschaft der Universität Potsdam als Dissertation angenommen. Die Untersuchung ist im September 2000 abgeschlossen worden. Zur Drucklegung wurden Literatur, Rechtsprechung und Rechtsänderungen berücksichtigt, die bis Ende April 2001 erschienen bzw. erfolgt sind.

An dieser Stelle möchte ich Professor *Dr. Heidrun Pohl-Zahn* für die Anregung des Themas und vor allem für die in jeglicher Hinsicht vorbildliche Betreuung der Arbeit danken.
Mein Dank gilt auch HD *Dr. iur. habil. Jochen Bley* für die Zweitbegutachtung.

Berlin, im August 2001 *Antonia Winterhager*

Inhaltsverzeichnis

Abkürzungsverzeichnis

a.A.	andere Ansicht
a.a.O.	am angegebenen Ort
AIG	Akteneinsichts- und Informationszugangsgesetz des Landes Brandenburg
ABl.	Amtsblatt
Abs.	Absatz
AcP	Archiv für civilistische Praxis (Z)
a.E.	am Ende
a.F.	alte, durch eine Gesetzesänderung überholte Fassung
AfP	Archiv für Presserecht (Z)
AG	Amtsgericht
AIG	Akteneinsichts- und Informationszugangsgesetz (Brandenburg)
AL	Alternative Liste
Alt.	Alternative
a.M.	am Main
Anh.	Anhang
Anl.	Anlage
Anm.	Anmerkung
AO	Abgabenordnung
AöR	Archiv des öffentlichen Rechts
ArbGG	Arbeitsgerichtsgesetz
Art.	Artikel
Aufl.	Auflage
BAT-O	Bundesangestelltentarifvertrag Ost
Bay, bay	Bayern, bayrisch
BayVBl.	Bayerische Verwaltungsblätter
BayVGH	Bayerischer Verwaltungsgerichtshof
BBG	Bundesbeamtengesetz
Bbg	Brandenburg(er)
BbgAbfG	Brandenburgisches Abfallgesetz
BbgArchivG	Brandenburgisches Archivgesetz
BbgDenkmSchG	Brandenburgisches Denkmalschutzgesetz
BbgDSG	Brandenburgisches Datenschutzgesetz
BbgLPlG	Brandenburgisches Landesplanungsgesetz
BbgMeldeG	Brandenburgisches Meldegesetz
BbgNatSchG	Brandenburgisches Naturschutzgesetz
BbgPG	Brandenburgisches Landespressegesetz
BbgPolG	Brandenburgisches Polizeigesetz

Bbg VerfSchG	Brandenburgisches Verfassungsschutzgesetz
BbgWG	Brandenburgisches Wassergesetz
BbgVerf	Verfassung des Landes Brandenburg
Bd.	Band
BDO	Bundesdisziplinarordnung
BDSG	Bundesdatenschutzgesetz
BGBl.	Bundesgesetzblatt
BGB	Bürgerliches Gesetzbuch
BKartA	Bundeskartellamt
Bln, bln	Berlin, berliner
Bln Abgh.-Drucks.	Drucksache des Berliner Abgeordnetenhauses
Bln SSV-Drucks.	Drucksache der Berliner Stadtverordnetenversammlung
BFH	Bundesfinanzhof
BGB	Bürgerliches Gesetzbuch
BGBl.	Bundesgesetzblatt
BGH	Bundesgerichtshof
BImSchG	Bundes-Immissionsschutzgesetz
BImSchV	Verordnung über die Durchführung des BImSchG
BMU	Bundesministerium für Umwelt, Naturschutz und Reaktorsicherheit
BR-Drucks.	Bundesratsdrucksache
BSHG	Bundessozialhilfegesetz
BT-Drucks.	Bundestagsdrucksache
BVerfG	Bundesverfassungsgericht
BVerfGE	Amtliche Sammlung der Entscheidungen des BVerfG
BVerfGG	Bundesverfassungsgerichtsgesetz
BVerwG	Bundesverwaltungsgericht
BVerwGE	Amtliche Sammlung der Entscheidungen des BVerwG
bzw.	beziehungsweise
CDU	Christlich Demokratische Union Deutschlands
CR	Computer und Recht (Z)
CILIP	Bürgerrechte & Polizei, Cilip (Z)
DANA	Datenschutz-Nachrichten (Z)
DDR	Deutsche Demokratische Republil
ders.	derselbe
d. h.	das heißt
Diss.	Dissertation
dies.	dieselben
DJ	Deutsche Justiz
Dok.	Dokument

DÖV	Die öffentliche Verwaltung (Z)
Drucks.	Drucksache
DuD	Datenschutz und Datensicherheit (Z)
DV	Die Verwaltung (Z)
DVBl.	Deutsches Verwaltungsblatt (Z)
E	Entwurf
EFG	Entscheidungen der Finanzgerichte
EG	Europäische Gemeinschaft(en)
Einl.	Einleitung
EMRK	Europäische Menschenrechtskonvention
endg.	endgültig
etc.	et cetera
EU	Europäische Union
EuGH	Europäischer Gerichtshof
EuGH	Europäischer Gerichtshof für Menschenrechte
E-VwVfG 1963	Musterentwurf eines Verwaltungsverfahrensgesetzes (EVwVerfG), 2. Aufl. Köln 1968
E-VwVfG 1973	Entwurf eines Verwaltungsverfahrensgesetzes, BT-Drucks. 6/910
EWG	Europäische Wirtschaftsgemeinschaft
f., ff.	folgende/-r; fortfolgende
F.A.Z.	Frankfurter Allgemeine Zeitung (Z)
F.D.P.	Freie Demokratische Partei
FG	Finanzgericht
FGO	Finanzgerichtsordnung
Fn.	Fußnote
FOIA	Freedom of Information Act
FS	Festschrift
GBO	Grundbuchordnung
geänd.	geändert
GebG Bbg	Gebührengesetz für das Land Brandenburg
GebO	Gebührenordnung
gem.	gemäß
GewO	Gewerbeordnung
GG	Grundgesetz für die Bundesrepublik Deutschland - Bonner Grundgesetz
ggf.	gegebenenfalls
GMBl.	Gemeinsames Ministerialblatt
GO	Gemeindeordnung
GO Bbg	Gemeindeordnung für das Land Brandenburg

GVBl.	Gesetz- und Verordnungsblatt
GVG	Gerichtsverfassungsgesetz
GWB	Gesetz gegen Wettbewerbsbeschränkungen
HandwO	Handwerksordnung
Handb.	Handbuch
Hbg, hbg	Hamburg, hamburgisch
Hbg Bürg.-Drucks.	Drucksache der Hamburger Bürgerschaft
HGB	Handelsgesetzbuch
h.M.	herrschende Meinung
Hrsg.	Herausgeber
HS	Halbsatz
i.d.F.	in der Fassung
i.d.R.	in der Regel
IFG	Informationsfreiheitsgesetz
i.S.d.	im Sinne des
insbes.	insbesondere
i.S.	im Sinne
i.V.	in Verbindung
i.V.m.	in Verbindung mit
JR	Juristische Rundschau (Z)
JURA	Jura, Juristische Ausbildung (Z)
JöR	Jahrbuch des öffentlichen Rechts
JZ	Juristenzeitung (Z)
Kap.	Kapitel
KOM	Dokument der Europäischen Kommission
LBG	Landesbeamtengesetz
LDA Bbg	Landesbeauftragter für den Datenschutz und das Recht auf Akteneinsicht des Landes Brandenburg
LG	Landgericht
LHO	Landeshaushaltsordnung
LKO	Landkreisordnung
LKV	Landes- und Kommunalverwaltung (Z)
LOG	Landesorganisationsgesetz (Brandenburg)
LT-Drucks.	Landtagsdrucksache (Brandenburg)
LV	Landesverfassung
m.N., m.w.N.	mit Nachweisen, mit weiteren Nachweisen
m.E.	meines Erachtens

MDR	Monatsschrift für Deutsches Recht (Z)
NJ	Neue Justiz (Z)
NJW	Neue Juristische Wochenschrift (Z)
NJW-RR	NJW-Rechtsprechungs-Report Zivilrecht (Z)
Nr.	Nummer
NuR	Natur und Recht (Z)
NVwZ	Neue Zeitschrift für Verwaltungsgericht (Z)
NVwZ-RR	NVwZ-Rechtsprechungs-Report Verwaltungsrecht (Z)
NRW, nrw	Nordrhein-Westfalen, nordrhein-westfälisch
OLG	Oberlandesgericht
OVG	Oberverwaltungsgericht
OVGE	Entscheidungen der Oberverwaltungsgerichte für das Land Nordrhein-Westfalen in Münster sowie für die Länder Niedersachsen und Schleswig-Holstein in Lüneburg, Amtliche Sammlung
PetG	Petitionsgesetz
PDS	Partei des Demokratischen Sozialismus
Rn.	Randnummer
ROG	Raumordnungsgesetz
ROVerfV	Verordnung über die Durchführung von Raumordnungsverfahren
Rspr.	Rechtsprechung
S.	Satz, Seite
SächsVBl.	Sächsische Verwaltungsblätter
s.o.	siehe oben
sog.	so genannte(r)
SGB I-X	Sozialgesetzbuch Bücher I bis X
SGG	Sozialgerichtsgesetz
S-H, s-h	Schleswig-Holstein, schleswig-holsteinisch
SPD	Sozialdemokratische Partei Deutschlands
SSW	Süd-Schleswigscher Wählerverband
StGB	Strafgesetzbuch
StPO	Strafprozeßordnung
str.	streitig, strittig

UA I/1	Protokoll des Verfassungsausschusses des Landes Brandenburg, Unterausschuss I, 1. Sitzung (abgedruckt in: Dokumentation, Verfassung des Landes Brandenburg, herausgegeben vom Landtag Brandenburg, Band 2)
u.a.	unter anderem
UAG	Untersuchungsausschussgesetz
UIG	Umweltinformationsgesetz
UIG GebV	Umweltinformationsgebührenverordnung
U.S.A.	United States of America
u.U.	unter Umständen
v.	von, vom
Var.	Variante
VA	Verwaltungsakt
VA I/1	Protokoll des Verfassungsausschusses I des Landes Brandenburg, 1. Sitzung (abgedruckt in: Dokumentation, Verfassung des Landes Brandenburg, herausgegeben vom Landtag Brandenburg, Band 2)
VerfGG Bbg	Verfassungsgerichtsgesetz Brandenburg
VerfGH	Verfassungsgerichtshof
VermG	Vermögensgesetz
VermLiegG Bbg	Vermessungs- und Liegenschaftsgesetz Brandenburg
VerwArch	Verwaltungsarchiv (Z)
VerwRspr	Verwaltungsrechtsprechung in Deutschland
VG	Verwaltungsgericht
VGH	Verwaltungsgerichtshof
vgl.	vergleiche
VgV	Vergabeverordnung
VO	Verordnung
VOB/A	Verdingungsordnung für Bauleistungen Teil A
VOL/A	Verdingungsordnung für Leistungen Teil A
Vorbem.	Vorbemerkung
VwGO	Verwaltungsgerichtsordnung
VwVfG	Verwaltungsverfahrensgesetz
VwVfGBbg	Verwaltungsverfahrensgesetz für das Land Brandenburg
VwVG	Verwaltungsvollstreckungsgesetz
VwZG	Verwaltungszustellungsgesetz
Z	Zeitschrift
z.B.	zum Beispiel
Ziff.	Ziffer

ZPO	Zivilprozessordnung
ZRP	Zeitschrift für Rechtspolitik (Z)
z.T.	zum Teil
ZUR	Zeitschrift für Umweltrecht (Z)
z.Z.	zur Zeit

Einleitung

Am 26.02.1998 hat der Landtag Brandenburgs das Akteneinsichts- und Informationszugangsgesetz (AIG) verabschiedet, das am 30.03.1998 in Kraft getreten ist.[1] Mit diesem Gesetz hat der brandenburgische Gesetzgeber - unter Ausfüllung der Verfassungsnorm des Art. 21 Abs. 4 der Verfassung des Landes Brandenburg (BbgVerf) und in Erfüllung des Gesetzgebungsauftrages aus Art. 21 Abs. 3 BbgVerf - ein in der Rechtsordnung der Bundesrepublik Deutschland bis zu diesem Zeitpunkt nicht vorhandenes allgemeines Akteneinsichtsrecht geregelt. Inzwischen haben auch das Bundesland Berlin und Schleswig-Holstein "Informationsfreiheitsgesetze" verabschiedet.[2] Die einzelnen Gesetze weichen in Details voneinander ab. Gemeinsam ist ihnen der Grundsatz, dass jede Person ohne Angabe von Gründen Zugang zu bei Verwaltungsbehörden vorhandenen Informationen verlangen kann.

Noch ist nicht absehbar, welche Möglichkeiten einerseits und Risiken andererseits diese Gesetze langfristig in sich bergen. Man erhoffte sich vom AIG insbesondere eine stärkere politische Aktivität der Bürger als Folge der verbesserten Informationsmöglichkeiten.[3] Auch wurde erwartet, mehr Akzeptanz von Verwaltungsentscheidungen[4] und insgesamt mehr Vertrauen in die Verwaltung[5] durch die stärkere Transparenz der Entscheidungen erreichen zu können. Bedenken bestanden dagegen dahingehend, dass die Verwaltung völlig zum Erliegen kommen könne,[6] jedenfalls aber Wirksamkeit und Zügigkeit des behördlichen Handelns vermindert werde,[7] erhebliche Kosten für die öffentliche Hand

---

1 Gesetz vom 10.03.1998, GVBl. I 1998, S. 46 ff.

2 Berliner Informationsfreiheitsgesetz (IFG Bln), GVBl. Bln 1999, Nr. 45, S. 561 ff.; Informationsfreiheitsgesetz für das Land Schleswig-Holstein (IFG S-H), GVBl. S-H 2000, S. 166 ff.

3 So: LT Drucks. 2/4117, Begründung A; vgl. auch Tätigkeitsbericht des LDA Bbg 1998, LT-Drucks. 2/6130=http://www.brandenburg.de/land/lfdbbg/tb/tb7/tb7.htm, zuletzt besichtigt am 15.04.1999, Einleitung.

4 So: *Vietze* (PDS) in der Aussprache, vgl. Plenarprotokoll 2/80, S. 6588.

5 Tätigkeitsbericht des LDA Bbg 1998, LT-Drucks. 2/6130= http://www.brandenburg.de/land/lfdbbg/tb/tb7/tb7.htm, zuletzt besichtigt am 15.04.1999, Einleitung.

6 *Böttcher* (Städte- und Gemeindebund Brandenburg), Stellungnahme im Anhang des Ausschussprotokolls 2/902-I, S. 4; hierzu auch: Breidenbach/Palenda, LKV 1998, 252 (252).

7 So: *Kästner* (Vereinigung der Unternehmensverbände Berlin-Brandenburg e.V.), Ausschussprotokoll 2/902-I, S. 13 ff.; ähnlich auch: *Humpert* (Landkreistag Brandenburg), Ausschussprotokoll 2/902-I, S. 27.

entstünden[8] und es zudem zu einer Gefährdung des Wirtschaftsstandortes Brandenburg kommen könnte,[9] wenn umfangreich von dem neuen Akteneinsichtsrecht Gebrauch gemacht werde. Im Gesetzgebungsverfahren wurde auch die Auffassung vertreten, das Akteneinsichtsgesetz sei ein weiterer Schritt zur Bürokratisierung der Verwaltung.[10] Es könne dazu führen, dass andere Bundesländer und der Bund sich künftig weigern würden, mit brandenburgischen Verwaltungen zusammenzuarbeiten.[11] Zudem wurde befürchtet, dass die "ursprünglich gute Idee" ohnehin "durch lustloses Verwaltungshandeln ausgehebelt" werde.[12] Auch von Befürwortern der Schaffung gesetzlich geregelter Informationsrechte werden nach Erlaß der Akteneinsichts- bzw. Informationsfreiheitsgesetze verschiedene Bedenken geäussert: Es bestehe die Gefahr der „Tendenz zur Entschriftlichung" bei der Verwaltung[13] und der Kommerzialisierung von Informationen und der Nutzung von Daten zu anderen Zwecken als dem Erhebungszweck („Sekundärnutzung").[14]

In der Erwartung, dass die praktische Anwendung des neu geschaffenen Akteneinsichtsgesetzes durchaus problematisch werden kann und etliche Fragen aufwerfen wird, hat das Ministerium des Inneren des Landes Brandenburg bereits im Juli 1998 „Erste Hinweise zur Anwendung des Akteneinsichts- und Infor-

---

8 *Böttcher* (Städte- und Gemeindebund Brandenburg), Stellungnahme im Anhang des Ausschussprotokolls 2/902-I, S. 1; *Humpert* (Landkreistag Brandenburg), Stellungnahme im Anhang des Ausschussprotokolls 2/902-I, S. 1.

9 *Kästner* (Vereinigung der Unternehmensverbände Berlin-Brandenburg e.V.), Ausschussprotokoll 2/902-I, S. 13 ff.; ählich auch: *Humpert* (Landkreistag Brandenburg), Ausschussprotokoll 2/902-I, S. 27; vgl. auch: Tätigkeitsbericht des LDA Bbg 1998, LT-Drucks. 2/6130=http://www.brandenburg.de/land/lfdbbg/tb/tb7/tb7.htm, zuletzt besichtigt am 15.04.1999, Teil B 2.; Lutterbeck, Informationsfreiheitsgesetz, http://ig.cs.tu-berlin.de/bl/029/index.html, zuletzt besichtigt am 27.10.1999, S. 1.

10 *Kästner* (Vereinigung der Unternehmensverbände Berlin-Brandenburg e.V.), Ausschussprotokoll 2/902-I, S. 13 ff.; vgl. auch: Lutterbeck, Informationsfreiheitsgesetz, S. 1.

11 Vgl. Hinweis bei Lutterbeck, Informationsfreiheitsgesetz, S. 1.

12 Lutterbeck, Europäische Informationsgesellschaft, S. 6.

13 So z.B. der LDA Bbg *Dix* im Zusammenhang mit der Korruptionsbekämpfung, vgl. Der gläserne Bürokrat, Dokumentation, S. 65.

14 So z.B. der Berliner Beauftragte für Datenschutz und Akteneinsicht (LDA Bln) *Garstka* auf dem Internationalen Symposium „Informationsfreiheit und Datenschutz" am 25./26. Oktober 1999 in Potsdam, Vortrag zugänglich über http://brandenburg.de/land/lfdbbg/internat/Symp99/symp99.htm, zuletzt besichtigt am 12.06.2000.
Das IFG Bln enthält in § 13 Abs. 7 i.V.m. § 22 einen Ordnungswidrigkeitstatbestand, der dieser Gefahr entgegenwirken soll. Danach kann die vorsätzliche oder fahrlässige Veröffentlichung, Speicherung oder Sammlung von Akteneinsichten oder Aktenauskünften zu gewerblichen Zwecken mit einer Geldbuße bis zu 10 000 Deutsche Mark geahndet werden. Das AIG Bbg enthält keine entsprechende Regelung.

mationszugangsgesetzes“ herausgegeben,[15] die Erläuterungen zu den einzelnen Vorschriften des AIG enthalten. Hierdurch sollte den Behörden und Verwaltungseinrichtungen des Landes und der Kommunen bei der Anwendung des neuen Gesetzes geholfen werden. Größeren Behörden sowie Stellen, bei denen häufig Akteneinsicht beantragt wird, empfiehlt der LDA Bbg, interne Dienstanweisungen zum Umgang mit dem AIG zu erlassen, um die Bearbeitung von Anträgen zu erleichtern, zu vereinheitlichen und zu beschleunigen.[16] Hierfür hat er Hinweise veröffentlicht.[17] Um die Bürger zu unterstützen, die ihnen nun eröffneten Rechte auch in Anspruch zu nehmen, und ihnen die Geltendmachung ihres Akteneinsichtsrechts näherzubringen und zu erleichtern, hat der LDA Bbg im Dezember 1998 ein Faltblatt „Wegweiser zur Akteneinsicht“ herausgegeben.[18]

Die ersten praktischen Erfahrungen mit dem AIG zeigen, dass der befürchtete "große Ansturm auf die Rathäuser" ausgeblieben ist.[19] Im ersten Jahr der Geltung des AIG haben die Menschen in Brandenburg das Akteneinsichtsrecht nur sehr verhalten genutzt.[20] Zunächst waren es Journalisten, die von dem Recht Gebrauch machten, um Recherchen durchzuführen.[21] Außerdem haben Bürgerinitiativen Zugang zu Informationen im Zusammenhang mit Planungsverfahren verlangt.[22] Einzelne Bürger nutzen das Recht dagegen wenig.[23] Die Befürchtun-

---

15 ABl. Bbg 1998, S. 842 ff.

16 Tätigkeitsbericht des LDA Bbg 2000, LT-Drucks. 3/2481= http://www.brandenburg.de/land/lfdbbg/tb/tb9/tb9b02.htm, zuletzt besichtigt am 05.03.2001, Teil B 2.1.

17 Anwendung des Akteneinsichts- und Informationszugangsgesetzes (AIG), Hinweise zu Erstellung einer internen Dienstanweisung für Brandenburgischsche Verwaltungen, Stand 2000, http://www.brandenburg.de/land/lfdbbg/empfehl/da_aig.htm, zuletzt besichtigt am 05.03.2001.

18 Wegweiser zur Akteneinsicht des brandenburgischen Landesbeauftragten für den Datenschutz und für das Recht auf Akteneinsicht (LDA Bbg), Dezember 1998, anzufordern bei: Der Landesbeauftragte für den Datenschutz und für das Recht auf Akteneinsicht, Stahnsdorfer Damm 77, Haus 2, 14532 Kleinmachnow.

19 Presse-Information des LDA Bbg vom 07.06.1999 (Run auf Akten?)= http://www.brandenburg.der/land/lfdbbg/presse/Interv.htm, zuletzt besichtigt am 07.07.1999; vgl. auch: Tätigkeitsbericht des LDA Bbg 2000, LT-Drucks. 3/2481= http://www.brandenburg.de/land/lfdbbg/tb/tb9/tb9b02.htm, zuletzt besichtigt am 05.03.2001, Teil B 4.

20 Tätigkeitsbericht des LDA Bbg 1998, LT-Drucks. 2/6130= http://www.brandenburg.de/land/lfdbbg/tb/tb7/tb7.htm, zuletzt besichtigt am 15.04.1999, Teil B 2.

21 Presse-Information des LDA Bbg vom 07.06.1999 (Run auf Akten?).

22 Presse-Information des LDA Bbg vom 07.06.1999 (Run auf Akten?).

23 Presse-Information des LDA Bbg vom 07.06.1999 (Run auf Akten?).

gen, dass der Wirtschaftsstandort Brandenburg durch das AIG gefährdet und die Verwaltung lahmgelegt werde, haben sich bisher als unbegründet erwiesen.[24] Überraschend ist, dass viele Bürger nach Erlass des Gesetzes Auskunft hinsichtlich der über sie selbst gespeicherten Daten verlangt haben und meinten, dies sei ihnen erst durch das AIG ermöglicht worden, obgleich derartige Auskunftsrechte bereits nach dem allgemeinen Datenschutzrecht bestehen.[25]

Nach Angaben des Innenministers sind *in den ersten neun Monaten* der Geltung des Gesetzes lediglich 68 Anträge auf Akteneinsicht bei den brandenburgischen Ministerien und ihren nachgeordneten Einrichtungen gestellt worden.[26] Hiervon wurden nur 10 abgelehnt.[27] *Im Jahr 1999* sind *bis Mitte des Jahres* 14 Anträge bei Ministerien und 11 bei nachgeordneten Behörden eingegangen.[28] Allerdings haben nicht alle Ressorts Angaben zu den Einsichtsbegehren in den nachgeordneten Bereichen gemacht. Dabei dürfte nicht bei den obersten Landesbehörden, sondern bei Gemeinden, Ämtern, Städten und Kreisen die stärkste Nachfrage nach Informationen der Verwaltungen bestehen.[29] Zwar führen einige Kommunen bereits aus eigener Initiative eine Statistik zu den bei ihnen gestellten Anträgen auf Akteneinsicht, eine flächendeckende statistische Erfassung, die Aufschluss über die Schwerpunkte des Informationsbedarfes der Bürger geben könnte und eine Optimierung der Informationsbereitstellung ermöglichen würde, gibt es aber bisher nicht.[30]

---

[24] Tätigkeitsbericht des LDA Bbg 1998, LT-Drucks. 2/6130= http://www.brandenburg.de/land/lfdbbg/tb/tb7/tb7.htm, zuletzt besichtigt am 15.04.1999, Teil B 2.; Presse-Information des LDA Bbg vom 07.06.1999 (Run auf Akten?).

[25] Tätigkeitsbericht des LDA Bbg 1998, LT-Drucks. 2/6130= http://www.brandenburg.de/land/lfdbbg/tb/tb7/tb7.htm, zuletzt besichtigt am 15.04.1999, Teil B 2.1; vgl. auch: Pressemitteilung des LDA Bbg vom 07.06.1999 (Run auf Akten?).

[26] Der Tagesspiegel vom 01.03.1999, S. 16; Presse-Information des LDA Bbg, Informationen zur Pressekonferenz am 3. März 1999, http://www.brandenburg.de/land/lfdbbg/presse/tb7.htm, zuletzt besichtigt am 10.06.2000, I.3; vgl. auch: LT-Drucks. 2/6098.

[27] Der Tagesspiegel vom 01.03.1999, S. 16; vgl. auch: LT-Drucks. 2/6098.

[28] Tätigkeitsbericht des LDA Bbg 1999, http://www.brandenburg.de/land/lfdbbg/tb/tb8/tb8b.htm, zuletzt besichtigt am 09.03.2000, Teil B 2.1; vgl. auch: LT-Drucks. 2/6575.

[29] Tätigkeitsbericht des LDA Bbg, 1999, http://www.brandenburg.de/land/lfdbbg/tb/tb8/tb8b.htm, zuletzt besichtigt am 09.03.2000, Teil B 2.1; vgl. auch: Tätigkeitsbericht des LDA Bbg 2000, LT-Drucks. 3/2481=http://www.brandenburg.de/land/lfdbbg/tb/tb9/tb9b02.htm, zuletzt besichtigt am 05.03.2001, Teil B 4.

[30] Vgl. Tätigkeitsbericht des LDA Bbg, 1999, Teil B 2.1, http://www.brandenburg.de/land/lfdbbg/tb/tb8/tb8b.htm, zuletzt besichtigt am 09.03.2000, mit Beispielen aus anderen Ländern und mit Vorschlägen, wie eine statistische Erfassung durchgeführt werden könnte.

Nach Angaben des LDA Bbg sind *in den ersten neun Monaten* der Geltung des Gesetzes nur in verhältnismäßig wenigen Fällen Beschwerden von Bürgern wegen der Verweigerung des Informationszugangs an ihn gerichtet worden.[31] Erst *in der Folgezeit* ist er zunehmend als Instanz des vorgezogenen Rechtsschutzes angerufen worden.[32] *Im Jahr 2000* hat sich die Zahl der an den Landesbeauftragten gerichteten Beschwerden nach seinen Aussagen deutlich erhöht, wobei der Anteil der Eingaben von Bürgerinitiativen überproportional zugenommen hat.[33] In diesem Jahr kamen etwa drei Viertel der Beschwerden aus dem kommunalen Bereich, der Schwerpunkt lag auf Unterlagen aus dem Straßen-, Wohnungs- und Bauwesen.[34] Die Beschwerden hatten überwiegend Erfolg.[35] Die Inanspruchnahme des LDA Bbg dürfte vor allem darauf zurückzuführen sein, dass wegen der fast hoffnungslosen Überlastung der Verwaltungsgerichte in Brandenburg den Antragstellern durch den LDA Bbg vergleichsweise schnell geholfen wird.[36]

Die zunächst insgesamt eher geringe Nutzung des Akteneinsichtsrechts führt der LDA Bbg auf den niedrigen Bekanntheitsgrad des Gesetzes[37] und auf die einschneidende Neuerung zurück, die das allgemeine Recht auf Akteneinsicht bedeute, vergleichbar mit dem Recht auf Datenschutz, das ebenfalls erst in einem jahrzehntelangen Zeitraum realisiert worden sei.[38] Auch im Ausland, in Ländern, in denen es seit einiger Zeit allgemeine Informationzugangsrechte gibt, sei die Eröffnung von Zugangsmöglichkeiten der Bürger zu Informations-

---

31 Rede des LDA Bbg *Dix*, vor dem Landtag Brandenburg am 28. Januar 1999, vgl. http://www.brandenburg.de/land/lfdbbg/tb/rede99.htm, zuletzt besichtigt am 10.06.2000.

32 Presse-Information des LDA Bbg vom 08.03.2000, Vorstellung des Tätigkeitsberichts für das Jahr 1999, http://www.brandenburg.de/land/lfdbbg/presse/20000308.htm, zuletzt besichtigt am 09.03.2000.

33 Tätigkeitsbericht des LDA Bbg 2000, LT-Drucks. 3/2481= http://www.brandenburg.de/land/lfdbbg/tb/tb9/tb9b02.htm, zuletzt besichtigt am 05.03.2001, 3.1.

34 Tätigkeitsbericht des LDA Bbg 2000, LT-Drucks. 3/2481= http://www.brandenburg.de/land/lfdbbg/tb/tb9/tb9b02.htm, zuletzt besichtigt am 05.03.2001, 3.1.

35 Tätigkeitsbericht des LDA Bbg 2000, LT-Drucks. 3/2481= http://www.brandenburg.de/land/lfdbbg/tb/tb9/tb9b02.htm, zuletzt besichtigt am 05.03.2001, 3.1.

36 Presse-Information des LDA Bbg vom 08.03.2000, Vorstellung des Tätigkeitsberichts für das Jahr 1999, http://www.brandenburg.de/land/lfdbbg/presse/20000308.htm, zuletzt besichtigt am 09.03.2000.

37 Presse-Information des LDA Bbg vom 07.06.1999 (Run auf Akten?).

38 Rede des LDA Bbg *Dix* vor dem Landtag Brandenburg am 28. Januar 1999; http://www.brandenburg.de/land/lfdbbg/tb/rede99.htm, zuletzt besichtigt am 10.06.2000.

quellen der öffentlichen Verwaltung ein längerer Prozess gewesen.[39] Einen weiteren Grund für die geringe Nutzung des Gesetzes sieht der LDA Bbg in der äusserst restriktiven und für den juristischen Laien schwer verständlichen Fassung des Gesetzestextes.[40]

In der jüngeren Vergangenheit haben das Akteneinsichtsrecht des brandenburgischen AIG und die Informationsansprüche der Informationsfreiheitsgesetze der Bundesländer Schleswig-Holstein und Berlin öffentliche Aufmerksamkeit auf sich gezogen, weil sie von der Sekte "Scientology" genutzt worden sind.[41] Vertreter der Sekte haben die Rechte geltend gemacht, um herauszufinden, welche Erkenntnisse bei Ämtern und Organisationen über "Scientology" vorliegen.[42] Politiker der in Brandenburg regierenden Großen Koalition haben daraufhin sogleich Überlegungen geäussert, ob die geltende Regelung möglicherweise doch zu großzügig sei, und das gesetzlich verbriefte Recht wieder eingeschränkt werden sollte.[43] Die Datenschutzbeauftragten der betroffenen Bundesländer teilten diese Aufregung nicht und widersprachen derartigen Ansinnen.[44] Mittlerweile dürfte der Sekte - im Rahmen der Gesetze - Akteneinsicht gewährt worden sein.[45]

Der LDA Bbg hat bei der Vorstellung seines Tätigkeitsberichts 1999 mitgeteilt, dass sich in den ersten zwei Jahren der Geltung des Gesetzes einige Mängel herausgestellt hätten, die die Akteneinsicht für die Bürger, aber auch für die Verwaltungen erschwerten.[46] Grundsätzlich war der LDA Bbg jedoch der Auffassung, dass die positiven Auswirkungen des Gesetzes überwiegen.[47] Mit dem Tätigkeitsbericht 2000 hat er eine erste Evaluation des AIG vorgenommen, konkrete Probelme bei der praktischen Anwendung des Gesetzes aufgezeigt und

---

39 Rede des LDA Bbg vor dem Landtag Brandenburg am 28. Januar 1999; http://www.brandenburg.de/land/lfdbbg/tb/rede99.htm, zuletzt besichtigt am 10.06.2000.

40 Tätigkeitsbericht 1998 des LDA Bbg, LT-Drucks. 2/6130, Teil B 2.; Presse-Information des LDA Bbg vom 07.06.1999 (Run auf Akten?).

41 Der Spiegel Nr. 14/03.04.2000, S. 56; Die Welt vom 23.02.2000; vgl. auch: Tätigkeitsbericht des LDA Bbg 2000, LT-Drucks. 3/2481= http://www.brandenburg.de/land/lfdbbg/tb/tb9/tb9b02.htm, zuletzt besichtigt am 05.03.2001, Teil B 3.4.
Für Schleswig-Holstein hierzu auch: Weichert, DuD 2000, 262 (263).

42 Der Spiegel Nr. 14/03.04.2000, S. 56.

43 Der Spiegel Nr. 14/03.04.2000, S. 56; Die Welt vom 23.02.2000.

44 Der Spiegel Nr. 14/03.04.2000, S. 56.

45 F.A.Z. vom 08.06.2000, S. BS 3.

46 Presse-Information des LDA Bbg vom 08.03.2000, Vorstellung des Tätigkeitsberichts für das Jahr 1999, http://www.brandenburg.de/land/lfdbbg/presse/20000308.htm, zuletzt besichtigt am 09.03.2000.

47 Presse-Information des LDA Bbg vom 08.03.2000, Vorstellung des Tätigkeitsberichts für das Jahr 1999, http://www.brandenburg.de/land/lfdbbg/presse/20000308.htm, zuletzt besichtigt am 09.03.2000.

Verbesserungsvorschläge gemacht.[48] Insgesamt zeigen die Erfahrungen nach seiner Darstellung, dass sich keine der anfangs geäußerten Befürchtungen in Bezug auf die Effizienz der Verwaltung bestätigt haben.[49] Vielmehr sei nach seiner Auffassung jetzt der Zeitpunkt gekommen, um die verfassungkonforme Weiterentwicklung des Gesetzes im Angriff zu nehmen, damit Brandenburg seine bisher führende Stellung in diesem Bereich in der Bundesrepublik behaupten könne.[50]

Diese Arbeit widmet sich einer genaueren Untersuchung des neu geschaffenen Akteneinsichtsrechts und seiner Ausgestaltung im brandenburgischen AIG. Als erstes bundesdeutsches (Landes-)Gesetz, das ein allgemeines Akteneinsichtsrecht regelt, eröffnet das AIG umfangreichen Klärungsbedarf hinsichtlich des mit dem Gesetz geregelten Gegenstandes und der einzelnen Regelungen. Auf den ersten Blick ist insbesondere nicht erkennbar, ob mit dem Gesetz nunmehr alle Fragen der Akteneinsicht bei Behörden geregelt werden oder ob und gegebenfalls welcher Anwendungsbereich für andere Vorschriften und Informationsrechte neben dem AIG bleibt. Die Regelungen des AIG selbst geben hierzu nur sehr versteckt und darüber hinaus unzureichend Anhaltspunkte. Nicht nur für den Laien sind die einzelnen Vorschriften des AIG angesichts der Unübersichtlichkeit ihrer Anordnung und der Kompliziertheit der Formulierungen nur schwer verständlich. Da die durch das AIG neu eröffneten Rechte von den Bürgern in Zukunft genutzt werden sollen und das AIG dann von den Behörden zwingend angewendet werden muss, ist eine nähere Beschäftigung mit dem Gegenstand des Gesetzes und seine einzelnen Vorschriften von großer Bedeutung. Angesichts der Neuheit des Gesetzes stelllt sich auch die Frage, ob und welche punktuellen Defizite zukünftig behoben werden können und sollten.
Die vorliegende Arbeit beschränkt sich darauf, den Anwendungsbereich des Gesetzes näher zu bestimmen. Dies erfolgt mittels einer Darstellung der im AIG geregelten Voraussetzungen für die Akteneinsicht und der Beantwortung der Frage des verbleibenden Anwendungsbereiches neben den bereits bestehenden bundes- und landesrechtlichen Regelungen.

---

48 Tätigkeitsbericht des LDA Bbg 2000, LT-Drucks. 3/2481= http://www.brandenburg.de/land/lfdbbg/tb/tb9/tb9b02.htm, zuletzt besichtigt am 05.03.2001, Teil B 4., zu den Einzelheiten später.

49 Tätigkeitsbericht des LDA Bbg 2000, LT-Drucks. 3/2481= http://www.brandenburg.de/land/lfdbbg/tb/tb9/tb9b02.htm, zuletzt besichtigt am 05.03.2001, Teil B 4.

50 Tätigkeitsbericht des LDA Bbg 2000, LT-Drucks. 3/2481= http://www.brandenburg.de/land/lfdbbg/tb/tb9/tb9b02.htm, zuletzt besichtigt am 05.03.2001, Teil B 4.

A. Einführung in Umfeld und Vorgaben des brandenburgischen Akteneinsichts- und Informationszugangsgesetzes (AIG)

Vor einer eingehenden Untersuchung des Anwendungsbereichs des AIG gebietet sich ein Blick auf das Umfeld des Regelungsgegenstandes des AIG im weitesten Sinne und auf die Vorgaben für die Schaffung des Gesetzes im engeren Sinne. Es erfolgt deshalb zunächst ein Überblick über bisher bestehender Akteneinsichts- und Informationsrechte in In- und Ausland (I.) und über die besonderen Grundlagen und die Entstehung der brandenburgischen Regelung (II.).

I. Überblick: Bestehende Akteneinsichts- und Informationszugangsrechte

1. Bundesdeutsches Recht

a. Gesetzliche Regelungen

Das bundesdeutsche Recht sah vor Erlass des AIG weder im Bundes- noch im Landesrecht ein allgemeines Akteneinsichtsrecht vor.[51] Es gilt auf Bundesebene vielmehr das sogenannte „Prinzip der beschränkten Aktenöffentlichkeit“,[52] das mit Einführung des § 29 VwVfG im Jahre 1976 erstmals den bis dahin bestehenden „Grundsatz des Amtsgeheimnisses“[53] geringfügig aufgeweicht hat.[54] Voraussetzung für die Akteneinsicht in behördliche (Verfahrens-)Akten ist im Bundesrecht regelmäßig das Vorliegen bestimmter Voraussetzungen:

- entweder der *Beteiligteneigenschaft* (so z.B.: § 29 Verwaltungsverfahrensgesetz (VwVfG); § 120 Sozialgesetzbuch (SGG); § 100 Verwaltungsgerichtsgesetz (VwGO); § 147 Strafprozessordnung (StPO))

oder,

- wenn es sich um - nicht am Verfahren beteiligte - *Dritte* handelt, das Vorliegen bzw. die Geltendmachung einer weiteren Voraussetzung, etwa eines

51 So auch: LT- Drucks. 2/4417, S. 1 der Begründung des Entwurfes.

52 Knack, VwVfG, § 29 Rn. 2.3.; Stelkens/Bonk/Sachs, VwVfG, § 29 Rn. 3; Touriaux, NJW 1994, 2319 (2319); Maurer, VerwR, § 19 Rn. 21a.

53 Vgl. hierzu z.B.: Düwel. Das Amtsgeheimnis, 114ff.; Kempen, Grundgesetz, S. 124; Pieroth, JuS 1981, S. 625 (626).

54 Von einer Ablösung des „Grundsatzes des Amtsgeheimnisses“ durch den "Grundsatz der beschränkten Öffentlichkeit" infolge der Schaffung des § 29 gehen z.B. aus: Stelkens/Bonk/Sachs, VwVfG, § 29 Rn. 3; Pieroth, JuS 1981, S. 625 (626); Götz, NJW 1976, 1425 (1427); anders aber: Scherer, Verwaltung und Öffentlichkeit, S. 21, der der Auffassung ist, § 29 schreibe das Geheimhaltungsprinzip fort.

(unterschiedlich gearteten) *„berechtigten Interesses"* (z.B. § 34 Gesetz über die Angelegenheiten der freiwilligen Gerichtsbarkeit (FGG)) oder *„rechtlichen Interesses"* (z.B. § 299 Abs. 2 Zivilprozessordnung (ZPO); auch z.B. Nr. 185 ff. Richtlinien für das Straf- und Bußgeldverfahren (RiStBV)), der *Verletzteneigenschaft* (z.B. § 406 e StPO) seitens des Einsichtnehmenden oder der *Einwilligung der Beteiligten* (z.B. § 299 Abs. 2 ZPO).

Lediglich hinsichtlich verschiedener Verzeichnisse und Register, d.h. für einen begrenzten sachlichen Anwendungsbereich, wird Akteneinsicht auch ohne das Vorliegen weiterer Erfordernissen zugelassen (so z.B. bei der Einsichtnahme ins Handelsregister (§ 9 Handelsgesetzbuch (HGB)); Vereinsregister (§ 79 BGB); Güterregister (§ 1563 BGB)). Zum Teil werden jedoch auch die Akteneinsichtsrechte Dritter in öffentliche Register durch das Korrektiv des „berechtigten Interesses" eingeschränkt (so z.B. bei der Einsicht ins Grundbuch, § 12 Grundbuchordnung (GBO)).

Das aufgrund des Volkszählungsurteils[55] ergangene Bundesdatenschutzgesetz (BDSG)[56] und die entsprechenden Landesdatenschutzgesetze[57] sichern dem Einzelnen in begrenztem Umfang das Recht zu, über die eigenen, bei der Verwaltung gespeicherten Daten, Kenntnis zu erlangen. Dieser Anspruch findet seine Grundlage in dem aus dem allgemeinen Persönlichkeitsrecht abzuleitenden Recht auf informationelle Selbstbestimmung.[58]

Eine besondere Materie betrifft die Einsicht in die Akten des ehemaligen Staatssicherheitsdienstes. Die Einsicht in diese Akten ist in einem eigenen Gesetz, dem Gesetz über die Unterlagen des Staatssicherheitsdienstes der ehemaligen DDR (Stasi-Unterlagen-Gesetz - StUG)[59] geregelt, das den im Zusammenhang mit diesen Akten bestehenden Schwierigkeiten gerecht werden soll.

Einzige Ausnahme vom „Grundsatz der beschränkten Aktenöffentlichkeit" bildet auf bundesrechtlicher Ebene das zur Umsetzung der Richtlinie 90/313/EWG von 1990 ergangene Umweltinformationsgesetz (UIG).[60] Nach § 4 UIG hat *je-*

---

55 BVerfGE 65, 1ff.

56 Vom 20. Dezember 1990, BGBl. I, S. 2954 ff.

57 Für Brandenburg: Gesetz zum Schutz personenbezogener Daten im Land Brandenburg (Brandenburgisches Datenschutzgesetz - BbgDSG) vom 20.01.1992, GVBl. I 1992, S. 2 ff., zuletzt geändert durch 2. Änderungsgesetz vom 21.12.1998, GVBl. I 1998, S. 243 ff.

58 BVerfGE 65, 1 (43).

59 Vom 20.12.1991, BGBl. I, S. 2272 ff., geändert durch Gesetze vom 22.02.1994, BGBl. I, S. 334 ff., vom 26.07.1994, BGBl. I, S. 1748 ff., und vom 20.12.1996, BGBl. I, S. 2026 ff.

60 BGBl. I 1994, S. 1490 ff., Gesetz zur Umsetzung der Richtlinie 90/313/EWG des Rates v. 7.6.1990 über den freien Zugang zu Informationen über die Umwelt.

der einen Anspruch auf freien Zugang zu Informationen über die Umwelt, die bei einer Behörde oder einer Person des Privatrechts (die öffentlich-rechtliche Aufgaben im Bereich des Umweltschutzes wahrnimmt und der Aufsicht von Behörden unterstellt ist) vorhanden sind, ohne dass die Geltendmachung eines Interesses erforderlich ist.[61] Hier wird für den Bereich der Umweltinformationen der im deutschen Verwaltungsrecht bislang geltende Grundsatz der beschränkten Aktenöffentlichkeit aufgehoben.[62]

Im Gegensatz zu ausländischen Verwaltungsrechtsordnungen stehen die Akteneinsichts- und Auskunftsrechte im bundesdeutschen Recht, abgesehen vom UIG, wie das deutsche Verwaltungsrecht insgesamt,[63] unter dem Primat des subjektiven Interesses. Andere Grundlagen, etwa die objektiven Kontrolle der Verwaltung[64] sind dem deutschen Bundesrecht bisher fremd. Auch etwa der Gedanken, sich das ökonomisch orientierte Handeln privater Dritter zunutze zu machen, um Private und die Verwaltung zu kontrollieren,[65] ist vom bundesdeutschen Recht bisher nicht aufgegriffen worden.[66]

b. Rechtsprechung

Ein allgemeines Akteneinsichtsrecht anerkennt auch die Rechtsprechung nicht. Weder außerhalb von Verwaltungsverfahren, noch zugunsten nicht an einem Verfahren beteiligter Dritter wird ein allgemeiner Anspruch auf Akteneinsicht angenommen.

Nach der Rechtsprechung kann ein Informationszugangsanspruch oder ein Akteneinsichtsrecht des Bürgers weder aus Art. 5 Abs. 1 S. 1 2. HS GG,[67] noch aus Art. 19 Abs. 4 GG[68] oder anderen Vorschriften des Grundgesetzes abgeleitet

---

61 Einzelheiten zu dem Anspruch aus UIG später unter B.IV.1.b.ee.(2).

62 So z.B.: Turiaux, Das neue Umweltinformationsgesetz, NJW 1994, 2319 (2319).

63 Vgl. hierzu: Partsch, NJ 1998, 346 (347); auch. Ehlers, VerwArch 1993, 139 (147).

64 Partsch, NJ 1998, 346 (347); Ehlers, VerwArch 1993, 139 (149).

65 Wie etwa im US-amerikanischen Recht („public interest litigation"), vgl. Partsch, NJ 1998, 346 (347).

66 Konkurrenten im Wirtschaftsverkehr können durchaus ein Interesse an der Offenlegung von Akten über Verfahren haben, bei denen der Verdacht besteht, daß der Konkurrent von der Verwaltung begünstigt oder zumindest bevorzugt wurde oder selbst nicht rechtmäßig gehandelt hat. Diese Interessen könnte der Gesetzgeber durchaus gezielt nutzen.

67 BVerfG (Kammerentscheidung), NJW 1986, 1243 (1243); BVerwG, NJW 1983, 2956 (2956); so bereits auch: OVG Münster, OVGE 14, 199 (201).

68 So z.B.: BVerwG, DVBl. 1984, 1078 (1979); BVerwGE 30, 154 (156); OVG Schleswig, NVwZ 1996, 408 (409).

werden.[69] Das Bundesverfassungsgericht hat zwar festgestellt, dass das Demokratieprinzip des Art. 20 Abs. 1 GG auch ein „allgemeines Öffentlichkeitsprinzip“ einschließt.[70] Damit ist zwar eine prinzipielle, jedoch keine absolute, ausnahmslose[71] und in ihrem Umfang genau feststehende Publizität staatlichen Handelns gefordert.[72]

Allerdings hat nach der Rechtsprechung des Bundesverwaltungsgerichts die Behörde nach pflichtgemäßem Ermessen über einen Antrag auf Akteneinsicht zu entscheiden, wenn ein "berechtigtes Interesse" bzw. ein „eigenes, gewichtiges und auf andere Weise nicht zu befriedigendes Interesse des Antragstellers“ an der Akteneinsicht besteht.[73] Den Anspruch leitet die Rechtsprechung aus der verfassungsrechtlichen Gewährleistung der sozialen Rechtsstaatlichkeit (Art. 20 Abs. 1 GG)[74] bzw. dem "Grundsatz von Treu und Glauben" ab.[75] Neben einem glaubhaft gemachten berechtigten Interesse setzt die Gewährung der Akteneinsicht voraus, dass dieses individuelle Interesse das öffentliche Interesse an der Geheimhaltung überwiegt.[76]

---

69 Vgl. z.B.: BVerwGE 30, 154 (156); BVerwG, DVBl. 1984, 1078 (1979); BVerwGE 61, 15 (22, 24); BVerfG, NJW 1986, 1243 (1243) - zu Art. 5 Abs. 3 S. 2 GG.
Zu grundrechtlichen Aspekten des Informationszugangs: Vortrag von *Sokol* auf dem Internationalen Symposium „Informationsfreiheit und Datenschutz“ am 25./26. Oktober 1999 in Potsdam, Vortrag zugänglich über http://brandenburg.de/land/lfdbbg/internat/Symp99/symp99.htm, zuletzt besichtigt am 12.06.2000.

70 BVerfGE 70, 324 (358); vgl. auch schon: 20, 162 (175ff.).

71 BVerfGE 70, 324 (358).

72 Vgl. z.B. Nolte, DÖV 1999, 363 (367).

73 BVerwGE 30, 154 (160); BVerwG, DVBl. 1984, 1078 (1979); ähnlich bereits: BVerwGE 61, 15 (22f.); OVG Münster, OVGE 14, S. 199 (201); vgl. auch: BVerwGE 67, 300 (304); BVerwG, NJW 1983, 2954 (2954); OVG Hamburg, NJW 1983, 2404 (2405); VG Braunschweig, NJW 1987, 459 (459); OVG Berlin, NVwZ 1987, 817 (818); OVG Münster, NJW 1989, 544 (544f.); OVG Koblenz, NVwZ 1992, 384 (384); OVG Schleswig, NVwZ 1996, 408 (409); ähnlich auch: VG Potsdam, LKV 1999, 155 (156); VGH München, NVwZ 1999, 889 (890).

74 BVerwGE 30, 155 (160); so auch: OVG Hamburg, NJW 1983, 2405 (2405); OVG Lüneburg, MDR 1975, 786 (787), VGH München, NVwZ 1999, 889 (889); OVG Schleswig, NVwZ 1996, 408 (409); auch: VG Potsdam, LKV 1999, 155 (156).

75 VG Potsdam, LKV 1999, 155 (156); ähnlich VGH Mannheim, NJW 1996, 613 (613); BVerwG, DVBl. 1984, 53 (55).

76 OVG Münster, OVGE 14, 199 (202f.); Diese Rspr. des OVG Münster ist in der Folgezeit immer wieder bestätigt worden, vgl. z.B.: OVG Lüneburg, MDR 1975, 786 (787); OVG Berlin, NVwZ 1987, 817 (819); VG Braunschweig, NJW 1987, 459 (459f.); vgl. auch VG Potsdam, LKV 1999, 155 (156), das Art. 21 Abs. 4 BbgVerf den Grundsatz entnimmt, das Akten nur offengelegt werden sollen, soweit nicht öffentliche oder private Interessen entgegenstehen.

Das Ermessen kann im Einzelfall so reduziert sein, dass ein Anspruch auf Akteneinsicht oder jedenfalls ein Anspruch auf Information besteht.[77] So hat die Rechtsprechung in bestimmten Fällen bei persönlicher Betroffenheit bzw. rechtlichem Interesse ein Informationszugangsrecht angenommen, dies insbesondere dann, wenn der Akteneinsicht Begehrende Sekundäransprüche geltend machen will, und die Kenntnis des Akteninhalts Voraussetzung für die wirksame - nicht offensichtlich aussichtslose - Rechtsverfolgung ist.[78] Weiterhin ist ein Akteneinsichts- bzw. Auskunftsanspruch bejaht worden in den sog. „Denunziantenfällen", d.h. wenn der Betroffenen den Namen eines Denunzianten oder sonstigen Informanten erfahren wollte,[79] in Fällen der Einsicht in Personalakten,[80] in sonstige, die Person der Antragstellers betreffende Unterlagen[81] oder bei Akteneinsicht zum Zwecke der Geltendmachung von Mitwirkungsrechten.[82]

Im Dezember 1999 hat das Bundesverfassungsgericht (BVerfG) eine Grundsatzentscheidung gefällt,[83] die erhebliche Auswirkungen bei der gerichtlichen Geltendmachung von Ansprüchen auf Akteneinsicht haben wird, so auch bei der Geltendmachung des Anspruchs aus dem AIG.[84] In dem entschiedenen Fall

---

77 BVerwGE, 30, 154 (160); BVerwG, DVBl. 84, 1078 (1079); BVerwG, DVBl. 1984, 53 (55); auch: OVG Lüneburg, MDR 1975, 786 (787f.); OVG Münster, OVGE 14, 199 (202); VGH Mannheim, NJW 1996, 613 (614); Ule/Laubinger, Verwaltungsverfahrensrecht, § 25 Rn. 1; Kopp/Ramsauer, VwVfG, § 29 Rn. 8; Knack, VwVfG, § 29 Rn. 4, so wohl auch VG Potsdam., LKV 1999, 155 (156), das jedoch nicht ausdrücklich von einem Ermessen ausgeht.

78 VG Potsdam, LKV 1999, 155 (156); VGH Mannheim, NJW 1996, 613 (613); VG Braunschweig, NJW 1987, 459 (459); OVG Münster, NJW 1989, 544 (545).

79 Vgl. Zusammenstellung der (älteren) Rspr. bei Perschel, JuS 1966, 231 (232).

80 Z.B. BVerfGE 36, 134 (137ff.) im Zusammenhang mit den beamtenrechtlichen Akteneinsichtrechten bzgl. Personalakten.

81 Z.B. BVerwG, DVBl. 1984, 53 (55) - Akteneinsicht nach Abschluß eines Stellenbesetzungsverfahrens; vgl. auch VG Frankfurt, NVwZ 1986, 864 (864); BVerwG, JZ 1966, 77 (77f.) - Akteneinsicht in Bauaufsichtsakten, i.E. jedoch ablehnend.

82 Z.B. OVG Hamburg, VerwRspr 11, S. 272 (275 ff.) - Akteneinsicht der Eltern in Schülerberichte, hier aus Art. 6 Abs. 2 S. 1 GG abgeleitet.

83 BVerfG, Beschluss vom 27.10.1999, 1 BvR 385/90, http:\\www.bundesverfassungsgericht.de/entscheidungen/frames/1999/10/27, zuletzt besichtigt am 29.12.1999=DVBl. 2000, 346 (346ff.)=DÖV 2000, 287 (287ff.)=NJW 2000, 1175 (1175ff.).

84 So auch: Tätigkeitsbericht des LDA Bbg 1999, http://www.brandenburg.de/land/lfdbbg/tb/tb8/tb8b.htm, zuletzt besichtigt am 09.03.2000, Teil B 1.2; Zu grundrechtlichen Aspekten des Informationszugangs: *Sokol* in ihrem Vortrag auf dem Internationalen Symposium „Informationsfreiheit und Datenschutz" am 25./26. Oktober 1999 in Potsdam, zugänglich über http://brandenburg.de/land/lfdbbg/internat/Symp99/symp99.htm, zuletzt besichtigt am 12.06.2000.

verlangte der Kläger, der seinen Arbeitsplatz in Folge einer negativen Auskunft des Verfassungsschutzes im Zuge einer Sicherheitsüberprüfung verloren hatte, Offenlegung der zu Grunde liegenden Informationen. Dies verwehrte der Verfassungsschutz nicht nur ihm, sondern auch dem angerufenen Verwaltungsgericht unter Berufung auf § 99 Abs. 1 Satz 2 Verwaltungsgerichtsordnung (VwGO). Nach § 99 Abs. 1 S. 2 VwGO kann die zuständige Aufsichtsbehörde die Vorlage von Akten an das Gericht verweigern, wenn das Bekanntwerden des Inhalts dieser Akten dem Wohle des Bundes oder eines deutschen Landes Nachteile bereiten würde oder wenn die Vorgänge nach einem Gesetz oder ihrem Wesen nach geheim gehalten werden müssen. Nach § 99 Abs. 1 S. 2 VwGO entscheidet das Gericht auf Antrag eines Beteiligten lediglich, ob *glaubhaft* gemacht ist, dass die Voraussetzungen für die Verweigerung der Vorlage von Akten oder die Erteilung von Auskünften (nach § 99 Abs. 1 S. 1 VwGO) vorliegen. Das Bundesverfassungsgericht hat in der Entscheidung festgestellt, dass die Vorschrift des § 99 Abs. 1 S. 2 i.V.m. Abs. 2 S. 1 VwGO mit Art. 19 Abs. 4 GG unvereinbar ist, soweit er die Akteneinsicht auch in denjenigen Fällen ausschließt, in denen die Gewährung effektiven Rechtsschutzes von der Kenntnis der Verwaltungsvorgänge abhängt. Insbesondere hält die Vorschrift einer Überprüfung am Verhältnismäßigkeitsgrundsatz nicht stand.[85] Die Belange der Geheimhaltung bestimmter Vorgänge und die Rechtsschutzansprüche des Betroffenen können nach Auffassung des Gerichts insbesondere dadurch besser in Einklang gebracht werden, dass die Akten dem Gericht vorgelegt werden, das - unter Geheimhaltung - nachprüft, ob die gesetzlichen Voraussetzungen der Auskunftsverweigerung im konkreten Fall erfüllt sind. Den Geheimhaltungsbedürfnissen könne dadurch Rechnung getragen werden, dass die Kenntnisnahme auf das Gericht beschränkt bleibt (sog. "in-camera"-Verfahren). Das Gericht hat dem Gesetzgeber mit dem Urteil aufgegeben, bis zum 31.12.2001 eine Regelung zu treffen, die den Anforderungen des Art. 19 Abs. 4 GG Rechnung trägt.[86] Bis zu einer Neuregelung sind in anhängigen Verfahren der entschiedenen Art die Verwaltungsvorgänge zur Überprüfung der Rechtmäßigkeit der Vorlageverweigerung dem Gericht vorzulegen, ohne dass dieses den Beteiligten Akteneinsicht gewähren oder den Akteninhalt in sonstiger Weise, etwa in der Entscheidungsbegründung, bekanntgeben darf.[87]

---

[85] BVerfG, Beschluss vom 27.10.1999, 1 BvR 385/90, http:\\www.bundesverfassungsgericht.de/entscheidungen/frames/1999/10/27, zuletzt besichtigt am 29.12.1999, Rn. 87ff.=DVBl. 2000, 346 (349)=DÖV 2000, 287 (289)=NJW 2000, 1175 (1177).

[86] BVerfG, Beschluss vom 27.10.1999, 1 BvR 385/90, http:\\www.bundesverfassungsgericht.de/entscheidungen/frames/1999/10/27, zuletzt besichtigt am 29.12.1999, Rn. 100=DVBl. 2000, 346 (350)=DÖV 2000, 287 (290)=NJW 2000, 1175 (1179).

[87] BVerfG, Beschluss vom 27.10.1999, 1 BvR 385/90,

Mit der Entscheidung hat das Gericht ein zuvor bestehendes Dilemma bei der Durchsetzung von Akteneinsichtsrechten beseitigt:[88] Mit der Vorlage von Akten bei Gericht konnte der jeweils Akteneinsicht begehrende Kläger über das Akteneinsichtsrecht aus § 100 VwGO das Ziel seiner Klage erreichen, ohne dass eine gerichtliche Entscheidung in der Hauptsache ergangen wäre. Andererseits konnte das jeweils entscheidende Gericht bei Verweigerung der Aktenvorlage durch die Behörde unter Berufung auf § 99 VwGO allenfalls überprüfen, ob die Geheimhaltungsbedürftigkeit glaubhaft dargetan war, eine vollständig Überprüfung der Angaben durch das Gericht war jedoch nicht möglich. Das Bundesverfassungsgericht hat dieses Problem in der Weise gelöst, dass es zur Gewährleistung des effektiven Rechtsschutzes die Öffentlichkeit des Verfahrens in einem sog. "in-camera"-Verfahren in der Weise einschränkt, dass die streitigen Unterlagen zunächst nur dem erkennenden Gericht zugeleitet werden, das über die Geheimhaltungsbedürftigkeit entscheidet, ohne dass der Kläger in diesem Stadium schon Zugang zu den Informationen erhält.

c. Literatur

In der Literatur wird schon seit längerem diskutiert, ob dem Bürger bereits nach dem bestehenden Recht ein allgemeiner Informationsanspruch oder ein allgemeines Akteneinsichtsrecht zusteht.

Ein solcher Anspruch wird indes nur sehr vereinzelt angenommen.[89] Das Recht soll sich danach aus der aus Art. 5 Abs. 1 S. 1 GG abzuleitenden Pflicht zur Offenlegung von Verwaltungsakten ergeben.[90] Auch ist versucht worden, einen allgemeinen staatsbürgerlichen Informationsanspruch aus dem Informationsfreiheitsrecht des Art. 5 Abs. 1 S. 1 GG i.V.m. dem demokratischen Publizitäts-

---

http:\\www.bundesverfassungsgericht.de/entscheidungen/frames/1999/10/27, zuletzt besichtigt am 29.12.1999, Rn. 101=DVBl. 2000, 346 (350)=DÖV 2000, 287 (290)=NJW 2000, 1175 (1179). Zur Durchführung des "In-camera"-Verfahrens nach den Vorgaben des BVerfG vgl. VG Stuttgart, Beschluss vom 18.05.2000 - 7 K 4973/99, NVwZ 2000, 1322 (1322f.).

88 So auch: Tätigkeitsbericht des LDA Bbg 1999, http://www.brandenburg.de/land/lfdbbg/tb/tb8/tb8b.htm, zuletzt besichtigt am 09.03.2000, Teil B 1.2; *Sokol* in ihrem Vortrag auf dem Internationalen Symposium „Informationsfreiheit und Datenschutz" am 25./26. Oktober 1999 in Potsdam, zugänglich über http://brandenburg.de/land/lfdbbg/internat/Symp99/symp99.htm, zuletzt besichtigt am 12.06.2000.

89 So wohl nur: Scherer, Verwaltung und Öffentlichkeit, S. 30 ff.; vgl. auch: ders., JZ 1979, 391 (394).

90 Scherer, Verwaltung und Öffentlichkeit, S. 30 ff; vgl. auch: ders., JZ 1979, 391 (394) unter Bezugnahme auf das Demokratieprinzip.

gebot sowie aus Art. 38 GG herzuleiten.[91] Die überwiegende Auffassung lehnt einen Anspruch auf Zugang zu Akten öffentlicher Stellen jedoch mit überzeugenden Argumenten ab. Zum einen wird darauf verwiesen, dass es sich bei behördlichen Akten nicht um „allgemein zugängliche Quellen“ handele,[92] zum anderen darauf, dass die Informationsfreiheit ihrer Rechtsnatur nach ein Abwehrrecht und kein Leistungsrecht sei.[93] Erwogen worden ist auch, dass sich ein Anspruch aus dem Demokratiegebot ergeben könne.[94] Teilweise wird unter dem Aspekt, dass bestimmte Informationen notwendige Bestandteile des Prozesses demokratischer Meinungs- und Willensbildung seien, „in besonderen Fällen“ eine Pflicht zur Gewährung von Akteneinsicht angenommen, die aus der durch das Demokratieprinzip gebotene Öffentlichkeit staatlichen Handelns abzuleiten sei.[95] Vereinzelt wird die Auffassung vertreten, dass der nach bestehendem Recht bereits gegebene Anspruch auf fehlerfreie Ermessensentscheidung - abweichend von der Rechtsprechung - unabhängig vom Vorliegen eines berechtigten Interesses bestehe.[96] Nach der weit überwiegenden Auffassung lassen sich jedoch keine subjektiven Informationsrechte unmittelbar aus den verfassungsrechtlichen Prinzipien ableiten,[97] die über die von der Rechtsprechung gewährten Ansprüche hinausgehen.

Jedoch sprechen sich mittlerweile viele Stimmen in der Literatur dafür aus, erweiterte Informationszugangsrechte zu schaffen. Vereinzelt wird die Formulierung eines Grundrechts auf Informationsfreiheit für erforderlich und notwendig gehalten, dem dann mangels einfachgesetzlicher Ausgestaltung eine eigene anspruchsbegründende Bedeutung zukommen soll.[98] Ein derartiges Grundrecht müsse zur Herstellung von Informationsgleichgewichten geschaffen werden, damit die Bürger ihren demokratischen Rechten und Pflichten verantwortungs-

---

[91] Angelov, Informationszugangsanspruch, S. 99.

[92] Vgl. z.B. Jarass in Jarass/Pieroth, GG, Art. 5 Rn. 13; Bethge in Sachs, GG-Kommentar, Art. 5 Rn. 60; Schulze-Fielitz in Dreier, GG-Kommentar, Bd. I, 1996, Art. 5 Abs. 1, 2 Rn. 60; Wendt in v.Münch/Kunig, GG-Kommentar, Art. 5 Rn. 25; Pieroth, JuS 1981, 625 (628).

[93] Z.B.: Pieroth, JuS 1981, 625 (628f.); Bethge in Sachs, GG-Kommentar, Art. 5 Rn. 60; Wendt in v.Münch/Kunig, GG-Kommentar, Art. 5 Rn. 28; Rotta, Nachrichtensperre und Recht auf Information, S. 50 f.; Herzog in Maunz-Dürig, Art. 5 Rn. 101.

[94] Engelbert/Kutscha, NJW 1993, 1233 (1236); Wendt in v.Münch/Kunig, GG-Kommentar, Art. 5 Rn. 25.

[95] Bieber, DÖV 1991, 857 (865).

[96] So: Nolte, DÖV 1999, 363 (369ff.) unter Verweis auf den „Entwicklungsstand des Demokratieprinzips im deutschen und europäischen Recht.

[97] Vgl. z.B. Rotta, Nachrichtensperre und Recht, S. 46 ff.; Pieroth, JuS 1981, 625 (628); Schröder, DV 1971, 301 (303); Nolte, DÖV 1999, 363 (363ff.); Bethge in Sachs, GG-Kommentar, Art. 5 Rn. 60.

[98] So z.B. Weichert, CR 1992, 738 (743).

voll entsprechen könnten.[99] Teilweise wird angenommen, dass aus der Informationsfreiheit des Art. 5 GG ein Gesetzgebungsauftrag zur Schaffung eines allgemeinen Akteneinsichtsrechts abzuleiten sei.[100] Nach anderer Auffassung wird die gesetzliche Regelung eines allgemeinen Informationszugangsgesetzes für ein Gebot des demokratischen Handelns, auch der Verwaltung, gehalten.[101] Andere Stimmen verweisen darauf, dass das verfassungsrechtliche Öffentlichkeitsprinzip der Ausgestaltung, Effektivierung und verfahrensrechtlichen Absicherung durch den Gesetzgeber bedürfe.[102] Zur Schaffung und Ausgestaltung eines allgemeinen Informationszugangsrechtes hat es - neben den bereits im Bundestag und in verschiedenen Landtagen eingebrachten Gesetzesentwürfen[103] - auch Vorschläge in der Literatur gegeben.[104]

d. Das brandenburgische AIG als Besonderheit im bundesdeutschen Recht

Mit dem Erlass des AIG hat Brandenburg als erstes Bundesland einen neuen Weg bei der Gewährung von Akteneinsichtsrechten eingeschlagen. Das Akteneinsichtsrecht nach dem AIG stellt in mehrfacher Hinsicht eine Abweichung von bisher im bundesdeutschen Recht vorgesehenen Akteneinsichtsrechten dar: Es ist nicht darauf gerichtet, dem Individualrechtsschutz zu dienen, sondern soll eine Verbesserung und Verstärkung der Nutzung "politischer Mitgestaltungsrechte" des Einzelnen bewirken.[105] Es schreibt ein allgemeines Akteneinsichtsrecht Dritter (nicht am Verfahren beteiligter) außerhalb laufender Verfahren fest, das die Rechtsprechung bisher in das Ermessen der Behörde gestellt hat (s.o.). Eine entscheidende Neuerung besteht darin, dass der allgemeine Informationszugang als Regelfall vorgesehen, die Geheimhaltung dagegen in Ausnahmetatbeständen geregelt ist, und nicht - wie bisher im bundesdeutschen Recht - die Geheimhaltung von amtlichen Unterlagen der Regelfall und die Einsichtnahme der Ausnahmefall ist.[106]

---

99 Z.B. Weichert, CR 1992, 738 (744).

100 Nolte, DÖV 1999, 363 (369); wohl auch: Bieber, DÖV 1991, 857 (865f.).

101 Mengel, DV 1990, 377 (391); ähnlich auch: Bieber, DÖV 1991, 857 (864ff.).

102 Rotta, Nachrichtensperre und Recht auf Information, S. 118.

103 Hierzu im Folgenden unter A.I.1.e.

104 So z.B. Angelov, Informationszugangsanspruch, S. 231ff., 264 ff. - Vorschlag für ein Bundesgesetz; Rotta, Nachrichtensperre und Recht auf Information, S. 147 ff. - stellt die Grundlinien für ein deutsches Informationsrecht auf; Schlachter, Mehr Öffentlichkeit, S. 185 f. - Vorschlag für eine Änderung des § 29 VwVfG.

105 Hierzu im Einzelnen später unter A.III.3.

106 So auch: Wegweiser zur Akteneinsicht des LDA Bbg (s.o. Fn. 16); Tätigkeitsbericht des LDA Bbg, 1998, LT-Drucks. 2/6130, Teil B 2.; Lutterbeck, Informationsfreiheit, S. 1.

e. Rechtspolitische Entwicklungen und Aussichten

Speziell für die Verwaltung lässt sich in Deutschland eine tief verwurzelte Tradition grundsätzlicher Geheimhaltung feststellen.[107] Schon mit der Verbesserung der Einsichtsrechte der Beteiligten im Verwaltungsverfahren in den siebziger Jahren hat sich der bundesdeutsche Gesetzgeber schwer getan.

Zur einfachgesetzlichen Ausgestaltung eines Informationsfreiheitsgesetzes hat es bisher einige Vorstöße auf Landes- und Bundesebene gegeben, die - abgesehen vom brandenburgischen AIG, dem Berliner Informationsfreiheitsgesetz (IFG Bln)[108] und dem Informationsfreiheitsgesetz für das Land Schleswig-Holstein (IFG S-H)[109] - jedoch zu keiner gesetzlichen Umsetzung geführt haben.

Im Einzelnen:

aa. Bundesrecht

Erst mit der Einführung des § 29 VwVfG des Bundes im Jahre 1976, der inhaltsgleich mit § 29 VwVfGBbg ist,[110] hat der Bundesgesetzgeber die Einsichtsrechte der Beteiligten im Verwaltungsverfahren verbessert. Die Regelung zur Akteneinsicht gehört zu denjenigen Vorschriften des VwVfG, die während des Gesetzgebungsverfahrens heftigst umstritten waren. So hatte der Bund-Länderausschuss zunächst vorgeschlagen, die Gewährung der Akteneinsicht in das pflichtgemäße Ermessen der Behörde zu stellen.[111] Dies entsprach einer in Lehre und Rechtsprechung vorherrschenden Auffassung, wonach aus der Gewährung der Akteneinsicht in Sonderregelungen für einzelne Rechtsgebiete (z.B. § 90 BBG, § 56 BRRG, § 34 FGG, § 35 KOVwVfG) abzuleiten sei, dass die Behörden im übrigen, d.h. bei Fehlen einer ausdrücklichen Bestimmung, nach ihrem Ermessen zu entscheiden hätten, ob sie einem Beteiligten Einsicht in die Akten gewähren.[112] Lediglich eine Mindermeinung bejahte - in Erman-

---

107 Vgl. hierzu z.B. Pieroth, JuS 1981, 625 (626) m.w.N.; Düwel, Das Amtsgeheimnis, 1965, S. 114.

108 Hierzu nachfolgend unter A.I.1.e.*bb*.

109 Hierzu nachfolgend unter A.I.1.e.*cc*.

110 Die Landesverwaltungsverfahrensgesetze haben mit Ausnahme von Bayern und Schleswig-Holstein inhaltsgleiche Regelungen. Art. 29 des bayerischen VwVfG begrenzt den Anspruch auf Akteneinsicht auf die einzelnen einschlägigen Teile der Akte. § 88 des schleswig-holsteinischen Verwaltungsgesetzes (LVwG) erkennt einen Rechtsanspruch nur zu, wo er gesetzlich vorgesehen ist, im übrigen herrscht das Ermessensprinzip.

111 Stelkens/Bonk/Sachs, VwVfG, § 29 vor Rn. 1.

112 So z.B. BVerwGE 30, 154 (160); OVG Münster, OVGE 14, 199 (200f.); v.Köhler, NJW 1956, 1460 (1460ff.); Wiethaupt, MDR 1958, 474 (474ff.).

gelung einer ausdrücklichen Regelung - grundsätzlich einen Anspruch auf Akteneinsicht.[113] Der Ausschuss war der Meinung, wenn ein Anspruch grundsätzlich gegeben, für bestimmte Tatbestände jedoch ausgeschlossen werden soll, „könnte eine interessengerechte Lösung nicht gefunden werden, weil die Tatbestände, unter denen eine Behörde im überwiegenden Interesse der Allgemeinheit oder Einzelnen berechtigt sein muss, die Akteneinsicht zu verweigern, so mannigfaltig sind, dass sie nicht abschließend geregelt werden können."[114] Eine starke Gegenmeinung war demgegenüber schon lange der Auffassung, dass das Recht auf Akteneinsicht ausgedehnt werden müsse[115] und wandte sich deshalb gegen den ursprünglichen Entwurf des VwVfG. Die Einwände wurden jedoch erst im Entwurf von 1973 berücksichtigt.[116] In der Begründung des Entwurfes wurde auf die gewandelte Rolle der Verwaltung im modernen Rechtsstaat verwiesen, die den Bürger als mündig zu erachten habe und nicht zum bloßen Objekt staatlichen Handelns machen dürfe.[117] Ferner wurde auf die Vorbilder in § 100 VwGO und in ausländischen Gesetzen hingewiesen.[118]

Mittlerweile hat es Deutschland vermehrt rechtspolitische Reformbestrebungen zu einem Abrücken vom Grundsatz der Amtsgeheimnisses in der Verwaltung gegeben.[119] Die Überlegungen zu Verbesserungen des Informationszuganges und entsprechende Forderungen häuften sich in der Bundesrepublik Deutschland seit den frühen achtziger Jahren vor allem in der rechtswissenschaftlichen Literatur[120] und bei den Parteien.[121]

Die Gruppe BÜNDNIS 90/DIE GRÜNEN legte bereits im Jahre 1993 einen Gesetzesantrag zur Einführung der Informationsfreiheit (Allgemeines Informati-

---

113 So z.B.: Mayer, BayVBl. 1960, 332 (336); Ule, DVBl. 1957, 597 (601).

114 E-VwVfG 1963, S. 127 Begründung zu § 22.

115 so z.B.: Ule, VerwARch 1971, 114 (129); Fellner, VerwArch 1957, 95 (104f.); Ule, DVBl. 1957, 597 (601); Wiethaupt MDR 58, 474 (476).

116 Vgl. hierzu auch: Ule, DVBl. 1976, 421 (428), der die Lösung jedoch noch nicht in allen Punkten für befriegdigend hält.

117 E-VwVfG 1973, BT-Drucks. 7/910, S. 52, Begründung zu § 25.

118 E-VwVfG 1973, BT-Drucks. 7/910, S. 52, Begründung zu § 25.

119 Vgl. hierzu z.B. Gurlit, ZPR 1989, 253 (253ff.); Mengel, DV 1990, 377 (377ff.).

120 Vgl. z.B.: Scherer, Verwaltung und Öffentlichkeit, 15ff.; Steinmöller u.a., Gutachten, BT-Drucks. 6/3826, Anlage 1 S. 5, 62ff.; Schwan: Amtsgeheimnis oder Aktenöffentlichkeit, S. 90 ff; auch: Vassilaki, CR 1997, 162 (168).

121 Bereits 1979 forderte die F.D.P. auf ihrem Fachkongreß „Datenschutz in einem freiheitlichen Rechtsstaat" am 14.15.1979 in Karlsruhe den allgemeinen Zugang zu staatlichen Informationen; so z.B. *Verheugen* auf dem Fachkongreß, in: Pressedienst der F.D.P., Ausgabe 370/15.12.1979, S. 4f.; vgl. auch F.D.P. Wahlprogramm von 1980. 1980 gab es ähnliche Forderungen auch seitens der Jungen Union (JU) in Berlin, in: JU Berlin, Presseinformation vom 07.08.1980.

onsfreiheitsgesetz) im Bundestag vor.[122] Hierfür fand sich im Parlament jedoch keine Mehrheit.

Ebenfalls 1993 hat die SPD-Fraktion in der Gemeinsamen Verfassungskommission von Bundestag und Bundesrat vorgeschlagen, Art. 5 GG um einen Abs. 2 a zu ergänzen, der wie folgt lauten sollte: „Jeder Mensch hat das Recht auf Zugang zu Daten der öffentlichen Gewalt, soweit nicht schutzwürdige Interessen oder Rechte Dritter verletzt werden. Das Nähere regelt ein Gesetz.“[123] Dieser Vorschlag fand jedoch wenig Resonanz.

Am 27.08.1997 brachte die Bundestagsfraktion der Bündnisgrünen einen weiteren Gesetzesvorschlag zur Gewährleistung des freien Zugangs zu amtlichen Informationen (Informationsfreiheitsgesetz - IFG)[124] in den Bundestag ein, der jedoch abgelehnt wurde.[125]

Möglicherweise wird es auf Bundesebene jedoch in Zukunft eine erneute Gesetzgebungsinitiative zur Einführung eines allgemeinen Informationszugangsgesetzes geben, wenn die Koalitionsvereinbarung zwischen der Sozialdemokratischen Partei Deutschland und BÜNDNIS 90/DIE GRÜNEN vom 20.10.1998 in diesem Punkt umgesetzt werden sollte.[126] Unter der Überschrift „Beteiligungsrechte“ heißt es dort: „Durch ein Informationsfreiheitsgesetz wollen wir unter Berücksichtigung des Datenschutzes den Bürgerinnen und Bürgern Informationszugangsrechte verschaffen.“[127] Im Oktober 1999 hat der Staatssekretär im Bundesinnenministerium, Claus-Henning Schapper, angekündigt, es sei beabsichtigt, ein solches Gesetz noch in der laufenden Legislaturperiode zu verabschieden.[128] Der innenpolitische Sprecher des SPD-Fraktion, Dieter Wie-

---

122 BT-Drucks. 12/5694.

123 BT-Drucks. 12/6000, S. 61.

124 BT-Drucks. 13/8432; vgl. auch Beschlußempfehlung und Bericht des Innenausschusses, BT-Drucks. 13/11152; ausführlich zu dem Entwurf: Häfner/Gerlach, ZPR 1998, 123 (123 ff.).

125 Vgl. Plenarprotokoll 13/244, S. 2740.

126 Vgl. auch: Presse-Information des LDA Bbg, Informationen zur Pressekonferenz am 3. März 1999, I.1.

127 Vgl. Aufbruch und Erneuerung - Deutschlands Weg ins 21. Jahrhundert; Koalitionsvereinbarung zwischen der Sozialdemokratischen Partei Deutschlands und Bündnis 90/Die Grünen vom 20.10.1990, abgedruckt in: ZRP 1998, 485 (499), Ziff. IX. 13., vgl. auch http://www.patent-net.de/politik/koalitionsvereinbarung_9d.html, zuletzt besichtigt am 10.06.2000.

128 Vgl. Schapper, Presse-Information des LDA Bbg zum Internationalen Symposium „Informationsfreiheit und Datenschutz“ am 25./26. Oktober 1999 in Potsdam, Vortrag zugänglich über http://brandenburg.de/land/lfdbbg/internat/Symp99/symp99.htm, zuletzt besichtigt am 12.06.2000;

felspütz, rechnete zunächst sogar mit der Verabschiedung eines entsprechenden Gesetzes bis Ende des Jahres 2000.[129] Ihr ursprüngliches Vorhaben, durch Bundesgesetz auch den Zugang zu amtlichen Unterlagen bei den Behörden der Länder zu regel (die zum großen Teil Bundesrecht auszuführen haben), soll die Bundesregierung jedoch angesichts des Widerstandes der Länder nicht weiter verfolgt haben.[130] Ein Referentenentwurf für ein Informationsfreiheitsgesetz soll inzwischen vorliegen,[131] wurde jedoch bisher nicht veröffentlicht. Im Rahmen der Bemühungen um ein Bundesgesetz werden die Erfahrungen des Landes Brandenburg sicher Berücksichtigung finden.[132]

bb. Das Berliner Informationsfreiheitsgesetz (IFG Bln)

Als zweites Bundesland nach Brandenburg hat Berlin ein Jedermann-Informationszugangsrecht geschaffen. Am 23.09.1999, d.h. eineinhalb Jahre nach Verabschiedung des AIG durch den brandenburgischen Landtag, hat das Berliner Abgeordnetenhaus das "Gesetz zur Förderung der Informationsfreiheit im Land Berlin (Berliner Informationsfreiheitsgesetz (IFG Bln))" beschlossen, das am 30.10.1999 in Kraft getreten ist.[133]

Dem IFG Berlin ging - wie auch dem brandenburgischen AIG - eine lange Vorbereitungsphase voraus. So haben die Fraktionen der SPD und der AL im Berliner Abgeordnetenhaus bereits im Jahre 1990 erstmals einen Entwurf für ein „Gesetz zur Förderung der Informationsfreiheit - IFG“ vorgelegt,[134] das nach

---

vgl. auch http://www.brandenburg.de/land/lfdbbg/presse/19991026.htm, zuletzt besichtigt am 28.10.1999.

129 Die Welt vom 17.07.2000.

130 Tätigkeitsbericht des LDA Bbg 2000, LT-Drucks. 3/2481= http://www.brandenburg.de/land/lfdbbg/tb/tb9/tb9b02.htm, zuletzt besichtigt am 05.03.2001, Teil B 1.2.

131 Vgl. Jahresbericht 2000 des Berliner Beauftragten für den Datenschutz und Akteneinsicht, http://www.datenschutz-berlin.de/jahresbe/00/teil3-5.htm, zuletzt besichtigt am 03.04.2001, Teil B 3.5.

132 So auch der LDA Bbg, Tätigkeitsbericht 1998 des LDA Bbg, LT-Drucks. 2/6130=http://www.brandenburg.de/land/lfdbbg/tb/tb7/tb7.htm, zuletzt besichtigt am 15.04.1999, 2.; Presse-Information des LDA Bbg, Informationen zur Pressekonferenz am 3. März 1999, I.1.

133 GVBl. Bln 1999, Nr. 45, S. 561 ff.; zu den ersten Erfahrungen mit dem Gesetz vgl. Jahresbericht 2000 des Berliner Beauftragten für den Datenschutz und Akteneinsicht, http://www.datenschutz-berlin.de/jahresbe/00/teil3-5.htm, zuletzt besichtigt am 03.04.2001, Teil 3 3.5; zu den einzelnen Regelungen auch Partsch, LKV 2001, 98 (98ff.).

134 Bln Abgh.-Drucks. 11/958; wegen der in der Zeit bis zur Wahl des ersten Gesamt-Berliner Parlaments betriebenen Parallelgesetzgebung auch in die Stadtverordnetenversammlung (SVV) eingebracht: Bln SVV- Drucks. 1/286.

Beschlussfassung im Rechtsausschuss[135] nach Ablauf der 11. Wahlperiode dem Ende der Koalition zum Opfer fiel.[136] Am 30.04.1997 brachte die Berliner Fraktion BÜNDNIS 90/DIE GRÜNEN im Abgeordnetenhaus erneut den Entwurf eines Gesetzes zur Förderung der Informationsfreiheit (Berliner Informationsfreiheitsgesetz - IFG) ein,[137] der fast wortgleich mit dem IFG-Entwurf aus dem Jahre 1990 war. Über den Entwurf wurde zweieinhalb Jahre lang nicht abschließend entschieden. Während dieser Zeit lag er beim Rechtsausschuss und den mitberatenden Ausschüssen bis er - völlig unerwartet und von der Öffentlichkeit fast unbemerkt[138] - kurz vor der Berliner Abgeordnetenhauswahl im Oktober 1999 mit den Stimmen der SPD und der Opposition der Bündnisgrünen und der PDS am 23.09.1999 mit einigen Änderungen des ursprünglichen Entwurfes verabschiedet wurde.

Das IFG Bln enthält ein teilweise vergleichbares und teilweise vom AIG in seiner Ausgestaltung abweichendes Informationsrecht. Unterschiede und Übereinstimmungen werden - soweit der in dieser Arbeit behandelte Themenkreis betroffen ist - bei der nachfolgenden Darstellung des AIG erörtert bzw. aufgezeigt.

cc. Das Schleswig-Holsteinische Informationsfreiheitsgesetz (IFG S-H)

Als drittes Bundesland hat Schleswig-Holstein im Januar 2000 ein "Gesetz über die Freiheit des Zugangs zu Informationen für das Land Schleswig-Holstein (Informationsfreiheitsgesetz für das Land Schleswig-Holstein - IFG-SH)" verabschiedet.[139]

---

135 Beschlußempfehlung des Rechtsausschusses vom 23.10.1990, Bln Abgh.-Drucks. 11/1291.

136 Vgl. auch Bericht des Berliner Datenschutzbeauftragten zum 31. Dezember 1990 (Jahresbericht 1990), S. 10f., 1.2.

137 Bln Abgh.-Drucks. 13/1623=http://datenschutz-berlin.de/recht/bln/ggebung/ifg.htm, zuletzt besichtigt am 04.05.1999.

138 Vgl. 16zeilige Zeitungsnotiz im Tagesspiegel vom 25. September 1999, S. 15.

139 GS Schl.-H. II, Gl. Nr. 2010-2; GVOBl. Schl.-H. 2000, Nr. 4, S. 166ff.; ausführlich zur Entstehungsgeschichte und den einzelnen Regelungen: Weichert, DuD 2000, 262 (262ff.); Hinweise zum Gesetz über die Freiheit des Zugangs zu Informationen für das Land Schleswig-Holstein - IFG-SH) vom 9. Februar 2000; GS S-H II, GlNr. 2010-2, GVBl. 2000, S. 166, zugänglich auch über: http://www.rewi.hu-berlin.de/Datenschutz/DSB/SH/material/recht/dsleicht/hinwifg.htm, zuletzt besichtigt am 05.03.2001; Kurzdarstellung des Gesetzes auch bei Bäumler, NJW 2000, 1982 (1985f.); zu den ersten Erfahrungen mit dem Gesetz vgl.: Pressemitteilung des Unabhängigen Landeszentrums für Datenschutz Schleswig-Holstein vom 02.03.2001, http://www.rewi.hu-berlin.de/Datenschutz/DSB/SH/material/themen/presse/ifghinw.htm, zuletzt besichtigt am 05.03.2001; weitere Informationen zum Thema "Informationen in Schleswig-Holstein" sowie ein Faltblatt zu dem Gesetz zugänglich unter

Auch in Schleswig-Holstein gab schon seit längerem Bestrebungen zur Schaffung landesrechtlicher Informationsrechte. Bereits 1997 hat der Landesbeauftragte für den Datenschutz einen Vorschlag dahingehend vorgelegt, in die Landesverfassung einen Artikel 9 a einzufügen, der ein allgemeines Informationsrecht vorsehen sollte.[140] Dieser Vorschlag wurde jedoch vom Parlament abgelehnt.

Das nunmehr verabschiedete Gesetz beruht auf einem Entwurf, den die Abgeordneten des SSW im Schleswig-Holsteinischen Landtag vorgelegt haben.[141] Daneben gab es einen Vorschlag des Innenministers des Landes Schleswig-Holstein, der vorsah, ein Informationsfreiheitsgesetz in das Landesverwaltungsgesetz (dort §§ 129 a ff.) einzufügen.[142] Letzterer konnte sich jedoch nicht durchsetzen.

Das IFG S-H enthält, wie auch das IFG Bln, ein teilweise vergleichbares und teilweise vom AIG in seiner Ausgestaltung abweichendes Informationsrecht. Unterschiede und Übereinstimmungen werden - soweit der in dieser Arbeit behandelte Themenkreis betroffen ist - bei der nachfolgenden Darstellung des AIG erörtert bzw. aufgezeigt.

---

http://www.datenschutzzentrum.de/informationsfreiheit/, zuletzt besichtigt am 05.03.2001.

140 Hinweis und Vorschlag bei Lutterbeck, Europäische Informationsgesellschaft, S. 12.

141 S-H LT-Drucks. 14/2374 vom 02.09.1999.

142 Vgl. zu den Entwürfen: Stellungnahme des Landesbeauftragten für den Datenschutz Schleswig-Holstein zu den Gesetzentwürfen eines Informationsfreiheitsgesetzes des Fraktion des SSW im Schleswig-Holsteinischen Landtag (E-SSW) und des Innenministers des Landes Schleswig-Holstein (E-IM) vom 11. November 1999, http://www.rewi.hu-berlin.de/Datenschutz/DSB/SH/material/recht/infofrei/stellifg.htm, zuletzt besichtigt am 29.03.2000.

dd. Andere Bundesländer

In mehreren weiteren Bundesländern - in Hessen,[143] Nordrhein-Westfalen,[144] Sachsen,[145] Sachsen-Anhalt[146] und Bayern[147] - sind in jüngster Vergangenheit- von den Fraktionen der Oppositionsparteien Gesetzentwürfe für Informationsfreiheitsgesetze in die Landtage eingebracht worden.[148] Ein in Baden-Württemberg von der Fraktion der Republikaner eingebrachter Entwurf[149] wurde abgelehnt.[150]

Schon vor mehreren Jahren wurde in Hamburg erstmals eine Initiative zum Erlass eines Informationsfreiheitsgesetzes unternommen. Am 15.06.1994 brachte die Fraktion der GAL in der Hamburger Bürgerschaft einen Gesetzentwurf „zur Gewährleistung des Zugangs zu Informationen (Hamburgisches Informationsfreiheitsgesetz - Hmb IFG)“ ein,[151] der jedoch abgelehnt wurde.[152]

---

143 Gesetz über den Informationszugang und die Akteneinsicht (Informationsfreiheitsgesetz), LT-Drucks. 15/1474, eingebracht von der Fraktion BÜNDNIS 90/DIE GRÜNEN:

144 Gesetz zur Förderung der Informationsfreiheit des Landes Nordrhein-Westfalen (Nordrhein-westfälisches Informationsfreiheitsgesetz - IFG), LT-Drucks. 13/321, eingebracht von der CDU-Fraktion; vgl. dazu auch: Stellungnahme des unabhängigen Landeszentrums für Datenschutz Schleswig-Holstein vom 15.03.2001, http://rewi.hu-berlin.de/Datenschutz/DSB/SH/Material/recht/infofrei/stifgnrw.htm, zuletzt besichtigt am 17.04.2001.

145 Gesetz zur Förderung der Informationsfreiheit im Freistaat Sachsen (Informationsfreiheitsgesetz für den Freistaat Sachsen - IFG), LT-Drucks. 3/2394, eingebracht von der SPD- Fraktion.

146 Entwurf eines Gesetzes über die Freiheit des Zugangs zu Informationen für das Land Sachsen-Anhalt (Informationszugangsgesetz für das Land Sachsen-Anhalt - IZG-LSA), LT-Drucks. 3/4253, eingebracht von der PDS-Fraktion.

147 Gesetzentwurf über die Freiheit des Zugangs zu Informationen des Freistaates Bayern (Bayerisches Infromationsfreihetisgesetz - BayIFG), LT-Drucks. 14/6034, eingebracht von der SPD-Fraktion und Gesetzentwurf zur Gewährleistung des freien Zugangs zu amtlichen Informationionen im Freistaat Bayern (Bayerisches Informationsfreiheitsgesetz - BayIFG), LT-Drucks. 14/6180, eingebracht von der Fraktion BÜNDNIS 90/DIE GRÜNEN.

148 Übersicht zum aktueller Stand der Gesetzgebungsverfahren in den verschiedenen Bundesländern vgl.: http.//www.transparente-verwaltung.de.

149 Gesetzentwurf zum Schutz des freien Informationszuganges in Baden-Württemberg (Landesinformationsfreiheitsgesetz - IFG), LT-Drucks. 12/5776.

150 Plenarprotokoll 12/103 vom 01.02.2001, S. 8153.

151 Hbg Bürg.-Drucks. 15/1355.

152 Vgl. hierzu auch: Hbg Bürg.-Drucks. 15/3511 sowie den Bericht des Rechtsausschusses, Hbg Bürg.-Drucks. 15/4354.

2. Europarecht

a. Empfehlungen des Europarates an die Mitgliedsstaaten

Der Rechtsausschuss des Europarates beschäftigte sich bereits in den Jahren 1978/79 mit dem Recht auf Information in demokratischen Staatsordnungen und stellte damals fest, dass in den meisten Mitgliedsstaaten die Offenlegung von Verwaltungsvorgängen nur in sehr beschränktem Maße möglich war.[153] Er empfahl, einen allgemeinen Zugang zu Akten der öffentlichen Verwaltung zu schaffen.[154] Eine entsprechende Resolution „Informationsfreiheit und Zugang der Öffentlichkeit zu Regierungsunterlagen" wurde von der Parlamentarischen Versammlung am 01.02.1979 einstimmig verabschiedet.[155] In der Resolution empfahl die Versammlung dem Ministerkomitee, die Regierungen der Mitgliedsstaaten, die bisher keine entsprechenden Regelungen getroffen hätten, aufzufordern, ein System der Informationsfreiheit einzuführen. Am 23.11.1981 wurde eine entsprechende Empfehlung vom Ministerkomitee angenommen, in deren Präambel den Regierungen der Mitgliedsstaaten nahegelegt wird, trotz der sich aus den Verwaltungserfordernissen ergebenden Einschränkungen die äußersten Anstrengungen zu unternehmen, einen größtmöglichen Grad an Informationszugang zu gewährleisten.[156] Hierfür wurden acht Grundsätze aufgestellt, die jedoch keine verbindliche Rechtswirkung entfalten. Im Jahre 1986 bekräftigte die Parlamentarische Versammlung nochmals ihre Forderungen.[157]

---

153 Doc. 4195 of the legal Affairs Committee, European Yearbook, Bd. 27 (1979), S. 363 Fn. 1.; vgl. hierzu auch: Schaar, CILIP 54 (2/96), S. 20 (26).

154 Doc. 4195 of the legal Affairs Committee, European Yearbook, Bd. 27 (1979), S. 363 Fn. 1.

155 Recommendation No. R (81) 19 by the Committee of Ministers of the Council of Europe to Member States on the Access to Information Held by Public Authorities v. 25.11.1981, European Yearbook, Bd. 29 (1981), S. 360ff.

156 Recommendation No. 854 (1979) by the Parliamentary Assembly of the Council of Europe on Access by the Public to Government Records on Freedom of Information v. 01.02.1979, European Yearbook, Bd. 26 (1979), S. 362 ff.

157 Recommendation No. 1037 (1986) by the Parliamentary Assembly of the Council of Europe on Data Protection an Freedom of Information v. 03.07.1986, European Yearbook, Bd. 34 (1986), S. 21 f.; ferner: Recommendation No. R (91) 10 by the Committee of Ministers of the Council of Europe on the Communication to Third Parties of Personal Data Held by Public Bodies v. 09.09.1991, European Yearbook, Bd. 39 (1991), S. 13 f.

b. Europäisches Gemeinschaftsrecht: Zugang der Öffentlichkeit zu Kommissions- und Ratsdokumenten

Der am 02.10.1997 geschlossene Vertrag von Amsterdam[158] regelt ein Zugangsrecht zu offiziellen Dokumenten der europäischen Institutionen. In Artikel 255 EG-Vertrag[159] wird jedem Unionsbürger und jeder Person mit Wohnsitz in einem Mitgliedsstaat das grundsätzliche Recht auf Zugang zu Dokumenten des Europäischen Parlaments, des Ministerrats und der Kommission zuerkannt. Dieses Recht wird vorbehaltlich der nach Art. 255 Abs. 2 EG-Vertrag durch den Rat bzw. die Organe noch zu treffenden Grundsätze und Bedingungen gewährt. Mit Art. 255 EGV und einer diesbezüglichen Erklärung (35. Erklärung zur Schlussakte)[160] wird damit dem Prinzip des Zugangs der Öffentlichkeit zu den Informationen erstmals eine primärrechtliche Grundlage gegeben.[161] Die Regelung in Art. 255 EGV gilt jedoch nur für Europäische Institutionen[162] und bedarf überdies weiterer Ausgestaltung durch sekundärrechtliche Regelungen. Nach dem Vertrag von Amsterdam sollte die Umsetzung des Rechts durchein Verodnung des Rates[163] bis zum 01.05.2001 erfolgen. Bisher haben sich die Mitgliedsstaaten jedoch nicht auf eine entsprechende Verordnung einigen können, vielmehr hat der Rat den Zugang der Öffentlichkeit in jüngerer Zeit zunächst eingeschränkt.[164]

Der Vertrag von Amsterdam nimmt inhaltlich die Beschlüsse auf, mit denen die EG-Institutionen bereits freiwillig einen Zugang der Öffentlichkeit zu den bei ihnen vorliegenden Dokumenten ermöglicht hatten.[165]

---

158 ABl. EG C 340/1=BR-Drucks. 784/97.

159 Art. 191 a) EG-Vertrag a.F.

160 Abgedruckt in BR-Drucks 784/97, S. 69.

161 So auch: Schrader, NVwZ 1999, 40 (42), Angelov, Insormationszugangsanspruch, S. 96.

162 Vgl. hierzu auch: Angelov, Informationszugangsanspruch, S. 97.

163 Vorschlag für eine Verordnung des Europäischen Parlaments und des Rates über den Zugang der Öffentlichkeit zu Dokumenden des Europäischen Parlaments, KOM (2000)30, endg., zugänglich unter http://www.europa.eu.int/eur-lex/de/comt/dat/2000/de_500PC0030.html, zuletzt besichtigt am 30.10.2000.

164 Vgl. hierzu z.B. Tätigkeitsbericht des LDA Bbg 2000, LT-Drucks. 3/2481= http://www.brandenburg.de/land/lfdbbg/tb/tb9/tb9b02.htm, zuletzt besichtigt am 05.03.2001, Teil B 1.1.

165 Beschluß 94/90/ESKS/EG/Euratom der Kommission über den Zugang der Öffentlichkeit zu den bei der Kommission vorliegenden Dokumenten, ABl. EG L 46, S. 58; Beschluß des Rates 93/731/EWG vom 20.12.1993 über den Zugang der Öffentlichkeit zu Ratsdokumenten, ABl. EG L 340, S. 43., geändert durch den Beschluß 96/705/EGKS/EG/Euratom, ABl. EG L 325, S. 19; vgl. hierzu auch die Entscheidungen der Europäischen Gerichtshofes: EuGH, Urteil vom 19.07.1999, T-14/98, NVwZ 1999, 1216 (1216 ff.) - Zugang der Öffentlichkeit zu Ratsdokumenten - Ausnahmen; EuGH,

Mit Beschluss vom 17.12.1999 zur Verbesserung der Information über die Gesetzgebungstätigkeit des Rates und das öffentliche Register der Ratsdokumente[166] hat der Rat der europäischen Union in Vorgriff auf die nach Art. 255 des Vertrages von Amsterdam festzulegenden Transparenzgrundsätze seine Absicht bekundet, die eigene Gesetzgebungstätigkeit stärker öffentlich zu machen. Dazu sollen Tagesordnungen des Rates und vorbereitende Gremien, soweit sie Gesetzgebungsverfahren betreffen, mit Verweisen auf diesbezügliche Dokumente veröffentlicht werden. Das seit dem 01.01.1999 über das Internet zugängliche Register der Ratsdokumente[167] soll Verweise auf die Dokumentennummern und den Betreff von Verschlusssachen enthalten, soweit dem nicht der Schutz des öffentlichen Interesses, der Privatsphäre des Einzelnen, des Geschäfts- und Industriegeheimnisses, der finanziellen Interessen der Gemeinschaft oder nationale Rechtsvorschriften entgegenstehen. Bereits veröffentlichte Dokumente sollten spätestens bis zum 01.07.2000 im Register angegeben und über das Internet zugänglich gemacht werden. Der Rat hat diesen Beschluss vor dem Hintergrund gefasst, dass "Offenheit für demokratische Verhältnisse in der Europäischen Union und für ihre politische Verantwortlichkeit von entscheidender Bedeutung" ist und "die Unterrichtung der Öffentlichkeit eines der Instrumente zur Förderung dieser Offenheit" darstellt.

Bemerkenswert ist das in der im Dezember 2000 auf dem Gipfel in Nizza proklamierten Charta der Grundrechte der Europäischen Union verankerte Recht auf Zugang zu Dokumenten der Europäischen Institutionen. Art. 42 der Charta enthält ein Zugangsrecht aller Unionsbürgerinnen und Unionsbürger sowie jeder natürlichen oder jurischen Person mit Wohnsitz oder satzungsgemäßem Sitz in einem Mitgliedstaat auf Zugang zu Dokumenten des Europäischen Parlaments, des Rates und der Kommission.[168] Allerdings kommt der Charta eine rechtsverbindliche Wirkung zumindest bis auf weiteres nicht zu, da sie vorerst nicht in die Verträge über die Europäische Union aufgenommen wurde.[169]

Urteil vom 14.10.1999, T-309/97 - Zugang der Öffentlichkeit zu Dokumenten der Kommission - Ausnahmen; vgl. hierzu auch ausführlichere Darstellung bei Angelov, Informationszugangsanspruch, S. 93 ff.

[166] Vgl. http://register.consilium.eu.int/isoregister/misenDE.htm, zuletzt besichtigt am 10.06.2000.

[167] Vgl. http://register.consilium.eu.int/isoregister/introDE.htm, zuletzt besichtigt am 10.06.2000.

[168] Vgl. hierzu: Tätigkeitsbericht 1999 und 2000 des Bundesbeauftragten für den Datenschutz - 18. Tätigkeitsbericht, BT-Drucks. 14/5555, 2.4.

[169] Vgl. hierzu: Tätigkeitsbericht 1999 und 2000 des Bundesbeauftragten für den Datenschutz - 18. Tätigkeitsbericht, BT-Drucks. 14/5555, 2.4.

Ebenfalls bemerkenswert zur Frage eines Anspruchs des Einzelnen auf Gewährung von (Umwelt-)Informationen durch staatliche Institutionen ist auch eine Entscheidung der Europäischen Gerichtshofes für Menschenrechte (EuGHMR) vom 14.10.1999 zu Art. 8 der Europäischen Menschenrechtskonvention (EMRK).[170] Nach dieser Vorschrift hat jedermann Anspruch auf Achtung seines Privat- und Familienlebens und seiner Wohnung. In dem vom EuGHMR entschiedenen Fall hatten es italienische Behörden unterlassen, die örtliche Bevölkerung nach der Seveso-Richtlinie der Europäischen Gemeinschaft über Risiken und Notfallmaßnahmen bei Unfällen in einer nahegelegenen als hochriskant eingestuften chemischen Fabrik zu unterrichten. Das staatliche Unterlassen der Information der Bevölkerung über Sicherheitsmaßnahmen verletzte nach Auffassung des EuGHMR in dem entschiedenen Fall die Verpflichtung des Staates aus Art. 8 EMRK, das Privat- und Familienleben zu achten.[171] Nach Ansicht des EuGHMR können schwere Umweltverschmutzungen das individuelle Wohlergehen beeinträchtigen und Individuen am Genuss des häuslichen Lebens in einer Art und Weise behindern, dass Privat- und Familienleben negativ beeinflusst werden. Der EuGHMR sah über die abwehrrechtliche Funktion des Menschenrechts hinaus die Möglichkeit, dass auch positive staatliche Verpflichtungen zum wirkungsvollen Schutz des Privat- und Familienlebens darin enthalten sein können. Dadurch, dass der Staat der Bevölkerung nicht die notwendigen Informationen gegeben habe, die die Risiken eines weiteren Verbleibs an dem betroffenen Wohnort hätten abschätzbar werden lassen, habe er gegen Art. 8 EMRK verstoßen. Eine von den Antragstellerinnen gerügte Verletzung des Art. 10 EMRK (Freiheit der Meinungsäußerung) hielt das Gericht jedoch nicht für gegeben.

c. Grünbuch über die Informationen des öffentlichen Sektors in der Informationsgesellschaft

Mit einem "Grünbuch über die Informationen des öffentlichen Sektors in der Informationsgesellschaft ("Informationen des öffentlichen Sektors - eine Schlüsselressource für Europa")"[172] hat die Europäische Kommission - nachdem seit Juni 1996 zu der Thematik Sondierungen durchgeführt worden waren - Anfang 1999 eine unionsweite Diskussion über die Erweiterung und europäische Rechtsangleichung der Zugangsrechte zu öffentlichen Informationen und

---

170 EuGHMR, NVwZ 1999, 57 (57f.).

171 Der EuGHMR sprach den 40 Beschwerdeführerinnen daneben Schmerzensgeld in Höhe von je 10 Mio. italienische Lire zu, vgl. EuGHMR, NVwZ 1999, 57 (58f.).

172 KOM (98) 585 endg.; Ratsdokument 5580/99; zugänglich auch über: http://158.169.95:10080/info2000/de/publicsector/gp-index.html und http://www.midas-net.de/greenbook.pdf, beide zuletzt besichtigt am 10.06.2000.

die Verbesserung des Zugangsmöglichkeiten zu den Informationen eröffnet. Die Kommission hat in dem Grünbuch diesbezügliche Fragen gestellt und alle Interessierten zu Stellungnahmen bis Mitte 1999 aufgerufen.

Zwar wird im Grünbuch die Bedeutung des Informationszugangsrechts für die Unterstützung des demokratischen Prozesses angesprochen, Schwerpunkt des Grünbuchs liegt jedoch auf der kommerziellen Nutzung der Informationen. So wird darauf verwiesen, dass "Informationen des öffentlichen Sektors" wichtig seien für ein reibungsloses Funktionieren des Binnenmarktes und des freien Waren-, Dienstleistungs- und Personenverkehrs, dass ein problemloser Zugang zu öffentlichen Informationen Voraussetzung für die Wettbewerbsfähigkeit der europäischen Wirtschaft - insbesondere gegenüber den amerikanischen Konkurrenten - sei und immer wichtiger für die Förderung der vernetzten Wirtschaft werde, um deren Potential ausschöpfen zu können.[173]

Der Aufruf der Kommission zur Stellungnahme hat Gehör gefunden: Der Wirtschafts- und Sozialausschuss und der Ausschuss der Regionen haben positive Erklärungen zu dem Grünbuch abgegeben; außerdem haben etwa 180 betroffene Akteure darauf reagiert und der Kommission entsprechende Beiträge übermittelt.[174] Obgleich eine endgültige Entscheidung der Kommission über die Folgemaßnahmen zum Grünbuch über Informationen des öffentlichen Sektors noch aussteht, haben die Überlegungen zu den aufgeworfenen Fragen bereits Niederschlag in der Arbeit der Kommission gefunden.[175]

3. Ausländisches Recht

Ein Blick auf die internationale Situation der rechtlich abgesicherten Informationsrechte macht deutlich, daß Deutschland sich in dieser Hinsicht als "Nachzügler" darstellt.

---

173 KOM (98) 585 endg., Einführung.

174 Gesamtbericht über die Tätigkeit der europäischen Kommission 1999, Kapitel IV., Abschitt 15, Ziff. 426, zugänglich über http://europa.eu.int/abc/doc/off/rg/de/1999/pt0426.htm, zuletzt besichtigt am 26.08.2000.

175 Vgl. z.B. Vorschlag für eine Entscheidung des Rates über ein mehrjähriges Gemeinschaftsprogramm zur Unterstützung der Entwicklung und Nutzung europäischer digitaler Inhalte in globalen Netzen und zur Förderung der Sprachenvielfalt in der Informationsgesellschaft, KOM (2000) 323 endg.

a. Europäische Länder

Anders als in der Bundesrepublik Deutschland hat der allgemeine staatsbürgerliche Informationsanspruch in einer ganzen Reihe europäischer Nachbarländer - zum Teil in Anlehnung an die Empfehlungen des Europarates vom 23. 11. 1981[176] - eine gesetzliche Regelung erfahren.[177]

In Schweden hat das Prinzip der Aktenöffentlichkeit die älteste Tradition.[178] Bereits seit 1766 ist dieses Prinzip dort ein gesichertes Institut des Verfassungsrechts.[179] Heute bilden Kap. 2 § 1 Abs. 2 der Verfassung von 1975 in der Fassung von 1976/77, der die Informationsfreiheit als die Freiheit bezeichnet, Auskünfte einzuholen und zu erhalten, und insbesondere die Tryckfrihetsforordning (Druckfreiheitsverordnung) von 1949 in der Fassung vom 01.01.1978[180] die Grundlage für das allgemeine Informationszugangsrecht. Vorgesehen ist ein „Jedermann-Recht", Geheimhaltungsgründe ergeben sich teilweise aus der Tryckfrihetsforordning,[181] weitere Regelungen finden sich im Geheimhaltungsgesetz (Sekresslag - SekrL) von 1937[182] das zuletzt in den Jahren 1980 und 1986[183] geändert wurde.[184]

---

176 S.o. unter A.I.2.a.

177 Aktuelle Übersicht über die ausländischen Informationszugangsrechte mit einer Dokumentation der Rechtsquellen bei: Frenzel, Zugang zu Informationen, S.16ff. und Anhang 3.

178 Allgemein zum schwedischen Öffentlichkeitsprinzip z.B.: Askelöf/Fernemann Heuregen, Akteneinsicht in Schweden, S. 473ff.; vgl. auch: Schwan, Amtsgeheimnis und Aktenöffentlichkeit, S. 121ff.; Rotta, Nachrichtensperre und Recht auf Information, S. 126ff.; Angelov, Informationszugangsanspruch, S. 124ff.

179 Zur Geschichte der schwedischen Aktenöffentlichkeit vgl. z.B.: Schwan, Amtsgeheimnis und Aktenöffentlichkeit, S. 121ff., Rotta, Nachrichtensperre und Recht auf Information, S. 126 ff.; Schlachter, Mehr Öffentlichkeit, S. 52ff.; Angelov, Informationszugangsanspruch, S. 124ff.

180 Deutsche Übersetzung bei Askelöf/Fernemann, a.a.O., S. 500ff., Anh.

181 Dort Kap. 2 § 2 (Katalog)

182 SekrL (1980:100 v. 28.05.1937).

183 Seit 1986 in Kraft.

184 Näherers zum SekrL: Hirschberger, Zugang des Bürgers zu staatlichen Informationen, S. 163f.; Maeder, Erich: Geheimhaltungs- und Öffentlichkeitsprinzip im Informationsrecht, S. 185 ff.; Rotta, Christian: Nachrichtensperre und Recht auf Information, S. 126 f.; Schwan, Amtsgeheimnis und Aktenöffentlichkeit, S. 123 ff.; Zschiedrich, Knut: Der Staatsbürgerliche Informationsanspruch aus Art. 5 Abs. 1 S. 1 GG, S. 137; Schlachter, Mehr Öffentlichkeit, S. 52ff.

In Finnland[185] besteht ein Informationsrecht bereits seit 1865, in Dänemark[186] und Norwegen[187] sind entsprechende Gesetze 1970 ergangen. Griechenland[188] hat ein allgemeines Informationsrecht seit 1975. In Frankreich[189] und den Niederlanden[190] gibt es ein allgemeines Zugangsrecht seit 1978, in Österreich seit 1987.[191] Neuere gesetzliche Regelungen haben Italien[192] (seit 1990), Portugal[193] (seit 1993) und Belgien[194] (seit 1994). Mittlerweile hat auch Großbritannien ein Gesetz erlassen, das einen allgemeinen Zugang auf Informationen gewährleistet.[195]

b. Nordamerika

Längere Erfahrungen mit Informationsfreiheitsrechten gibt es auch in Nordamerika.

Mit dem Freedom of Information Act (FOIA) vom 04.07.1966, in Kraft getreten am 04.07.1967, inzwischen mehrfach reformiert,[196] haben die U.S.A. nach damals rund 11jähriger Vorarbeit mit einem „Gesetz zur Durchführung eines Informationsanspruchs der Bürger bei Bundesbehörden“ ein Informationsfrei-

---

185 Heute gilt das Laki ylesiten asiaekirjan julkisundesta v. 09.02.1951/83, ergänzt durch den Amendment Act v. 1987; eingehend hierzu z.B.: Rotta, Nachrichtensperre und Recht auf Information, S. 128 ff.; Schwan, Amtsgeheimnis und Aktenöffentlichkeit, S. 127f.

186 Lov om offentlighed i forvaltningen v. 10.06.1970, ergänzt durch das lov om offentlighed i forvaltningen v. 19.12.1985; hierzu z.B.: Rotta, Nachrichtensperre und Recht auf Information, S. 130 ff.

187 Lov av 19.06.1970 nr. 69 om offentlighet i forvaltningen, ergänzt durch das lov nr. 10 av 08.03.1985; hierzu z.B.: Rotta, Nachrichtensperre und Recht auf Information, S. 133 ff.; Schwan, Amtsgeheimnis und Aktenöffentlichkeit, S. 130 ff.

188 Art. 10 Abs. 3 der Verfassung v. 1975; Gesetz 1599/1986, Art. 16.

189 Loi N° 78-753 (17.07.1978) und Loi 587 (11.07.1979); hierzu z.B. Rotta, Nachrichtensperre und Recht auf Information, S. 135 ff.

190 Gesetz über die Verwaltungöffentlichkeit (Wetopenbaarheid van bestuur) v. 09.11.1978, seit 01.05.1980 in Kraft; vgl. hierzu z.B.: Rotta, Nachrichtensperre und Recht auf Information, S. 137ff.; Schwan, Amtsgeheimnis und Aktenöffentlichkeit, S. 133.

191 Bundesgesetz 1987/287 vom 15. 05.1987.

192 Art. 22-28 des Gesetzes 241/1990 v. 07.08.1990.

193 Gesetz 65 v. 26.08.1993 und Gesetz 6 vom 07.04.1994; vgl. auch Art. 268 II der Verfassung v. 1989.

194 Gesetz v. 11.03.1994 „relative à la publicité administratif“; vgl. auch Art. 32 der Verfassung v. 1995.

195 Freedom of Information Act 2000, abrufbar unter http://www.hmso.gov.uk/acts/acts2000/20000036.htm.

196 Title 5 U.S.C. § 552, in der aktuellen Fassung abrufbar unter http://www.epic.org/open_gov/foia/us_foia_act.html, zuletzt besichtigt am 10.06.2000.

heitsrecht eingeführt.[197] 1996 wurde der FOAI durch den Electronic Freedom of Information Act (E-FOIA) ergänzt,[198] der den Online-Zugang der Allgemeinheit zu Bundesinformationen garantiert.

Soweit nicht bereits aktive behördliche Veröffentlichungspflichten eingreifen, räumt der FOIA jedermann ein Zugangsrecht zu behördlichen Akten ein. Ein besonderes Interesse muss nicht geltend gemacht werden. Als Bundesgesetz verpflichtet der FOIA nur Bundesbehörden zur Informationsgewährung. Mittlerweile haben jedoch die Bundesstaaten teilweise weitgehendere Informationsrechte geschaffen.[199] Die Geheimhaltungsgründe sind im FOIA in neun Ausnahmebestimmungen aufgelistet. Für die Informationsgewährung ist eine Entscheidungsfrist von 20 Arbeitstagen (nach E-FOIA), die unter bestimmten Voraussetzungen um 10 Tage verlängert werden kann, vorgesehen. Bemerkenswert ist die Regelung, dass sich die Gebühren nach dem Status des Antragstellers, insbesondere auch nach dem kommerziellen Zweck der Akteneinsicht, bestimmen.

In Kanada ist das Recht auf Informationszugang seit 1982 gesetzlich geregelt.[200]

c. Japan

Im Mai 1999 hat auch Japan nach vierjähriger Beratungszeit und nach 17jährigen Erfahrungen auf der lokalen Ebene ein staatliches Informationszugangsgesetz verabschiedet.[201] Dieses Gesetz dient nicht in erster Linie dazu,

---

197 Vgl. zum FOIA z.B.: Angelov, Informationszugangsanspruch, S. 101ff.; Kneifel, CR 1990, 134 (134ff.), 352 (352ff.); Schaar, CILIP 54 (2/96), 20 (20ff.); Schlachter, Mehr Öffentlichkeit, S. 63ff.; zu praktischen Erfahrungen auch: Vortrag von *Gellman* (U.S.A.) auf dem Internationalen Symposium „Informationsfreiheit und Datenschutz" am 25./26. Oktober 1999 in Potsdam, zugänglich über http://brandenburg.de/land/lfdbbg/internat/Symp99/symp99.htm, zuletzt besichtigt am 12.06.2000.

198 Die Änderungen durch den Electronic Freedom of Information Act v. 02.10.1996 (E-FOIA) sind im Orginaltext über http://www.epic.org/open_gov/efoia.html, zuletzt besichtigt am 10.06.2000, zugänglich.

199 Vgl. Nachweise bei Partsch, NJW 1998, 2559 (2559).

200 Die aktuelle Fassung des Gesetzes und weitergehende Informationen können unter http://canada.justice.gc.ca/en/ps/atip/index.html, zuletzt besichtigt am 14.06.2000, abgerufen werden.

201 Vgl. die Ausführungen von *Fujiwara* in seinem Vortrag auf dem Internationalen Symposium „Informationsfreiheit und Datenschutz" am 25./26. Oktober 1999 in Potsdam, zugänglich über http://brandenburg.de/land/lfdbbg/internat/Symp99/symp99.htm, zuletzt besichtigt am 12.06.2000; vgl. auch Presse-Information des LDA Bbg zum Internationalen Symposium „Informationsfreiheit und Datenschutz" am 25./26. Oktober 1999 in

dem Recht auf Wissen der Bürgerinnen und Bürger Geltung zu verschaffen, sondern ist primär darauf gerichtet, die Regierung anzuhalten, ihrer Rechenschaftspflicht nachzukommen.[202]

Potsdam, http://www.brandenburg.de/land/lfdbbg/presse/19991026.htm, zuletzt besichtigt am 28.10.1999.

202 a.a.O.

II. Grundlagen und Entstehung des brandenburgischen AIG

1. Verfassungsrechtliche Grundlage: Art. 21 Abs. 3, 4 der Verfassung des Landes Brandenburg (BbgVerf)

Mit der Verabschiedung des AIG hat der brandenburgische Gesetzgeber etwa fünfeinhalb Jahren nach Inkrafttreten der Verfassung des Landes Brandenburg (BbgVerf)[203] die Vorschrift des Art. 21 Abs. 4 BbgVerf ausgefüllt und den Auftrag aus Art. 21 Abs. 3 BbgVerf erfüllt.

Art. 21 Abs. 4 BbgVerf regelt:
„Jeder hat nach Maßgabe des Gesetzes das Recht auf Einsicht in Akten und sonstige amtliche Unterlagen der Behörden und Verwaltungseinrichtungen des Landes und der Kommunen, soweit nicht öffentliche oder private Interessen entgegenstehen."

Art. 21 Abs. 3 BbgVerf lautet:
„Alle Menschen haben das Recht, sich in Bürgerinitiativen oder Verbänden zur Beeinflussung öffentlicher Angelegenheiten zusammenzuschließen. Diese haben das Recht auf Information durch alle staatlichen und kommunalen Stellen und auf Vorbringen ihrer Anliegen bei den zuständigen Stellen und Vertretungskörperschaften. Das Nähere regelt ein Gesetz."

a. Besonderheiten der brandenburgischen Verfassung

Das „Jedermann-Recht" auf Akteneinsicht der brandenburgischen Verfassung in Art. 21 Abs. 4 BbgVerf stellt eine Besonderheit im bundesdeutschen Recht dar, die bis zuletzt im Verfassungsgebungsverfahren umstritten war. Die Verfassungsnormen des Art. 21 Abs. 4 und Art. 21 Abs. 3 S. 2 BbgVerf sind Ausfluss der nach der Wende in den neuen Bundesländern laut gewordenen Forderung nach breiterer Beteiligung des Volkes an der Staatswillensbildung[204] und eines qualitativ neuen rechtsstaatlichen Demokratieverständnisses.[205] Die Verfassung Brandenburgs ist - wie auch die Verfassungen der anderen neuen Bundesländer - vor dem Hintergrund der friedlichen Revolution in der DDR zu sehen, der Überwindung der Diktatur der SED mit den Mitteln spontaner, unmit-

---

[203] Die umgesetzten Verfassungsvorschriften sind mit Verkündung der Verfassung des Landes Brandenburg am 20.08.1992 in Kraft getreten, GVBl. I, S. 298.

[204] Vgl. zu dieser Tendenz z.B. Simon, NJ 1991, 427(428).

[205] Misselwitz, NJ 1991, 189 (189).

telbarer Demokratie.[206] Durch die Erfahrungen der Wende hatten Forderungen nach einer verstärkten Beteiligung des Volkes an der staatlichen Willensbildung neuen Auftrieb gewonnen.[207] Nach der "friedlichen Revolution" gab es sogar Überlegungen, einen "grundsätzlichen Neubeginn" zu wagen.[208] Die mit der Beseitigung der SED-Diktatur erlangte Freiheit rief in politisch interessierten Kreisen der Bevölkerung verbreitet ein Bedürfnis nach originärer Betätigung an der Staatsgewalt hervor.[209] Es wurde die Auffassung vertreten, dass es an der Zeit sei, dem Volk als Träger der Staatsgewalt endlich breitere Möglichkeiten zur unmittelbaren Beteiligung an der Staatswillensbildung einzuräumen.[210] Auch die Entstehung von Bürgerinitiativen hatte tiefgreifende verfassungspolitische Veränderungen erkennbar werden lassen.[211] Insgesamt war eine neue Nachdenklichkeit darüber ausgelöst worden, ob und wie die „Zuschauerdemokratie" zu einer „Teilnehmerdemokratie" fortzuentwickeln sei.[212]

Nachdem die Bemühungen um eine eigene DDR-Verfassung einerseits und um eine im Rahmen des Art. 146 Grundgesetz zu schaffende gesamtdeutsche Verfassung andererseits ergebnislos geblieben waren, verlagerten sich die Anstrengungen auf die Ausgestaltung der Landesverfassungen, die zum (Ersatz-) Schauplatz für die Realisierung der neuen Ideen wurden.[213] Nur auf der Grundlage der Erfahrungen der Wende ist die starke Ausprägung des „allgemeinen Öffentlichkeitsprinzips der Demokratie"[214] in der brandenburgischen Verfassung, die gerade in Art. 21 Abs. 4 und 3 BbgVerf besonderen Ausdruck findet, zu verstehen.[215] Die Vorschriften „atmen den Geist der Wende", mit ihnen wollte man allen Versuchen, den Bürgern demokratische Kernrechte vorzuenthalten, von Anfang an begegnen.[216]

Das „Jedermann-Akteneinsichtsrecht" des Art. 21 Abs. 4 BbgVerf und das Informationsrecht der Bürgerinitiativen und Verbände des Art. 21 Abs. 3 S. 2

---

206 Franke/Kneifel-Haverkamp, in: Sachs, Handb. BbgVerf, § 2 Rn. 1; dies., JöR 42 (1994), 111 (113).

207 Vgl. z.B. Simon, NJ 1991, 427(428).

208 Sachs, LKV 1993, 241 (242).

209 So z.B. Simon, NJ 1991, 427(428); Franke/Kneifel-Haverkamp, in: Sachs, Handb. BbgVerf, § 2 Rn. 17.

210 Vgl. z.B. Simon, NJ 1991, 427(428).

211 So z.B. Simon, NJ 1991, 427(428); Misselwitz, NJ 1991, 189 (189).

212 So z.B. Simon, NJ 1991, 427(428); Misselwitz, NJ 1991, 189 (189).

213 Sachs, LKV 1993, 241 (242); Franke/Kneifel-Haverkamp, JöR 42 (1994), 111 (112, 148).

214 Vgl. z.B.: BVerfGE 70,324 (358).

215 So auch: Franke/Kneifel-Haverkamp, in: Sachs, Handb. BbgVerf, § 2 Rn. 17, 18; dies., JöR 42 (1994), 111 (116).

216 Lutterbeck, Informationsfreiheit, S. 2.

BbgVerf stehen mit der Tendenz, das Volk stärker an der staatlichen Willensbildung zu beteiligen, neben anderen in der brandenburgischen Verfassung getroffenen Regelungen und vorgesehenen plebiszitären Elementen:

So ist in Art. 21 Abs. 1 BbgVerf das „Recht auf politische Mitgestaltung" als eigene Verfassungsnorm[217] formuliert. Der Regelungsgehalt dieser Norm wird im Einzelnen noch zu untersuchen sein.[218]

Art. 2 Abs. 4 S. 1, 22 Abs. 2 und 3 und 76 ff. BbgVerf regeln Volksinitiative, Volksbegehren und Volksentscheid auf Landesebene. Die vieldiskutierten plebiszitären Elemente in Art. 76 ff. BbgVerf entsprechen allerdings im wesentlichen dem schleswig-holsteinischen Vorbild[219] und entpuppen sich bei näherem Hinsehen nicht als besondere Neuheiten.[220] Alle Verfassungen der neuen Bundesländer enthalten ausgeprägte plebiszitäre Elemente,[221] was vor dem Hintergrund der Wende zu verstehen ist.[222] Die jeweiligen Regelungen wurden mit der Intention eingefügt, einen Abbau der Staatsferne und des Gefühls des Ausgeliefertseins gegenüber dem Staat zu bewirken, hierdurch auch bei umstrittenen Entscheidungen die Akzeptanz zu verbreitern und eine „gewisse Befriedungswirkung" zu erreichen.[223] Staatsorgane und Parteien sollten dadurch zu einem bürgernahen Verhalten angehalten und die parlamentarische Gesetzgebungsarbeit verbessert werden.[224]

b. Weitere Akteneinsichts- und Informationsrechte in der BbgVerf

Neben dem Akteneinsichtsrecht in Art. 21 Abs. 4 BbgVerf und dem Informationsrecht des Art. 21 Abs. 3 BbgVerf enthält die brandenburgische Verfassung weitere Akteneinsichts- und Informationsrechte.

Am weitesten geht das Akteneinsichts- und Informationsrecht des Abgeordneten nach Art. 56 Abs. 3 und 4 BbgVerf, das nur abgelehnt werden darf, wenn

---

217 Simon, NJ 1991, 427 (428) bezeichnet das „Recht auf politische Mitgestaltung" als demokratisches Grundrecht (damals noch zu Art. 24 Abs. 4 des Entwurfes).

218 Vgl. A.II.3.a.

219 Art. 41 f. der Verfassung des Landes Schleswig-Holstein in der Fassung vom 13. Juni 1990, GVOBl. 1990, S. 391 ff.

220 Vgl. Sachs, LKV 1993, 241 (247), der die plebiszitären Elemente der BbgVerf als „wenig aufregend" bezeichnet.

221 Vgl. Art. 70-73 LV Sachsen, Art. 80 f. LV Sachsen-Anhalt; Art. 57 f. LV Mecklenburg-Vorpommern; Art. 81-83 LV Thürigen.

222 Neßler, LKV 1995, 12 (12f.); Misselwitz, NJ 1991, 189 (189).

223 Vgl. z.B. Simon, NJ 1991, 427(429).

224 Vgl. z.B. Simon, NJ 1991, 427(429).

überwiegende öffentliche oder private Interessen an der Geheimhaltung dies zwingend erfordern (Art. 56 Abs. 4 S. 1 BbgVerf).[225] Es räumt den Abgeordneten des Landtages ein umfassendes Informations-, Zugangs- und Aktenvorlagerecht gegenüber der Verwaltung ein.[226] Insoweit geht es über ähnliche, in anderen Verfassungen enthaltene Regelungen[227] hinaus.[228] Das Grundgesetz kennt keine Norm, die den Bundestagsabgeordneten eine solche Rechtsstellung verschafft. Normzweck der Vorschrift des Art. 56 Abs. 3, 4 BbgVerf ist nach der Rechtsprechung des Verfassungsgerichts des Landes Brandenburg die Durchsetzung der Kontrollfunktion des Parlaments gegenüber der Regierung.[229] Art. 94 BbgVerf verpflichtet daneben die Regierung zu einer aktiven Informationspolitik gegenüber dem Landtag.

Art. 39 Abs. 7 Satz 2 BbgVerf enthält ein Jedermann-(Grund)Recht auf Zugang zu Umweltinformationen. Danach besteht ein Anspruch auf Umweltinformationen, soweit nicht öffentliche oder private Interessen entgegenstehen. Dieses Grundrecht hat der Verfassungsgeber unter einen Ausgestaltungsvorbehalt zugunsten des einfachen Gesetzgebers gestellt (Art. 39 Abs. 7 S. 3 BbgVerf). Die verbleibende - wohl geringe - Bedeutung dieser Vorschrift nach dem Erlass der Richtlinie des Rates der Europäischen Gemeinschaften über den freien Zugang zu Informationen über die Umwelt[230], die nunmehr nach (zum Teil allerdings unzureichender) Umsetzung durch das Umweltinformationsgesetz (UIG),[231] in Bundesrecht umgesetzt wurde,[232] und die Frage der Gesetzgebungskompetenz für die Regelung des Informationsrechts im Umweltbereich sollen hier nicht Gegenstand der Erörterung sein.

Art. 11 Abs. 1 2. Alt BbgVerf gibt dem Einzelnen ein Akteneinsichtsrecht in die ihn (selbst) betreffenden Akten, soweit Rechte Dritter nicht entgegenstehen.

---

[225] Näheres hierzu unter B.IV.2.b.cc.(2).

[226] Neßler, LKV 1995, 12 (13).

[227] Art. 23 Abs. 2-4 LV Schleswig-Holstein; in den neuen Bundesländern: Art. 53 Abs. 3, 4 LV Sachsen-Anhalt; Art. 40 Abs. 2 LV Mecklenburg-Vorpommern; Art. 52 Abs. 1, 2 LV Sachsen.

[228] So auch: Neßler, LKV 1995, 12 (13), Breidenbach/Kneifel-Haverkamp in: Sachs, Handb. BbgVerf, § 21 Rn. 30.

[229] BbgVerfG, Urteil vom 20.06.1996, NJW 1996, 3334 (3335) = NJ 1997, 136 (137); BbgVerfG, Urteil vom 20.11.1997, NVwZ-RR 1998, 209 (211)=NJ 1998, 83 (83) m. Anm. Jutzi; so auch bereits: Neßler, LKV 1995, 12 (13); Breidenbach/Kneifel-Haverkamp, in: Sachs, Handb. BbgVerf, § 21 Rn. 2 betonen das Kontrollrecht gegenüber der Ministerialbürokratie.

[230] Richtlinie von 07.06.1990 (90/313/EWG), ABl. EG L 158/56 v. 23.06.1990.

[231] BGBl. I, S. 1490 ff; Einzelheiten hierzu später unter B.IV.1.b.ee.(2).

[232] Vgl. auch: Iwers, Entstehung BbgVerf, S. 600 - bundesgesetzliche einfachgesetzliche Gewährleistung des Grundrechtes.

Insoweit präzisiert die brandenburgische Verfassung den Grundrechtekatalog des Grundgesetzes und wertet die inzwischen zur Frage des Datenschutzes ergangene Rechtsprechung - d.h. insbesondere das „Volkszählungsurteil" des Bundesverfassungsgerichts aus dem Jahre 1983 [233] - aus.[234]

Art. 19 Abs. 1 S. 1 2. Alt. BbgVerf, der die Meinungs- und Medienfreiheit gewährt, sieht darüber hinaus ein allgemeines Informationsrecht vor. Nach dieser Bestimmung hat jeder das Recht, sich aus allgemein zugänglichen oder anderen, rechtmäßig erschließbaren Quellen zu unterrichten.

c. Zur Entstehung des Art. 21 Abs. 3 und 4 BbgVerf

Die Regelungen der Absätze 1 bis 5 des Art. 21 BbgVerf befanden sich in wesentlichen Zügen erstmals im ersten Verfassungsentwurf des Verfassungsausschusses I vom 31. Mai 1991,[235] damals in Art. 22 Abs. 1 bis 4 des Entwurfes.[236] Art. 22 Abs. 4 dieses Verfassungsentwurfes lautete:

„Jeder hat das Recht auf Einsicht in Akten und Unterlagen der Landesregierung, der Behörden des Landes und der Träger der kommunalen Selbstverwaltung, soweit ein berechtigtes Interesse glaubhaft gemacht ist und Rechte Dritter oder überwiegendes Allgemeininteresse nicht entgegensteht. .... Das Nähere regelt ein Gesetz."

In Absatz 4 S. 2 des Art. 21 war zunächst das später in Absatz 5 ausgegliederte[237] Recht auf Verfahrensbeteiligung vorgesehen. Art. 22 Abs. 3 des Verfassungsentwurfes war schon damals fast identisch mit der heutigen Fassung des Art. 21 Abs. 3 BbgVerf.[238]

---

233 BVerfGE 65, 1 ff.

234 Breidenbach/Kneifel-Haverkamp, In: Sachs, Handb. BbgVerf, § 21 Rn. 10 ff.; Sachs, LKV 1993, 241 (243); Simon, NJ 1991, 427 (427) damals noch zu Art. 12 des Entwurfes der Verfassung.

235 Abgedruckt in: GVBl. I 1991, S. 95 (99f.); JöR N.F. 41 (1993), S. 93 ff.

236 Wohl auf Vorschlag Reuters (Bündnis 90), vgl. Iwers, Entstehung BbgVerf, S. 417 leider ohne Nachweis.

237 Vgl. Protokoll des Verfassungsausschusses, Unterausschuß I, 16. Sitzung vom 05.11.1991 (UA I/16), S. 18; Protokoll des Verfassungsausschusses I, 10 Sitzung vom 15.11.1991 (VA I/10), S. 9 (abgedruckt in: Dokumentation, Verfassung des Landes Brandenburg, herausgegeben vom Landtag Brandenburg, Band 2).

238 Zu den geringfügigen Änderungen vgl. Gegenüberstellung bei Iwers, Entstehung BbgVerf, S. 416.

Im Unterausschuss waren *Merkel* (Bündnis 90) für Art. 21 Abs. 4 BbgVerf[239] und *Schöneburg* (PDS-LL) Berichterstatter für den übrigen Teil der Vorschrift.[240]

Die Änderung des ursprünglichen Vorschlages in die jetzige Fassung des Art. 21 Abs. 4 BbgVerf erfolgte auf der Grundlage eines von *Schüler* (Fraktionsmitarbeiter Bündnis 90) formulierten und zunächst im Zusammenhang mit dem Datenschutz (Art. 11 BbgVerf) behandelten Entwurfes.[241] Anders als der Verfassungsentwurf vom Mai 1991 hatte *Schüler* in diesem Entwurf als Voraussetzung des ansonsten gleich formulierten Rechts die Glaubhaftmachung eines „berechtigten Interesses" an der Einsichtnahme nicht vorgesehen.[242] Er vertrat die Auffassung, die benannten Schranken des Grundrechts - entgegenstehende Rechte Dritter und das überwiegende Allgemeininteresse - würden den Datenschutz Dritter ausreichend gewährleisten und schützten auch ansonsten vor Missbrauch.[243] Diese Auffassung konnte sich im Unterausschuss I zunächst nicht durchsetzen.[244] Da das Akteneinsichtsrecht aber über das bereits durch Art. 11 Abs. 1 BbgVerf[245] gewährte Einsichtsrecht (in die die Person des Antragstellers betreffenden Akten) hinausgehen sollte, nahm man auf Vorschlag *Simons* den entsprechenden Zusatz („berechtigtes Interesse") auf.[246] Die Verbindung der Bestimmung mit der das Recht auf politische Mitgestaltung behandelnden Vorschrift sollte abermals eine Einschränkung des mit Blick auf das Rechtsstaatsprinzip sonst als zu weitgehend empfundenen Akteneinsichtsrechts bewirken.[247]

Merkel (Bündnis 90) forderte im Unterausschuss unter Hinweis auf entsprechende Regelungen in den USA und in einigen europäischen Ländern sowie auf die EG-Richtlinie zur Umweltinformation,[248] die Beschränkung des Einsichtsrechts durch die Glaubhaftmachung eines berechtigten Interesses fallenzulassen.[249] Diese Forderung konnte sich allerdings zunächst nicht durchsetzen.[250]

---

239 UA I/13, S. 18.
240 Vgl. UA I/4, Anlage 3; UA I/7, Anlage 1; UA I/8, Anlage 2; UA I/13, S. 19.
241 UA I/5, S. 9 ff, 11 ff. und Anlage 2.
242 UA I/5, Anlage 2.
243 UA I/5, S. 12.
244 UA I/5, S. 12 ff.
245 Damals Art. 12 Abs. 1 des Entwurfes.
246 UA I/5, S. 12 ff, 15.
247 UA I/5, S. 14 f.
248 Vom 07.04.1990 (90/3131/EWG), ABl. EG L 158/56 v. 23.04.1990; abgedruckt auch in NVwZ 1990, 844 ff.
249 UA I/13, S. 18.
250 UA I/13, S. 18 f.

Die Landesregierung beanstandete in ihrer umfangreichen Stellungnahme vom 10.09.1991 zum Verfassungsentwurf vom Mai 1991 den umfassend formulierten Anspruch auf Einsichtnahme in Akten.[251] Sie empfahl, von dem unpräzisen Begriff der „sonstigen Unterlagen" jedenfalls solche Aufzeichnungen auszunehmen, die laufende Verfahren und Entscheidungsvorbereitungen zum Gegenstand hätten.[252] Weiterhin wurde bezweifelt, dass der Begriff des „berechtigten Interesses" als Regulativ ausreiche; je nach Sachbereich seien nähere Konkretisierungen erforderlich.[253] Insbesondere hielt man es für bedenklich, dass auch interne Unterlagen der Landesregierung von dem Anspruch erfasst sein sollten.[254] In Frage gestellt wurde von der Landesregierung auch, ob die Formulierung des in Art. 22 Abs. 1 des Entwurfes gewährleisteten politischen Teilhaberechts als eines Rechts auf „politische Mitgestaltung" nicht überzogene Erwartungen auf die Effektivität der Teilhabe wecke.[255] In diesem Zusammenhang wurde eine zurückhaltendere Formulierung vorgeschlagen (z.B. „politische Mitwirkung").[256]
Die Kritik der Landesregierung wurde (im Ergebnis nur) insoweit aufgenommen, als anstelle der „sonstigen Unterlagen" „sonstige *amtliche* Unterlagen" traten.[257] Die Kritik hinsichtlich der Formulierung des Absatz 1 der Vorschrift wurde im Unterausschluss zurückgewiesen; auch ein Vorschlag der CDU auf Streichung des Absatzes fand keine Mehrheit.[258]

Nachdem die Landesregierung in ihrer Stellungnahme vom 10.09.1991 bereits die Weite des Informationsrechts kritisiert hatte,[259] Zuschriften aus der Bevölkerung an den Verfassungsausschuss dagegen teilweise einen Verzicht auf das Kriterium des berechtigten Interesses gefordert hatten,[260] und infolge einer systematisches Zusammenschau der in den zwei verschiedenen Unterausschüssen erarbeiteten informationsrechtlichen Regelungen gewisse Ungereimtheiten - insbesondere mit dem Abgeordnetenrecht des Art. 56 Abs. 3, 4 BbgVerf (damals Art. 57 des Entwurfes) - deutlich geworden waren, setzte der Verfassungsausschuss am 19.10.1991 eine Arbeitsgruppe, bestehend aus Vertretern der beiden Unterausschüsse und der Regierung, ein, die die Regelungen harmonisieren

251 Stellungnahme der Landesregierung zum Entwurf der Verfassung des Landes Brandenburg vom 10. September 1991, Dokumentation, Verfassung des Landes Brandenburg, herausgegeben vom Landtag Brandenburg, Band 5, Anmerkungen, S. 24.
252 Stellungnahme der Landesregierung vom 10. September 1991, Anmerkungen, S. 24.
253 Stellungnahme der Landesregierung vom 10. September 1991, Anmerkungen, S. 24.
254 Stellungnahme der Landesregierung vom 10. September 1991, Anmerkungen, S. 24.
255 Stellungnahme der Landesregierung vom 10. September 1991, Anmerkungen, S. 23.
256 Stellungnahme der Landesregierung vom 10. September 1991, Anmerkungen, S. 23.
257 UA I/20, S. 13; VA I/11, S. 11 ff.
258 UA I/16, S. 15f. .
259 Stellungnahme der Landesregierung vom 10. September 1991, Anmerkungen, S. 24 f.
260 UA I/13, S. 19.

sollte.[261] Im Ergebnis erfolgte im Plenum des Verfassungsausschusses die Streichung des Erfordernisses der Glaubhaftmachung eines „berechtigten Interesses", und die Vorschrift erhielt die heutige Fassung des Art. 21 Abs. 4 BbgVerf. Über die für die Streichung maßgeblichen Beweggründe der Arbeitsgruppe finden sich keine Protokollnotizen; eine Diskussion im Verfassungsausschuss ist ebenfalls nicht verzeichnet.[262] Welche genauen Beweggründe dazu geführt haben, das Erfordernis zu streichen, bleibt damit unklar. Aus den Beratungen zu Art. 21 Abs. 3 BbgVerf kann jedoch gefolgert werden, dass der Begriff des berechtigten Interesses als zu unbestimmt angesehen wurde;[263] in diese Richtung ist jedenfalls bei den Beratungen zu Art. 21 Abs. 3 BbgVerf. argumentiert worden.[264] Spätere Anträge der CDU- und der F.D.P.-Fraktion, die zusätzliche Voraussetzung wieder aufzunehmen, wurden abgelehnt.[265] Das Bündnis 90 erklärte, die Regelung des Art. 21 Abs. 4 BbgVerf sei für die Fraktion ein wesentlicher Punkt der Verfassungsgebung, die von der CDU vorgeschlagene Formulierung sei nicht tragbar.[266] Die Erfahrungen anderer Länder zeigten, dass eine Regelung, wie sie der Entwurf enthalte, keinesfalls zu einer Lahmlegung der Verwaltung führe.[267] Als Kompromiss schlug das Bündnis 90 vor, das Akteneinsichtsrecht nur „nach Maßgabe des Gesetzes" zu gewähren.[268] Damit vermeide man es, das berechtigte Interesse in der Verfassung festzuschreiben; hierüber solle der Gesetzgeber befinden.[269] Diesem Vorschlag wurde zugestimmt.[270]

Bezüglich der Vorschrift des Art. 21 Abs. 3 BbgVerf wurde von Beginn der Verfassungsdiskussionen an vor einer Überlastung der Verwaltung gewarnt.[271] Die essentielle Bedeutung der grundrechtlichen Garantie für die demokratische Mitwirkung und politische Mitgestaltung wurde jedoch nicht in Frage gestellt. Das Informationsrecht der Initiativen und Verbände war in keiner Phase des Verfassungsgebungsprozesses umstritten.[272] Ein Antrag der CDU, das Informationsrecht von der Darlegung eines berechtigten Interesses abhängig zu machen, wurde abgelehnt.[273] Der Terminus des berechtigten Interesses wurde auch hier

---

[261] VA I/9, S. 3f.; Breidenbach/Kneifel-Haverkamp, in: Sachs, Handb. BbgVerf, § 21 Rn. 25 Fn. 57.
[262] So auch: Iwers, Entstehung BbgVerf, S. 421.
[263] So auch: Iwers, Entstehung BbgVerf, S. 421.
[264] Z.B. Protokoll des Verfassungsausschusses II, 3. Sitzung am 18.03.1992 (VA II/3), S. 14.
[265] Verfassungsausschuß II, 8.Sitzung (VAII/8), S. 4f; VA II/3, S. 15 und Anlage 3.
[266] VA II/6, S. 11;VA II/8, S. 4.
[267] VA II/8, S. 4.
[268] VA II/6, S. 11; VA II/8, S. 4.
[269] VA II/8, S. 5.
[270] VA II/8, S. 5.
[271] UA I/2, S. 8f.; VA II/3, S. 14.
[272] So auch: Breidenbach/Keifel-Haverkamp, in: Sachs, Handb. BbgVerf, § 21 Rn. 41.
[273] Protokoll des Verfassungsausschusses II, 3. Sitzung vom 18.03.1992 (VA II/3), S. 14.

als zu unpräzise empfunden; zudem wollte man an dem Grundsatz festhalten, dass sich über die Tätigkeit der Verwaltung „jeder neugierige Bürger“ informieren können soll.[274]

d. Bedeutung des Art. 21 Abs. 4 und 3 BbgVerf

Art. 21 Abs. 4 BbgVerf ist als ein eigenes Grundrecht auf Akteneinsicht zu qualifizieren.[275] Die Formulierung der Norm, dass das Akteneinsichtsrecht nur „nach Maßgabe der Gesetze“ besteht, wirft jedoch mehrere Fragen auf:[276] Zum einen stellt sich die Frage, ob sich aus der Vorschrift *unmittelbar Ansprüche* herleiten lassen, oder ob sie zur Begründung von Ansprüchen erst einer Umsetzung durch den Gesetzgeber bedarf. Unklar ist weiterhin, ob die Bestimmung einen Gesetzgebungs*auftrag* zum Erlass eines "Akteneinsichtsgesetzes" enthält.

Die Regierung ging allem Anschein nach bei der Fassung des Entwurfes zum AIG davon aus, dass sowohl Art. 21 Abs. 3 BbgVerf als auch Art. 21 Abs. 4 BbgVerf einen Gesetzgebungsauftrag enthalten. In der Begründung des Gesetzentwurfes zum AIG führt sie aus: „ Beide Verfassungsgüter *(aus Art. 21 Abs. 4 und 3 BbgVerf., Anm. der Verfasserin)* sind bisher nicht mit Leben erfüllt worden ... Diese Aufträge der Verfassung auszugestalten ist die Aufgabe des vorliegenden Entwurfes.“[277]

Vor Erlass des AIG war jedoch sowohl umstritten, ob sich ein Akteneinsichtsrecht direkt aus der Verfassungsnorm des Art. 21 Abs. 4 BbgVerf ableiten lässt, als auch, ob und welchen Gesetzgebungsauftrag die Norm enthält.

Teilweise wurde vertreten, dass dieVorschrift ein umfassendes Recht auf Akteneinsicht garantiere.[278] Ein direkter Anspruch auf Akteneinsicht aus der Verfassungsnorm wurde damit begründet, dass Art. 21 Abs. 4 BbgVerf keinen Ge-

---

[274] Protokoll des Verfassungsausschusses II, 3. Sitzung vom 10.03.1992 (VA II/3), S. 14.

[275] Iwers, Entstehung BbgVerf, S. 427f.; Dix, DuD 1999, 316 (316); im Ergebnis wohl auch: Breidenbach/Kneifel-Haverkamp, in: Sachs, Handb. BbgVerf, § 2 Rn. 18; Sachs, Handb. BbgVerf, § 5 Rn. 25.

[276] Kritik an dieser Formulierung in der BbgVerf äußert auch Sachs, Handb. BbgVerf, § 5 Rn. 25.

[277] LT- Drucks. 2/4417, S. 1.

[278] Brünneck/Epting, in: Sachs, Handb. BbgVerf, § 22 Rn. 6; Partsch, NJW 1998, 2559 (2560); auch Maurer, VerwR, § 19 Rn. 21c nimmt einem eigenen Anspruch aus der Grundrechtsvorschrift an; so auch: Bleyl (damaliger Landesbeauftragter für den Datenschutz Brandenburg), Ausschussprotokoll 2/902-I, S. 38, vgl. auch die Stellungnahme im Anhang des Ausschussprotokolls 2/902-I, S. 3.

setzgebungsauftrag enthalte,[279] vom Verfassungsgeber aber nicht gewollt gewesen sei, dass die Regelung ohne Normqualität sei.[280] In den Beratungen sei weder ausdrücklich noch der Sache nach von einem „Verzicht" auf die unmittelbare Anwendbarkeit des Grundrechts die Rede gewesen.[281] Auch von einem Auftrag an den Gesetzgeber, das Grundrecht umfassend erst zu aktivieren, sei nicht gesprochen worden.[282] Dem Gesetzgeber sei mit dem „Maßgabevorbehalt", der richtigerweise als „Regelungsvorbehalt" zu verstehen sei, vielmehr lediglich die „technische" Umsetzung des Anspruchs auf Einsichtnahme sowie die Spezifizierung der „überwiegenden öffentlichen und privaten Interessen" aufgegeben worden.[283] Teilweise wird auch von dieser Auffassung eingeräumt, dass das Grundrecht „sehr ausgestaltungsbedürftig" sei.[284] Vereinzelt wurde darauf verwiesen, dass die Frage der unmittelbaren Anwendbarkeit des Art. 21 Abs. 4 BbgVerf angesichts des - bereits vor Erlass des AIG bereits bestehenden - einfach-gesetzlichen Landesrechts „eher theoretischer Natur" sei.[285] Selbst wenn § 29 VwVfG Bbg das Grundrecht des Art. 21 Abs. 4 BbgVerf nicht explizit aufgreife, dürfte es sich bei der Bestimmung des VwVfG Bbg um eine zulässige und wohl auch bereits ausreichende Umsetzung der Verfassungsnorm handeln.[286]

Eine Gegenauffassung ging davon aus, dass der Wortlaut „nach Maßgabe der Gesetze" nicht klar erkennen lasse, ob dieses Recht ohne einfaches Gesetz vollzugsfähig sei oder nicht.[287] Der Wille des Verfassungsgebers und die Komplexität der Materie sprächen aber für einen Gesetzesvorbehalt verbunden mit einem Gesetzgebungsauftrag.[288] Allerdings wurde für den Fall beharrlicher Untä-

---

279 So auch: v. Mangoldt, Die Verfassungen der neuen Bundesländer, S. 25; Kanther, Die neuen Verfassungen im Lichte der Bundesverfassung, S. 145, der jedoch auf S. 155 f. - insoweit mißverständlich - von eine „Anspruch" aus Art. 21 IV BbgVerf spricht.

280 Iwers, Entstehung BbgVerf, S. 427; Partsch, NJW 1998, 2559 (2560).

281 Iwers, Entstehung BbgVerf, S. 427.

282 Iwers, Entstehung BbgVerf, S. 427.

283 Iwers, Entstehung BbgVerf, S. 427; Bleyl (damaliger Landesbeauftragter für den Datenschutz Brandenburg), Ausschussprotokoll 2/902-I, S. 38.

284 Iwers, Entstehung BbgVerf, S. 428.

285 Iwers, Entstehung BbgVerf, S. 428; ähnlich wohl auch: Humpert (Landkreistag Brandenburg), Stellungnahme im Anhang des Ausschussprotokolls 2/902-I, S. 2.

286 Iwers, Entstehung BbgVerf, S. 428, problematisch sei dies allerdings deshalb, weil das Recht kaum noch von dem aus Art. 21 Abs. 5 BbgVerf. abgrenzbar sei.

287 Breidenbach/Kneifel-Haverkamp, in: Sachs, Handb. BbgVerf, § 21 Rn. 25; Franke/Kneifel-Haverkamp, JöR 42 (1994), 111 (131).

288 Breidenbach/Kneifel-Haverkamp, in: Sachs, Handb. BbgVerf, § 21 Rn. 25; vgl. auch: Bleyl, DuD 1998, 32 (32); Breidenbach/Palenda, NJW 1999, 1307 (1308); Kneifel-Haverkamp, DuD 1998, 438 (438); Angelov, Informationszugangsanspruch, S. 199; für Gesetzgebungsauftrag auch: Scherzberg, Öffentlichkeit der Verwaltung, 400; Frenzel, Zugang zu Informationen, S. 11.

tigkeit des Gesetzgebers im Hinblick auf die Umsetzung der Verfassungsnorm eine unmittelbare Anwendbarkeit der Verfassungsbestimmung erwogen.[289]

Eine dritte Ansicht bezweifelte, dass Art. 21 Abs. 4 BbgVerf überhaupt einer Umsetzung im Sinne eines eigenständigen Akteneinsichtsgesetzes bedurfte.[290] Es wurde darauf verwiesen, dass an Stelle des echten Gesetzesvorbehaltes - d.h. des Zusatzes „Das Nähere regelt ein Gesetz" - bewusst im Verfassungsausschuss der Terminus „nach Maßgabe des Gesetzes" gewählt worden sei.[291] Hiermit seien eindeutig bestehende und zukünftig zu schaffende Einzelregelungen gemeint gewesen, weshalb jedenfalls kein zwingender Handlungsbedarf bestanden habe.[292] Ein Gesetzgebungsauftrag sei nicht erteilt worden.[293]

Die Fragen, ob Art. 21 Abs. 4 BbgVerf einen unmittelbar vollziehbaren Anspruch und/oder einen Gesetzgebungsauftrag enthält, sind auch nach Erlass des AIG noch relevant.[294] Zum einen würde die Annahme eines unmittelbar vollziehbaren Anspruches aus Art. 21 Abs. 4 Bbg die Folgefrage aufwerfen, ob sich neben dem im AIG geregelten Anspruch auf Akteneinsicht ein weitergehender Anspruch aus der Verfassung selbst ergibt bzw. das AIG verfassungskonform ausgelegt werden muss. Darüber hinaus kann es auch in Zukunft - etwa nach einem politischen Wechsel in Brandenburg - zu einer Aufhebung des AIG kommen. Dann würde die Problematik unmittelbar wieder aufleben.

Bei näherer Betrachtung ergibt sich, dass das Grundrecht des Art. 21 Abs. 4 BbgVerf weder einen unmittelbar vollziehbaren Anspruch auf Akteneinsicht, noch einen Gesetzgebungsauftrag zum Erlass eines Akteneinsichtsgesetzes enthält. Im Einzelnen:

---

289 Breidenbach/Kneifel-Haverkamp, in: Sachs, Handb. BbgVerf, § 21 Rn. 25; Breidenbach/Palenda, NJW 1999, 1307 (1308); so auch: Partsch, NJ 1998, 346 (348); ders. NJW 1998, 2559 (2560).

290 So z.B.: Homeyer (CDU) in der Aussprache am 26.Februar 1998, vgl. Plenarprotokoll 2/80, S. 6584; Kästner (Vereinigung der Unternehmensverbände Berlin-Brandenburg e.V.), Ausschussprotokoll 2/902-I, S. 14.

291 So z.B.: Homeyer (CDU) in der Aussprache am 26.Februar 1998, vgl. Plenarprotokoll 2/80 S. 6584; Kästner (Vereinigung der Unternehmensverbände Berlin-Brandenburg e.V.), Ausschussprotokoll 2/902-I, S. 14.

292 So z.B Homeyer (CDU) in der Aussprache am 26.Februar 1998, vgl. Plenarprotokoll 2/80 S. 6584; Kästner (Vereinigung der Unternehmensverbände Berlin-Brandenburg e.V.), Ausschussprotokoll 2/902-I, S. 14; auch: v.Mangoldt, Die Verfassungen der neuen Bundesländer, S. 25; Kanther, Die neuen Verfassungen im Lichte der Bundesverfassung, S. 145, 155.

293 Kästner (Vereinigung der Unternehmensverbände Berlin-Brandenburg e.V.), Ausschussprotokoll 2/902-I, S. 14 ; v.Mangoldt, Die Verfassungen der neuen Bundesländer, S. 25; Kanther, Die neuen Verfassungen im Lichte der Bundesverfassung, S. 145.

294 Anders aber: Breidenbach/Palenda, NJW 1999, 1307 (1308).

Ein unmittelbar vollziehbarer Anspruch ergibt sich aus Art. 21 Abs. 4 BbgVerf nicht.
Mit den Willen des Verfassungsgebers lässt sich zur Beantwortung der Frage, ob ein unmittelbarer Anspruch aus der Verfassung besteht, allerdings nicht überzeugend argumentieren. Dies zeigt schon die Tatsache, dass hier alle Auffassungen unter Berufung auf dessen Willen zu einem unterschiedlichen Ergebnis kommen. Zwar wollte der Verfassungsgeber allem Anschein nach im Ergebnis mit der Einführung des Art. 21 Abs. 4 BbgVerf ein über das bis zu diesem Zeitpunkt bestehende hinausgehendes Akteneinsichtsrecht schaffen, anderenfalls hätte er auf die Norm insgesamt verzichten können. Die gewählte Formulierung der Norm ist jedoch nicht geeignet, dies zu leisten.
Die Vorschrift des Art. 21 Abs. 4 BbgVerf garantiert zwar ein Akteneinsichtsrecht des einzelnen dem Grundsatz nach, dieses besteht jedoch nur „nach Maßgabe der Gesetze." Die (lediglich den Landesverfassungen der neuen Bundesländer verwendete) Formulierung „nach Maßgabe der Gesetze" enthält - im Gegensatz zu der Formulierung „Das Nähere regelt ein Gesetz" (so z.B. in Art. 21 Abs. 3 S. 3 BbgVerf) - keinen Gesetzgebungsauftrag[295] zum Erlass eines Akteneinsichtsgesetzes. Die Regelung wird hierdurch lediglich unter den Vorbehalt der weiteren Konkretisierung durch die kompetenzgemäß erlassenen Gesetze, also auch Bundesrecht, gestellt.[296] Da bereits vor Inkrafttreten der Verfassung des Landes Brandenburg Akteneinsichtsrechte im Landes- und Bundesrecht geregelt waren, so z.B. in § 18 des brandenburgischen Datenschutzgesetzes (BbgDSchG) in der zu diesem Zeitpunkt geltenden Fassung[297] oder in § 25 Sozialgesetzbuch X (SBG X), bestand schon deshalb ein Anspruch auf Akteneinsicht (lediglich) nach Maßgabe dieser Gesetze. Seit Inkrafttreten des brandenburgischen Verwaltungsverfahrensgesetzes am 1. Januar 1993[298] ergab sich ein weitergehender Anspruch auf Akteneinsicht aus Art. 29 VwVfG Bbg.
Es handelt sich bei der Verfassungsnorm des Art. 21 Abs. 4 BbgVerf um eine „mittelbare Grundrechtsberechtigung."[299] Eine solche ist gegeben, wenn die Rechtswirkung des Grundrechts und die damit korrespondierenden subjektiven Rechte in ihrem Bestand von Vorschriften des einfachen Rechts abhängig

---

295 So auch: Kanther, Die neuen Verfassungen im Lichte der Bundesverfassung, S. 145; v.Mangoldt, Die Verfassungen der neuen Bundesländer, S. 25.

296 So auch: Kanther, Die neuen Verfassungen im Lichte der Bundesverfassung, S. 145.

297 Vgl. Gesetz zum Schutz personenbezogener Daten im Land Brandenburg (Brandenburgisches Datenschutzgesetz (BbgDSG) vom 20. Januar 1992, GVBl. 1992, S. 2 ff.

298 Vgl. Verwaltungsverfahrensgesetz für das land Brandenburg (VwVfGBbg) vom 26.02.1993, GVBl. 1993, S. 26 ff., nunmehr zuletzt geändert durch Bekanntmachung der Neufassung des Verwaltungsverfahrensgesetzes für das Land Brandenburg vom 4. August 1998, GVBl. 1998, S. 178 ff.

299 Zur Unterscheidung vom „mittelbaren" und „unmittelbaren Grundrechtsberechtigungen" vgl. Sachs in: Stern, Staatsrecht III/1, S. 597 ff.

sind.[300] Eine „unmittelbare Grundrechtsberechtigung" liegt dagegen vor, wenn sich die Rechtswirkungen ohne weitere einfachgesetzliche Regelung aus der grundrechtlichen Verfassungsnorm ergeben.[301] Die Formulierung „nach Maßgabe der Gesetze" schließt eine über diese - die einfachen Gesetze - hinausgehende Anwendung aus.
Eine unmittelbare Grundrechtsberechtigung wäre darüber hinaus nur dann gegeben, wenn die Grundrechtsbestimmung die fragliche Berechtigung auch hinreichend bestimmt regeln würde, d.h. in persönlicher und in inhaltlicher Hinsicht so genau festlegen würde, dass der Norminhalt für eine unmittelbare Anwendung (durch den Richter) präzise genug ist.[302] Ob in Art. 21 Abs. 4 BbgVerf ein über die bereits vorhandenen gesetzlich geregelten Akteneinsichtsrechte hinausgehender Anspruch hinreichend präzise geregelt ist, dürfte zumindest zweifelhaft sein. Insbesondere die vorgesehenen Ausschlusstatbestände („soweit nicht überwiegende öffentliche oder private Interessen entgegenstehen") für den Anspruch auf Akteneinsicht sind recht unbestimmt.[303] Dass ein erheblicher Präzisierungsbedarf bestand, zeigt das AIG selbst: Es enthält ein kompliziertes Regelwerk, mit dem versucht wird, die möglicherweise entgegenstehenden öffentlichen und privaten Interessen aufzuzählen und zu systematisieren. Ein unmittelbar vollziehbarer Anspruch kann aus Art. 21 Abs. 4 BbgVerf aber jedenfalls angesichts der Formulierung "nach Maßgabe der Gesetze" - ungeachtet der Frage, ob die Vorschrift im Übrigen zu unbestimmt ist - nicht abgeleitet werden. Dieser Auffassung scheint - jedenfalls für die Zeit nach Inkrafttreten des AIG - auch das Verwaltungsgericht Potsdam in seinem ersten Beschluss zum AIG vom 16.11.1998[304] zu folgen.[305] Nach der Ablehnung eines Anspruchs aus dem AIG prüft das Gericht nicht, ob ein weitergehender Anspruch aus der Verfassungsnorm besteht.
Auch enthielt die Norm keinen Gesetzgebungsauftrag zum Erlass eines Akteneinsichtsgesetzes. Art. 21 Abs. 4 BbgVerf verbürgt zwar ein Grundrecht auf Akteneinsicht. Die konkrete Ausgestaltung dieses Akteneinsichtsrechtes stellt die Verfassungsnorm aber dem Gesetzgeber anheim. Da bereits vor Inkrafttreten der Verfassung des Landes Brandenburg Akteneinsichtsrechte im Landes- und Bundesrecht geregelt waren, ergibt sich kein weitergehender Gesetzgebungsauftrag aus Art. 21 Abs. 4 BbgVerf. Allerdings kommt in der Vorschrift

300 Sachs in: Stern, Staatsrecht III/1, S. 597.

301 Sachs in: Stern, Staatsrecht III/1, S. 597.

302 So: BVerfGE 10, 302 (329), das Art. 104 Abs. 2 GG für unmittelbar anwendbar hält; unmittelbar angewendet hat das Gericht auch Art. 103 Abs. 1 GG, BVerfGE 9, 89 (96) m.w.N. und Art. 13 Abs. 2 GG, vgl. BVerfGE 51, 97 (114); vgl. auch Sachs in: Stern, Staatsrecht III/1, S. 597

303 Dies gesteht auch Iwers ein, wenn es ausführt, das Grundrecht sei „sicherlich sehr ausgestaltungsbedürftig," Iwers, Entstehung BbgVerf, S. 428.

304 VG Potsdam, LKV 1999, 155 (155f.).

305 So auch: Breidenbach/Palenda, NJW 1999, 1307 (1308).

der politische Wille der Verfassungsgeber zu einer starken Ausprägung des "allgemeinen Öffentlichkeitsprinzips der Demokratie" zum Ausdruck.

Für das Informationsrecht der Bürgerinitiativen und Verbände in Art. 21 Abs. 3 S. 2 BbgVerf gilt - wegen der in S. 3 verwendeten und von Art. 21 Abs. 4 BbgVerf abweichenden Formulierung „Das Nähere regelt ein Gesetz" - etwas anderes. Hier ist unstreitig davon auszugehen, dass diese Formulierung nicht einen allgemeinen Gesetzesvorbehalt, sondern nur einen Regelungsvorbehalt festschreibt.[306] Allerdings setzte das VwVfGBbg diese Verfassungsnorm nicht spezialgesetzlich um. Deshalb ergibt sich der Informationsanspruch der Bürgerinitiativen und Verbände direkt aus Art. 21 Abs. 3 S. 2 BbgVerf.[307] Daran hat auch der Erlass des AIG nichts geändert, da nach § 9 Abs. 1 AIG das AIG lediglich entsprechende Anwendung auf das Recht auf Information der Bürgerinitiativen und Verbände aus Art. 21 Abs. 3 BbgVerf findet.[308] Bei dem in Art. 21 Abs. 3 S. 2 BbgVerf geregelte Anspruch ist auch im Gegensatz zu Art. 21 Abs. 4 nicht zweifelhaft, ob dieser zu unbestimmt ist. Art. 21 Abs. 3 S. 2 BbgVerf sieht lediglich einen Anspruch auf „Informationen" vor. Dieser umfasst nicht zwingend einen Anspruch auf Akteneinsicht.[309] Zwar hat die Behörde bei der Erfüllung dieses Anspruchs ebenfalls entgegenstehende öffentliche oder private Interessen zu berücksichtigen, jedoch steht ihr bei Umsetzung des Anspruchs ein weites Ermessen zu.[310]

---

306 Iwers, Entstehung BbgVerf, S. 426; Breidenbach/Kneifel-Haverkamp, in: Sachs, Handb. BbgVerf, § 21 Rn. 41, 43 verwenden den Begriff „Ausgestaltungsvorbehalt"

307 So die wohl einhellige Aufassung vgl. z.B.: Iwers, Entstehung BbgVerf, S. 426; Breidenbach/Kneifel-Haverkamp, in: Sachs, Handb. BbgVerf, § 21 Rn. 41.

308 Zur Bedeutung dieser Vorschrift im Einzelnen vgl. die Ausführungen unter B.I.1.b.

309 Zur Abgrenzung des Anspruchs auf Informationen vom Anspruch auf Akteneinsicht später unter B.I.3.e.

310 Hierzu im Einzelnen unter B.I.3.e.

2. Zum Gesetzgebungsverfahren des AIG

Den ersten Entwurf eines Akteneinsichtsgesetzes brachte die Fraktion Bündnis 90 / DIE GRÜNEN 1994 in den brandenburgischen Landtag ein.[311] Diesem Entwurf war jedoch in der 1. Legislaturperiode kein Erfolg beschieden.

Der Vorlage des ersten Regierungsentwurfes des „Akteneinsichtsrechtsgesetztes (AERG)" im September 1997[312] ging ein langer Zeitraum der Erarbeitung voraus.[313] Diese lange Vorbereitungsphase wurde von den maßgeblich an der Ausarbeitung des Gesetzes beteiligten Mitarbeitern des Innenressorts damit begründet, dass das Ziel des Gesetzes die Findung eines ausgereiften Kompromisses zwischen dem Akteneinsichtsrecht der Bürger und allen zu berücksichtigenden überwiegenden öffentlichen und privaten Interessen gewesen sei und das generelle Akteneinsichtsgesetz des Landes Brandenburg in der Bundesrepublik - abgesehen vom Umweltinformationsgesetz - bisher ohne Vorbild gewesen sei.[314] Man scheint sich insbesondere nicht maßgeblich an den bisherigen in verschiedenen Landtagen und im Bundestag eingebrachten Gesetzentwürfen[315] orientiert zu haben, sondern eine eigene, neue Lösung auf der Grundlage der Verfassungsnormen des BbgVerf gesucht zu haben. Der Entwurf vom September 1997 ist als ein erster Versuch zu sehen, einen Ausgleich etlicher Aspekte zu finden und diverse Befürchtungen zu berücksichtigen.[316] Insbesondere wollte man den Schutz personenbezogener Daten gewährleisten, gleichzeitig möglichen, im Vorfeld benannten Risiken entgegentreten. Insbesondere war befürchtet worden, dass sich das "Jedermann-Akteneinsichtsrecht" als Standortnachteil für Wirtschafts-, Wissenschafts- und Forschungsansiedlungen im Land Brandenburg erweisen könne,[317] es zu einer Belastung der Beziehungen zu anderen Ländern führen oder eine derartigen Belastung der Verwaltung zur Folge haben könne, dass diese handlungsunfähig würde.[318]

Nur sechs Monate nachdem das Gesetz eingebracht worden war, wurde es im Februar 1998 verabschiedet. Ausdrücklich gegen den Gesetzentwurf hatte sich allerdings der Ausschuss für Wirtschaft, Mittelstand und Technologie ausge-

---

311 LT-Drucks. 1/2915.

312 LT-Drucks. 2/4417.

313 Vgl. Breidenbach/Palenda, LKV 1998, 252 (252).

314 Vgl. Breidenbach/Palenda, LKV 1998, 252 (252).

315 S.o. unter A.I.1.e.

316 Vgl. Breidenbach/Palenda, LKV 1998, 252 (252).

317 So z.B. Homeyer (CDU) in der Aussprache am 26. Februar 1998, vgl. Plenarprotokoll 2/80, S. 6584; Kästner (Vereinigung der Unternehmensverbände Berlin-Brandenburg e.V.), Ausschussprotokoll 2/902-I, S. 13 ff.

318 Vgl. Breidenbach/Palenda, LKV 1998, 252 (252).

sprochen.[319] Im Rahmen der parlamentarischen Beratung im Landtag des Landes Brandenburg bzw. seiner Ausschüsse hat der Gesetzesentwurf noch einige Änderungen erfahren. Im wesentlichen wurden die folgenden Veränderungen vorgenommen:

Die Bezeichnung des Gesetzes, die im ersten Entwurf noch „Akteneinsichtsgesetz (AERG)“ gelautet hatte, wurde in „Akteneinsichts- und Informationszugangsgesetz (AIG)“ geändert.[320]

Wie auch im Entwurf der Verfassungsvorschrift des Art. 24 Abs. 4 BbgVerf (s.o.) war im Entwurf des AIG der Landesregierung das „Jedermann-Recht“ auf Akteneinsicht in § 1 AIG zunächst durch das Erfordernis des Geltendmachung eines berechtigten Interesses begrenzt.[321] In der Begründung zu diesem Entwurf führte die Landesregierung aus: „Soweit die Akteneinsicht von einem berechtigten Interesse abhängig gemacht wird, reicht als Nachweis hierfür, dass der Antragsteller ein politisches Mitwirkungsinteresse erkennen lässt.“[322] Im Laufe des Gesetzgebungsverfahrens ist jedoch diese Voraussetzung in § 1 des Gesetzes wieder gestrichen worden.[323] Dies wurde damit begründet, dass die Voraussetzung der Geltendmachung eines berechtigten Interesses für die Inanspruchnahme des Akteneinsichtsrechts eine weitere Einschränkung des Grundrechts auf Akteneinsicht über die in Art. 21 Abs. 4 der BbgVerf genannten Einschränkungen („soweit nicht überwiegende öffentliche oder private Interessen entgegenstehen“) hinaus bedeuten würde und damit unzulässig sei.[324] In der Aussprache verwies die SPD darauf, dass sich aus der Anhörung von Wissenschaftlern und anderen Hinweisen ergeben habe, dass diese Voraussetzung „nicht richtig sei“, weil sie den verfassungsmäßigen Grundsatz des Jedermann-Rechts auf Akteneinsicht einenge.[325] Mit dem Verzicht auf das Erfordernis des berechtigten Interesses sei Art. 21 Abs. 4 BbgVerf und den Ergebnissen der Anhörung Rechnung getragen worden.[326] Diese Begründung vermag allerdings nicht zu überzeugen. Der Verfassungsgeber hatte das Erfordernis des berechtigten Inter-

---

319 Vgl. Anlage 4 zur LT-Drucks. 2/4999.

320 Vgl. LT-Drucks. 2/4417, S. 1; LT-Drucks. 2/4999, S. 1 (Beschlußempfehlung und Bericht) so verabschiedet am 26. Februar 1998, vgl. Plenarprotokoll 2/80, S. 6589; GVBl. I, S. 46.

321 Vgl. § 1 der LT-Drucks. 2/4417.

322 LT-Drucks. 2/4417, Begründung zu § 1.

323 Vgl. LT-Drucks. 2/4999, S. 1 (Beschlußempfehlung und Bericht) so verabschiedet am 26. Februar 1998, vgl. Plenarprotokoll 2/80, S. 6589; GVBl. I, S. 46.

324 Vgl. LT-Drucks. 2/4999, S. 15; so auch: Muschalla (SPD) in der Aussprache am 26.Februar 1998, vgl. Plenarprotokoll 2/80, S. 6585; Stellungnahme und Änderungsanträge der SPD-Fraktion vom 28.01.1998, LT-Drucks. 2/4999, Anlage 1 und 2.

325 Vgl. Muschalla (SPD),. Plenarprotokoll 2/80, S. 6585.

326 Vgl. Muschalla (SPD), Plenarprotokoll 2/80, S. 6585.

esses gerade aus der Verfassungsnorm des Art. 21 Abs. 4 BbgVerf herausgenommen, um es dem Gesetzgeber zu ermöglichen, diese oder möglicherweise andere einschränkende Voraussetzungen wieder aufzunehmen.[327]

Weiterhin wurde im Rahmen des Gesetzgebungsverfahrens § 2 Abs. 4 AIG eingefügt.[328] Danach besteht ein Akteneinsichtsrecht auch gegenüber Privaten, wenn sich die aktenführende Behörde ihrer zur Erledigung hoheitlicher Aufgaben bedient.[329] Die Regelung sollte lediglich der Klarstellung dienen.[330]

Zudem wurde in § 3 S. 1 AIG[331] die Legaldefinition der "Akten" verändert. Im ersten Entwurf wurden "Akten" im Sinne des AIG noch als „alle ausschließlich amtlichen oder dienstlichen Zwecken unmittelbar dienenden Unterlagen ungeachtet der Form ihrer Aufzeichnung" definiert.[332] Diese Definition wurde in der endgültigen Fassung näher spezifiziert als „alle schriftlich, elektronisch, optisch, akustisch oder auf andere Weise aufgezeichneten Unterlagen, soweit diese ausschließlich amtlichen oder dienstlichen Zwecken dienen."[333] Dies geschah in der Absicht, bei der Definition des Begriffes die Information stärker in den Vordergrund zu rücken, ungeachtet der Form ihrer Aufzeichnung.[334] Damit sollte das Informationsgesetz schon heute deutlich auf die Datenträger der Zukunft abstellen.[335]

§ 5 Abs. 1 Nr. 3 AIG, der den Schutz überwiegender privater Interessen gewährleistet, wurde dahingehend ergänzt, dass nicht nur Dritte, sondern auch der Antragsteller selbst keine Akteneinsicht erhalten soll, wenn er Kenntnis von einer Tatsache erlangen würde, die nur einem eng begrenzten Personenkreis bekannt ist, zu einem bestimmten Geschäftsbetrieb in Beziehung steht, und die nach dem Willen des Unternehmens geheimzuhalten ist oder an deren Geheimhaltung das Unternehmen ein schutzwürdiges Interesse hat.[336] Hierdurch sollte klargestellt werden, dass sich der Schutz vor Unternehmensgeheimnissen auch

---

327 S.o.; vgl. VA II/8, S. 5.

328 Vgl. LT-Drucks. 2/4999, § 4 (Beschlußempfehlung und Bericht) so verabschiedet am 26. Februar 1998, vgl. Plenarprotokoll 2/80, S. 6589; GVBl. I, S. 46.

329 Zu der Vorschrift später unter B.I.2.c.

330 LT-Drucks. 2/4999, Begründung zu § 2 (S. 15); Muschalla (SPD) in der Aussprache am 26.Februar 1998, vgl. Plenarprotokoll 2/80, S. 6585.

331 Zu der Vorschrift später unter B.I.3.a.

332 LT-Drucks. 2/4417, § 3.

333 LT-Drucks. 2/4999, § 3; GVBl. I, S. 46.

334 LT-Drucks. 2/4999, S. 15.

335 Muschalla (SPD), Plenarprotokoll 2/80, S. 6585.

336 Zu der Vorschrift später unter B.II.2.b.aa.(3).

gegen den Antragsteller richtet.[337] Durch die Regelung wurde einem im Gesetzgebungsverfahren geäusserten Schutzinteresse der Wirtschaft entsprochen.[338]

Weiterhin ist § 5 Abs. 3 AIG Bbg im Gesetzgebungsverfahren neu aufgenommen worden. Die Vorschrift regelt, dass das Recht von Amtsträgern auf informationelle Selbstbestimmung im allgemeinen hinter dem Akteneinsichtsrecht zurücksteht.[339] Diese Regelung hat zum Ziel, dass bei der Gewährung der Akteneinsicht auf die Schwärzung von Angaben über die jeweils mit dem Vorgang befassten Amtsträger verzichtet werden kann und damit ein zusätzlicher Aufwand vermieden wird.[340]

§ 6 Abs. 1 AIG hat insgesamt eine bürgerfreundlichere Ausgestaltung erhalten. § 6 Abs. 1 S. 1 AIG wurde gekürzt. Das zunächst vorgesehene Erfordernis, dass der Antrag erkennen lassen müsse, auf welche Akten er sich richte, hielt man für entbehrlich, weil der Antragsteller in der Regel nicht wissen könne, in welchen Akten sich die von ihm gewünschten Informationen befänden.[341] In S. 3 ist auf das Begründungserfordernis für Anträge auf Akteneinsicht verzichtet worden, nachdem auch das Erfordernis des berechtigten Interesses gestrichen worden war.
§ 6 Abs. 1 AIG wurden weiterhin im Gesetzgebungsverfahren um die Sätze 4 bis 7 ergänzt. Der Antragsteller hat nun in den Fällen des § 6 Abs. 1 S. 2 AIG, d.h. in Fällen, in denen die Geltendmachung eines überwiegenden Offenbarungsinteresses erforderlich ist, die Gelegenheit zur Stellungnahme innerhalb von zwei Wochen. Dies wurde damit begründet, dass der Antragsteller nicht wissen könne, ob im Einzelfall die Darlegung seines überwiegenden Offenbarungsinteresses notwendig sei.[342] Nach Satz 5 sind die Behörden nun verpflichtet, dem Antragsteller gegebenfalls bei seiner Antragstellung behilflich zu sein. Nach Satz 7 hat die aktenführende Behörde, eine Ablehnung des Antrages auf Akteneinsicht schriftlich zu begründen. Die Änderungen wurden nicht nur zu Gunsten der Antragsteller, sondern auch im Interesse der Behörden vorgenommen, um mehr Sicherheit im Umgang mit dem Akteneinsichtsrecht oder Informationszugangsrecht zu schaffen und das Verfahren klarer zu regeln.[343]

Auch die Kostenregelung in § 10 Abs. 1 S. 2 AIG hat im Gesetzgebungsverfahren eine Änderung erfahren. Das Kriterium des wirtschaftlichen Wertes der

337 LT-Drucks. 2/4999, S. 15.
338 Muschalla (SPD), Plenarprotokoll 2/80, S. 6586.
339 Zu der Vorschrift später unter B.II.2.b.bb.(2).
340 LT-Drucks. 2/4999, S. 15.
341 LT-Drucks. 2/4999, S. 15 f.
342 LT-Drucks. 2/4999, S. 16.
343 Muschalla (SPD), Plenarprotokoll 2/80, S. 6586.

Akteneinsicht für den Antragsteller, das zunächst bei der Gebührenbemessung Berücksichtigung finden sollte, wurde für willkürlich und deshalb unpraktikabel gehalten.[344] Die Gebühren sind nunmehr nach der Vorschrift des § 10 Abs. 1 S. 2 AIG „so zu bemessen, dass zwischen dem Verwaltungsaufwand einerseits und dem Recht auf Akteneinsicht andererseits ein angemessenes Verhältnis besteht."[345]

Die Regelung des § 11 AIG Bbg ist erst im Laufe des Gesetzgebungsverfahrens in das AIG aufgenommen worden. Nach § 11 Abs. 1 AIG Bbg ist zur Wahrung des Grundrechts auf Akteneinsicht ein "Beauftragter für das Recht auf Akteneinsicht" zu bestellen. Die Aufgabe wurde dem Landesbeauftragten für den Datenschutz übertragen. In Absatz 2 ist nun - neben der bestehenden Möglichkeit, Widerspruch einzulegen und Klage vor dem Verwaltungsgericht zu erheben, ein Jedermann-Recht zur Anrufung des Landesbeauftragten für den Datenschutz und das Recht auf Akteneinsicht vorgesehen. Man erhoffte sich hiervon vor allem, dass der Landesbeauftragte daran mitwirken würde, die meisten Konflikte zwischen Bürger und Verwaltung, die im Zusammenhang mit dem Akteneinsichtsrecht entstehen können, auch ohne Anrufung der Verwaltungsgerichte lösen zu können.[346]

Abgelehnt wurde im Gesetzgebungsverfahren ein Antrag der PDS, die Frist, innerhalb derer die Behörde über den Antrag entscheiden muss, auf einen Monat festzulegen.[347] Die bestehende Möglichkeit, nach Ablauf von drei Monaten Untätigkeitsklage zu erheben, hielt die Mehrheit für ausreichend.[348]

---

344 LT-Drucks. 2/4999, S. 16; vgl. auch: Änderungsanträge der SPD-Fraktion vom 28.01.1998, LT-Drucks. 2/4999, Anlage 2.

345 Zu der Problematik der Kostenerhebung später unter B.III.5.

346 Minister des Inneren Ziel, Plenarprotokoll 2/80, S. 6589.

347 LT-Drucks. 2/5046; zur Abstimmung vgl. Plenarprotokoll 2/80 vom 26. Februar 1998, S. 6589

348 Vgl. Muschalla (SPD) in der Aussprache am 26. Februar 1998, vgl. Plenarprotokoll 2/80, S. 6586; Stellungnahme und Änderungsanträge der SPD-Fraktion vom 28.01.1998, LT-Drucks. 2/4999, Anlage 1 und 2; Zur Möglichkeit durch Einschaltung des LDA Bbg den Zeitfaktor bei der Entscheidung über Akteneinsichtsanträge in der Praxis in bestimmten Fällen zu beeinflussen vgl. Tätigkeitsbericht des LDA Bbg 1998, LT-Drucks. 2/6130=http://www.brandenburg. der/land/lfdbbg/tb/tb7/tb7.htm, zuletzt besichtigt am 10.06.2000, 2.2; Zu der Problematik der Entscheidungsfrist später im Einzelnen unter B.III.4.

3. Zweck des AIG

Vor dem Hintergrund, dass ein allgemeines Akteneinsichtsrecht der Rechtsordnung in der Bundesrepublik bisher fremd war und der brandenburgische Gesetzgeber mit dem AIG als erstes Bundesland ein völlig neues Rechtsgebiet betreten hat,[349] stellt sich die Frage nach dem Zweck des im AIG geregelten „Jedermann-Rechts“ auf Akteneinsicht. Eine ausdrückliche Zweckbestimmung enthält das AIG im Gegensatz zum IFG Bln, das in § 1 ausdrücklich die Förderung der demokratischen Meinungs- und Willensbildung und die Ermöglichung einer Kontrolle staatlichen Handelns nennt,[350] nicht.

a. Das „Recht auf politische Mitgestaltung“

Das Akteneinsichtsrecht des AIG soll primär dem „Recht“ des einzelnen „auf politische Mitgestaltung“ aus Art. 21 Abs.1 BbgVerf dienen,[351] bzw. eine wesentliche Voraussetzung zur Ausübung dieses Rechts schaffen.[352] Zwar enthält das AIG selbst keinen ausdrücklichen Hinweis hierauf. In § 5 Abs. 2 Nr. 3 AIG findet sich aber - eher versteckt - die Regelung, dass das Akteneinsichtsrecht gewährt werden kann, soweit „aufgrund besonderer Umstände des Einzelfalls im Hinblick auf den Zweck der politischen Mitgestaltung das Offenbarungsinteresse des Antragstellers ... überwiegt.“ In der Begründung des Gesetzentwurfes vom September 1997 wird darauf verwiesen, dass andere Länder „das Recht des Bürgers auf Einsicht in staatliche Akten zur verbesserten Teilhabe an den politischen Mitgestaltungsrechten“ ausgestaltet haben.[353] Für die genannte Zweckrichtung spricht darüber hinaus auch die Einordnung des Akteneinsichtsrechts in Abs. 4 des Art. 21 BbgVerf, der in Abs. 1 das Recht auf politische Mitgestaltung gewährleistet. In seiner ersten Evaluation der AIG hat der LDA Bbg sich dafür ausgesprochen, in Zukunft eine entsprechende Aufgabenbestimmung an den Anfang des Gesetzes zu stellen.[354]

---

349 Vgl. auch: LT-Drucks. 2/4417, Begründung A.

350 § 1 IFG S-H, der zwar mit "Gesetzeszweck" überschrieben ist, enthält keine Zweckbestimmung sondern lediglich eine Beschreibung des Inhalts des Gesetzes.

351 So auch: Partsch, NJ 1998, 346 (448); Tätigkeitsbericht des LDA Bbg 1998, LT-Drucks. 2/6130=http://www.brandenburg. der/land/lfdbbg/tb/tb7/tb7.htm, zuletzt besichtigt am 10.06.2000, 2.2; Tätigkeitsbericht des LDA Bbg 2000, LT-Drucks. 3/2481= http://www.brandenburg.de/land/lfdbbg/tb/tb9/tb9b02.htm, zuletzt besichtigt am 05.03.2001, Teil B 4; Frenzel, Zugang zu Informationen, S. 11.

352 Dix, DuD 1999, 316 (316).

353 LT-Drucks. 2/4417, Begründung A.

354 Tätigkeitsbericht des LDA Bbg 2000, LT-Drucks. 3/2481= http://www.brandenburg.de/land/lfdbbg/tb/tb9/tb9b02.htm, zuletzt besichtigt am 05.03.2001, Teil B 4.

Es stellt sich die Frage, was unter diesem „Recht auf politische Mitgestaltung" zu verstehen ist, und welche Bedeutung die Zweckbestimmung des AIG damit erlangt.

Die Vorschrift des Art. 21 Abs. 1 BbgVerf geht auf den Verfassungsentwurf des Runden Tisches von 1990 zurück[355] und ist deshalb vor dem Hintergrund der Erfahrungen der friedlichen Umgestaltung der Jahre 1989/90 zu sehen.[356]

In den Verfassungsberatungen zur brandenburgischen Verfassung wurde nicht klargestellt, welches juristisch fassbare Ziel dem Absatz 1 der Vorschrift des Art. 21 BbgVerf, dem „Recht auf politische Mitgestaltung", beigemessen werden sollte.[357] Die Landesregierung machte in ihrer Stellungnahme zum Verfassungsentwurf darauf aufmerksam, dass mit der Bestimmung gegebenenfalls überzogene Erwartungen im Hinblick auf die Effektivität der Teilhabe geweckt würden und schlug vor, eine zurückhaltendere Formulierung (z.B. „politische Mitwirkung") zu wählen.[358] Diese Kritik wurde im Unterausschluss zurückgewiesen; auch ein Vorschlag der CDU auf Streichung des Absatzes fand keine Mehrheit.[359]

Das Grundgesetz kennt keine mit Art. 21 Abs. 1 BbgVerf vergleichbare Vorschrift. Eine ähnliche Vorschrift findet sich aber in Art. 9 der Verfassung des Freistaates Thüringen.[360] Danach hat jeder das Recht auf Mitgestaltung des politischen Lebens im Freistaat.[361] Der Vorschrift wird lediglich deklaratorische Bedeutung beigemessen; sie verbürgt kein eigenes Grundrecht oder grundrechtsähnliches Recht.[362] Diese Einordnung des Thürigischen Verfassungsnorm ergibt sich jedoch bereits aus der ausdrücklichen Formulierung in Art. 9 S. 2 der

---

355 Vgl. Entwurf der Arbeitsgruppe „Neue Verfassung der DDR" des Runden Tisches, abgedruckt in JöR N.F. 39 (1990), S. 350 (353). Art. 21 Abs. 1 des Entwurfes lautete: „Jeder Bürger hat das gleiche Recht auf politische Mitgestaltung. Die Verfassung und die Gesetze gestalten aus, wie das Recht unmittelbar oder durch frei gewählte Vertreter ausgeübt wird."

356 Brünneck/Epting, in: Sachs, Handb. BbgVerf, § 22 Rn. 3; ähnlich auch: Franke/Kneifel-Haverkamp, JöR 42 (1994), 111 (116 ff.).

357 UA I/2, S. 7f.; so auch: Iwers, Entstehung BbgVerf, S. 417.

358 Stellungnahme der Landesregierung vom 10. September 1991, Anmerkungen, S. 23.

359 UA I/16, S. 15f.

360 Vgl. auch die synoptische Darstellung bei v. Mangoldt, Die Verfassungen der neuen Bundesländer, S. 112f.

361 Art. 9 der Verfassung des Freistaates Thüringen lautet: „Jeder hat das Recht auf Mitgestaltung des politischen Lebens im Freistaat. Dieses Recht wird im Rahmen dieser Verfassung in Ausübung politischer Freiheitsrechte, insbesondere durch eine Mitwirkung in Parteien und Bürgerbewegungen wahrgenommen."

362 Jutzi in Linck/Jutzi/Hopfe, Die Verfassung des Freistaates Thüringen, Kommentar, Art. 9 Rn. 1.

Landesverfassung, in dem es heißt, dass das Recht „im Rahmen dieser Verfassung in Ausübung politischer Freiheitsrechte ... wahrgenommen“ werde. Obgleich in Art. 21 Abs. 1 BbgVerf eine derartige Regelung nicht ausdrücklich enthalten ist, ergibt sich hierfür im Ergebnis nichts anderes. Ein eigenes (neues) Grundrecht verkörpert die Bestimmung nicht.[363] Vielmehr ist die Vorschrift „als ein grundsätzliches Postulat der Beteiligung der Gesellschaft an der staatlichen Tätigkeit zu verstehen, mit dem den Erfahrungen der friedlichen Revolution 1989/1990 Rechnung getragen wird.“[364] Dies entspricht wohl auch der überwiegenden Auffassung zur rechtlichen Einordnung der Vorschrift. Die Bestimmung ist als wenig aussagekräftig und als „rechtsfolgenlose Floskel" kritisiert worden.[365] Vereinzelt wird in ihr eine Staatszielbestimmung gesehen, die jedoch ohne einfachgesetzliche Ausgestaltung keine handhabbaren Konturen aufweise.[366] Auch wird ausgeführt, dass Art. 21 Abs. 1 BbgVerf das dem 3. Abschnitt der Verfassung zugrundeliegende Prinzip der Anerkennung des politischen Pluralismus und der Mitgestaltungsbefugnis des Einzelnen an der Politik auch zwischen den Wahlen formuliere, praktische Bedeutung jedoch erst durch die konkretisierenden nachfolgenden Absätze erhalte.[367] Weiterhin wird formuliert, die Bestimmung statuiere kein „klar ausgeformtes Grundrecht“, sie habe „ganz überwiegend objektiv-rechtlichen Charakter“[368] und könne zur Auslegung der folgenden Absätze des Art. 21 BbgVerf herangezogen werden.[369]

Im Klartext bezeichnet das Recht des einzelnen auf politische Mitgestaltung in Art. 21 Abs. 1 BbgVerf nichts anderes als die Gesamtheit der dem Einzelnen bereits aus der Verfassung und anderen Rechtsquellen zustehenden Rechte, die ihm die Mitwirkung am politischen und gesellschaftlichen Willenbildungs- und -betätigungsprozess ermöglichen.[370] Das AIG ist darauf gerichtet, diese Grund-

---

363 Anders jedoch Simon in NJ 1991, 427 (428), der das „Recht auf politische Mitgestaltung“ als demokratisches Grundrecht bezeichnet (damals noch zu Art. 24 Abs. 4 des Entwurfes).

364 So: Iwers, Entstehung BbgVerf, S. 422.

365 V. Mangoldt, SächsVBl. 1993, 25 (32).

366 Dietlein, Die Grundrechte in den Verfassungen der neuen Bundesländer, S. 155; Stern, Staatsrecht III/2, S. 1447, Fn. 184, qualifiziert Art. 21 BbgVerf als „Teilhaberecht.“ Unklar bleibt, ob er hiermit nur Art. 21 Abs. 1 BbgVerf meint oder auch Art. 21 Abs. 3 und 4 BbgVerf.

367 V. Brünneck/Epting, in: Sachs, Handb. BbgVerf, § 22 Rn. 3; ähnlich auch: Franke/Kneifel-Haverkamp, JöR 42 (1994), 111 (118); Kilian/Malinka, DÖV 1996, 265 (269).

368 Iwers, Entstehung BbgVerf , S. 422.

369 So: Iwers, Entstehung BbgVerf , S. 422; Kilian/Malinka, DÖV 1996, 265 (269).

370 Lange/Jobs verweisen auf Bestrebungen zur Einführung eines Rechtes auf politische Mitgestaltung auf der Ebene der hessischen Landesverfassung schon im Jahre 1946, Lange/Jobs, FS 50 Jahre Verfassung des Landes Hessen, 445 (451f., 470f.). Wieso dieses Recht auf politische Mitgestaltung als „Klammer um die bestehenden Mitwirkungsrech-

rechte des Einzelnen durchsetzbar zu machen.[371] Rechte auf politische Mitgestaltung sind neben dem aktiven und passiven Wahlrecht auch das Recht auf Beteiligung an der Gesetzgebung im Rahmen der plebiszitären Elemente der Verfassung, weiterhin die Nutzung der Rechte der Bürgerinitiativen als deren Mitglied sowie aller sich aus dem Grundgesetz ergebenden individuellen Beteiligungs-, Leistungs- und Abwehrrechte. Ein „neues Recht" oder weitere Rechte schafft die Bestimmung der Verfassung jedoch nicht.
Auch das Akteneinsichts- und Informationsrecht des AIG bzw. jenes aus Art. 21 Abs. 4, 3 BbgVerf schafft keine neuen Mitgestaltungsrechte, sondern zielt darauf ab, die Nutzungsmöglichkeiten der bereits vorhandenen Mitgestaltungsrechte zu verbessern. Durch die Möglichkeit der Einsichtnahme in Akten kann der einzelne von Tatsachen und Vorgängen Kenntnis erlangen, die ihn entweder veranlassen, seine Mitgestaltungsrechte überhaupt zu nutzen,[372] oder ihm eine verbesserte Wahrnehmung dieser Rechte ermöglicht.

Ein Zweck des AIG ist damit die qualitative und quantitative Verbesserung der Nutzung vorhandener politischer Mitgestaltungsrechte.

Ausweislich § 1 IFG Bln ist Zweck des IFG Bln unter anderem, die "demokratische Meinungs- und Willensbildung zu fördern." Hier dürfte es sich ungeachtet der abweichenden Formulierung um eine mit der des AIG vergleichbare Zweckrichtung handeln.

---

te", bzw. als „übergreifende Zusammenfassung bestehender Freiheiten und Rechte unter dem Gesichtspunkt der politischen Mitgestaltung" zu einem von dem Autoren angenommenen „neuen" Recht führen soll, ist allerdings nicht nachvollziehbar.

371 Vgl. Tätigkeitsbericht des LDA Bbg 1998, LT-Drucks. 2/6130=http://www.brandenburg.der/land/lfdbbg/tb/tb7/tb7.htm, , zuletzt besichtigt am 10.06.2000, Einleitung.

372 Vgl. zu ähnlichen Überlegungen: Schröder, DV 1971, 315 (314), führt aus, im Idealfalle könne als Folge der Aktenöffentlichkeit mehr Mitarbeit der Öffentlichkeit erwartet werden und bezeichnet dies als „Rückkopplungseffekt der Aktenöffentlichkeit." Lange/Jobs verweisen im Zusammenhang mit Vorschlägen zur Einführung eines Rechtes auf politische Mitgestaltung auf der Ebene der hessischen Landesverfassung darauf, daß Informationen häufig die wichtigste Voraussetzung zur Ausübung politischer Mitgestaltungsrechte sind, vgl. Lange/Jobs, FS 50 Jahre Verfassung des Landes Hessen, 445 (471). Bieber, DÖV 1991, 857 (865), führt unter Bezugnahme auf BVerfGE 44, 125 (147) aus, daß die Öffentlichkeit staatlichen Handelns dazu diene, die verantwortliche Teilhabe der Bürger an der politischen Willensbildung zu ermöglichen; ähnlich: Vassilaki, CR 1997, 60 (60). Die Landesbeauftragte für den Datenschutz in NRW Sokol verweist in einem Gespräch mit Christiane Schulzki-Haddouti darauf, daß Informationen die Bürgerinnen und Bürger unter Umständen erst in die Lage versetzen, die Handlungs- und Mitwirkungsfähigkeit zu erlangen, die sie beim "Einmischen" in gesellschaftliche Prozesse benötigen, vgl. http://www.heise.de/tp/deutsch/inhalt/te/1638/1.html, zuletzt besichtigt am 10.06.2000.

b. Weitere Zwecke?

Es stellt sich die Frage, ob der Gesetzgeber mit der Gewährung des „Jedermann-Recht“ auf Akteneinsicht im AIG weitere Zwecke verfolgt hat. Weder dem Gesetzestext des AIG noch der Begründung des Gesetzentwurfes sind ausdrücklich andere Zweckbestimmungen zu entnehmen. Denkbar sind jedoch verschiedene, mit der Gewährung von Akteneinsichtsrechten (in Akten von Verwaltungsbehörden) möglicherweise erreichbare - sich teilweise inhaltlich überschneidende - Zwecke. Im Einzelnen:

aa. Sicherung und Stärkung der Beteiligtenrechte / Individualrechtsschutz

Akteneinsichtsrechte zugunsten von Verfahrensbeteiligten dienen regelmäßig der Verwirklichung des verfassungsrechtlich in Art. 103 Abs. 1 GG garantierten Anspruchs auf rechtliches Gehör,[373] der „Waffengleichheit“ bzw. Chancengleichheit der Beteiligten[374] sowie der Fairness im Verfahren,[375] mithin dem Individualrechtsschutz.[376]

Das AIG ist jedoch weder dazu geeignet noch dazu bestimmt, die Beteiligtenrechte im Verfahren zu verwirklichen oder zu stärken. Das AIG sieht ein Akteneinsichtsrecht nur außerhalb laufender Verfahren (§ 2 Abs. 5 AIG) vor[377] und eröffnet dem Einzelnen deshalb regelmäßig nicht die Möglichkeit, das Ergebnis des konkreten Entscheidungsprozesses der Verwaltungsbehörden aufgrund der Kenntnis des Akteninhalts zu beeinflussen und hierdurch die eigene Rechtsposition im Verfahren zu stärken. Allenfalls kann die Nutzung des Akteneinsichtsrechts aus dem AIG den Einzelnen veranlassen, ein neues (Verwaltungs-) Verfahren in Gang zu setzen, um seine individuellen Rechte geltend zu machen. Dies dürfte allerdings eher der Ausnahmefall sein. Soweit individuelle Rechte des Einzelnen in einem Verwaltungsverfahren betroffen sind, wird dieser in den

---

373 So zu § 29 VwVfG z.B.: Kopp/Ramsauer, VwVfG, § 29 Rn. 3; Knack, VwVfG, § 29 Rn. 3; Stelkens/Bonk/Sachs, VwVfG, § 29 Rn. 4; BVerwGE 30, 154 (157); vgl. auch OVG Lüneburg, MDR 1975, 786 (788); allgem. z.B.: BVerfGE 63, 45 (59f.) = NJW 1983, 1043 (1043) (zur Akteneinsicht im Strafverfahren); BGH, NJW 1990, 1614 (1614) (zur Akteneinsicht im Bußgeldverfahren).

374 Kopp/Ramsauer, VwVfG, § 29 Rn. 3; Knack, VwVfG, § 29 Rn. 3; Stelkens/Bonk/Sachs, VwVfG, § 29 Rn. 4.

375 Kopp/Ramsauer, VwVfG, § 29 Rn. 3; Knack, VwVfG, § 29 Rn. 3; Stelkens/Bonk/Sachs, VwVfG, § 29 Rn. 4.

376 Vgl. auch: Touriaux, Zugangsrechte zu Umweltinformationen, S. 47f.; Vassilaki, CR 1997, 60 (60).

377 Bis zum rechtskräftigen Abschluß des Verfahrens, hierzu im einzelnen später unter: B.II.1.

überwiegenden Fällen als Beteiligter i.S.d. § 13 Abs. 1 VwVfG Bbg anzusehen sein und deshalb nach § 13 Abs. 2 VwVfG Bbg von der Behörde im Verfahren hinzugezogen werden. In diesem Fall steht ihm während des Verfahrens ein Akteneinsichtsrecht aus § 29 VwVfG Bbg zu.

Darüber hinaus gibt es auch keinerlei Anhaltspunkte, dass der Gesetzgeber - oder etwa der Verfassungsgeber mit Art. 21 Abs. 4 BbgVerf - beabsichtigte, den Individualrechtsschutz zu verbessern.

bb. Kontrolle der Verwaltung

Der Gewährung von Akteneinsichtsrechten kann grundsätzlich eine Kontrollfunktion gegenüber der öffentlichen Verwaltung zukommen.[378] Ausdrücklich benannt ist diese Zweckbestimmung z.B. im Berliner Informationsfreiheitsgesetz in § 1 IFG Bln. Der Bürger erhält mit der Akteneinsicht die Möglichkeit, die einer Verwaltungsentscheidung zugrundeliegenden Tatsachen und Abwägungsüberlegungen zu erfahren und damit eine bessere Grundlage, die Verwaltung zu überprüfen und gegebenenfalls zu kritisieren.[379] Im brandenburgischen Gesetz ist diese Zweckbestimmung, die in einem ersten Entwurf vorgesehen war, wieder gestrichen worden.[380]

Da ein Akteneinsichtsrecht während laufender Verfahren nach dem AIG nicht besteht (§ 2 Abs. 5 AIG),[381] ist eine Kontrolle der Verwaltung durch den Bürger in diesem Verfahrensstadium auch grundsätzlich ausgeschlossen.[382] Allenfalls nach Abschluss eines Verfahrens kann das Akteneinsichtsrecht die Kontrolle der Verwaltung insoweit ermöglichen, als der Einzelne aufgrund der erlangten Informationen von seinen "politischen Mitgestaltungsrechten" Gebrauch macht. Dies sollte, wie bereits oben ausgeführt, mit dem AIG auch bezweckt werden. Eine weitergehende Kontrollfunktion - etwa hinsichtlich der Recht- und Zweckmäßigkeit konkreter Verwaltungsentscheidungen - kann dem AIG angesichts des eingeschränkten Anwendungsbereiches nicht zukommen.

---

[378] Vgl. z.B. Touriaux, Zugangsrechte zu Umweltinformationen, S. 46; Bieber, DÖV 1991, 857 (858ff.); Schröder, DV 1971, 301 (305f.); Rösch, Geheimhaltung, 128.

[379] Vgl. z.B. Touriaux, Zugangsrechte zu Umweltinformationen, S. 46.

[380] Partsch in NJ 1998, 346 (348).

[381] Bis zum rechtskräftigen Abschluß des Verfahrens, hierzu im einzelnen später unter: B.II.1.b.

[382] So auch schon: Schöd (Städte- und Gemeindebund Brandenburg), Ausschussprotokoll 2/902-I, S. 25.

Auch eine Kontrolle der Regierung wurde mit dem AIG über die Stärkung der Nutzung der politischen Mitgestaltungsrechte hinaus nicht bezweckt.[383] Insoweit lässt das AIG nur sehr eingeschränkte Möglichkeiten der Einsichtnahme zu. Zwar besteht das Akteneinsichtsrecht grundsätzlich auch gegenüber den obersten Landesbehörden, d.h. der Landesregierung, dem Ministerpräsidenten und den Landesministerien (§ 2 Abs. 1 AIG i.V.m. §§ 3 ff. LOG). Jedoch ist es auch gegenüber diesen Behörden nicht in laufenden Verfahren (§ 2 Abs. 5 AIG) gegeben.[384] Zudem sieht das AIG mehrere Ablehnungsgründe für Akteneinsichtsanträge vor, die bei Einsichtsanträgen gegenüber obersten Landesbehörden regelmäßig eingreifen werden, insbesondere etwa § 4 Abs. 1 Nr. 3 oder 4 , Abs. 2 Nr. 1, 2 oder 4 AIG. Das Akteneinsichtsrecht im AIG ist damit bewusst so restriktiv gefasst, dass eine Kontrolle der Regierung - über die verbesserte Möglichkeit der Inanspruchnahme der „politischen Mitgestaltungsrechte" hinaus - nicht möglich ist und damit schon deshalb nicht als Zweckbestimmung des AIG gesehen werden kann.

cc. Garantie für Richtigkeit und Zweckmäßigkeit von Verwaltungsentscheidungen / Korruptionsbekämpfung

Aktenöffentlichkeit kann eine gewisse Garantie für die Richtigkeit und Zweckmäßigkeit des Verwaltungshandelns bieten.[385] Diese Garantiefunktion stellt das Gegenstück zur Kontrollfunktion der Aktenöffentlichkeit dar.[386] Mit dem Einsichtsanspruch in die wesentlichen Entscheidungsgrundlagen und Verfahrensabläufe kann verhindert werden, dass die Behörde ihre Entscheidung auf nicht nachprüfbare und nicht nachvollziehbare Quellen und Erkenntnisse gründet.[387] Das „kritische Auge der Öffentlichkeit" kann so einen gewissen Rechtfertigungszwang bei der Verwaltung auslösen, der sich günstig auf ihre Tätigkeit auswirkt.[388] Im Extremfall können Akteneinsichtsrechte damit auch eine prä-

---

383 So aber: Maurer, VerwR, § 19 Rn. 21c.

384 Der Begriff des Verfahrens im AIG ist weit zu verstehen, hierunter fallen nicht nur Verwaltungsverfahren; hierzu im einzelnen später unter: B.II.1.a.

385 Vgl. z.B. Schröder, DV 1971, 301 (304); Touriaux, Zugangsrechte zu Umweltinformationen, S. 46.

386 Weshalb diese Funktionen teilweise zusammen abgehandelt werden, vgl. z.B. Touriaux, Zugangsrechte zu Umweltinformationen, S. 46.

387 Stelkens/Bonk/Sachs, VwVfG, § 29 Rn. 5.

388 Vgl. hierzu: Schröder, DV 1971, 301 (305), der jedoch darauf verweist, daß die historischen Erfahrungen zeigen, daß Publizität keinesfalls immer richtige Entscheidungen erzwungen hat.

ventive Wirkung auf korruptionsanfällige Beamte haben und so der Bekämpfung von Korruption dienen.[389]

Auch eine derartige Zweckrichtung hat der Gesetzgeber bei Erlass des AIG nicht im Auge gehabt. Zwar kann das im AIG geregelte - nach Verfahrensbeendigung gewährte - Akteneinsichtsrecht grundsätzlich einen Effekt auf die Sorgfältigkeit der Verwaltungstätigkeit haben. Hierbei handelt es sich jedoch lediglich um einen Nebeneffekt der Aktenöffentlichkeit. Gerichtet ist das Gesetz auf Tätigwerden der Bürger, auf die Nutzung der politischen Mitgestaltungsrechte durch den Einzelnen (s.o.).

dd. Entlastung der Verwaltung

Das Akteneinsichtsrecht kann den Beteiligten eine effektive Mitwirkung bei der Wahrheitsfindung der Behörde ermöglichen[390] und damit zu einer Entlastung der Verwaltung führen. Über die Beteiligung der Öffentlichkeit kann die Verwaltung zusätzliche Informationen gewinnen, die für die zu treffenden Entscheidungen von Nutzen sein können.[391] Insoweit kann es zu einem Entlastungseffekt für die Behörden kommen, wenn sie benötigte Daten oder andere Angaben nicht selbst beschaffen und zusammenstellen müssen.[392] So kann ein Akteneinsichtsrecht dazu führen, dass ein Betroffener der Behörde Präzedenzfälle nennt oder bestimmte Unterlagen auch ohne besondere Aufforderung vorlegt, weil ihm bereits aus anderen Verfahren, die er eingesehen hat, bekannt ist, dass diese entscheidungserheblich sind. Denkbar ist auch, dass ein Antragsteller oder Rechtsmittelberechtigter in Kenntnis der bisher von der Behörde geführten ähnlichen Verfahren auf Anträge oder Rechtsmittel ganz verzichtet, weil ihm klar wird, dass diese erfolglos sein würden.

Ein "Entlastungszweck" ist mit dem AIG vom Gesetzgeber jedoch nicht verfolgt worden. Auch insoweit handelt es sich lediglich um einen Nebeneffekt der Aktenöffentlichkeit. Zudem wird der "Entlastung" der Verwaltung häufig eine

---

389 So auch: Weichert, DuD 2000, 262 (264); vgl. auch die Berliner Erklärung für Transparenz in der Öffentlichen Verwaltung vom 29.10.1999 von Transparency International, Deutsches Chapter e.V.: „Ein Mangel an Transparenz erleichtert ... den Missbrauch öffentlicher Macht zu privatem Nutzen. ... der Zusammenhang zwischen Informationstransparenz und Korruptionsanfälligkeit ist unabweisbar.“, Der gläserne Bürokrat, Dokumentation, S. 111.

390 Kopp/Ramsauer, VwVfG, § 29 Rn. 2; so wohl auch BVerwGE 15, 132 (132).

391 Vgl. z.B. Touriaux, Zugangsrechte zu Umweltinformationen, S. 47.

392 Vgl. z.B. Touriaux, Zugangsrechte zu Umweltinformationen, S. 47.

"Belastung" der Verwaltung - durch die zu gewährende Akteneinsicht - vorausgehen.

ee. Schaffung von Vertrauen und Akzeptanz der Bürger gegenüber der Verwaltung

Die Zurverfügungstellung von Akten kann auch die Akzeptanz der Bürger im Hinblick auf Verwaltungsentscheidungen erhöhen[393] und ein Vertrauensverhältnis zwischen Bürger und Behörde schaffen.[394]

Zwar ist grundsätzlich denkbar, dass die mit dem AIG verbesserte Transparenz der öffentlichen Verwaltung zu mehr Akzeptanz, Verständnis und Vertrauen der Bürger in ihre Verwaltung führt. Dieser Aspekt ist auch von der Opposition in der Aussprache im Landtag vor Verabschiedung des AIG geäussert worden.[395] Explizit auf diesen Zweck gerichtet ist das Gesetz jedoch nicht. Vertrauen in staatliches Handeln kann zwar eine mögliche Folge der Schaffung von mehr Verwaltungstransparenz sein. Zielrichtung des AIG ist aber gerade die Aktivität der Bürger, die verbesserte Nutzung politischer Mitgestaltungsrechte, und nicht deren "passives" Vertrauen.

Vielmehr ist Zweck des AIG gerade die Stärkung der Aktivität der Bürger, die verstärkte Nutzung der „politischen Mitgestaltungsrechte" (s.o.). Vertrauen und Akzeptanz in staatliches Handeln führen jedoch gerade zum Gegenteil: Verharren und Passivität. Auch diese Zweckrichtung kann dem AIG deshalb m.E. nicht beigemessen werden.

---

393 Touriaux, Zugangsrechte zu Umweltinformationen, S. 47; Bieber, DÖV 1991, 857 (858 f.); zum IFG S-H ähnlich: S-H LT-Drucks. 14/2374, Begründung D.

394 Kopp/Ramsauer, VwVfG, § 29 Rn. 3; Rösch, Geheimhaltung, S. 128.

395 Vietze (PDS) führte aus, dass das Gesetz zu einer Ausfüllung des Schlagwortes vom „gläsernen Rathaus" beitragen könne und letztlich auch etwas mit dem Vertrauen des Bürgers in seine Verwaltung zu tun habe, vgl. Plenarprotokoll 2/80 vom 26. Februar 1998, S. 6588.

ff. Verbesserung der Aktenführung und -organisation in der Verwaltung / Verwaltungsmodernisierung

Die Schaffung von Akteneinsichtsrechten kann positive Wirkungen hinsichtlich der Aktenführung und der Organisation der Aufbewahrung von Akten entfalten. Diese „disziplinierende Wirkung“ ist jedoch regelmäßig nicht Zielrichtung von Akteneinsichtsrechten sondern allenfalls eine positive Begleiterscheinung. Letztlich ist eine verbesserte Aktenführung und Aktenorganisation potentielle Folge aller bestehenden Akteneinsichtsrechte, da die Behörden bei starker Nutzung der Rechte nur hierdurch erheblichen Arbeitsaufwand und Kosten vermeiden können. Als ausdrückliche Zweckrichtung des AIG kann die "disziplinierende Wirkung" aber nicht angesehen werden.

Ein weiterer Nebeneffekt der Verpflichtung zur Aktenöffentlichkeit kann sein, dass die Verwaltung sich verstärkt der Modernisierung der Aktenführung und der Zugangsmöglichkeiten zu den Dokumenten widmet. So wird es für die Behörde in Zukunft von erheblichem Interesse sein, Akten über das Internet zugänglich zu machen, um Kosten (insbesondere Personalkosten) einzusparen. Dies dürfte im Bereich der "unsensiblen Daten" (z.B. Ausschreibungsunterlagen, Satzungen und Beschlüsse, Entwicklungspläne) ohne weiteres möglich sein. In den USA hat die Tatsache, dass bestimmte Vorgänge über das Internet zugänglich sind, bereits zu einem erheblichen Rückgang der Anträge auf Akteneinsicht geführt.[396] Wegen des erheblichen Arbeits- und Kostenaufwandes bei der Gewährung von Akteneinsicht bzw. Auskunft werden Behörden bei steigenden Antragszahlen verstärkt bereit und bemüht sein, sich zu modernisieren und einen Aktenzugang über das Internet zu ermöglichen. Diese Tatsache ist jedoch, wie bereits erwähnt, lediglich eine Begleiterscheinung, nicht Zweckrichtung der Verbesserung der Aktenöffentlichkeit.

---

[396] Nach Aussagen von Gellman (U.S.A.) auf dem Internationalen Symposium „Informationsfreiheit und Datenschutz“ am 25./26. Oktober 1999 in Potsdam (Vortrag zugänglich über http://brandenburg.de/land/lfdbbg/internat/Symp99/symp99.htm, zuletzt besichtigt am 12.06.2000) sind die Auskunftsanträge stark zurückgegangen, seit die Verwaltungen dazu übergegangen sind, auch Auskünfte, die sie bereits auf Anträge hin erteilt haben, in das Internet einzustellen. Teilweise habe sich die Zahl der Anträge sogar halbiert. Für die Zukunft erwartet er, dass die Anzahl von Informationsanträgen bei den Verwaltungen in dem Maß zurückgeht, in dem diese von sich aus über das Internet oder andere Medien die bei ihnen vorhandenen Informationen zu Verfügung stellen. Seine Bedeutung werden der FOIA aber dennoch nicht verlieren, weil nicht davon auszugehen sei, dass Verwaltungen von sich aus Informationen über fehlerhaftes oder für die Allgemeinheit nachteiliges Verwaltungshandeln veröffentlichen werden. Vgl. auch Presse-Information des LDA Bbg zum Internationalen Symposium „Informationsfreiheit und Datenschutz“ am 25./26. Oktober 1999 in Potsdam, http://www.brandenburg. de/land/lfdbbg/presse/19991026.htm, zuletzt besichtigt am 28.10.1999.

c. Zusammenfassung und Stellungnahme

Im Ergebnis ist festzustellen, dass die grundsätzlich mit der Gewährung von Akteneinsichts- bzw. Informationsrechten verfolgbaren Zielrichtungen mit dem Erlass des AIG überwiegend weder angestrebt, noch erreichbar sind. Einzige Zweckrichtung des AIG ist die qualitative und quantitative Verbesserung vorhandener politischer Mitgestaltungsrechte. Insbesondere eine Kontrollfunktion gegenüber der Verwaltung - obgleich eine solche wünschenswert wäre - kann dem AIG dagegen nicht beigemessen werden. Eine solche Funktion wäre m.E. zwingend für die Schaffung eines effektiven Informationsrechts gegenüber der Verwaltung gewesen. Mit der bestehenden Gesetzesfassung ist dies jedoch nicht erreichbar.

Hinsichtlich der Zweckbestimmung unterscheidet sich das AIG von den anderen inzwischen verabschiedeten Informationsfreiheitsgesetzen. Nach § 1 IFG Bln ist Zweck des Gesetzes, die demokratische Meinungs- und Willensbildung zu fördern und eine Kontrolle des staatlichen Handelns zu ermöglichen. Das IFG S-H enthält zwar keine ausdrückliche Zweckbestimmung.[397] In der Begründung des Gesetzentwurfes wurde auf die "zentrale Bedeutung .. im Rahmen der Modernisierung der Politik und des öffentlichen Sektors" des Zugangs zu Informationen und auf die "Ausweitung der bürgerschaftlichen Teilhabe in zivilgesellschaftlichen Planungs- und Entscheidungsprozessen" hingewiesen.[398] Weiterhin wurde dort ausgeführt, dass davon ausgegangen werden könne, dass das Prinzip der Öffentlichkeit der Verwaltung mittel- oder langfristig zu einer "effektiveren, klareren und übersichtlicheren Struktur der Verwaltung" und zu einer "besseren Akzeptanz verwaltungsbehördlicher Entscheidungen" führen könne.[399] Ob sich hieraus konkrete Zweckbestimmungen für das IFG S-H ableiten lassen, soll an dieser Stelle nicht erörtert werden.[400]

Es wäre zu wünschen, dass bei Überarbeitung des AIG eine ausdrückliche Zweckbestimmung in den Gesetzestext aufgenommen wird, die neben der "politischen Mitgestaltung" mindestens auch die "Kontrolle der Verwaltung" vorsieht. Allerdings müßte diese Änderung einhergehen mit einer neuen Ausgestaltung des Umfanges des Akteneinsichtsrechts, damit weitere Zwecke überhaupt erreichbar sind.

---

397 § 1 IFG S-H, der zwar mit "Gesetzeszweck" überschrieben ist, enthält keine Zweckbestimmung sondern lediglich eine Beschreibung des Inhalts des Gesetzes.

398 S-H LT-Drucks. 14/2374, S. 1, Begründung A.

399 S-H LT-Drucks. 14/2374, S. 3, Begründung D.

400 Vgl. zu Auswirkungen und Funktionen des IFG S-H: Weichert, DuD 2000, 262 (264, 266).

B. Der Anwendungsbereich des AIG

Der Anwendungsbereich des AIG bestimmt sich zum einen nach dem im AIG ausdrücklich geregelten Umfang des Anspruchs auf Akteneinsicht aus § 1 AIG, d.h. nach den im AIG geregelten Voraussetzungen (I.), Ausschlusstatbeständen (II.) und dem im Gesetz beschriebenen Anspruchsinhalt (III.), zum anderen danach, welcher Anwendungsbereich für den Anspruch neben anderen bundes- und landesrechtlichen Informationsrechten verbleibt (IV.). Irreführend ist die Überschrift des § 2 AIG, die „Anwendungsbereich" lautet. § 2 AIG bezeichnet lediglich die Anspruchsgegner des Anspruchs aus dem AIG und einen Ausschlusstatbestand (§ 2 Abs. 5 AIG).

I. Voraussetzungen für die Akteneinsicht nach dem AIG

Der Anspruch auf Akteneinsicht aus § 1 AIG kann nur bei Vorliegen mehrerer Voraussetzungen realisiert werden. Hinsichtlich der sich aus dem AIG selbst ergebenden Voraussetzungen ist zu unterscheiden zwischen den (Anspruchs-) Berechtigten (hierzu 1.), den (Anspruchs-) Verpflichteten (hierzu 2.) und dem Gegenstand der Akteneinsicht (hierzu 3.). Darüber hinaus stellt sich die Frage, ob sich aus dem Zweck des Gesetzes weitere Anforderungen ergeben (hierzu 4.). Nach § 6 Abs. 1 AIG ist die schriftliche Stellung eines hinreichend bestimmten Antrages erforderlich (hierzu 5.).

1. Berechtigte, §§ 1, 9 Abs. 1 AIG

a. Jeder, § 1 AIG

§ 1 AIG sieht vor, dass *jeder* nach Maßgabe des AIG das Recht auf Einsicht in Akten hat.[401] Hinsichtlich der Berechtigten verwendet das AIG hier die Formulierung des Art. 21 Abs. 4 BbgVerf. Das Recht auf Akteneinsicht steht damit allen Menschen zu. Es kommt weder auf eine besondere Rechtsstellung, z.B. als deutscher Staatsbürger, Einwohner Brandenburgs i. S. d. Art. 3 Abs. 1 S. 1 BbgVerf oder einer Gemeinde des Landes Brandenburg,[402] noch auf den tat-

---

[401] Nach dem IFG Bln steht das dort geregelte Informationsrecht "jedem Menschen" zu (vgl. § 3 Abs. 1 S. 1 IFG Bln). Das Informationsrecht des IFG S-H steht jeder natürlichen und juristischen Person der Privatrechts zu (vgl. § 4 IFG S-H).

[402] Vgl. auch: Erste Hinweise des Ministeriums des Inneren, ABl. Bbg 1998, 842 (842) 1.1.; Breidenbach/Palenda, LKV 1998, 252 (253); Kneifel-Haverkamp, DuD 1998, 438 (439); Angelov, Informationszugangsanspruch, S. 200; so auch bereits zu Art. 21 Abs. 4 BbgVerf: Breidenbach/Kneifel-Haverkamp, in: Sachs, Handb. BbgVerf, § 21 Rn. 26.

sächlichen Wohnort des Antragstellers an.[403] Es handelt sich damit um ein Menschenrecht.[404] Es können sich auch Ausländer, Unionsbürger oder Einwohner anderer Bundesländer, die keinen Wohnsitz in Brandenburg haben, auf die Vorschrift des § 1 AIG berufen.[405]

„Jeder“ im Sinne des § 1 AIG ist entsprechend dem allgemeinen juristischen Sprachgebrauch jede natürliche und juristische Person des Privatrechts. Das IFG S-H bezeichnet diesen Personenkreis auch ausdrücklich als Anspruchsinhaber (vgl. § 4 IFG S-H). Nach dem IFG Bln ist "jeder Mensch" Inhaber des Informationsrechts (vgl. § 3 Abs. 1 S. 1 IFG Bln). Ausdrücklich darauf hingewiesen wird hier ebenfalls, daß es sich dabei auch um juristische Personen handeln kann (§ 3 Abs. 1 S. 2 IFG Bln).

Unklar ist, ob das Akteneinsichtsrecht des AIG auch anderen Personen oder Personenmehrheiten zusteht, die nicht als natüliche oder juristische Personen zu qualifiziern sind. Zu dem „Jedermann-Anspruch“ des § 4 Abs. 1 UIG auf freien Zugang zu Informationen über die Umwelt hat das Bundesverwaltungsgericht in einer neueren Entscheidung festgestellt, dass dieser Anspruch auch dem Ortsverband einer politischen Partei, der (wie in der Regel auch politische Parteien selbst) keine juristische Person ist, zustehen kann.[406] Das Gericht hat in der Entscheidung auf die der Umweltinformationsrichtlinie (UIRL) des Rates der EG und dem UIG zugrundeliegenden Zielsetzungen - Kontrolle der Verwaltung, Schärfung des Umweltbewusstseins, Effekivierung der Umweltpolitik der EG und des Umweltschutzes im allgemeinen und Verbesserung der Akzeptanz der Öffentlichkeit in Bezug auf erforderliche Umweltmaßnahmen - verwiesen.[407] Diese Zielsetzungen gebieten es nach Auffassung des Gerichts, die polititschen Parteien als verfassungsrechtlich privilegierte Zusammenschlüsse von Bürgern (Art. 21 GG, § 1 PartG) in den gesetzlich garantierten Informationszugang einzubeziehen.[408] Dies gelte nicht nur für die Parteizentralen, sondern auch für die örtlichen Untergliederungen einer Partei, weil die Parteien auch auf der Ortsebene an der politischen Meinungs- und Willensbildung handelnd und mitgestaltend teilnehmen, so dass sich bei ihnen spezifisch ortsbezogene Informationsbedürfnisse ergeben können, denen das Gesetz gleichfalls genüge tun wol-

403 Vgl. auch: Breidenbach/Palenda, LKV 1998, 252 (253); Kneifel-Haverkamp, DuD 1998, 438 (439); so auch bereits zu Art. 21 Abs. 4 BbgVerf: Breidenbach/Kneifel-Haverkamp, in: Sachs, Handb. BbgVerf, § 21 Rn. 26.

404 Breidenbach/Palenda, LKV 1998, 252 (253); so bereits zu Art. 21 Abs. 4 BbgVerf: Breidenbach/Kneifel-Haverkamp, in: Sachs, Handb. BbgVerf, § 21 Rn. 26.

405 Breidenbach/Palenda, LKV 1998, 252 (253); so bereits zu Art. 21 Abs. 4 BbgVerf: Breidenbach/Kneifel-Haverkamp, in: Sachs, Handb. BbgVerf, § 21 Rn. 26.

406 BVerwG, DVBl. 1999, 1134 (1134, 1135ff.)=NVwZ 1999, 1220 (1220f.).

407 BVerwG, DVBl. 1999, 1134 (1136)=NVwZ 1999, 1220 (1220f.).

408 BVerwG, DVBl. 1999, 1134 (1136)=NVwZ 1999, 1220 (1221).

le.[409] Im übrigen seien materielle Berechtigungen von Ortsverbänden auch sonst dem öffentlichen Recht nicht fremd.[410]

Im Gegensatz zu § 4 Abs. 1 UIG gebieten weder Zielsetzung noch sonstige Umstände des brandenburgischen AIG, den Berechtigtenkreis des Akteneinsichtsanspruchs des AIG auch auf andere Personen als natürliche und juristische Personen zu erstrecken. Da die Brandenburgische Verfassung in Art. 21 Abs. 3 ausdrücklich einen Informationsanspruch der Verbände zur Beeinflussung der öffentlichen Angelegenheiten vorsieht, zu denen auch der Ortsverband einer Partei zu rechnen ist, wenn er einen gewissen Organisationsgrad aufweist,[411] besteht weder Anlass noch Notwendigkeit, diese in den Kreis der Anspruchsberechtigten des § 1 AIG einzubeziehen. Vielmehr ergibt sich aus der Regelung des § 9 Abs. 1 AIG, dass der Brandenburgische Gesetzgeber davon ausgegangen ist, dass derartige Verbände nicht in den Kreis der Anspruchsberechtigten einzubeziehen sind. Anderenfalls hätte die Vorschrift des § 9 AIG lediglich die Bedeutung, diesen Verbänden zusätzlich zu dem Akteneinsichtsanspruch einen Informationsanspruch zu verschaffen.[412] Dass dies der Fall sein sollte, ist weder der Gesetzesfassung noch der Begründung des Gesetzentwurfes zu entnehmen. Zudem hätte der Gesetzgeber die Verbände ausdrücklich in den Berechtigtenkreis des § 1 AIG aufnehmen können, wovon er jedoch abgesehen hat. Dem Zweck des AIG - der qualitativen und quantitativen Verbesserung der Nutzung vorhandener politischer Mitgestaltungsrechte - ist darüber hinaus hinsichtlich der Verbände bereits durch Art. 21 Abs. 3 BbgVerf i.V.m. § 9 AIG Genüge getan, so dass auch aus diesem Grunde keine Veranlassung besteht, den Kreis der Berechtigten des Anspruchs aus § 1 AIG im Wege der Auslegung über natürliche und juristische Personen hinaus zu erweitern. Anderen Zwecken, wie etwa der Kontrolle der Verwaltung oder der Schaffung von Vertrauen in die Verwaltung, ist das AIG - wie bereits oben ausgeführt[413] - weder zu dienen bestimmt noch ist es hierzu geeignet.

Problematisch ist weiterhin, ob unter „jeder" i.S.d. AIG neben natürlichen und juristischen Personen des Privatrechts auch juristische Personen des öffentlichen Rechts zu verstehen sind. Das VG Potsdam hat in seinem Ersten Beschluss zum AIG vom 16.11.1998 ebenfalls diese Frage aufgeworfen, sie im Ergebnis jedoch offengelassen.[414] Das Bundesverwaltungsgericht hat in seiner ersten Ent-

---

409 BVerwG, DVBl. 1999, 1134 (1136)=NVwZ 1999, 1220 (1221).

410 BVerwG, DVBl. 1999, 1134 (1136)=NVwZ 1999, 1220 (1221).

411 Zu den Voraussetzungen im Einzelnen später unter B.I.1.b.

412 Zu den unterschiedlichen Anspruchsinhalten von § 1 AIG und Art. 21 Abs. 3 BbgVerf vgl. B.I.3.e.

413 S.o. unter A.II.3.

414 VG Potsdam (2 L 873/98), LKV 1999, 155 (156).

scheidung zum Umweltinformationsgesetz vom 31.10.1995 die Anspruchsberechtigung einer Gemeinde hinsichtlich des „Jedermann-Rechts“ auf Umweltinformationen aus Art. 4 Abs. 1 UIG abgelehnt.[415] Dies begründet das Bundesverwaltungsgericht wie folgt: Zwar habe nach § 4 Abs. 1 UIG „jeder“ Anspruch auf freien Zugang zu den dort bezeichneten Informationen. Trotz der Weite des Wortlautes gehörten aber Gemeinden als juristische Personen des öffentlichen Rechts nicht zu den Anspruchsberechtigten.[416] Der Gesetzgeber sei bei Erlass des UIG ausweislich der Begründungen zum Gesetzentwurf lediglich von einem Anspruch natürlicher und juristischer Personen des Privatrechts ausgegangen.[417] Dies sei eine Konsequenz aus dem Umstand, dass die europäische Richtlinie, deren Umsetzung das Gesetz lediglich diene, nur das Verhältnis der Bürger zum Staat betreffe, nicht hingegen den Informationsfluss zwischen Behörden regele.[418] Über diesen Regelungsgehalt der europäischen Umweltrichtlinie habe der Bundesgesetzgeber nicht hinausgehen wollen.[419]

Es stellt sich die Frage, ob diese Argumentation des Bundesverfassungsgerichts zu § 4 Abs. 1 UIG auf den im AIG geregelten Anspruch auf Akteneinsicht übertragbar ist. Dafür spricht, dass auch das brandenburgische Grundrecht auf Akteneinsicht des Art. 21 Abs. 4 BbgVerf, das mit dem Erlass des AIG ausgefüllt wird, das Verhältnis des Bürgers zum Staat und nicht den Informationsfluss von Behörden untereinander regelt. Auch der Blick auf den Zweck des AIG (wie auch den des Art. 21 Abs. 4 BbgVerf), der in der qualitativen und quantitativen Verbesserung der Nutzung vorhandener politischer Mitgestaltungsrechte des einzelnen besteht, spricht gegen einen Anspruch der juristischen Personen des öffentlichen Rechts. Andererseits macht das AIG die Geltendmachung des Anspruches auf Akteneinsicht gerade nicht vom Vorliegen einer berechtigten Interesses und damit der Möglichkeit des Vorhandenseins eines politischen Mitgestaltungsrechts und/oder -interesses abhängig.[420] Diese Tatsache betrifft jedoch eine Anspruchsvoraussetzung, nicht die Frage der Anspruchsinhaberschaft und kann deshalb nicht zur Begründung eines erweiterten Kreises der Rechtsträger herangezogen werden. Im Ergebnis erscheint es zwar auf den ersten Blick unbillig, dass der Vertreter der juristischen Person des öffentlichen Rechts als Privatperson einen Anspruch auf Akteneinsicht haben soll, als ausgewiesener Vertreter jedoch mit seinem Einsichtsgesuch zurückgewiesen werden soll. In diesem Falle könnte der Vertreter den Antrag als Privatperson

---

415 BVerwG, NVwZ 1996, 400 (401)=NuR 1996, 248 (248).
416 BVerwG, NVwZ 1996, 400 (401)= NuR 1996, 248 (248).
417 BVerwG, NVwZ 1996, 400 (401)= NuR 1996, 248 (248) unter Verweis auf BT-Drucks. 12/7138, S. 12.
418 BVerwG, NVwZ 1996, 400 (401)= NuR 1996, 248 (248).
419 BVerwG, NVwZ 1996, 400 (401)= NuR 1996, 248 (248).
420 Vgl. hierzu auch: VG Potsdam, LKV 1999, 155 (156).

stellen und die gewonnenen Erkenntnisse dann sich selbst als Vertreter der juristischen Person schriftlich mitteilen oder z.B. veröffentlichen und in der Folgezeit für die Wahrnehmung der Interessen der juristischen Person des öffentlichen Rechts verwerten. In dieser Konstellation wird der Vertreter allerdings sein Akteneinsichtsrecht regelmäßig nicht zum Zwecke der politischen Mitgestaltung nutzen, sondern dienstliche oder behördliche Interessen verfolgen. Anderenfalls würde er aller Wahrscheinlichkeit nach im eigenen Namen Akteneinsicht beantragen. Dienstlichen oder behördlichen Interessen ist der Anspruch nach dem AIG jedoch gerade nicht zu dienen bestimmt. Da Akteneinsichtsgesuche von juristischen Personen des öffentlichen Rechts regelmäßig nicht der politischen Mitgestaltung dienen dürften, ist es im Ergebnis nur folgerichtig, diese nicht in dem Kreis der Anspruchsinhaber des Anspruchs aus Art. 1 AIG einzubeziehen.
Etwas könnte allenfalls dann gelten, wenn Kommunen als Träger der kommunalen Selbstverwaltungsgarantie das Akteneinsichtsrecht des AIG nutzen wollen, um mittels der erlangten Kenntnisse dann auf der Ebene der Landespolitik "politisch mitzugestalten."[421] Da aber Gründe für den Akteneinsichtsantrag nicht benannt werden müssen und zudem auch nur begrenzt überprüfbar sein wird, ob die Gemeinde tatsächlich im Rahmen der Selbstverwaltungsgarantie tätig wird, ist es m.E. nicht vertretbar, eine derartige Differenzierung bei Akteneinsichtsanträgen von Gemeinden vorzunehmen.

b. Bürgerinitiativen und Verbände zur Beeinflussung öffentlicher Angelegenheiten, § 9 Abs. 1 AIG, Art. 21 Abs. 3 BbgVerf

Nach § 9 Abs. 1 AIG findet das AIG entsprechende Anwendung auf Bürgerinitiativen und Verbände zur Beeinflussung öffentlicher Angelegenheiten im Sinne des Art. 21 Abs. 3 BbgVerf, soweit sie ihr Recht auf Information geltend machen.[422] Die Vorschriften des AIG gelten für die genannten Vereinigungen, die einen Antrag auf Erteilung von Informationen stellen, also ausdrücklich nur *entsprechend*. Der Anspruch auf Informationen dieser Vereinigungen selbst ergibt sich aus Art 21 Abs. 3 S. 2 BbgVerf und nicht aus dem AIG.[423] Mit dem AIG hat der Gesetzgeber von dem Regelungsvorbehalt des Art. 21 Abs. 3 S. 3

[421] So wohl Tätigkeitsbericht des LDA Bbg 1998, LT-Drucks. 2/6130, Einleitung, der - jedoch ohne nähere Begründung - ausführt, dass für Gemeinden möglicherweise die Berufung auf das Informationszugangsrecht möglich sein könne, soweit sie als Träger der kommunalen Selbstverwaltungsgarantie betroffen sind.

[422] Weder in Berlin noch in Schleswig-Holstein ist ein entsprechendes Recht der Bürgerinitiativen und Verbände geregelt.

[423] Anders wohl *Partsch*, NJ 1998, 346 (350) der ausführt, § 9 AIG erkläre das AIG auch für Bürgerinitiativen für anwendbar.

BbgVerf[424] Gebrauch gemacht. Der Anspruch der Bürgerinitiativen und der Verbände beschränkt sich damit auf den Informationsanspruch aus Art. 21 Abs. 3 S. 2 BbgVerf, d.h. ist nicht identisch mit dem aus § 1 AIG jedermann zustehenden Anspruch auf Akteneinsicht.[425]

Bürgerinitiativen[426] sind Zusammenschlüsse von Bürgern, d.h. natürlichen Personen, zur Verfolgung eines bestimmten öffentlichen Zwecks (z.B. der Förderung oder Verhinderung bestimmter Vorhaben).[427] Bürgerinitiativen unterscheiden sich von Parteien als den traditionellen Organisatoren des politischen Willensbildungsprozesses durch die Begrenztheit des politischen Ziels, eine größere Formenvielfalt und geringere Reglementierung.[428] Sie können als Vereine oder Gesellschaften des bürgerlichen Rechts organisiert sein,[429] meist jedoch handelt es sich um rechtlich nicht fixierte lose Zusammenschlüsse von Bürgern zur Verfolgung des bestimmten Zwecks.[430]
Sind die Bürgerinitiativen als juristische Personen organisiert, so steht ihnen neben dem Informationsanspruch aus Art. 21 Abs. 3 BbgVerf das „Jedermann-Recht" auf Akteneinsicht aus § 1 AIG zu.

Verbände zur Beeinflussung öffentlicher Angelegenheiten i. S. d. Art. 21 Abs. 3 BbgVerf/§ 9 Abs. 1 AIG sind Zusammenschlüsse von natürlichen oder juristischen Personen oder Vereinigungen zur Förderung gemeinsamer Interessen, insbesondere wirtschaftlicher, sozialer, kultureller oder politischer Art.[431] Unter dem Begriff der Verbände zur Beeinflussung öffentlicher Angelegenheiten sind alle „etablierten" Formgestaltungen zur Einflussnahme auf die politische Meinungsbildung zu verstehen.[432] Hierunter können auch Parteien fallen.[433] Auch

---

424 Siehe hierzu auch A.II.1.d.a.E.

425 Zur Abgrenzung zwischen dem Anspruch auf Information und den Anspruch auf Akteneinsicht nachfolgend unter B.I.3.e.

426 Den im Entwurf des Runden Tisches für ein Informationszugangsrecht verwendeten Begriff der „Bürgerbewegungen" definiert *Weichert* "entsprechend dem westdeutschen Begriff der Bürgerinitiativen" als „ Vereinigungen, die sich öffentlichen Aufgaben widmen und dabei auf die öffentliche Meinung einwirken", Weichert, CR 1992, 738(744, Fn. 66).

427 Vgl. z.B. Creifels, Rechtswörterbuch, S. 274.

428 Breidenbach/Kneifel-Haverkamp, in: Sachs, Handb. BbgVerf, § 21 Rn. 42.

429 Vgl. z.B. Creifels, Rechtswörterbuch, S. 274; A.A. wohl Breidenbach/Kneifel-Haverkamp, in: Sachs, Handb. BbgVerf, § 21 Rn. 42, die davon ausgehen, dass Vereinsrecht auf Bürgerinitiativen keine Anwendung findet.

430 Vgl. z.B. Creifels, Rechtswörterbuch, S. 274.

431 Vgl. z.B. Definition der Verbände bei Creifels, Rechtswörterbuch, S. 1367.

432 Breidenbach/Kneifel-Haverkamp, in: Sachs, Handb. BbgVerf, § 21 Rn. 42; Breidenbach/Palenda, LKV 1998, 252 (258).

433 Vgl. Erste Hinweise des Ministeriums des Inneren, ABl. Bbg 1998, 842 (847), 9.1.; Breidenbach/Palenda, LKV 1998, 252 (258); i.E. wohl auch auch Breidenbach/Kneifel-

verbandsmäßig organisierte Lobby-Gruppen, z.B. bestimmte Wirtschaftskreise sowie die Gewerkschaften sind dem Verbandsbegriff des § 9 AIG/Art. 21 BbgVerf zuzuordnen, wenn ihre satzungsmäßige Tätigkeit über die bloße Förderung von Eigen- bzw. Mitgliederinteressen hinausgeht.[434]
Die Verbände können als juristische Personen organisiert sein, z.B. als eingetragener Verein, aber auch nichtrechtsfähige Rechtssubjekte sein, z.B. nicht eingetragene Vereine. Sind Verbände als juristische Personen organisiert, so steht ihnen - wie auch den so organisierten Bürgerinitiativen - neben dem Informationsanspruch aus Art. 21 Abs. 3 BbgVerf das „Jedermann-Recht" auf Akteneinsicht aus § 1 AIG zu.

Die Unterscheidung von Bürgerinitiative und Verband besteht in ihrer unterschiedlichen inneren Struktur.[435] Als Verbände sind diejenigen Gruppierungen mit einer Zielrichtung der Beeinflussung öffentlicher Angelegenheiten anzusehen, die über eine verfestigte Organisationsstruktur verfügen.[436] Auf die Bezeichnung der Vereinigung, etwa als Bürgerinitiative, kommt es nicht an.[437] In der Praxis dürfte die Unterscheidung für den Anspruch aus Art. 21 Abs. 3 BbgVerf allerdings kaum relevant sein.

Soweit Bürgerinitiativen oder Verbände keine eigene Rechtspersönlichkeit besitzen, können sie nach dem bundesdeutschen Recht grundsätzlich nicht selbständig förmliche Rechtsbehelfe ergreifen oder klagen. In Brandenburg sind Bürgerinitiativen und Verbände zur Beeinflussung öffentlicher Angelegenheiten jedoch Inhaber des Informationsanspruches aus Art. 21 Abs. 3 S. 2 BbgVerf, d.h. Träger dieses Rechts. Sie sind können mithin gemäß § 11 Nr. 2 VwVfG Bbg bzw. gemäß § 61 Nr. 2 VwGO als Vereinigungen grundsätzlich beteiligungsfähig in einem Verwaltungs- bzw. Verwaltungsgerichtsverfahren sein, in dem es um die Gewährung des Informationsanspruchs zu ihren Gunsten geht. Erforderlich ist hierfür jedoch zunächst, dass die Voraussetzungen, die eine Beteiligungsfähigkeit von Vereinigungen nach § 11 VwVfG Bbg erfordert, erfüllt sind, wenn die Vereinigung einen Antrag auf Informationserteilung stellt und damit Beteiligte in einem Verwaltungsverfahren wird.[438]

Haverkamp, in: Sachs, Handb. BbgVerf, § 21 Rn. 42, die die „Verbände zur Beeinflussung öffentlicher Angelegenheiten" aber zunächst von den Parteien abgrenzen.

434 Breidenbach/Kneifel-Haverkamp, in: Sachs, Handb. BbgVerf, § 21 Rn. 42; Breidenbach/Palenda, LKV 1998, 252 (258).

435 Breidenbach/Palenda, LKV 1998, 252 (258).

436 Breidenbach/Palenda, LKV 1998, 252 (258); Breidenbach/Kneifel-Haverkamp, in: Sachs, Handb. BbgVerf, § 21 Rn. 42.

437 Breidenbach/Palenda, LKV 1998, 252 (258).

438 Insoweit missverständlich die Ersten Hinweise zur Anwendung des Akteneinsichts- und Informationszugangsgesetzes des Ministeriums des Inneren vom Juli 1998, ABl. Bbg 1998, 842 (847), in denen unter 9.2 darauf hingewiesen wird, dass „wegen der teilweise

Vereinigungen i. S. d. § 11 Nr. 2 VwVfG Bbg sind Zusammenschlüsse von natürlichen oder juristischen Personen[439] oder Organen oder Organteilen,[440] die einen gemeinsamen Zwecke verfolgen,[441] die ein Mindestmaß an Organisation aufweisen[442] und bei denen eine Repräsentanz für alle Mitglieder durch eine oder mehrere bestimmte Personen gewährleistet ist.[443] Zwar ist keine feste auf Dauer eingerichtete Organisation erforderlich.[444] Da die Vereinigung aber als solche und unter ihrem Namen und nicht als Gesamtheit ihrer Mitglieder beteiligungsfähig ist, reicht nicht jedwedes kurzfristige oder zufällige Zusammentreffen gleicher Interessen aus.[445] Keine Vereinigungen sind deshalb grundsätzlich Bürgerinitiativen als solche ohne näherer Organisation.[446] Sie sind erst dann als beteiligungsfähig anzuerkennen, wenn sie die genannten Mindestvoraussetzungen in zeitlicher, organschaftlicher und struktureller Beziehung aufweisen.[447] Nicht gefolgt werden kann deshalb ohne weiteres der pauschalen Aussage, dass der Begriff der „Bürgerinitiative" im Sinne des Art. 21 Abs. 3 BbgVerf/§ 9 AIG weit zu definieren sei und dieser nur mit minimalen formellen Anforderungen zu versehen sei.[448] Es ist vielmehr erforderlich, dass Bürgerinitiativen oder Verbände zur Beeinflussung öffentlicher Angelegenheiten die Voraussetzungen für die Beteiligungsfähigkeit nach § 11 Nr. 2 VwVfG Bbg erfüllen. Bei Zweifeln an der Beteiligungsfähigkeit soll sich die Behörde an die handelnden natürlichen Personen halten und an sie ihre Mitteilungen und Bekanntgaben richten.[449] Im Zweifel wird die Behörde bei einem Antrag einer nicht beteiligungsfähigen Vereinigung nach Art. 21 Abs. 3 S. 2 BbgVerf im Rahmen einer Anhörung darauf hinweisen, dass der Antrag keinen Erfolg haben wird, jedoch ein Antrag auf Akteneinsicht nach § 1 AIG einer oder mehrerer Einzelpersonen erfolgversprechender ist, und die Stellung eines solchen anregen.

---

lockeren Organisationsstrukturen beispielsweise bei Bürgerinitiativen" an den Nachweis der Vertretungsbefugnis keine erhöhten Anforderungen zu stellen seien.

439 Vgl. z.B. Knack, VwVfG, § 11 Rn. 4.3; Stelkens/Bonk/Sachs, VwVfG, § 11 Rn. 17; Obermayer, VwVfG, § 11 Rn. 14.

440 Vgl. z.B. Stelkens/Bonk/Sachs, VwVfG, § 11 Rn. 17.

441 Vgl. z.B. Knack, VwVfG, § 11 Rn. 4.3.

442 Vgl. z.B. Knack, VwVfG, § 11 Rn. 4.3; Stelkens/Bonk/Sachs, VwVfG, § 11 Rn. 17; Obermayer, VwVfG, § 11 Rn. 14.

443 Vgl. z.B. Knack, VwVfG, § 11 Rn. 4.3; Stelkens/Bonk/Sachs, VwVfG, § 11 Rn. 17; Obermayer, VwVfG, § 11 Rn. 14.

444 Vgl. z.B. Knack, VwVfG, § 11 Rn. 4.3; Kopp/Ramsauer, VwVfG, § 11 Rn. 13; Obermayer, VwVfG, § 11 Rn. 14.

445 Vgl. z.B. Knack, VwVfG, § 11 Rn. 4.3; Stelkens/Bonk/Sachs, VwVfG, § 11 Rn. 18.

446 Vgl. z.B. Knack, VwVfG, § 11 Rn. 4.3; Stelkens/Bonk/Sachs, VwVfG, § 11 Rn. 18.

447 Vgl. z.B. Stelkens/Bonk/Sachs, VwVfG, § 11 Rn. 18.

448 So aber: Breidenbach/Kneifel-Haverkamp, in: Sachs, Handb. BbgVerf, § 21 Rn. 42, die jedoch für Verbände zur Beeinflussung öffentlicher Angelegenheiten einen „höheren Organisationsgrad" fordern.

449 Vgl. z.B. Stelkens/Bonk/Sachs, VwVfG, § 11 Rn. 18.

Anträge zur Geltendmachung des Rechtes auf Information der Bürgerinitiativen und Verbände zur Beeinflussung öffentlicher Angelegenheiten können nur durch den jeweiligen Vorstand oder einen besonders hierzu Bevollmächtigten gestellt werden (§ 9 Abs. 2 S. 1 AIG). In Zweifelsfällen ist gegenüber der Behörde die Vertretungsbefugnis nachzuweisen (§ 9 Abs. 2 S. 2 AIG). Hieran sind keine besonderen Anforderungen zu stellen. Ausreichend ist, dass für die aktenführende Behörde deutlich ist, an wen sie mit Wirkung für die Bürgerinitiative oder den Verband die Zustellung des Bescheides bewirken kann.[450]

Es kann jedoch erforderlich sein, dass der Behörde die Namen und Anschriften der Mitglieder der Vereinigung bekanntgegeben werden, etwa dann wenn sie die Kostenschuldner einer Kosten- und Gebührenentscheidung der Entscheidung (oder Widerspruchsentscheidung) über den geltend gemachten Informationsanspruch feststellen muss. In diesem Fall kann sich die Behörde eine Mitgliederliste vorlegen lassen. Die Mitglieder einer nichtrechtsfähigen Vereinigung werden für die Gebührenschuld regelmäßig als Gesamtschuldner haften.

2. Verpflichtete, § 2 Abs. 1-4 AIG

Die zur Akteneinsicht nach § 1 AIG verpflichteten Behörden ergeben sich aus § 2 Abs. 1 bis 4 AIG.[451] Wird ein Antrag bei einer unzuständigen Stelle gestellt, so ist diese verpflichtet, den Antrag unverzüglich an die zuständige Stelle weiterzuleiten und den Antragsteller hierüber zu unterrichten (§ 6 Abs. 1 S. 5 AIG).[452]

---

450 So i.E. auch: Erste Hinweise des Ministeriums des Inneren, ABl. Bbg 1998, 842 (847), 9.2.

451 Die Verpflichteten des Informationsanspruchs aus dem IFG Bln ergeben sich aus § 2 IFG, jene des Anspruchs aus dem IFG S-H aus § 3 IFG S-H. Zu den Unterschieden zum AIG im Folgenden.

452 Ähnliche Regelungen finden sich in § 13 Abs. 1 S. 3 IFG Bln und § 6 Abs. 3 S. 2 IFG Bln.

a. Behörden und Einrichtungen, § 2 Abs. 1, 2, 3 AIG

Nach § 2 Abs. 1 1. HS AIG besteht das Akteneinsichtsrecht gegenüber Behörden und Einrichtungen des Landes im Sinne des Zweiten Abschnitts des Landesorganisationsgesetzes (LOG). Gegenüber den in § 1 Abs. 2 LOG genannten Stellen ist das Akteneinsichtsrecht nur gegeben, soweit diese Verwaltungsaufgaben erledigen (§ 2 Abs. 2 S. 1 AIG). § 2 Abs. 2 S. 2 AIG bestimmt, dass das Einsichtsrecht gegenüber Forschungsanstalten, zentralen Forschungseinrichtungen, Schulen und Prüfungseinrichtungen nur besteht, soweit sie nicht im Bereich von Forschung, Lehre, Unterricht und Prüfung tätig werden. Gegenüber Behörden und Verwaltungseinrichtungen des Landes, deren Zuständigkeitsbereich sich auch auf andere Bundesländer erstreckt, ist das Akteneinsichtsrecht nur gegeben, soweit sich deren Akten ausschließlich auf das Land Brandenburg beziehen (§ 2 Abs. 3 AIG). Im Einzelnen:

aa. Behörden und Einrichtungen des Landes im Sinne des Zweiten Abschnitts des Landesorganisationsgesetzes (LOG), § 2 Abs. 1 1. HS. AIG

Nach § 2 Abs. 1 1. HS AIG besteht das Akteneinsichtsrecht gegenüber Behörden und Einrichtungen des Landes im Sinne des Zweiten Abschnitts des Landesorganisationsgesetzes (LOG). Dies sind die obersten Landesbehörden, d.h. die Landesregierung, der Ministerpräsident und die Landesministerien (§§ 3 ff. LOG)[453], die Landesoberbehörden, d.h. z.B. das Landeskriminalamt, die Oberfinanzdirektion und das Landesamt zur Regelung offener Vermögensfragen (§ 6 LOG), und die unteren Landesbehörden, d.h. z.B. Landräte und Oberbürgermeister, Polizeipräsidien, Finanzämter, staatliche Schulämter (§ 7 LOG).[454]

bb. Behörden und Einrichtungen nach § 1 Abs. 2 LOG nur soweit Erledigung von Verwaltungsaufgaben, § 2 Abs. 2 S. 1 AIG

Nach § 2 Abs. 2 S. 1 AIG besteht das Akteneinsichtsrecht nach § 1 AIG gegenüber den in § 1 Abs. 2 LOG genannten Stellen nur, soweit sie Verwaltungsaufgaben erledigen. In § 1 Abs. 2 LOG sind genannt: Die Verwaltung des Landtages und des Landesrechnungshofes (Ziff. 1), die staatlichen Rechnungsprüfungsämter (Ziff. 2), Landesbeauftragte und Bevollmächtigte (Ziff. 3), die Organe der Rechtspflege (Ziff. 4) und die staatlichen Hochschulen im Wissenschaftsbereich (Ziff. 5).

---

453 In der Fassung der Bekanntmachung vom 12.09.1994, GVBl. I, S. 406.

454 Insoweit entspricht der Verpflichtetenkreis des IFG Bln und des IFG S-H jenem des AIG (vgl. § 2 IFG Bln, § 3 IFG S-H).

Die genannten Stellen nehmen regelmäßig "Verwaltungsaufgaben" i.S.d. § 2 Abs. 2 S. 1 AIG wahr, wenn sie als Exekutivorgane tätig werden, d.h. wenn sie die ihnen gesetzlich zugewiesenen Exekutivaufgaben erfüllen. Ohne an dieser Stelle vertieft auf die vielfältigen Definitionsversuche des Verwaltungsbegriffes einzugehen,[455] dürften - entsprechend der negativen Bestimmung des Verwaltungsbegriffes[456] - insgesamt als "Verwaltungsaufgaben" all jene Tätigkeiten der öffentlichen Gewalt anzusehen, die „außerhalb von Rechtssetzung und Rechtsprechung“ liegen. Jegliches Tätigwerden der in § 1 Abs. 2 LOG genannten Stellen im Rahmen der ihnen obliegenden Aufgaben als Judikative oder als Legislativorgan ist mithin dem Akteneinsichtsanspruch nach § 1 AIG entzogen. Diese Einschränkung des Akteneinsichtsrechts hat zur Folge, dass die Einsichtnahme in Unterlagen über die Wahrnehmung der ureigenen Aufgabenstellungen der genannten Stellen, wie z.B. die gesetzgebende Tätigkeit des Landtages,[457] die Prüfungstätigkeit des Landesrechnungshofes, die rechtsprechende Tätigkeit der Gerichte[458] und die Ermittlungstätigkeit der Staatsanwaltschaft (bezüglich der beiden letzten auch wegen der vorrangigen Regelungen des Prozessordnungen) ausgeschlossen ist. Lediglich deren Verwaltungshandeln soll der Akteneinsicht nach dem AIG zugänglich gemacht werden.[459]

Die Beschränkung des Akteneinsichtsrechts nach § 2 Abs. 2 S. 1 AIG auf Verwaltungsaufgaben ist in der Literatur als „abwegig“ bezeichnet worden.[460] Begründet wurde dies damit, dass das Brandenburgische Verfassungsgericht das Akteneinsichtsrecht der Abgeordneten nach Art. 56 Abs. 3 BbgVerf auch auf Unterlagen des Rechnungshofes erstreckt habe.[461] Diese Literaturauffassung übersieht, dass Art. 56 Abs. 3 S. 2 BbgVerf den Rechnungshof ausdrücklich als Verpflichteten in das Akteneinsichtsrecht der Abgeordneten einbezieht, während Art. 21 Abs. 4 BbgVerf lediglich „Behörden und Verwaltungseinrichtungen des Landes“ allgemein nennt.[462] Rechnungshof, wie auch Landtag und Gerichte, sind nicht Teil der Landesverwaltung, sondern ihrerseits Stellen, die zur

---

455 Übersicht z.B. bei Ehlers in Erichsen, Allgem. VerwR, § 1 Rn. 3ff; Wolff/Bachof/Stober, § 2 Rn. 1ff.

456 Vgl. z.B. Jellinek, VerwR, § 1 I; so auch schon: Otto Meyer, VerwR I, S. 9, 13; kritisch z.B. Wolff/Bachof/Stober § 2 Rn. 3.

457 Breidenbach/Palenda, LKV 1998, 252 (253); LT-Drucks. 2/4417, S. 3 der Begründung; Erste Hinweise des Ministeriums des Inneren, ABl. Bbg 1998, 842 (842), 2.4.

458 Vgl. auch: LT-Drucks. 2/4417, S. 3 der Begründung; Erste Hinweise des Ministeriums des Inneren, ABl. Bbg 1998, 842 (842), 2.4.

459 LT-Drucks. 2/4417, S. 3 der Begründung; Breidenbach/Palenda, LKV 1998, 252 (253).

460 So: Partsch, NJW 1998, 2559 (2561); ders., LKV 1998, 346 (348).

461 Partsch, NJW 1998, 2559 (2561) und ders., LKV 1998, 346 (348) unter Verweis auf BbgVerfG, NVwZ-RR 1998, 209 (210).

462 So auch: Breidenbach/Palenda, NJW 1999, 1307 (1308).

Kontrolle der Verwaltung aufgerufen sind.[463] Das Akteneinsichtsrecht des Art. 21 BbgVerf, das der Gesetzgeber mit dem Erlass des AIG ausgefüllt hat, war deshalb jedenfalls nicht zwingend auf andere in der Landesverfassung genannte Kontrollorgane zu erstrecken. Mit Blick auf den Zweck des Gesetzes - qualitative und quantitativen Verbesserung der Nutzung vorhandener politischer Mitgestaltungsrechte des einzelnen - wäre es zwar grundsätzlich denkbar und auch in einem gewissen Umfang wünschenswert gewesen, ein Akteneinsichtsrecht etwa in die Unterlagen des Rechnungshofes oder des Landtages, soweit diese Kontrollaufgaben gegenüber der Verwaltung wahrnehmen, zuzulassen.[464] Gerade die Einsicht in Rechnungshofunterlagen kann für die Geltendmachung politischer Mitgestaltungsrechte außerordentlich interessant sein. Zwingend vorzusehen war ein derartiges Akteneinsichtsrecht auch unter Berücksichtigung des Gesetzeszwecks allerdings nicht. Dies ist schon deshalb der Fall, weil der Gesetzgeber - nach der hier vertretenen Auffassung[465] - weder im Rahmen eines Gesetzgebungsauftrages verpflichtet war, ein Akteneinsichtsgesetz überhaupt zu erlassen, noch sich aus Art. 21 Abs. 4 VerfBbg ein unmittelbarer Anspruch auf Akteneinsicht über bestehendes Gesetzesrecht hinaus ergibt.

Nach § 3 Abs. 3 IFG S-H besteht der Informationsanspruch des IFG S-H ebenfalls nicht gegenüber dem Landtag im Rahmen seiner Gesetzgebungstätigkeit (Nr. 1), den Gerichten, Strafverfolgungs- und Strafvollstreckungsbehörden sowie Disziplinarbehörden, soweit sie als Organe der Rechtspflege oder aufgrund besonderer Rechtsvorschriften in richterlicher Unabhängigkeit tätig werden (Nr. 2) und nicht gegenüber dem Landesrechnungshof, soweit dieser in richterlicher Unabhängigkeit tätig wird (Nr. 3).[466]

Der Verpflichtetenkreis des Anspruchs aus dem IFG Bln ist ist im Vergleich zu jenem des AIG weiter. Nach § 2 Abs. 1 S. 2 IFG Bln gilt das IFG Bln zwar für Gerichte und Behörden der Staatsanwaltschaft ebenfalls nur, soweit diese Verwaltungsaufgaben erledigen. Gegenüber den übrigen Behörden und sonstigen Stellen des Landes Berlin, d.h. z.B. auch gegenüber dem Landesrechnungshof

---

463 So auch: Breidenbach/Palenda, NJW 1999, 1307 (1308).

464 Nicht nachvollziehbar ist die Auffassung von Breidenbach/Palenda, NJW 1999, 1307 (1308), dass ein derartiges Akteneinsichtsrecht dem Gedanken des Art. 21 Abs. 4 BbgVerf widersprechen würde, weil hierdurch Mitgestaltungsrechte auf andere in der Landesverfassung genannte Kontrollorgane erstreckt würden.

465 Vgl. A.II.1.d.

466 Die Regelung dürfte allerdings wegen § 2 Abs. 2 IFG S-H überflüssig sein, so auch: Stellungnahme des Landesbeauftragten für den Datenschutz Schleswig-Holstein zu den Gesetzentwürfen eines Informationsfreiheitsgesetzes des Fraktion des SSW im Schleswig-Holsteinischen Landtag (E-SSW) und des Innenministers des Landes Schleswig-Holstein (E-IM) vom 11. November 1999, http://www.rewi.hu-berlin.de/Datenschutz/DSB/SH/material/recht/infofrei/stellifg.htm, zuletzt besichtigt am 29.03.2000, 3.b).

besteht dagegen ein Anspruch, auch soweit dieser keine Verwaltungsaufgaben erledigt.[467]

cc. Forschungsanstalten, zentrale Forschungseinrichtungen, Schulen und Prüfungseinrichtungen nur, soweit nicht im Bereich von Forschung, Lehre, Unterricht und Prüfung tätig, § 2 Abs. 2 S. 2 AIG

§ 2 Abs. 2 S. 2 AIG bestimmt, dass das Einsichtsrecht gegenüber Forschungsanstalten, zentralen Forschungseinrichtungen, Schulen und Prüfungseinrichtungen nur besteht, soweit sie nicht im Bereich von Forschung, Lehre, Unterricht und Prüfung tätig werden.

Nach der Begründung des Gesetzentwurfes soll die Vorschrift die Wissenschafts- und Forschungsfreiheit wahren.[468] Es soll nicht einmal im Ansatz dazu kommen, dass diese Grundrechtspositionen gefährdet werden.[469] Gleiches gelte für Schulen und Prüfungseinrichtungen; die Funktionsfähigkeit dieser Einrichtungen sei maßgeblich davon abhängig, dass Akten, die außerhalb der allgemeinen Verwaltung liegen, nicht durch eine Akteneinsicht zugänglich werden.[470] Die Vorschrift führe dazu, dass Akteneinsicht gegenüber den genannten Stellen nur bestehe, soweit diese reine Verwaltungstätigkeit ausführen.[471] Dem kann nicht gefolgt werden. Anders als in § 2 Abs. 2 S. 1 AIG ist gegenüber den in S. 2 genannten Stellen das Akteneinsichtsrecht gerade nicht auf Verwaltungsaufgaben beschränkt. Lediglich die genannten Bereiche sind von der Akteneinsicht ausgeschlossen. Alle anderen Akten, die unter den Aktenbegriff des AIG[472] fallen, mithin auch Akten, die nicht reine Verwaltungstätigkeit sondern z.B. fiskalisches oder verwaltungsprivatrechtliches Handeln der Behörde dokumentieren (z.B. die Vergabe von Aufträgen),[473] sind vom Akteneinsichtsrecht des AIG erfasst.

§ 2 Abs. 2 S. 2 AIG schließt eine Einsichtnahme in Forschungsunterlagen oder Akten, die beabsichtigte Prüfungsklausuren oder sonstige Prüfungsplanungen

---

467 So wohl auch: Partsch, LKV 2001, 98 (98).

468 Vgl. LT-Drucks. 2/4417, S. 3 der Begründung; Breidenbach/Palenda, LKV 1998, 252 (253).

469 Vgl. LT-Drucks. 2/4417, S. 3 der Begründung; Breidenbach/Palenda, LKV 1998, 252 (253).

470 Vgl. LT-Drucks. 2/4417, S. 3 der Begründung; Breidenbach/Palenda, LKV 1998, 252 (253).

471 LT-Drucks. 2/4417, S. 3 der Begründung; Vgl. auch: Erste Hinweise des Ministeriums des Inneren, ABl. Bbg 1998, 842 (842f.), 2.4.

472 Hierzu später unter: B.I.3.

473 Zu den vom Akteneinsichtsrecht erfassten Verfahren auch nachfolgend unter B.II.1.a.

beinhalten,[474] und in laufende Forschungs- und Wissenschaftsvorhaben grundsätzlich aus. Die Einsichtnahme in diese Akten dürfte jedoch ohnehin wegen § 2 Abs. 5 AIG nicht möglich sein, da es sich regelmäßig um laufende Verfahren handeln wird und § 2 Abs. 5 AIG alle bei der Verwaltung laufenden Verfahren (nicht nur Verwaltungsverfahren[475]) erfasst. Die Vorschrift des § 2 Abs. 2 S. 2 AIG entzieht die Akten, die von den genannten Behörden im Bereich von Forschung, Lehre, Unterricht und Prüfung geführt werden, jedoch auch dem Akteneinsichtsrecht, wenn die Verfahren abgeschlossen sind. Hierfür hätte m.E. keine Notwendigkeit bestanden, da die Wahrung der öffentlichen Interessen, unter die auch der Schutz von Wissenschafts- und Forschungsfreiheit fallen, bereits durch § 4 AIG (insbesondere § 4 Abs. 2 Nr. 4 AIG) abgesichert ist. Darüber hinaus ist die systematische Einordnung des Ausschlussgrundes des § 2 Abs. 2 S. 2 AIG in § 2 AIG - und nicht in §§ 4, 5 AIG - verfehlt. Letztlich wird mit der Vorschrift inhaltlich ein materieller Ausschlußgrund geregelt.

Weder das IFG Bln noch das IFG S-H enthalten eine § 2 Abs. 2 S. 2 AIG entsprechende Regelung. Die Gesetzesverfasser dürften - zu Recht - davon ausgegangen sein, daß die jeweils geregelten Ausschlußgründe ausreichen, um möglichen Grundrechtsgefährdungen hinreichend effektiv zu begegnen.

dd. Bezug der Akten ausschließlich auf das Land Brandenburg, § 2 Abs. 3 AIG

Nach § 2 Abs. 3 AIG besteht das Akteneinsichtsrecht gegenüber Behörden und Verwaltungseinrichtungen des Landes, deren Zuständigkeitsbereich sich auch auf andere Bundesländer erstreckt, nur, soweit sich deren Akten ausschließlich auf das Land Brandenburg beziehen.[476]

Die Vorschrift betrifft zum einen Behörden, die das Land Brandenburg gemeinsam mit anderen Ländern unterhält, wie etwa die gemeinsame Landesplanungsabteilung der Länder Brandenburg und Berlin,[477] zum anderen Behörden, deren Zuständigkeitsbereich sich auf das Gebiet anderer Bundesländer erstreckt, wie

---

474 LT-Drucks. 2/4417, S. 3 der Begründung; Breidenbach/Palenda, LKV 1998, 252 (253); Erste Hinweise des Ministeriums des Inneren, ABl. Bbg 1998, 842 (843), 2.4.

475 Einzelheiten hierzu nachfolgend unter B.II.1.a.

476 Weder das IFG Bln noch das IFG S-H enthalten eine § 2 Abs. 3 AIG entsprechende Einschränkung des Verpflichtetenkreises.

477 Kneifel-Haverkamp, DuD 1998, 438 (439); Erste Hinweise des Ministeriums des Inneren, ABl. Bbg 1998, 842 (843), 2.5; Breidenbach/Palenda, NJW 1999, 1307 (1308).

etwa das Oberbergamt, das auch für Berlin zuständig ist.[478] Voraussetzung ist, dass es sich um Behörden und Verwaltungseinrichtungen handelt, die unmittelbar in den Verwaltungsaufbau eingegliedert sind und der unmittelbaren Einflussnahme durch das Land unterliegen,[479] wie dies bei den genannten Behörden der Fall ist.

Gegenüber diesen Behörden besteht das Akteneinsichtsrecht nur, soweit sich deren Akten ausschließlich *auf Sachverhalte* im Land Brandenburg beziehen.[480] Nach der Begründung des Gesetzentwurfes wird die Akteneinsicht durch § 2 Abs. 3 AIG nur insoweit eröffnet, als ein *abtrennbarer*, auf das Land Brandenburg bezogener Teil an Unterlagen vorhanden ist.[481] Dies ist von der Literatur kritisiert worden.[482] Das Akteneinsichtsrecht könne nicht ausgeschlossen sein, wenn durch Schwärzen oder Abdecken die Bezüge zum Bund oder zu anderen Bundesländern entfernt werden könnten, alles andere sei mit Art. 21 Abs. 4 BbgVerf nicht vereinbar.[483] Im Ergebnis ist dieser Kritik zuzustimmen. Dies ergibt sich jedoch bereits aus dem Wortlaut des § 2 Abs. 3 AIG, der eine „Abtrennbarkeit" der Unterlagen, die eine Schwärzung oder Abdeckung von Teilen ausschließt, nicht verlangt. Auch schließt der in der Begründung des Gesetzentwurfes verwendete Begriff der „Abtrennbarkeit" eine Schwärzung oder Abdeckung keinesfalls grundsätzlich aus.[484] Aus Art. 21 Abs. 4 BbgVerf ergibt sich allerdings - wie bereits oben ausgeführt[485] - entgegen der Argumentation der Literatur kein unmittelbarer Anspruch auf Akteneinsicht.

Die Ablehnung eines Antrages auf Akteneinsicht nach § 2 Abs. 3 AIG ist zu unterscheiden von der Ablehnung des Antrages nach § 4 Abs. 1 Nr. 2 AIG. Letztere Vorschrift sieht die Ablehnung für den Fall vor, dass durch das Bekanntwerden des Akteneinhalts Angaben und Mitteilungen öffentlicher Stellen, die nicht dem Anwendungsbereich des AIG unterfallen, ohne deren Zustimmung offenbart würden. Die in § 2 Abs. 3 AIG genannten Behörden sind grundsätzlich Verpflichtete des Akteneinsichtsanspruchs des AIG, bestimmte von ihnen geführte Akten dürfen sie jedoch im Rahmen der Akteneinsicht nach AIG nicht offenbaren. § 4 Abs. 1 Nr. 2 AIG betrifft dagegen Akten, Angaben und Mitteilungen öffentlicher Stellen, die das AIG nicht zur Gewährung von Akten-

---

478 Kneifel-Haverkamp, DuD 1998, 438 (439); Erste Hinweise des Ministeriums des Inneren, ABl. Bbg 1998, 842 (843), 2.5.
479 LT-Drucks. 2/4417, S. 3 der Begründung.
480 Kneifel-Haverkamp, DuD 1998, 438 (439).
481 LT-Drucks. 2/4417, S. 3 der Begründung; so auch: Erste Hinweise des Ministeriums des Inneren, ABl. Bbg 1998, 842 (843), 2.5; Breidenbach/Palenda, LKV 1998, 252 (254).
482 Partsch, NJ 1998, 346 (348).
483 Partsch, NJ 1998, 346 (348).
484 So wohl im Ergebnis auch: Partsch, NJ 1998, 346 (348 Fn. 56) .
485 Vgl. A.II.1.d.

einsicht verpflichtet. Dies sind z.B. Bundesbehörden oder Behörden anderer Bundesländer, aber auch öffentliche Stellen des Landes Brandenburg, die nicht unter § 2 AIG fallen.[486] Hierbei ist insbesondere an Stellungnahmen anderer Länder zu einem Vorgang[487] oder beigezogene Akten oder Aktenteile zu denken, die grundsätzlich der Akteneinsicht nach dem AIG nicht unterworfen sind.

b. Gemeinden und Gemeindeverbände, § 2 Abs. 1, 3 AIG

Nach § 2 Abs. 1 2. HS AIG besteht das Akteneinsichtsrecht auch gegenüber Gemeinden und Gemeindeverbänden.[488] Gemeindeverbände sind z.B. Ämter und Zweckverbände.[489]

Auch gegenüber Gemeinden und Gemeindeverbänden, deren Zuständigkeitsbereich sich auf andere Bundesländer erstreckt, ist das Akteneinsichtsrecht nach § 2 Abs. 3 AIG nur gegeben, soweit sich deren Akten ausschließlich auf das Land Brandenburg beziehen. In Bezug auf die Gemeinden ist die Regelung des § 2 Abs. 3 AIG in der Literatur vereinzelt falsch verstanden und die Auffassung vertreten worden, dass das Akteneinsichtsrecht durch den Wortlaut der Vorschrift auf solche Akten beschränkt werde, die sich auf das Land Brandenburg beziehen, und dadurch solche Akten, die sich auf die Gemeinde oder den Gemeindeverband beziehen, dem Akteneinsichtsrecht entzogen seien.[490] Diese Überlegung beruht jedoch auf einem Missverständnis. Die Formulierung der Vorschrift macht lediglich deutlich, dass sich ein Anspruch nach dem brandenburgischen AIG nur auf solche Akten beziehen kann, die in Beziehung zum Land Brandenburg stehen.[491] Mit der Bezeichnung „Land Brandenburg" ist nicht lediglich die Körperschaft „Land" gemeint,[492] hierunter fallen selbstverständlich auch die brandenburgischen Gemeinden und Gemeindeverbände. Ist aber z.B. ein Gemeindeverband, ein Amt oder ein Zweckverband landesübergreifend zuständig oder zieht er Akten oder Stellungnahmen aus anderen Bundesländer bei, so kann Akteneinsicht nach dem AIG nur in Akten gewährt werden, die sich auf das Land Brandenburg beziehen.

---

486 Vgl. auch: Erste Hinweise des Ministeriums des Inneren, ABl. Bbg 1998, 842 (843), 4.1.2.

487 Vgl. auch: Erste Hinweise des Ministeriums des Inneren, ABl. Bbg 1998, 842 (844), 4.1.2.

488 Entsprechend: § 3 Abs. 1 IFG S-H.

489 Erste Hinweise des Ministeriums des Inneren, ABl. Bbg 1998, 842 (842), 2.1

490 Partsch, NJW 1998, 2559 (2561); ders., NJ 1998, 346 (348).

491 Vgl. auch: Breidenbach/Palenda, NJW 1999, 1307 (1308).

492 Vgl. auch: Breidenbach/Palenda, NJW 1999, 1307 (1308).

c. Private, § 2 Abs. 4 AIG

Nach § 2 Abs. 4 AIG besteht das Akteneinsichtsrecht auch gegenüber privaten Stellen, soweit sich die aktenführende Behörde zur Erledigung hoheitlicher Aufgaben Privater bedient.[493] Private werden dann - und nur dann - zu Adressaten des Gesetzes, wenn sie unmittelbar hoheitliche Aufgaben z.B. als Beliehene ausführen.[494] Hoheitliche Aufgaben werden z.B. von Vermessungsingenieuren[495] wahrgenommen. Der Anspruch gegenüber Privaten bezieht sich nur auf die Akten, die auch bei einer öffentlichen Stelle hätten geführt werden können.[496] Gegenüber juristischen Personen des Privatrechts, die keine hoheitlichen Aufgaben wahrnehmen (z.B. Gesellschaften, an denen eine Gemeinde oder ein Gemeindeverband beteiligt ist), besteht kein Recht auf Akteneinsicht.[497]

Die Regelung des § 2 Abs. 4 AIG hat der Gesetzgeber erst im späteren Verlauf des Gesetzgebungsverfahrens und lediglich zur Klarstellung aufgenommen.[498] Schon nach dem allgemeinen Verfahrensrecht zählen Private, die hoheitliche Aufgaben erledigen, zu den „Behörden",[499] so dass die Vorschrift nicht unbedingt erforderlich war, um zu verhindern, dass sich die Regierung durch die Einsetzung Privater zur Erledigung ihrer hoheitlichen Aufgaben dem Einsichtsrecht entziehen kann.[500] Die Regelung entspricht dem allgemeinen Datenschutzrecht, nach dem private Stellen, die hoheitlich tätig werden, insoweit öffentliche Stellen sind (vgl. § 2 Abs. 4 S. 2 BDSG; § 2 Abs. 1 S. 3 BbgDSG).

d. Kein Akteneinsichtsrecht gegenüber sonstigen Körperschaften, Anstalten und Stiftungen des öffentlichen Rechts

In Ermangelung einer ausdrücklichen Regelung besteht das Akteneinsichtsrecht nach dem AIG nicht gegenüber wirtschaftlich tätigen und am Wettbewerb teilnehmenden Unternehmungen der öffentlichen Hand und anderen Privaten (mit

---

493 Entsprechende Regelungen finden sich in § 2 Abs. 1 S. 1 IFG Bln a.E. und §§ 3 Abs. 4, 6 Abs. 4 IFG S-H.

494 Breidenbach/Palenda, LKV 1998, 252 (254); Erste Hinweise des Ministeriums des Inneren, ABl. Bbg 1998, 842 (843), 2.6.

495 Vgl. auch: Erste Hinweise des Ministeriums des Inneren, ABl. Bbg 1998, 842 (843), 2.6.

496 Breidenbach/Palenda, LKV 1998, 252 (254); Erste Hinweise des Ministeriums des Inneren, ABl. Bbg 1998, 842 (843), 2.6.

497 Vgl. auch: Erste Hinweise des Ministeriums des Inneren, ABl. Bbg 1998, 842 (843), 2.6.

498 Vgl. Beschlussempfehlung und Bericht des Ausschusses für Inneres, LT-Drucks. 2/4999, Begründung zu § 2 (S. 15); *Muschalla* (SPD) in der Aussprache am 26. Februar 1998, vgl. Plenarprotokoll 2/80, S. 6585.

499 Vgl. auch: Breidenbach/Palenda, NJW 1999, 1307 (1308).

500 So aber: Partsch, NJW 1998, 2559 (2561); ders., NJ 1998, 346 (348).

Ausnahme der Beliehenen, § 2 IV AIG) sowie nicht gegenüber Körperschaften, Anstalten und Stiftungen des öffentlichen Rechts, für die der vierte Abschnitt des LOG gilt.[501] Dies wurde im Gesetzentwurf damit begründet, dass die Konkurrenzfähigkeit öffentlicher Stellen (wie z.B. öffentlicher Banken und Sparkassen) nicht behindert werden solle, und den privaten Konkurrenzunternehmen keine Wettbewerbsvorteile eröffnet werden sollten.[502]

Diese Einschränkung des Kreises der Anspruchsgegner ist kritisiert worden. Sie könne, wenn überhaupt, nur im Rahmen einer Ermessensentscheidung bei den Schranken unter §§ 4 ff. AIG Berücksichtigung finden und sei als Anwendungsausschluss in § 2 AIG systematisch verfehlt.[503] Der Einsichtsanspruch gegenüber den genannten Einrichtungen folge zunächst aus Art. 21 Abs. 4 BbgVerf direkt.[504]

Dieser Kritik kann nicht zugestimmt werden. Zunächst ist aus Art. 21 Abs. 4 BbgVerf - wie bereits oben ausgeführt[505] - unmittelbar kein über bestehendes Gesetzesrecht hinausgehender Anspruch ableitbar. Darüber hinaus lässt jedoch auch die Verfassung eine entsprechende Einschränkung zu, da sie neben den Kommunen als Normadressaten nur die Behörden und Verwaltungseinrichtungen des Landes nennt.[506] Es ist nicht nur verfassungskonform, sondern auch legitim, die genannten Stellen durch einfaches Gesetz aus dem Anwendungsbereich des Akteneinsichtsrechts auszunehmen, da sie nur mittelbar an der Landesverwaltung teilnehmen (vgl. §§ 16 ff. LOG).[507]

Nach dem IFG S-H besteht - wie nach dem AIG - in Ermangelung einer ausdrücklichen Regelung ein Anspruch gegenüber den genannten Institutionen nicht.
Eine abweichende Regelung enthält das IFG Bln für den dort geregelten Anspruch auf Zugang zu Informationen. Nach § 2 Abs. 1 S. 1 IFG Bln besteht das Informationsrecht auch gegenüber landesunmittelbaren Körperschaften, An-

---

501 Vgl. auch LT-Drucks. 2/4417, S. 2 der Begründung des Gesetzentwurfes; Breidenbach/Palenda, LKV 1998, 252 (253); vgl. auch: Erste Hinweise des Ministeriums des Inneren, ABl. Bbg 1998, 842 (842), 2.3.

502 Vgl. auch LT-Drucks. 2/4417, S. 2 der Begründung des Gesetzentwurfes; vgl. auch: Breidenbach/Palenda, LKV 1998, 252 (253).

503 Partsch, NJW 1998 2559 (2560); ders., NJ 1998, 346 (348); vgl. auch: ders., LKV 2001, 98 (98).

504 Partsch, NJW 1998 2559 (2560); ders., NJ 1998, 346 (348).

505 Vgl. A.II.1.d.

506 So auch: Breidenbach/Palenda, NJW 1999, 1307 (1308).

507 So auch: Breidenbach/Palenda, NJW 1999, 1307 (1308).

stalten und Stiftungen des öffentlichen Rechts.[508] Der Anspruch aus dem IFG Bln ersteckt sich darüber hinaus auch auf sonstige öffentliche Stellen des Landes Berlin, insbesondere auf nicht rechtsfähige Anstalten, Krankenhausbetriebe, Eigenbetriebe etc. (vgl. § 2 Abs. 1 S. 1 IFG Bln).

c. Antragsgegner des Rechts auf Information aus Art. 21 Abs. 3 S. 2 BbgVerf

Nach Art. 21 Abs. 3 S. 2 1. HS BbgVerf haben Bürgerinitiativen und Verbänden zur Beeinflussung öffentlicher Angelegenheiten das Recht auf Information durch *alle staatlichen und kommunale Stellen.*

Mit § 9 Abs. 1 AIG hat der Gesetzgeber die entsprechende Anwendung des AIG auf den Anspruch der Bürgerinitiativen und Verbände geregelt und damit von dem Regelungsvorbehalt des Art. 21 Abs. 3 S. 3 BbgVerf[509] Gebrauch gemacht. Auch der Anspruch der Bürgerinitiativen besteht somit lediglich gegenüber den in § 2 Abs. 1 bis 4 AIG bezeichneten Behörden in dem dort vorgesehenen Umfang, d.h. etwa gegenüber bestimmten Behörden nur, soweit sie Verwaltungsaufgaben erfüllen.

3. Gegenstand der Akteneinsicht

Nach § 1 AIG hat jeder das *Recht auf Einsicht in Akten,* soweit das Gesetz nicht etwas anderes vorsieht. § 3 AIG enthält eine Begriffsbestimmung des im Gesetz verwendeten Aktenbegriffs. In § 7 AIG ist die Art und Weise der Gewährung des Anspruchs geregelt, § 6 Abs. 2 S. 2 und § 8 Abs. 1 AIG sehen in bestimmten Fällen ein Recht auf Auskunftserteilung vor.

a. Aktenbegriff des § 3 AIG

Im AIG wird durchgängig der Begriff der „Akte“ verwendet. § 3 AIG definiert diesen Begriff. Nach § 3 S. 1 AIG sind Akten im Sinne des AIG "alle schriftlich, elektronisch, optisch, akustisch oder auf andere Weise aufgezeichneten Unterlagen, soweit diese ausschließlich amtlichen oder dienstlichen Zwecken

---

[508] Vgl. hierzu auch: "Erste Hinweise zur Anwendung des Gesetzes zur Förderung der Informationsfreiheit im Land Berlin (Berliner Informationsfreiheitsgesetz - IFG) vom 15. Oktober 1999," http://datenschutz-berlin.de/jahresbe/99/doc/54.htm, zuletzt besichtigt am 03.03.2000, 1.

[509] Vgl. A.II.1.d.

dienen." Nach § 3 S. 2 AIG fallen hierunter nicht Vorentwürfe und Notizen, die nicht Bestandteil des Vorgangs sind und spätestens nach dessen Abschluss vernichtet werden.

Die in § 3 S. 1 AIG Bbg enthaltene Legaldefinition der Akten wurde im Gesetzgebungsverfahren näher spezifiziert. Im ersten Entwurf waren Akten im Sinne des AIG noch als „alle ausschließlich amtlichen oder dienstlichen Zwekken unmittelbar dienenden Unterlagen ungeachtet der Form ihrer Aufzeichnung" definiert worden.[510] Mit der endgültigen Fassung der Definition („alle schriftlich, elektronisch, optisch, akustisch oder auf andere Weise aufgezeichneten Unterlagen, soweit diese ausschließlich amtlichen oder dienstlichen Zwecken dienen."[511]) sollten die Information ungeachtet der Form der Aufzeichnung[512] stärker in den Vordergrund gerückt werden und deutlich gemacht werden, dass das Informationsgesetz schon heute auf die Datenträger der Zukunft abstellt,[513] indem es auch künftige - bisher nicht bekannte - Aufzeichnungsmöglichkeiten erfasst.[514]

Der im AIG verwendete Aktenbegriff erfasst nicht nur „Aktendeckel mit Inhalt",[515] § 3 AIG unterwirft mit der verwendeten Definition alle Informationsträger, gleich ob sie als schriftliche Unterlagen oder auf elektronischen Medien, Film-, Photo- Tonband- oder ähnlichem Material fixiert sind, dem Aktenbegriff.[516] Eine "Akte" ist mehr als der klassische, separat angelegte Verwaltungsvorgang mit Aktendeckel und Vorblatt.[517] Als "Akten" sind auch einzelne Unterlagen, elektroniscb oder anderweitig gespeicherte Informationenen zu verstehen.[518] In welcher Form die amtlichen Unterlagen vorhanden sind, ist damit völlig gleichgültig.[519] Entscheidend ist vielmehr, dass die Unterlagen ausschließlich amtlichen oder dienstlichen Zwecken unmittelbar zu dienen be-

510 LT-Drucks. 2/4417, § 3.
511 LT-Drucks. 2/4999, § 3; GVBl. I, S. 46.
512 LT-Drucks. 2/4999, S. 15.
513 *Muschalla* (SPD), Plenarprotokoll 2/80, S. 6585.
514 Vgl. auch: Erste Hinweise des Ministeriums des Inneren, ABl. Bbg 1998, 842 (843), 3.1.
515 Vgl. auch: Wegweiser zur Akteneinsicht des LDA Bbg.
516 Breidenbach/Palenda, LKV 1998, 252 (254); vgl. z.B. auch: Partsch, NJ 1998, 246 (348), der jedoch meint damit sei ein Fehler des Verfassungsgebers, den veralteten Begriff „Akte" gewählt zu haben, richtigerweise korrigiert worden.
517 Tätigkeitsbericht des LDA Bbg 2000, LT-Drucks. 3/2481= http://www.brandenburg.de/land/lfdbbg/tb/tb9/tb9b02.htm, zuletzt besichtigt am 05.03.2001, Teil B 3.3.
518 Tätigkeitsbericht des LDA Bbg 2000, LT-Drucks. 3/2481= http://www.brandenburg.de/land/lfdbbg/tb/tb9/tb9b02.htm, zuletzt besichtigt am 05.03.2001, Teil B 3.3 mit Beispiel.
519 Breidenbach/Palenda, LKV 1998, 252 (254).

stimmt sind.[520] Hierzu ist ausgeführt worden, von dem Aktenbegriff sei deshalb nicht "die privatdienstliche Korrespondenz der Regierungsmitglieder und ihrer Vertreter" erfasst.[521] Unter „privatdienstlicher Korrespondenz" seien Unterlagen zu verstehen, die z.B. Regierungsmitgliedern, die gleichzeitig Abgeordnete sind, in ihrer Eigenschaft als Abgeordnete zugehen, und der sich hieraus ergebende Schriftwechsel sowie weitere Unterlagen, die z.B. in einem Ministerbüro geführt oder aufbewahrt werden.[522] Dieser Auffassung kann nicht gefolgt werden. Ausschließlich amtlichen oder dienstlichen Zwecken können auch die genannten Dokumente zu dienen bestimmt sein. Der Begriff der „Ausschließlichkeit" darf nicht so verstanden werden, dass jedes Dokument, dass etwa neben den dienstlichen Zwecken auch anderen Zwecken dient, aus dem Aktenbegriff ausscheidet. Anderenfalls würde jede interne Hausmitteilung dadurch, dass sie mit einem privaten Gruß eines Bearbeiters versehen würde, aus dem Aktenbegriff herausfallen. „Ausschließlich amtlichen oder dienstlichen Zwecken" dienen deshalb zunächst, alle Unterlagen, die einen amtlichen oder dienstlichen Bezug haben und nicht ausschließlich anderen Zwecken zu dienen bestimmt sind. Anderenfalls würde der Aktenbegriff völlig aufgeweicht und es läge in der Hand des einzelnen Mitarbeiters, Unterlagen ohne weiteres dem Aktenbegriff und damit dem Akteneinsichtsrecht zu entziehen.

Die Einschränkung, dass die Akten ausschließlich amtlichen oder dienstlichen Zwecken dienen müssen, ist in der Literatur auch deshalb kritisiert worden, weil diese nicht mit Art. 21 Abs. 4 BbgVerf vereinbar sei.[523] Die private Betätigung der Aktenführer könne nicht zu einer Einschränkung eines verfassungsrechtlich verbürgten Rechts führen.[524] Dem kann nicht gefolgt werden. Wie bereits oben ausgeführt[525] ergibt sich aus Art. 21 Abs. 4 BbgVerf unmittelbar kein allgemeiner Anspruch auf Akteneinsicht über bestehendes Gesetzesrecht hinaus.

Der Aktenbegriff ist allerdings keinesfalls auf Akten über Verwaltungsverfahren beschränkt. Eine derartige Beschränkung ergibt sich aus dem AIG nicht. Alle Akten, die die Behörde führt, d.h. z.B. auch Akten über interne Verfahren und über die fiskalische Tätigkeit der Behörde,[526] werden von dem Aktenbegriff erfasst.

---

520 LT-Drucks. 2/4417, Begründung zu § 3; Breidenbach/Palenda, LKV 1998, 252 (254).
521 LT-Drucks. 2/4417, Begründung zu § 3; Breidenbach/Palenda, LKV 1998, 252 (254).
522 Breidenbach/Palenda, LKV 1998 252 (254).
523 Partsch, NJW 1998, 2559 (2561); ders., NJ 1998, 346 (349).
524 Partsch, NJW 1998, 2559 (2561); ders., NJ 1998, 346 (349).
525 Vgl. A.II.1.d.
526 Zu den vom Akteneinsichtsrecht erfassten Verfahren vgl. B. II. 1.a.

Die Definition des Aktenbegriffs in § 3 Abs. 3 IFG Bln, die sich zwar in der Formulierung von jener des AIG unterscheidet, dürfte keinen abweichenden Gegenstand bezeichnen.
Das IFG S-H definiert nicht den Begriff der "Akte", sondern die Begriffe der "Informationen" und der "Informationsträger" in § 2 IFG S-H, da sich der im IFG S-H geregelte Anspruch auf "Informationen" bezieht. Im Ergebnis dürfte auch hier der gleiche Gegenstand erfasst sein. Das IFG S-H verzichtet jedoch auf das Erfordernis, dass die Informationen amtlichen Zwecken dienen müssen.

Die Regelung des § 3 S. 2 AIG, welche Vorentwürfe und Notizen, die nicht Bestandteil des Vorgangs sind und spätestens nach dessen Abschluss vernichtet werden, aus dem Aktenbegriff ausnimmt, wurde aufgenommen, weil nicht jede noch so unbedeutende Notiz automatisch Aktenbestandteil werden soll.[527] Von entscheidender Bedeutung ist, dass der Verlauf und die Entwicklung der Angelegenheit aus den Akten erkennbar ist.[528] Hierfür bedarf es der bezeichneten Vorentwürfe und Notizen nicht, die ohnehin nicht zum Verbleib bei den Akten, sondern zur Vernichtung bestimmt sind.[529]

Die Einschränkung des § 3 S. 2 AIG ist kritisiert worden. Zum einen wurde die Auffassung vertreten, sie führe zu einer erheblichen Reduzierung des Akteneinsichtsrechts und zu einer Zweiteilung der Akten.[530] Dies verstoße gegen Art. 21 Abs. 4 BbgVerf.[531] Zum anderen ist darauf verwiesen worden, die Regelung widerspreche den bewährten Grundsätzen einer geordneten bewährten Schriftgutverwaltung, sie leiste vielmehr der Aussonderung von Unterlagen und Informationen Vorschub.[532]

Der Kritik kann nicht gefolgt werden. Der verwendete Aktenbegriff entspricht hinsichtlich der kritisierten Einschränkung dem Aktenbegriff der Datenschutzgesetze.[533] Auch § 3 Abs. 7 BbgDSG und § 3 Abs. 3 S. 2 BDSG nehmen ausdrücklich Vorentwürfe und Notizen vom Aktenbegriff aus. Erforderlich ist allerdings grundsätzlich, dass sich aus den Akten Verlauf und Entwicklung der Angelegenheit ergibt; hierfür bedarf es der Vorentwürfe und Notizen nicht, *die*

---

527 LT-Drucks. 2/4417, Begründung zu § 3; Erste Hinweise des Ministeriums des Inneren, ABl. Bbg 1998, 842 (843), 3.2.
528 LT-Drucks. 2/4417, Begründung zu § 3; Erste Hinweise des Ministeriums des Inneren, ABl. Bbg 1998, 842 (843), 3.2.
529 LT-Drucks. 2/4417, Begründung zu § 3.
530 Partsch, NJW 1998, 2559 (2561); ders., NJ 1998, 346 (349).
531 Partsch, NJ 1998, 346 (349).
532 *Neitmann* (Landesverband Brandenburg des Vereins Deutscher Archivare), Ausschussprotokoll 2/902 - I, S. 20.
533 Vgl. auch: Breidenbach/Palenda, LKV 1998, 252 (254).

zur Vernichtung bestimmt sind.[534] Es dürfen aber eben gerade nicht alle Vorentwürfe und Notizen vernichtet werden. Vielmehr kommt es darauf an, ob sie für die Nachvollziehbarkeit von Verlauf und Entwicklung des Verfahrens von Bedeutung sind.

Im Gegensatz zu Vorentwürfen und Notizen i.S.d. § 3 S. 2 AIG sind grundsätzlich „noch nicht abgeschlossene Schriftstücke" und „Entwürfe zu Entscheidungen sowie die Arbeiten zu ihrer unmittelbaren Vorbereitung" i.S.d. § 4 Abs. 2 Nr. 3 AIG dem Aktenbegriff des AIG zuzuordnen. Dies sind z.B. Vermerke und behördeninterne Verfügungen. Diese werden im Gegensatz zu Vorentwürfen und Notizen Bestandteil des Vorgangs und sind nicht zur Vernichtung bestimmt. Die Einsicht in diese Unterlagen "soll" allerdings nach § 4 Abs. 2 AIG unter den dort genannten Voraussetzungen abgelehnt werden.[535]

In § 10 Abs. 3 IFG S-H findet sich ein in das Ermessen der Behörde gestellter Ablehnungsgrund für Vorentwürfe und Notizen. Das IFG Bln enthält in § 10 Abs. 1, 2 IFG Bln lediglich Ablehnungsgründe für Entwürfe bis zum Abschluß von Verwaltungsverfahren.

b. Einsichtnahme, §§ 1, 7 AIG

Der Anspruch aus § 1 AIG ist auf „Einsicht in Akten" gerichtet. Der Anspruch auf Einsicht in Akten wird grundsätzlich - vorbehaltlich der in § 6 Abs. 2 AIG und § 8 AIG geregelten Ausnahmen und der in § 7 S. 3 und 4 AIG vorgesehen Möglichkeiten - durch die Gewährung der Einsicht in die Originaldokumente erfüllt (vgl. § 7 S. 2 AIG). Dadurch wird dem Bürger ein authentischer Eindruck des Aktenbestandes vermittelt.[536]

Die Akteneinsicht ist von der Auskunft zu trennen.[537] Die Akteneinsicht ist frei von inhaltlicher Zusammenfassung, Erläuterung und einer möglichen Bewertung durch die Akteneinsicht gewährende Stelle.[538] Eine Auskunftserteilung besteht dagegen in der Beantwortung einer oder möglicherweise mehrerer (Einzel-)Fragen und beinhaltet dadurch bereits eine Auswahl und gegebenenfalls auch bereits eine Beurteilung von Informationen. Die Auskunftserteilung kann durch

---

534 Breidenbach/Palenda, LKV 1998, 252 (254).

535 Hierzu später unter B.II.2.a.bb.(3).

536 Breidenbach/Palenda, LKV 1998, 252 (257).

537 Pieroth, JuS 1981, 625 (632); so auch die Landesbeauftragte für den Datenschutz in NRW *Solkol* in einem Gespräch mit Christiane Schulzki-Haddouti, http://www.heise.de/tp/deutsch/inhalt/te/1638/1.html, zuletzt besichtigt am 10.06.2000.

538 Breidenbach/Palenda, LKV 1998, 252 (257).

eine zusammenfassende Mitteilung und/oder durch die Zurverfügungstellung von Informationsträgern erfolgen. Zwischen der Akteneinsicht und der Auskunft lässt sich jedoch kein einheitliches plus-minus-Verhältnis konstruieren.[539] Einerseits kann das Akteneinsichtsrecht über eine - möglicherweise selektierende oder reduzierende - Auskunft hinausgehen.[540] Andererseits ist angesichts der hohen Komplexität mancher Vorgänge (und damit der dazugehörigen Akten) zu bedenken, dass erst eine adäquate Informationsaufbereitung eine bestimmte Information verfügbar machen kann.[541] Es kann Verwaltungsvorgänge geben, die kompliziert, umfangreich und nur mit fachlichen Vorkenntnissen überhaupt verständlich sind, dies gilt z.B. für Verwaltungsbereiche, in denen medizinische oder naturwissenschaftliche Sachverständigengutachten eine Rolle spielen.[542] Hier kann die Auskunft hilfreicher sein als die Akteneinsicht. In diesem Fällen geht die Auskunft u.U. über die Akteneinsicht hinaus.[543]

Nach §§ 1, 7 AIG besteht grundsätzlich ein Anspruch auf Akteneinsicht. Nur mit Zustimmung des Antragstellers sind die in § 7 Abs. 1 S. 2 Nr. 1 bis 5 AIG bezeichneten anderen Möglichkeiten der Zurverfügungstellung von Informationen vorgesehen. In diesem Fall kann statt der Akteneinsicht eine Übermittlung von Fotokopien oder Druckstücken erfolgen, es können Dokumentationen zusammengestellt werden, die als Broschüren oder in sonstiger Weise (z.B. als CD-ROM oder im Internet) zur Verfügung gestellt werden. Die Aufzählung des § 7 Abs. 2 S. 2 AIG ist nicht abschließend.[544] Voraussetzung für die Anwendung der Möglichkeiten des § 7 Abs. 1 S. 2 AIG ist neben der Zustimmung des Antragstellers, dass die vom Antragsteller begehrten und bezeichneten Informationen im zur Verfügung gestellten Informationsmaterial enthalten sind.[545]

Nach § 7 Abs. 1 S. 2 AIG kann der Antragsteller unter den genannten Voraussetzungen *an Stelle* der Einsicht in die Originaldokumente Fotokopien erhalten. Eine andere Frage ist es jedoch, ob der Anspruch auf Einsicht in die Originaldokumente auch ein Recht auf Anfertigung von Fotokopien - gegen Ersatz der entstehenden Auslagen - umfaßt. Insoweit besteht jedenfalls nach dem Gesetz kein ausdrücklicher Anspruch. Richtigerweise ist jedoch davon auszugehen, dass ein Anspruch auf ermessensfehlerfreie Entscheidung über einen derartigen

---

539 Pieroth, JuS 1981, 625 (632); Perschel, JuS 1966, 231 (232); so aber Partsch, LKV 2001„ 98 (98) zum AIG unter Bezugnahme auf § 8 Abs. 1 AIG.

540 Pieroth, JuS 1981, 625 (632).

541 Pieroth, JuS 1981, 625 (632).

542 So die Landesbeauftragte für den Datenschutz in NRW *Solkol* in einem Gespräch mit Christiane Schulzki-Haddouti, http://www.heise.de/tp/deutsch/inhalt/te/1638/1.html, zuletzt besichtigt am 10.06.2000.

543 Pieroth, JuS 1981, 625 (632).

544 Erste Hinweise des Ministeriums des Inneren, ABl. Bbg 1998, 842 (846), 7.

545 Breidenbach/Palenda, LKV 1998, 252 (257).

Antrag besteht,[546] wie dies etwa auch bei dem Akteneinsichtsanspruch aus § 29 VwVfG nach h.M. der Fall ist.[547]

Nach § 7 Abs. 1 S. 3 AIG hat die Behörde auch die Möglichkeit, den Antragsteller auf Veröffentlichungen der zuständigen Behörde zu verweisen. So kann z.B. auf die Stellungnahme der Landesregierung zum Tätigkeitsbericht des Datenschutzbeauftragten verwiesen werden.[548] Voraussetzung für die Anwendung der Möglichkeit des § 7 Abs. 1 S. 3 AIG ist jedoch, dass die vom Antragsteller begehrten und bezeichneten Informationen im zur Verfügung gestellten Informationsmaterial enthalten sind. Häufig wird in diesem Fall der Antrag auf Akteneinsicht jedoch nach § 6 Abs. 4 S. 2 AIG insgesamt abgelehnt werden können, da der Antragsteller sich die begehrten Informationen in zumutbarer Weise aus allgemein zugänglichen Quellen beschaffen kann.

Ein Anspruch auf Auskunftserteilung gewährt das AIG nicht. Auch ein Anspruch auf Übermittlung der begehrten Informationen in anderer Weise als durch Einsicht in die Originaldokumente besteht im Regelfall nicht.[549] Vereinzelt wird die Auffassung vertreten, nach dem AIG bestünde in der Praxis ein Wahlrecht zwischen der Akteneinsicht und der Auskunft.[550] Dem kann angesichts des eindeutigen Gesetzeswortlautes des AIG nicht gefolgt werden. Insbesondere ist die Rechtssprechung des BVerwG zum UIG schon wegen des abweichenden Wortlautes des UIG auf das AIG nicht entsprechend anzuwenden.[551]

Lediglich in den Fällen der §§ 6 Abs. 2 S. 2 und 8 Abs. 1 AIG steht der Behörde ein Ermessen zu, eine Auskunft zu erteilen.

Das IFG Bln und das IFG S-H enthalten hinsichtlich des Gegenstandes des Informationsrechtes vom AIG abweichende Regelungen. Beide Gesetze räumen ein Wahlrecht zwischen der Akteneinsicht und der Geltendmachung eines Auskunftsrechts ein (vgl. § 3 IFG Bln, §§ 4, 5 Abs. 1 IFG S-H).

---

546 So auch: Tätigkeitsbericht des LDA Bbg 2000, LT-Drucks. 3/2481– http://www.brandenburg.de/land/lfdbbg/tb/tb9/tb9b02.htm, zuletzt besichtigt am 05.03.2001, Teil B 2.3.

547 Vgl. z.B. Kopp/Ramsauer, VwVfG, § 29 Rn. 42 m.w.N.; vgl. hier auch zu den ermessensleitenden Gesichtspunkten

548 Breidenbach/Palenda, LKV 1998, 252 (257).

549 So auch: Kneifel-Haverkamp, DuD 1998, 438 (440).

550 *Sokol* in ihrem Vortrag auf dem Internationalen Symposium „Informationsfreiheit und Datenschutz" am 25./26. Oktober 1999 in Potsdam, zugänglich über http://brandenburg.de/land/lfdbbg/internat/Symp99/symp99.htm, zuletzt besichtigt am 12.06.2000.

551 So aber *Sokol*, a.a.O.

c. Auskunftserteilung nach § 6 Abs. 2 S. 2 AIG

Nach § 6 Abs. 2 S. 1 AIG ist dem Antragsteller, soweit der Schutz der in den §§ 4 und 5 genannten öffentlichen und privaten Belange durch Aussonderung von Aktenteilen oder Einzeldaten gewährleistet werden kann, nur der übrige Teil der Akte zugänglich zu machen.[552] Ist die Aussonderung mit einem unverhältnismäßig hohen Aufwand verbunden, besteht nach § 6 Abs. 2 S. 2 AIG nur ein Recht auf Auskunftserteilung.

Die Aussonderung nach § 6 Abs. 2 AIG erfolgt durch zeitweilige Herausnahme von nicht vorlagefähigen Teilen der Akte oder durch Vorlage anonymisierter Kopien.[553]

Einen hohen Aufwand stellt die Aussonderung dann dar, wenn es sich um eine umfangreiche Akte handelt, die z.B. eine größerer Zahl von Aktenordnern umfasst, und es erforderlich ist, diese Akte in großem Umfang zu sichten und aufzubereiten, um sie für die Akteneinsicht bereitzustellen.

Als problematisch dürfte sich in der Praxis die Entscheidung der Frage erweisen, wann die Aussonderung im Einzelfall als unverhältnismäßig anzusehen ist. Hierbei wird im konkreten Fall zunächst zu prüfen sein, ob die mit der Akteneinsicht zu erlangenden Informationen aus der Akte auch im Rahmen einer Auskunft aussagekräftig und verständlich sind. Ist dies nicht der Fall, ist die Auskunftserteilung schon deshalb ausgeschlossen.

Ist eine aussagekräftige und verständliche Auskunftserteilung grundsätzlich möglich, dann ist der Aufwand der Aussonderung im Verhältnis zu den aus der Akten überhaupt zu erlangenden Informationen bzw. zu den - soweit bekannt - vom Antragsteller überhaupt begehrten Informationen zu beurteilen. Ist dem Akteneinsichtsgesuch z.B. zu entnehmen, dass nur die Beantwortung einer einzelnen konkreten Frage gewünscht wird, wäre aber ein nicht unerheblicher Aufwand erforderlich, um den Schutz der in §§ 4 und 5 AIG genannten Interessen bei einer Akteneinsicht zu gewährleisten (wäre etwa eine Vielzahl von Aktenordnern Seite für Seite durchzublättern[554]), dann ist es im Regelfall verhältnismäßig, lediglich eine Auskunft zu erteilen. Ist aber z.B. der Gang eines Verfahrens und sein Ausgang nur dann verständlich und nachvollziehbar, wenn die gesamte Akte gesichtet wird, ist auch ein hoher Aufwand zur Aussonderung noch als verhältnismäßig anzusehen. Hinsichtlich des Begriffes des „unverhält-

---

552 Eine entsprechende Regelung findet sich in §§ 4, 12 IFG Bln und § 14 IFG S-H.

553 Erste Hinweise des Ministeriums des Inneren, ABl. Bbg 1998, 842 (846), 6.2; LT-Drucks. 2/4417, Begründung zu § 6 Abs. 2.

554 Vgl. LT-Drucks. 2/4417, Begründung zu § 6 Abs. 2.

nismäßig hohen Aufwandes" sind keine zu niedrigen Maßstäbe anzulegen.[555] Der Maßstab ist jedoch nicht so streng wie bei dem Ausschlusstatbestand des § 4 Abs. 2 Nr. 4 AIG.[556] Nicht maßgeblich für die Beurteilung der Verhältnismäßigkeit sind bei beiden Vorschriften besondere Kapazitätsprobleme einer Behörde, wie z.B. Personalmangel wegen Krankheit oder Platzprobleme wegen Umbauarbeiten.

Im Einzelfall kann es wegen des geringeren Aufwandes sowohl der Behörde als auch dem Antragsteller entgegenkommen, lediglich eine Auskunft zu erteilen. Deshalb wird es regelmäßig zweckmäßig sein, den Antragsteller anzuhören, wenn hierfür Anhaltspunkte bestehen.

d. Auskunftserteilung nach § 8 Abs. 1 AIG

Nach § 8 Abs. 1 S. 1 AIG ist das Akteneinsichtsrecht auf Auskunftserteilung beschränkt, wenn mehr als 50 Anträge vorliegen, die auf die gleichen Informationen gerichtet sind, und die Auskunft ohne den Informationsträger verständlich ist. Nach § 8 Abs. 1 S. 2 AIG kann abweichend von Satz 1 auch bei weniger als 50 Anträgen die Informationsgewährung auf Auskunftserteilung beschränkt werden, wenn die Gewährung von Akteneinsicht mit einem unverhältnismäßig hohen Aufwand verbunden wäre.

Die Vorschrift des § 8 Abs. 1 AIG stellt es in den genannten Fällen in das Ermessen der Behörde, statt der Gewährung der Akteneinsicht eine Auskunft zu erteilen. Der jeweilige Antragsteller hat lediglich einen Anspruch auf ermessensfehlerfreie Entscheidung.

Die Vorschrift wurde aufgrund zweier Erwägungen eingefügt: Zum einen sollte unter dem Aspekt, dass bei einer Abarbeitung derart vieler Anträge die Einhaltung einer vom Gesetz vorgesehenen zeitnahen Bearbeitung nicht mehr möglich sei, das Verfahren beschleunigt werden.[557] Zum anderen soll eine ernstliche Beeinträchtigung der Arbeitsfähigkeit der Behörde vermieden werden.[558] Auch bei weniger als 50 Anträgen geht der Gesetzgeber davon aus, dass die Aufrechterhaltung der Arbeitsfähigkeit der Behörde gefährdet sein kann, wenn die Akten-

---

555 Vgl. auch: LT-Drucks. 2/4417, Begründung zu § 6 Abs. 2; Erste Hinweise des Ministeriums des Inneren, ABl. Bbg 1998, 842 (846), 6.2.; Partsch, NJW 1998, 2559 (2562); ders., NJ 1998, 346 (350).

556 Vgl. auch Erste Hinweise des Ministeriums des Inneren, ABl. Bbg 1998, 842 (846), 6.2; Zu diesem Ausschlußgrund nachfolgend unter B.II.2.a.bb.(4).

557 LT-Drucks. 2/4417, Begründung S. 12.

558 LT-Drucks. 2/4417, Begründung S. 12.

einsicht mit einem unverhältnismäßig hohen Aufwand verbunden wäre, etwa mehrbändige Aktenstücke mehrfach aufbereitet werden müssten, um sie den Antragstellern zugänglich zu machen.[559]

§ 8 Abs. 1 AIG findet dem Wortlaut nach nur dann Anwendung, wenn Anträge vorliegen, die *auf die gleiche Information* gerichtet sind. Nicht hierunter fallen sog. „gleichförmige Anträge." Liegen gleichförmige Anträge vor, d.h. Anträge, die von mehr als 50 Personen auf Unterschriftenlisten unterzeichnet oder in Form vervielfältigter gleichlautender Texte eingereicht worden sind, gelten nach § 8 Abs. 2 AIG die §§ 17 bis 19 Bbg VwVfG entsprechend. Dies hat zur Folge, dass die Interessen der Unterschreibenden regelmäßig von einem Vertreter wahrzunehmen sind. Die Anwendung der §§ 17 bis 19 führt jedoch nicht dazu, dass das Akteneinsichtsrecht auf ein Auskunftsrecht beschränkt werden kann. Dies ist nur im Falle des § 8 Abs. 1 AIG möglich, wenn Anträge vorliegen, die zwar auf die gleichen Informationen gerichtet sind, die jedoch gerade nicht gleichförmig i. S. d. § 8 Abs. 2 AIG sind. Da die Anträge in diesen Fällen unterschiedlich geartet sind, ist die Wahrnehmung der Interessen der Antragsteller durch *einen* Vertreter gerade in der Regel nicht ohne weiteres möglich.

Die Einschränkung des in § 1 AIG gewährten Akteneinsichtsrechts des Einzelnen nur aufgrund der Tatsache, dass andere Personen ebenfalls von diesem Recht Gebrauch machen, ist problematisch[560] und im Ergebnis nur unter engen Voraussetzungen zulässig. Anderenfalls würde es gerade in Verfahren von besonderem öffentlichen Interesse, in denen besonders zahlreich Anträge auf Akteneinsicht gestellt werden, zu einer Einschränkung des Akteneinsichtsrechts kommen. Dies würde der Zielrichtung des AIG, die politischen Mitgestaltungsrechte des Einzelnen zu stärken, zuwiderlaufen.[561] Die Tatsache, dass ein hohes Öffentlichkeitsinteresse an bestimmten Vorgängen besteht, würde zu dem widersinnigen Ergebnis führen, dass allein hierdurch die Ausübung von Mitgestaltungsrechten erschwert würde. Allein aus der Anzahl weiterer Antragsteller kann dem Antragsteller kein Nachteil erwachsen.[562] Bei einer Novellierung des AIG sollte überlegt werden, ob nicht auf diese Regelung insgesamt verzichtet werden kann. Weder das IFG Bln noch das IFG S-H enthalten eine vergleichbare Vorschrift.

Kriterium für die Einschränkung des Akteneinsichtsrechts nach § 8 Abs. 1 AIG in der bestehenden Fassung muss aus den genannten Gründen - und unter Be-

---

559 LT-Drucks. 2/4417, Begründung S. 12.

560 Kritisch hierzu auch bereits *Wagner* (CDU) bei der 1. Lesung des Gesetzes, vgl. Plenarprotokoll 2/69, S. 5716; auch: Angelov, Informationszugangsanspruch, S. 211.

561 Ähnlich auch: Angelov, Informationszugangsanspruch, S. 211.

562 Vgl. auch: Angelov, Informationszugangsanspruch, S. 211.

rücksichtigung der Ausführungen im Gesetzentwurf[563] - sein, dass die Abarbeitung der Anträge nicht mehr möglich ist, ohne dass es zu einer ernstlichen Beeinträchtigung der Arbeitsfähigkeit der Behörde kommt. Dies setzt zunächst voraus, dass die Anträge in kurzer zeitlicher Abfolge eingehen.[564] Weiterhin ist auch bei mehr als 50 Anträgen, nicht nur bei weniger als 50 Anträgen, wie vom Gesetz vorgesehen,[565] zu prüfen, ob die Akteneinsicht im konkreten Einzelfall mit einem unverhältnismäßig hohen Aufwand verbunden ist. Dies kann der Fall sein, wenn mehrbändige Aktenstücke mehrfach aufbereitet werden müssten, um sie den Antragstellern zugänglich zu machen. Allerdings wird es in Anbetracht der hohen Zahl der Antragsteller regelmäßig verhältnismäßig sein, auch eine größere Anzahl von Aktenstücken aufzubereiten, wenn lediglich eine einmalige Aufbereitung für alle Einsichtsbegehrenden erforderlich ist.[566]

Auskunft darf zudem nur gewährt werden, wenn diese auch ohne den Informationsträger verständlich ist (§ 8 Abs. 1 S. 1 a.E.). Maßstab ist hier dem ausdrücklichen Wortlaut der Vorschrift zufolge die Verständlichkeit der gewünschten Information, nicht deren Vollständigkeit.[567]

c. Gegenstand des Rechtes auf Information aus Art. 21 Abs. 3 S. 2 BbgVerf

Nach Art. 21 Abs. 3 S. 2 1. HS BbgVerf haben Bürgerinitiativen und Verbänden zur Beeinflussung öffentlicher Angelegenheiten das *Recht auf Information* durch alle staatlichen und kommunalen Stellen.

Der Gegenstand des Anspruchs des Art. 21 Abs. 3 BbgVerf - „Recht auf Information“ - ist nicht klar geregelt.[568] Unklar ist insbesondere, in welchem Verhältnis dieses Recht auf Information zu dem Akteneinsichtsrecht aus § 1 AIG steht.[569]

---

563 LT-Drucks. 2/4417, Begründung S. 12.

564 LT-Drucks. 2/4417, Begründung S. 12.

565 So aber: § 8 Abs. 1 S. 2 AIG, LT-Drucks. 2/4417, Begründung S. 12.

566 Hierauf weist auch *Angelov* hin, vgl. Angelov, Informationszugangsanspruch, S. 211.

567 Anders aber: Partsch, NJ 1998, 346 (350) u. NJW 1998, 2559 (2563), der meint, Maßstab sei hier die Vollständigkeit der gewünschten Information, nicht deren Verständlichkeit und davon ausgeht, dass man in Zweifelsfällen eine Überprüfung anhand der Originalakten nicht verwehren dürfe.

568 So auch: Breidenbach /Kneifel-Haverkamp, in: Sachs, Handb. BbgVerf, § 21 Rn. 41.

569 So auch: Breidenbach /Kneifel-Haverkamp, in: Sachs, Handb. BbgVerf, § 21 Rn. 41, die Umfang und Abgrenzung des Akteneinsichtsrechts aus Art. 21 Abs. 3 BbgVerf zu dem in Abs. 4 geregelten Akteneinsichtsrecht als unklar bezeichnen.

Teilweise wird vertreten, dass der Wortlaut des Art. 21 Abs. 3 S. 2 BbgVerf weiter sei als der in Absatz 4 verwendete Begriff des Rechts auf „Akteneinsicht", den er jedoch mitumfasse.[570] Das Recht des Art. 21 Abs. 3 S. 2 BbgVerf gehe über das Recht auf Einsicht in Unterlagen hinaus; nach Wahl des Antragstellers schließe es das Recht auf Auskünfte - wie bei den Abgeordneten (nach Art. 57 Abs. 3 und 4 BbgVerf) - und Beratung mit ein.[571] Der engere, besonders hervorgehobene Kreis der Rechtsträger sowie der engere Zusammenhang mit dem Petitionsrecht sprächen dafür, dass hier die verfassungsrechtlichen Grundlagen für dialogische Kommunikationsstrukturen zwischen Behörden und Zusammenschlüssen von Menschen im Interesse sachlich richtiger Entscheidungen und lebendiger demokratischer Verfahren geschaffen werden sollten.[572]

Nach einer anderen Auffassung stellt das Recht auf Information nach § 21 Abs. 3 BbgVerf ein Aliud zu dem Akteneinsichtsrecht nach Art. 21 Abs. 4 BbgVerf dar.[573] Dafür spreche u.a., dass ein Änderungsantrag der PDS im Innenausschuss des Landtages des Landes Brandenburg, der darauf gerichtet war, § 1 AIG um einen Satz zu ergänzen, nach dem das Recht auf Akteneinsicht auch für Bürgerinitiativen und Verbände zur Beeinflussung öffentlicher Angelegenheiten entsprechend geltend sollte, abgelehnt wurde.[574] Außerdem habe der Verfassungsgeber in Art. 56 Abs. 3 BbgVerf die Begriffe „Auskunft" und „Akteneinsicht durch Aktenvorlage" für den Abgeordneten ausdrücklich getrennt.[575] Daraus ergebe sich, dass der Verfassungsgeber bei den Einsichtsrechten der Landesverfassung nur bei der „Höchststufe", d.h. bei den Rechten der Abgeordneten, ein Nebeneinander beider Formen von Informationsgewährung vorsehen wollte und ansonsten einen qualitativen Unterschied beider Rechte gewollt habe.[576]

Eine weitere Ansicht geht davon aus, dass das Informationsrecht aus Art. 21 Abs. 3 BbgVerf nicht zwingend das Akteneinsichtsrecht mitumfasst.[577] Die Be-

---

570 So: Breidenbach/Kneifel-Haverkamp, in: Sachs, Handb. BbgVerf, § 21 Rn. 43.

571 So: Breidenbach/Kneifel-Haverkamp, in: Sachs, Handb. BbgVerf, § 21 Rn. 43.

572 So: Breidenbach/Kneifel-Haverkamp, in: Sachs, Handb. BbgVerf, § 21 Rn. 43.

573 Breidenbach/Palenda, LKV 1998, 252 (258), die der Meinung sind, diese Auffassung habe wohl auch der Gesetzgeber vertreten; So wohl auch: Kneifel-Haverkamp, DuD 1998, 438 (439), der ausführt, der Auskunftsanspruch der Bürgerinitiativen und Verbände trete nicht anstelle, sondern neben das Recht auf Akteneinsicht; zustimmend: Angelov, Informationszugangsanspruch, S. 203.

574 Anlage 3 der Beschlussempfehlung und des Berichts des Ausschusses für Inneres, LT-Drucks. 2/4999.

575 Breidenbach/Palenda, LKV 1998, 252 (258).

576 Breidenbach/Palenda, LKV 1998, 252 (258).

577 Iwers, Entstehung BbgVerf, S. 425.

hörde habe den Anspruch auf Information lediglich sachdienlich zu erfüllen.[578] Anders als in Art. 21 Abs. 4 BbgVerf sei die Form der Umsetzung des Anspruchs jedoch nicht festgelegt.[579] Auch in der Entstehungsgeschichte ließen sich hierzu keine Anhaltspunkte finden.[580] Entscheidend dürfte lediglich sein, dass den Vereinigungen ausreichende Informationen für die angegebenen Zwecke, d.h. die politische Mitgestaltung, zur Verfügung gestellt würden.[581]

Letzterer Auffassung ist im Ergebnis beizupflichten. Bei dem Anspruch der Behörden und Verbände zur Beeinflussung öffentlicher Angelegenheiten aus § 21 Abs. 3 S. 2 BbgVerf handelt es sich um einen Anspruch, bei dessen Erfüllung der Behörde hinsichtlich des „Ob" kein Ermessen, hinsichtlich des „Wie" jedoch ein Ermessen zusteht. Das Recht auf Information kann sowohl durch Gewährung von Akteneinsicht als auch durch Erteilung von Auskünften erfüllt werden. Dies ergibt sich bereits aus dem Wortlaut „Recht auf Information". Dass der Verfassungsgeber das Recht auf Information nicht gleichsetzt mit einem Auskunftsanspruch zeigt gerade die Formulierung des Art. 56 Abs. 3 und 4 BbgVerf, die den Begriff „Auskünfte" verwendet und diese von der „Vorlage von Akten" trennt. Hätte der Verfassungsgeber den Behörden und Verbänden grundsätzlich nur ein Recht auf Auskunft zubilligen wollen, hätte er auch in Art. 21 Abs. 3 S. 2 BbgVerf den Begriff der „Auskunft" gewählt.[582] Die Auswahl, in welcher Art und Weise der Anspruch aus Art. 21 Abs. 3 S. 2 BbgVerf zu erfüllen ist, trifft jedoch - entgegen der teilweise vertretenen Auffassung - nicht der Antragsteller, sondern die Behörde. Den Bürgerinitiativen und Verbänden i.S.d. Art. 21 Abs. 3 S. 2 steht weder ein Anspruch auf Akteneinsicht, der möglicherweise ein Mehr an Informationen verschafft, noch ein Anspruch auf Auskunft, der u.U. ein Weniger an Arbeitsaufwand für den Antragsteller bedeutet (Ersparnis der Durchsicht etlicher Akten zur Auffindung einer bestimmten Information), zu. Die Behörde hat jedoch ermessensfehlerfrei zu entscheiden, wie sie den Anspruch auf Information erfüllt. Entscheidend ist dabei, dass den Vereinigungen ausreichende Informationen für die angegebenen Zwecke, d.h. die politische Mitgestaltung, zur Verfügung gestellt werden.[583] U.U. kann der Anspruch nur durch Akteneinsicht oder nur durch Auskunftser-

---

578 Iwers, Entstehung BbgVerf, S. 425.
579 Iwers, Entstehung BbgVerf, S. 425.
580 Iwers, Entstehung BbgVerf, S. 425.
581 Iwers, Entstehung BbgVerf, S. 425f.
582 Unverständlich ist, wieso - entgegen dem Wortlaut der Vorschrift - in der Begründung des Gesetzentwurfes ausgeführt wird, die Bürgerinitiativen erhielten mit der Regelung des § 9 Abs. 1 AIG einen "Anspruch auf Auskunft", vgl. LT-Drucks. 2/4417, S. 13 der Begründung.
583 Iwers, Entstehung BbgVerf, S. 425f.

teilung ermessensfehlerfrei erfüllt werden. Die Entscheidung hängt von den Umständen des konkreten Einzelfalls ab.

Soweit die Auffassung vertreten wird, dass sich dieser Streit in der Praxis als akademisch erweisen werde,[584] kann dem nicht gefolgt werden. Die Irrelevanz des Streites in der Praxis wird wie folgt begründet: Der Vertreter eines Verbandes werde, wenn dem Verband zunächst nur eine Auskunft gewährt werde, anschließend ergänzend als Einzelperson einen Antrag nach § 1 AIG stellen.[585] Mit Blick auf den der Behörde zur Verfügung stehenden Zeitrahmen zur Entscheidung über gestellte Anträge auf Information oder Akteneinsicht kann die Frage der Abgrenzung der Ansprüche in der Praxis aber von erheblicher Relevanz sein. So kann eine Behörde z.B. bei einem Antrag einer Bürgerinitiative auf Akteneinsicht - in Ermangelung einer ausdrücklich gesetzlich geregelten Frist zur Entscheidung[586] - wegen einer drohenden Untätigkeitsklage die Auskunft erst nach drei Monaten gewähren oder erstmals im Anhörungsverfahren darauf hinweisen, dass der Anspruch auf Akteneinsicht nicht besteht. Erst auf diesen Hinweis hin wird der Vertreter der Bürgerinitiative, insbesondere wenn es sich um einen juristischen Laien handelt, einen erneuten Antrag auf Akteneinsicht im eigenen Namen stellen. Für die Entscheidung hierüber kann sich die Behörde dann wiederum drei Monate Zeit lassen. Insgesamt würde im Extremfall über die Gewährung der begehrten Akteneinsicht erst nach sechs Monaten entschieden. Die Frage, welchen Gegenstand der Anspruch aus Art. 21 Abs. 3 BbgVerf hat, kann damit in der Praxis durchaus relevant sein. Der Auffassung, dass der Anspruch aus § 21 Abs. 3 BbgVerf ein zeitlich schnelleres, aktuelleres und damit effektiveres Mittel zur Garantie des Rechts auf politische Mitwirkung sei,[587] kann deshalb nicht gefolgt werden.

4. Erforderlichkeit eines besonderen Interesses?

Obgleich der Gesetzgeber ausdrücklich in der letztendlich vom Landtag verabschiedeten Fassung des AIG auf das Erfordernis eines „berechtigten Interesses" an der Akteneinsicht verzichtet hat, kann sich im Einzelfall die Frage stellen, ob nicht möglicherweise doch mit Blick auf den Zweck des Gesetzes („politische Mitgestaltung"[588]) eine Einschränkung des Anspruchs vorzunehmen ist. Dies könnte etwa dann zu erwägen sein, wenn Akteneinsichtsgesuche offensichtlich

---

584 Breidenbach/Palenda, LKV 1998, 252 (258).
585 Breidenbach/Palenda, LKV 1998, 252 (258).
586 Hierzu nachfolgend unter B.III.4.
587 So: Breidenbach/Palenda, LKV 1998, 252 (257).
588 Zu den Einzelheiten s.o. unter A.II.3.a.

zu kommerziellen Zwecken oder zur Verfolgung anderer Individualinteressen gestellt werden.[589]

Da der Begriff der „politischen Mitgestaltung“ weit gefasst ist, wird sich der Antrag auf Akteneinsicht jedoch auch in Zweifelsfällen regelmäßig auf „politische Mitgestaltungsinteressen“ im weitesten Sinne stützen lassen. Die Zweckwidrigkeit eines Antrages wird damit in der Praxis schwer zu begründen sein. Zudem dürften die im AIG vorgesehenen Ausschluss- bzw. Ablehnungsgründe ausreichend sein, um zweckwidrig oder missbräuchlich gestellte Anträge abzulehnen. Zwar hat der brandenburgische Gesetzgeber auf eine § 7 Abs. 3 S. 1 UIG entsprechende ausdrückliche Regelung zu Ablehnung missbräuchlich gestellter Anträge im AIG verzichtet. In den denkbaren Fällen missbräuchlicher oder zweckwidriger Antragstellung dürften aber die Vorschriften des AIG, insbesondere die §§ 4 Abs. 2 Nr. 4, 5 Abs. 1, 6 Abs. 4 AIG, ausreichend rechtliche Grundlage bieten, um die Anträge abzulehnen.

5. Hinreichend bestimmter schriftlicher Antrag, § 6 Abs. 1 AIG

Zur Geltendmachung des Anspruchs auf Akteneinsicht ist die schriftlich Stellung eines hinreichend bestimmten Antrages Voraussetzung (§ 6 Abs. 1 AIG).

Der schriftliche Antrag ist nach § 6 Abs. 1 S. 2 AIG an die aktenführende Behörde zu richten.[590] Wird ein Antrag an die unzuständige Stelle gestellt, so ist diese verpflichtet, den Antrag unverzüglich an die zuständige Stelle weiterzuleiten und den Antragsteller hierüber zu unterrichten.[591] Hinsichtlich des Schriftformerfordernisses bestehen keine Besonderheiten.

Nach § 6 Abs. 1 S. 1 AIG muss der Antrag hinreichend bestimmt sein.[592] Dies setzt voraus, dass der Antrag erkennen lässt, auf welche Akten er sich bezieht, dies zumindest thematisch oder eingeschränkt nach Zeiträumen, Vorfällen oder Sachverhalten.[593] Obgleich das AIG grundsätzlich keine Begründungspflicht für den Antrag auf Akteneinsicht vorsieht, wird es, wenn nicht hinreichend klar er-

589 Vgl. hierzu auch §§ 13 Abs. 7, 22 IFG Bln.

590 Sowohl nach dem IFG Bln als auch nach dem IFG S-H ist auch eine mündliche Antragstellung möglich (vgl. § 13 Abs. 3 IFG Bln, §§ 6 Abs. 1, 7 Abs. 2 S. 2 IFG S-H).

591 Ähnliche Regelungen enthalten auch § 13 Abs. 1 S. 2, 3 IFG Bln und § 6 Abs. 2 S. 2 IFG S-H.

592 Das IFG Bln und das IFG S-H sehen hier geringere Anforderungen vor, vgl. § 13 Abs. 1 IFG Bln, § 6 Abs. 2 S. 2 IFG S-H.

593 Erste Hinweise des Ministeriums des Inneren, ABl. Bbg 1998, 842 (846), 6.1; Breidenbach/Palenda, LKV 1998, 252 (257).

kennbar ist, worauf das Gesuch gerichtet ist, erforderlich sein, dass der Antragsteller seinen Antrag begründet. Solche Angeben zur näheren Bestimmung des Antrages (bei deren Erstellung die Behörde den Antragsteller zu beraten und auf Mängel hinzuweisen hat; hierzu im Folgenden) sind regelmäßig schriftlich zu machen, um sowohl dem Bestimmtheits-[594] als auch dem Schriftformerfordernis zu genügen.

Der Vorschrift des § 6 Abs. 1 AIG werden zweierlei Schutzwirkungen beigemessen:[595] Zum einen soll sich der Betroffene völlig klar darüber werden, welche Akten bzw. welche Aspekte ihn im Hinblick auf die Akteneinsicht interessieren. Nur auf der Grundlage einer solchen Festlegung sei es möglich, den Antrag auf Akteneinsicht zeitnah zu bearbeiten und abzuschließen. Auf der anderen Seite stelle diese Vorschrift im Interesse der öffentlichen Verwaltung sicher, dass die Behörden nicht alle Akten ihres Geschäftsbereiches zu prüfen haben, sondern sich auf den entscheidenden, den Bürger interessierenden Umstand beschränken können. Hierzu muss jedoch angemerkt werden, dass etwa ein Antrag, der auf Einsicht in *alle* bei einer Behörde geführte Akten gerichtet ist, keineswegs zwingend unbestimmt sein muss. Im Rahmen einer Anhörung sollte zweckmäßigerweise zwar von der Behörde erforscht werden, ob der Bürger tatsächlich in alle Akten einsehen möchte. Allerdings kann es durchaus der Fall sein, dass ein Bürger dies wünscht. An einer derartigen umfassenden Akteneinsicht kann sogar ein Interesse bestehen (dessen Geltendmachung allerdings grundsätzlich nicht erforderlich ist!). Der Antrag wird dann nicht wegen mangelnder Bestimmtheit, möglicherweise aber nach § 4 Abs. 2 Nr. 4 AIG (wegen erheblicher Beeinträchtigung der ordnungsgemäßen Aufgabenerfüllung durch die öffentliche Stelle) abzulehnen sein, oder es wird nach § 6 Abs. 2 S. 2 AIG (weil die Aussonderung von Aktenteilen nur mit unverhältnismäßigem Aufwand möglich ist) lediglich ein Recht auf Auskunftserteilung bestehen.

Nach § 6 Abs. 1 S. 5 AIG ist der Antragsteller, sofern ihm Angaben zur hinreichenden Bestimmung seines Antrages fehlen, von der öffentlichen Stelle zu beraten und zu unterstützen.[596] Diese Beratungspflicht der Behörde, die über die entsprechende Regelung des Verwaltungsverfahrensgesetzes (vgl. § 25 BbgVwVfG) hinausgeht, war im Regierungsentwurf des Akteneinsichtsgesetzes noch nicht enthalten, sondern wurde erst im späteren Gesetzgebungsverfahren eingefügt.[597] Eine Ablehnung des Antrages auf Akteneinsicht wegen man-

594 LT-Drucks. 2/4417, S. 10 der Begründung; Breidenbach/Palenda, LKV 1998, 252 (257).

595 Vgl. LT-Drucks. 2/4417, S. 10 der Begründung; auch: Breidenbach/Palenda, LKV 1998, 252 (257).

596 Ähnliche Regelungen finden sich in § 13 Abs. 1 S. 2 IFG Bln und § 6 Abs. 2 S. 2 IFG S-H.

597 Vgl. LT-Drucks. 2/4999, S. 8.

gelnder Bestimmtheit ist bei gleichzeitiger Verletzung der Beratungspflicht nach § 6 Abs. 1 S. 5 AIG rechtswidrig. Insoweit treten die gleichen Folgen ein, die eine Verletzung der Beratungs- und Auskunftspflicht nach § 25 VwVfG hat.[598] Die Verletzung der Beratungspflicht stellt damit einen Verfahrensfehler dar, u.U. auch eine Verletzung des rechtlichen Gehörs. Die Behörde wird bei Vorliegen eines unbestimmten Antrages regelmäßig den Antragsteller anhören müssen, um ihrer Beratungspflicht zu genügen. Wie weit die Beratungspflicht reicht, hängt davon ab, ob aus dem Akteneinsichtsgesuch erkennbar ist, worauf die Akteneinsicht sinngemäß gerichtet ist bzw. welche Informationen der Antragsteller mit der Akteneinsicht zu erlangen hofft oder begehrt. Dies ist im Einzelfall festzustellen.

598 Vgl. hierzu z.B.: Kopp/Ramsauer, VwVfG, § 25 Rn. 17 ff.

II. Gesetzlicher Ausschluss des Akteneinsichtsrechts

Das AIG sieht an mehreren Stellen im Gesetz einen Ausschluss des Anspruchs auf Akteneinsicht aus § 1 AIG vor. So bestimmt § 2 Abs. 5 AIG, dass in laufenden Verfahren Akteneinsicht nur nach Maßgabe des anzuwendenden Verfahrensrechts gewährt wird. §§ 4 und 5 AIG enthalten teilweise zwingende und teilweise in das Ermessen der Behörde gestellte Ablehnungsgründe für den Fall, dass die Ablehnung zum Schutz überwiegender öffentlicher oder privater Interessen erforderlich ist. § 6 Abs. 4 AIG ermöglicht die Ablehnung des Antrages in den dort vorgesehenen Fällen. Nach § 1 AIG a.E. ist der Anspruch auf Akteneinsicht dann ausgeschlossen, wenn andere Rechtsvorschriften bereichsspezifische Regelungen für einen unbeschränkten Personenkreis enthalten.

Im Einzelnen:

1. Laufende Verfahren, § 2 Abs. 5 AIG Bbg

Nach § 2 Abs. 5 AIG "wird Akteneinsicht in laufenden Verfahren nur nach Maßgabe des anzuwendenden Verfahrensrechts gewährt."[599] Daraus folgt, dass während des "Laufens" eines Verfahrens der Anspruch auf Akteneinsicht nach dem AIG in die dieses Verfahren betreffenden Akten ausgeschlossen ist und ein entsprechender Antrag abgelehnt werden muss.

Die systematische Einordnung der Vorschrift in § 2 Abs. 5 AIG in § 2 AIG ist, ungeachtet ihres - nachfolgend im Einzelnen noch zu bestimmenden - genauen Regelungsbereiches, verfehlt. Die Vorschrift könnte zum einen als materiellrechtlicher Ausschlussgrund verstanden werden. Dann hätte sie in § 4 AIG oder zumindest gleichgeordnet neben den Regelungen der §§ 4 und 5 AIG plaziert werden müssen. Zum anderen könnte man in der Regelung des § 2 Abs. 5 AIG eine Vorschrift sehen, die das Verhältnis des AIG zu anderen Gesetzen und Vorschriften bestimmt. In diesem Fall hätte die Regelung gleichrangig neben der Konkurrenzregelung des § 1 AIG a.E. (Vorrang bereichsspezifischer Regelungen für einen unbeschränkten Personenkreis) Platz finden müssen. § 2 AIG, der fälschlicherweise mit „Anwendungsbereich“ überschrieben ist, bestimmt - abgesehen von Abs. 5 - dagegen lediglich den Kreis der zur Akteneinsicht nach AIG Verpflichteten. Der Anspruchsausschluss während laufender Verfahren steht hierzu in keinem systematischen Zusammenhang.

---

599 Das IFG Bln und das IFG S-H enthalten keine vergleichbaren Regelungen. Weitere Einzelheiten zu der dortigen Rechtslage nachfolgend unter B.II.1.e.

Der Anwendungsbereich der Vorschrift des § 2 Abs. 5 AIG ist auf den ersten Blick nicht klar bestimmbar und bedarf einer genaueren Untersuchung. Der Wortlaut wirft mehrere Fragen auf: Zum einen lässt er offen, welche Arten von Verfahren von der Vorschrift erfaßt werden. Unklar ist insbesondere, ob unter "Verfahren" i.S.d. § 2 Abs. 5 AIG nur solche zu verstehen sind, für die besondere Verfahrensregelungen bestehen, oder ob hierunter auch Verfahren fallen, für die keine solchen Regelungen getroffen wurden. Darüber hinaus ist zu klären, nach welchen Kriterien das "Laufen" des jeweiligen Verfahrens zu beurteilen ist. Diese Fragen sollen im Folgenden beantwortet werden.

Begründet wurde die „Beschränkung des Akteneinsichtsrechts" in § 2 Abs. 5 AIG „für den Fall laufender Verfahren bzw. laufender Verwaltungsverfahren" im Gesetzentwurf ausschließlich damit, dass Brandenburg nicht den zwischen dem Bund und den Bundesländern bestehenden Konsens darüber, dass das Verwaltungsverfahrensrecht möglichst einheitlich geregelt werden soll, aufkündigen wollte.[600] Mit der Gewährung eines Zugangsrechtes zu Akten im Rahmen eines Verwaltungsverfahrens zugunsten anderer als der Verfahrensbeteiligten hätte der brandenburgische Gesetzgeber eine von dem weitgehend einheitlichen Verwaltungsverfahren abweichende landesrechtliche Regelung getroffen.[601] Dem Gesetzesentwurf zufolge sind „Hauptanwendungsfall" der Vorschrift Verfahren nach dem Verwaltungsverfahrensrecht.[602] Weiterhin wurde in der Begründung des Gesetzentwurfes darauf verwiesen, dass die Einschränkung in § 2 Abs. 5 AIG eine Folge der nach den Verwaltungsvorschriften (§ 30 VwVfG, § 3a BbgVwVfG) zu gewährleistenden Geheimhaltungspflichten zum Schutz der Verfahrensbeteiligten sei.[603]

a. Verfahren

Klärungsbedürftig ist zunächst, welche Arten von Verfahren von der Vorschrift des § 2 Abs. 5 AIG erfaßt werden.

---

600 LT-Drucks., 2/4417, S. 3 der Begründung (zu § 2 Abs. 4 des Entwurfes); vgl. auch: Breidenbach/Palenda, LKV 1998, 252 (254); *Partsch* in NJ 1998, 346 (348) und NJW 1998, 2559 (2561) scheint dieser Konsens nicht bekannt zu sein.

601 LT-Drucks. 2/4417, S. 3 der Begründung (zu § 2 Abs. 4 des Entwurfes).

602 LT-Drucks. 2/4417, S. 3 der Begründung (zu § 2 Abs. 4 des Entwurfes).

603 Breidenbach/Palenda, LKV 1998, 252 (254).

aa. Verfahrensbegriff

Im allgemeinen sind unter *Verfahren im weiteren Sinne* alle Maßnahme und Handlungen zu verstehen, die in einer gewissen Zeitspanne ablaufen,[604] und die auf eine bestimmte Entscheidung oder Handlung gerichtet sind.[605] Dies entspricht auch der Begründung des Gesetzentwurfes, in der ausgeführt wird, dass „(laufende) Verfahren ... insbesondere diejenigen seien, die auf eine behördliche Entscheidung oder Handlung gerichtet sind."[606] Auf eine Außenwirkung kommt es für die Frage, ob es sich um ein Verfahren handelt, nicht an. Unerheblich ist für das Vorliegen eines Verfahrens auch, ob dieses eine gesetzliche Regelung erfahren hat.

Es stellt sich zunächst die Frage, ob die Anwendbarkeit der Vorschrift auf Verwaltungsverfahren im Sinne des VwVfGBbg (entsprechend der Legaldefinition des § 9 VwVfGBbg) beschränkt ist, oder ob auch alle anderen auf den Erlass einer Entscheidung, die Vornahme einer sonstigen Maßnahme oder den Abschluss eines Vertrages gerichtete Tätigkeit der Behörde, d.h. Verwaltungsverfahren im weiteren Sinne[607] der Regelung unterliegen.[608]

Für eine enge Auslegung des Begriffes des „Verfahrens" in § 2 Abs. 5 AIG spricht zunächst die Tatsache, dass die Vorschrift eingefügt wurde, um nicht den Konsens über die einheitlichen Verfahrensregelungen im Bund und den an-

---

604 Zu dem Zeitmoment vgl. Meyer/Borgs, VwVfG, § 9 Rn. 3: Unter „Verfahren" versteht man üblicherweise das in einer bestimmten Zeitspanne ablaufende Geschehen, nicht aber punktuelle Vorgänge.

605 Brauchbare Definitionen des Begriffes „Verfahren" im allgemeinen lassen sich nicht finden. Es wird lediglich ausgeführt, das Verfahren sei „die Art und Weise der Bewältigung eines Vorhabens (so z.B. Köbler, Juristisches Wörterbuch S. 438; ähnlich: Brockhaus Wahrig, S. 488) oder „die formell geordnete Reihenfolge von Rechtshandlungen zur Erledigung einer Rechtssache vor Gerichten oder Verwaltungsbehörden (Brockhaus Wahrig, a.a.O.; ähnlich auch. Duden, Bd. 9, S. 675).

606 LT-Drucks. 2/4417, S. 3f. der Begründung (zu § 2 Abs. 4 des Entwurfes).

607 Zum Begriff des „Verwaltungsverfahrens im weiteren Sinne" vgl. z.B. Maurer, VerwR, § 19 Rn. 1.

608 Unsystematisch und widersprüchlich zu dieser Frage: Erste Hinweise des Ministeriums des Inneren, ABl. Bbg 1998, 842ff. Unter 2.7 wird zunächst ausgeführt, dass unter § 2 Abs. 5 AIG neben Verwaltungsverfahren auch Vergabeverfahren fielen, da hierfür besondere Verfahrensvorschriften vorhanden seien. In der Folge wird jedoch die Auffassung vertreten, dass während Verfahren, die zur Bearbeitung von Dienst- und Fachaufsichtsbeschwerden geführt würden, das AIG anwendbar sei, weil es sich regelmäßig nicht um Verwaltungsverfahren handele. Im Fragenkatalog auf S. 848 wird ebenfalls das Verwaltungsverfahren als einziger Anwendungsfall genannt.

deren Bundesländern aufzuheben.[609] Ein ausdrücklicher Konsens bestand lediglich hinsichtlich des allgemeinen in den VwVfGs der Länder geregelten Verwaltungsverfahrensrechts. Im übrigen, insbesondere hinsichtlich der Durchführung fiskalischer/verwaltungsprivatrechtlicher oder sonstige Verfahren, die sich nicht nach VwVfG richten, und die keine oder andere verfahrensrechtliche Regelung erfahren haben,[610] besteht kein Konsens zwischen den Ländern dahingehend, Verfahren bundeseinheitlich zu regeln. Es steht den Länder bzw. den Verwaltungen insoweit frei, die Verfahren unterschiedlich zu gestalten.

Einem engeren, auf Verwaltungsverfahren beschränktem Verständnis des Begriffes stehen zwei Argumente entgegen: Zum einen spricht der eindeutige Wortlaut der Vorschrift, der die Anwendbarkeit gerade nicht ausdrücklich auf Verwaltungsverfahren beschränkt, für einen weiten Verfahrensbegriff, zum anderen werden Verfahren nach dem Verwaltungsverfahrensrecht in den Ausführungen in der Begründung des Gesetzentwurfes lediglich als „Hauptanwendungsfall" bezeichnet,[611] sind mithin nicht als einziger Anwendungsfall der Vorschrift anzusehen.

Der Begriff des „Verfahrens" in § 2 Abs. 5 AIG ist deshalb im Ergebnis weit auszulegen. Die Vorschrift umfasst jegliche von Landesbehörden und Gemeinden geführte Verfahren, d.h. neben den Verwaltungsverfahren grundsätzlich auch Rechtssetzungsverfahren und Planungsverfahren sowie schlichthoheitliches Handeln (Realakte), soweit letztere im Einzelfall als Verfahren ausgestaltet sind. Weiterhin zählen hierzu auch interne Verfahren der Verwaltung, z.B. solche, die auf Dienst- oder Fachaufsichtsbeschwerden hin durchgeführt werden,[612] oder interne Planungsverfahren. Anders als der Bundesgesetzgeber in § 7 Abs. 2 UIG hat der brandenburgische Landesgesetzgeber für das Akteneinsichtsrecht nach dem AIG auch „verwaltungsinterne Mitteilungen"[613], zu denen Dokumentationen über interne Verfahren häufig zu zählen sein werden, nicht insgesamt vom Akteneinsichtsanspruch ausgenommen. Außerdem sind all diejenigen Verfahren vom Verfahrensbegriff der Vorschrift des § 2 Abs. 5 AIG erfasst, die die Behörde im Rahmen ihrer (verwaltungs-)privatrechtlichen und fiskalischen Tätigkeit führt,[614] d.h. z.B. Verfahren, die auf den Abschluss von zivilrechtlichen Verträgen gerichtet sind, inklusive der vorausgehenden

---

609 LT-Drucks, 2/4417, S. 3 der Begründung (zu § 2 Abs. 4 des Entwurfes); Breidenbach/Palenda, LKV 1998, 252 (254).

610 Zu diesen Verfahren später unter B.II.1.b.

611 LT-Drucks. 2/4417, S. 3 der Begründung (zu § 2 Abs. 4 des Entwurfes).

612 So wohl auch: Erste Hinweise des Ministeriums des Inneren, ABl. Bbg 1998, 842 (843) 2.7.

613 Vgl. hierzu. Touriaux, UIG, § 7 Rn. 48.

614 So auch: Erste Hinweise des Ministeriums des Inneren, ABl. Bbg 1998, 842 (843) 2.7.

Vergabeverfahren. Vollstreckungsverfahren sind - unabhängig davon, ob sie als Verwaltungsverfahren ausgestaltet sind oder nicht - ebenfalls von der Vorschrift des § 2 Abs. 5 AIG erfasst.

Den obigen Ausführungen zufolge erfasst der Begriff des „Verfahrens" des § 2 Abs. 5 AIG auch Gerichtsverfahren. Gegenüber den Gerichten besteht jedoch ein Akteneinsichtsanspruch in Akten, die im Rahmen der rechtsprechenden Tätigkeit der Gerichte erstellt wurden, bereits wegen § 2 Abs. 2 S. 2 AIG i. V. m. § 1 Abs. 2 Ziff. 4 LOG - unabhängig vom Laufen eines Verfahrens - grundsätzlich nicht, da die genannten Vorschriften die rechtsprechende Tätigkeit der Gerichte dem Akteneinsichtsanspruch nach AIG grundsätzlich entziehen.[615] Gleiches gilt für Akten über Ermittlungsverfahren der Staatsanwaltschaft, Prüfungsverfahren des Landesrechnungshofes und Gesetzgebungsverfahren des Landtages.

Anders als in § 7 Abs. 1 Nr. 2 UIG ist der Ausschluss der Akteneinsicht nach § 2 Abs. 5 AIG nicht auf die „Dauer eines Gerichtsverfahrens oder eines strafrechtlichen Ermittlungsverfahrens sowie eines verwaltungsbehördlichen Verfahrens" beschränkt. Der Verfahrensbegriff des § 2 Abs. 5 AIG ist weiter als der des „verwaltungsbehördlichen Verfahrens" in § 7 Abs. 1 Nr. 2 UIG.[616] Nach einer Entscheidung des EuGH ist der Begriff „Vorverfahren" in Art. 3 Abs. 2 3. Gedankenstrich der Richtlinie 90/313/EWG des Rates vom 7.6.1990, dessen Umsetzung das UIG dient, so auszulegen, dass er ein Verwaltungsverfahren im Sinne von § 7 Abs. 1 Nr. 2 UIG, das lediglich eine Maßnahme der Verwaltung vorbereitet, nur dann umfasst, wenn es einem gerichtlichen oder quasigerichtlichen Verfahren unmittelbar vorausgeht und durchgeführt wird, um Beweise zu beschaffen oder ein Ermittlungsverfahren durchzuführen, bevor das eigentliche Verfahren eröffnet wird.[617] Der Begriff des „Vorverfahrens" in Art. 3 Abs. 2 3. Gedankenstrich der Richtlinie 90/313/EWG bezieht sich nicht auf sämtliche Handlungen der Verwaltung, die mit einer gerichtlichen Klage anfechtbar sind.[618] Hiergegen sprechen nach Auffassung des EuGH die Entstehungsgeschichte und der Zweck des Zugangsrechts.[619] Ein Planfeststellungsverfahren

---

615 S.o. unter B.I.2.a.bb.

616 Zu dem Begriff des verwaltungsbehördlichen Verfahrens vgl. auch: Touriaux, UIG, § 7 Rn. 29, 22ff.

617 EuGH, DVBl. 1998, 1176 (1176f.)=NuR 1998, 645 (645f.)=NJ 1999, 99 (99f.); § 7 Abs. 1 Nr. 2 UIG für infolge der Entscheidung für europarechtswidrig und nicht mehr anwendbar halten: Pitschas/Lessner, DVBl. 1999, 226 (228); König, DÖV 2000, 45 (52); Schrader, NVwZ 1999, 40 (41). Hatje, NJ 1999, 99 (99f.) geht dagegen davon aus, dass die Vorschrift verfassungskonform auszulegen sei bis der Gesetzgeber diese geändert habe, wozu er verpflichtet sei.

618 EuGH, DVBl. 1998, 1176 (1178)=NuR 1998, 645 (647)= NJ 1999, 99 (99f.).

619 EuGH, DVBl. 1998, 1176 (1178)=NuR 1998, 645 (647)= NJ 1999, 99 (99f.).

ist deshalb nach der Rechtsprechung des EuGH nicht als „Vorverfahren" im Sinne des Art. 3 Abs. 2 3. Gedankenstrich der Richtlinie anzusehen. Der Verfahrensbegriff des § 2 Abs. 5 AIG erfasst - im Gegensatz zu § 7 Abs. 1 Nr. 2 UIG - nach der hier vertretenen Auffassung auch Planfeststellungsverfahren.[620]

bb. Vorhandensein verfahrensrechtlicher Regelungen?

Unklar ist, ob es für die Frage, ob ein Verfahren von der Vorschrift des § 2 Abs. 5 AIG erfasst wird, darauf ankommt, ob für das konkrete Verfahren verfahrensrechtliche Regelungen bestehen oder nicht. Käme es auf das Vorhandensein verfahrensrechtlicher Regelungen an, dann würde Art. 2 Abs. 5 AIG lediglich zur Folge haben, dass in diesen - geregelten - Verfahren, Akteneinsicht nur nach diesem Verfahrensrecht besteht, im übrigen das AIG auch in laufenden Verfahren anwendbar wäre.[621]

Für eine Anwendbarkeit des § 2 Abs. 5 AIG auch auf Verfahren, für die keine verfahrensrechtlichen Regelungen bestehen, spricht aber die folgende Überlegung: Der Gesetzgeber hat - ausweislich seiner Begründung im Gesetzentwurf - mit der Vorschrift des § 2 Abs. 5 AIG lediglich bezweckt, den zwischen dem Bund und den Bundesländern bestehenden Konsens darüber, dass das Verwaltungsverfahrensrecht möglichst einheitlich geregelt werden soll, nicht aufzukündigen.[622] Er wollte also die während des Verwaltungsverfahrens geltenden Regelungen des § 29 VwVfGBbg und des § 72 Abs. 1 VwVfGBbg nicht abändern, um nicht eine abweichende Regelung vom bundesweit im wesentlichen einheitlichen Verwaltungsverfahrensrecht zu treffen. Hinsichtlich aller anderen bestehenden Akteneinsichtsrechte in laufenden Verfahren besaß der Landesgesetzgeber entweder ohnehin keine Kompetenz (z.B. Verfahren nach SGB X[623]), oder sie beruhen nicht auf einem Konsens zwischen Bund und Ländern sondern auf landesrechtlichen Regelungen (z.B. Vergabeverfahren unterhalb der Schwellenwerte des GWB aufgrund des Haushaltsrechts[624]). Folgte man den Ausführungen in der Begründung des Gesetzentwurfes und stellte auf den Willen ab, den bestehenden Konsens nicht zu beseitigen, so blieben Verfahren nach dem VwVfG der einzige Anwendungsfall des § 2 Abs. 5 AIG. Dies hat der Gesetzgeber aber gerade nicht gewollt, da er diese Verfahren lediglich als

620 S.o. unter B.II.1.b.dd.

621 So wohl: Erste Hinweise des Ministeriums des Inneren, ABl. Bbg 1998, 842 (843) 2.7.

622 LT-Drucks, 2/4417, S. 3 der Begründung (zu § 2 Abs. 4 des Entwurfes); vgl. auch: Breidenbach/Palenda, LKV 1998, 252 (254); *Partsch* in NJ 1998, 346 (348) und NJW 1998, 2559 (2561) scheint dieser Konsens nicht bekannt zu sein.

623 Vgl. hierzu B.IV.1.b.bb.(2)(a)(aa).

624 Vgl. hierzu B.II.1.d.bb.(4).

„Hauptanwendungsfall" bezeichnet und mithin nicht als einzigen Anwendungsfall gesehen hat (s.o.).
Darüber hinaus enthält der Wortlaut der Vorschrift weder eine Beschränkung auf Verwaltungsverfahren noch auf sonstige Verfahren. Die Vorschrift des § 2 Abs. 5 AIG hätte durchaus folgendermaßen gefasst werden können: „Während laufender Verwaltungsverfahren wird Akteneinsicht nur nach Maßgabe des anzuwendenden Verfahrensrechts gewährt" oder: „Während laufender Verfahren, für die spezielle verfahrensrechtliche Regelungen bestehen, wird Akteneinsicht nur nach Maßgabe des anzuwendenden Verfahrensrechts gewährt." Diese Möglichkeiten hat der Gesetzgeber aber nicht genutzt. Aus der Formulierung der Vorschrift - „wird Akteneinsicht nur nach Maßgabe der anzuwendenden Verfahrensrechts gewährt" - muss auch nicht zwingend geschlossen werden, dass es für das konkrete Verfahrens überhaupt „anzuwendenden Verfahrensrecht" gibt. Weiterhin spricht der im Gesetzentwurf beschriebene Zeitraum des Laufens des Verfahrens beim Verwaltungsverfahren dafür, dass die Vorschrift des § 2 Abs. 5 AIG nicht nur bestehendes Verfahrensrecht zu vorrangiger Anwendung verhelfen soll, sondern die Akteneinsicht während laufender Verfahren im weitesten Sinne ausschließen will. Der im Gesetzentwurf beschriebene Zeitraum des Laufens des Verfahrens beim Verwaltungsverfahren deckt sich nicht mit dem Laufen des Verfahrens nach VwVfG. Dies wird im Folgenden unter B.II.1.b.aa. im einzelnen dargestellt.

cc. Zwischenergebnis

Der Verfahrensbegriff des § 2 Abs. 5 AIG ist weit zu verstehen. Er umfasst alle von der Behörde oder Gemeinde geführte Verfahren. Es kommt weder darauf an, ob für ein Verfahren rechtliche Regelungen bestehen, noch darauf, ob dieses Außenwirkung entfaltet.

Im Ergebnis ist der Ausschlussgrund des § 2 Abs. 5 AIG ein materieller Ausschlussgrund, der systematisch neben die Vorschriften der §§ 4 und 5 AIG tritt. Er dient zwar auch dem Vorrang von bereits geregeltem Verfahrensrecht, angesichts der weiten Fassung des Ausschlusstatbestandes ist er jedoch geeignet, die Entscheidungsfindung der Behörde in jeglichen Verfahren von der Öffentlichkeit auszuschließen. Damit tritt die Vorschrift insbesondere neben die Ausschlussgründe des § 4 Abs. 1 Nr. 4 und Abs. 2 Nr. 2 bis 4 AIG, die ebenfalls darauf gerichtet sind, den Entscheidungsprozess der Behörde der Öffentlichkeit zu entziehen. Der Anwendungsbereich dieser Vorschriften überschneidet sich deshalb mit dem des § 2 Abs. 5 AIG.[625] § 2 Abs. 5 AIG führt in diesen Fällen

[625] Hierzu später bei den einzelnen Vorschriften.

jedoch - anders als § 4 Abs. 2 Nr. 2 bis 4 AIG - zu einem zwingenden Ausschluss des Akteneinsichtsrechts. Eine Ermessensausübung ist nicht vorgesehen.

b. Laufen der Verfahren

Zur Beantwortung der Frage, wann es sich um ein "laufendes Verfahren" handelt, sind die Zeitpunkte des Beginns und des Endes des jeweiligen Verfahrens festzustellen.

Die Begründung des Gesetzentwurfes enthält zu dieser Thematik die folgenden Anhaltspunkte:[626] Laufende Verfahren seien insbesondere solche, die auf eine behördliche Entscheidung oder Handlung gerichtet seien. Der Begriff des "laufenden Verfahrens" sei dahingehend zu verstehen, dass ein Verfahren erst als abgeschlossen anzusehen sei, wenn eine bestandskräftige und nicht mehr anfechtbare Entscheidung über den dem Verfahren zugrundeliegenden Sachverhalt oder Vorgang getroffen worden sei. Dies beziehe das gerichtliche Verfahren und die Entscheidung des letztinstanzlich zuständigen Gerichts hierüber ein.

Der Begründung des Gesetzentwurfes ist zu entnehmen, dass der Gesetzgeber den Begriff des „laufenden Verfahrens“ weit verstanden haben wollte. Ein Blick auf die Zeitpunkte von Beginn und Ende von der Verwaltung geführter Verfahren zeigt, dass diese weite Begriffsauslegung, die dem Gesetzeswortlaut nicht zwingend zu entnehmen ist, keinesfalls in jeder Hinsicht mit den herrschenden Auffassungen zur Frage des Beginns und des Endes von Verwaltungsverfahren und zu anderen von der Verwaltung geführten Verfahren übereinstimmt.

Für die konkrete Bestimmung des Beginns und des Endes des Verfahrens ist zwischen den verschiedenen Verfahrensarten zu unterscheiden:

aa. Verwaltungsverfahren

Für das Verwaltungsverfahren im Sinne des VwVfG (§ 9 VwVfGBbg) gilt grundsätzlich:

Zur Durchführung eines Verwaltungsverfahrens ist die Behörde verpflichtet, wenn ein Antrag vorliegt oder wenn sie von Amts wegen tätig werden muss (§ 22 S. 2 VwVfGBbg). Im übrigen entscheidet die Behörde nach pflichtgemäßem

---

[626] LT-Drucks. 2/4417, S. 3f. der Begründung (zu § 2 Abs. 4 des Entwurfes).

Ermessen, ob und wann sie ein Verwaltungsverfahren durchführt (§ 22 S. 1 VwVfGBbg). Den genauen zeitlichen *Beginn des Verwaltungsverfahrens* regelt das VwVfGBbg nicht.[627] Wann dieser Zeitpunkt anzunehmen ist, ist umstritten.

Da in § 9 VwVfGBbg als Verwaltungsverfahren „die nach Außen wirkende Tätigkeit der Behörde" bezeichnet wird, wird zum Teil auf die erste nach Außen wirkende Tätigkeit der Behörde, d.h. eine Bekanntgabe oder eine anderweitige Erkennbarkeit für den Bürger ihrer Entscheidung, ein Verfahren zu beginnen, abgestellt.[628] Dies hat zur Folge, dass im Einzelfall der Beginn des Verfahrens erst mit Erlass eines Bescheides anzunehmen ist.[629] Eine andere Auffassung verlangt für die Feststellung des Beginns des Verwaltungsverfahrens keine Handlung der Behörde mit Außenwirkung, sondern stellt auf den Zeitpunkt der tatsächlichen Entscheidung der Behörde, ein Verfahren durchzuführen, ab.[630] Wird in einem antragsgebundenen Verfahren ein Antrag gestellt, so wird nach überwiegender Auffassung davon ausgegangen, dass das Verfahren mit der wirksamen Antragstellung beginnt,[631] nur vereinzelt wird auch in diesem Fall eine nach Außen wirkende Tätigkeit der Behörde, etwa eine Antragsbestätigung, verlangt.[632]

Die Bestimmung des Beginns des Verwaltungsverfahrens ist erforderlich, um dieses von verwaltungsinternen Vorbereitungshandlungen bzw. dem "Vorbereitungsverfahren" abzugrenzen,[633] während derer bzw. dessen die Vorschriften des VwVfGBbg und damit auch die dort vorgesehen Beteiligtenrechte (so auch das Akteneinsichtsrecht nach § 29 VwVfGBbg) nicht anzuwenden sind.

Würde man den Beginn des "laufenden Verfahrens" i.S.d. § 2 Abs. 5 AIG entsprechend dem Beginn des Verwaltungsverfahrens nach VwVfG bestimmen, käme man - folgt man einem Teil der Literatur - zu dem Ergebnis, dass ein Anspruch auf Akteneinsicht dann nicht nach § 2 Abs. 5 AIG abgelehnt werden

627 Vgl. auch Obermayer, VwVfG, § 22 Rn. 4 und Fn. 8; Knack, VwVfG, § 9 Rn. 3.4, § 22 Rn. 2 sieht eine indirekte Regelung in § 9 VwVfG, Stelkens/Bonk/Sachs, VwVfG, § 22 Rn. 4 eine mittelbare Regelung durch § 22 VwVfG.

628 Mayer/Borgs, VwVfG, § 9 Rn. 9 ff.; Martens, Verwaltungsverfahren, Rn. 62, 102; Kopp/Ramsauer, VwVfG, § 9 Rn. 28, § 22 Rn. 19: erst wenn ein Beteiligter oder Betroffener von der Eröffnung in Kenntnis gesetzt wird.

629 Vgl. z.B. Knack, VwVfG, § 9 Rn. 3.4.

630 Stelkens/Bonk/Sachs, VwVfG, § 9 Rn. 105; Knack, VwVfG, § 9 Rn. 3.4; Finkelnburg/Lässig, VwVfG, Bd. 1, § 9 Rn. 19; Obermayer, VwVfG, § 22 Rn. 10.

631 Finkelnburg/Lässig, VwVfG, Bd. 1, § 9 Rn.18; Meyer/Borgs, VwVfG, § 9 Rn. 9; Obermayer, VwVfG, Vorbem § 9 Rn. 8, § 22 Rn. 13f.

632 So: Martens, Verwaltungsverfahren, Rn. 102.

633 Vgl. z.B. Stelkens/Bonk/Sachs, VwVfG, § 9 Rn. 97, 116; Meyer/Borgs, VwVfG, § 9 Rn. 9f.; Finkelnburg/Lässig, VwVfG, Bd. 1, § 9 Rn. 17ff.

könnte, wenn die Behörde bereits ein Verfahren eingeleitet, jedoch noch keine nach Außen wirkende Handlung vorgenommen hat. Etwa in Fällen, in denen ein Hinweis oder eine Anzeige bei der Behörde eingegangen ist oder die Behörde bereits von Amts wegen tätig geworden ist, aber bisher nicht mit Außenwirkung für den/die Beteiligten gehandelt hat, wäre der Akteneinsichtsanspruch aus dem AIG nicht nach § 2 Abs. 5 AIG ausgeschlossen.

Der Zeitpunkt des Beginns des Verwaltungsverfahrens ist jedoch nicht identisch mit dem des Beginns des „laufenden Verfahrens“ im Sinne des § 2 Abs. 5 AIG. Das „laufende Verfahren“ schließt vielmehr sämtliche Vorbereitungshandlungen, die auf die Durchführung des Verwaltungsverfahrens gerichtet sind, mit ein. Würde man während dieser Handlungen das Vorliegen eines "laufenden Verfahrens" i.S.d. § 2 Abs. 5 AIG ablehnen, wäre die Behörde gezwungen, mindestens ein Anhörungsschreiben abzusenden, um den Anspruch aus AIG nach § 2 Abs. 5 AIG ablehnen zu können (und lediglich einen Anspruch nach § 29 Bbg VwVfG für die Beteiligten zuzulassen), nachdem sie bereits vorbereitend ohne Außenwirkung tätig geworden wäre. Die Behörde müsste eine nach Außen wirkende Tätigkeit vornehmen, auch wenn sie dies in dem konkreten Verfahren zum konkreten Zeitpunkt weder für erforderlich noch für zweckmäßig hält. Mit dieser Auslegung des Begriffs des „laufenden Verfahrens“ würden gerade die Grundüberlegungen zur Abgrenzung des Beginns des Verwaltungsverfahrens von Vorbereitungshandlungen ins Gegenteil verkehrt, da die Abgrenzung gerade auch dazu dient, die Beteiligtenrechte des VwVfG - und eben auch das Anhörungs- und das Akteneinsichtsrecht - (noch) nicht greifen zu lassen. Zwar könnte die Behörde im Einzelfall das Akteneinsichtsgesuch während eines laufenden Vorbereitungsverfahrens häufig auch nach § 5 Abs. 1 Nr. 4 oder Nr. 5 oder Abs. 2 Nr. 2, Nr. 3 oder Nr. 4 AIG ablehnen, jedoch werden die Voraussetzungen dieser Ablehnungsgründe nicht immer eingreifen.

Als Zeitpunkt des Beginns des laufenden Verfahrens nach § 2 Abs. 5 AIG ist deshalb der Moment anzusetzen, in dem die Behörde erstmals in irgendeiner Art und Weise aktenkundig macht, dass sie beabsichtigt, ein (Verwaltungs-)Verfahren einzuleiten. Aus der „Aktenkundigmachung“ muss - gegebenenfalls im Wege der Auslegung - zu erkennen sein, dass die Behörde beabsichtigt, ein Verfahren durchzuführen. Hierbei kann es sich um einen ausdrücklichen Vermerk oder eine sonstige Aktennotiz, aber auch um eine Materialsammlung (z.B. von Beweismitteln) handeln, aus der hervorgeht, dass die Durchführung eines Verfahrens unmittelbar bevorsteht. Im Einzelfall wird im Wege der Auslegung zu ermitteln sein, ob die Einleitung eines Verfahrens konkret beabsichtigt ist bzw. war. Auf den Zeitpunkt der „Aktenkundigmachung“ abzustellen, ist im Hinblick auf die Akteneinsicht der einzig zweckmäßige und praktikable Zeitpunkt. Im Ergebnis sind damit auch sogenannte Vorbereitungshandlungen bzw. Vorverfahren, die noch keine Verwaltungsverfahren im Sinne des § 9

VwVfGBbg sind, als „laufende Verfahren" zu qualifizieren. Dies entspricht auch dem weiten Verfahrensbegriff des § 2 Abs. 5 AIG (s.o.).

Für die Bestimmung des Zeitpunktes des *Endes des Verwaltungsverfahrens* ist danach zu unterscheiden, ob das Verfahren durch den Erlass eines Verwaltungsaktes beendet wird, mit dem Abschluss eines öffentlich-rechtlichen Vertrages oder auf sonstige Art und Weise endet.

Umstritten ist, welcher Zeitpunkt als Ende des Verwaltungsverfahrens anzusehen ist, wenn die Beendigung durch den Erlass eines Verwaltungsaktes erfolgt. Teilweise wird hierfür auf den Zeitpunkt abgestellt, in dem der Verwaltungsakt die Behörde verlässt,[634] zum Teil auf den Zeitpunkt der Bekanntgabe.[635] Eine weitere Auffassung nimmt den Eintritt der Unanfechtbarkeit des Verwaltungsaktes als maßgeblichen Zeitpunkt an.[636]

Auf letzteren Zeitpunkt stellt auch der brandenburgische Gesetzgeber - ohne irgendeine Auseinandersetzung mit der Problematik - für das Ende des „laufenden Verfahrens" im Sinne des § 2 Abs. 5 AIG ab. In der Begründung des Gesetzentwurfes wird ausgeführt, dass der Begriff des laufenden Verfahrens dahingehend zu verstehen sei, dass ein Verfahren erst als abgeschlossen anzusehen sei, wenn eine bestandskräftige und nicht mehr anfechtbare Entscheidung über den dem Verfahren zugrundeliegenden Sachverhalt oder Vorgang getroffen worden sei; dies beziehe das gerichtliche Verfahren und die Entscheidung des letztinstanzlich zuständigen Gerichts hierüber ein.[637]

Der vom Gesetzgeber vorgesehene Zeitpunkt für das Ende des Verwaltungsverfahrens ist zwar im Ergebnis zweckmäßig, er ist jedoch keinesfalls eindeutig aus dem Gesetz abzuleiten. Ginge man mit den Literaturauffassungen davon aus, dass das Verwaltungsverfahren mit der Bekanntgabe des Verwaltungsaktes bzw. mit seiner Hinausgabe zur Post endet (s.o.), wäre ab diesem Zeitpunkt bis zu dem Zeitpunkt der Widerspruchseinlegung oder Klageerhebung kein laufendes Verwaltungsverfahren anzunehmen, mit der Folge, dass in diesem Zeitraum eine Akteneinsicht nach AIG grundsätzlich möglich und jedenfalls nicht nach § 2 Abs. 5 AIG ausgeschlossen wäre. Allerdings gehen auch die Auffassungen, die das Ende des Verwaltungsverfahrens mit Bekanntgabe bzw. Hinausgabe des Verwaltungsaktes annehmen, davon aus, dass gleichwohl die Beteiligtenstellung noch hinsichtlich der Akteneinsicht und anderer Beteiligtenrechte zeitlich

634 Ule/Laubinger, Verwaltungsverfahrensrecht, § 53 Rn. 2.

635 Stelkens/Bonk/Sachs, VwVfG, § 9 Rn. 182ff.; Obermayer, VwVfG, § 9 Rn. 36; Maurer, VerwR, § 9 Rn. 64; Waldhausen, BbgVwVfG, § 9 3.

636 Kopp/Ramsauer, VwVfG, § 9 Rn. 30; Knack, VwVfG, § 9 Rn. 5.5.1.

637 LT-Drucks. 2/4417, S. 3f. der Begründung (zu § 2 Abs. 4 des Entwurfes).

darüber hinaus wirken.[638] Gerade diese Konstruktion würde zu der Folgeproblematik führen, dass innerhalb dieses Zeitraumes möglicherweise die Rechte nach AIG und VwVfG nebeneinander bestünden, was durch § 2 Abs. 5 AIG gerade ausgeschlossen werden sollte. Abgesehen davon, dass die genannten Auffassungen (die das Ende des Verwaltungsverfahrens mit Bekanntgabe des Verwaltungsaktes bzw. mit seiner Herausgabe aus der Behörde annehmen) wenig überzeugen,[639] führen sie, wenn man das Ende des „laufenden Verfahrens" i.S.d. § 2 Abs. 5 AIG hiernach bestimmen würde, zu einem vom Gesetzgeber nicht gewollten und darüber hinaus wenig praktikablen Ergebnis. Richtig ist es deshalb, das Ende des laufenden Verfahrens im Zeitpunkt der Unanfechtbarkeit der Entscheidung anzunehmen.

Widerspruchsverfahren und Gerichtsverfahren sind zudem selbst als „laufende" Verfahren im Sinne des § 2 Abs. 5 AIG zu qualifizieren, die gegebenenfalls zeitgleich mit dem Verwaltungsverfahren laufen.[640]

Endet das Verwaltungsverfahren mit dem Abschluss eines öffentlichrechtlichen Vertrages, so gelten die Grundsätze, die das Ende des Verwaltungsverfahrens bestimmen, auch für das Ende des Verfahrens nach § 2 Abs. 5 AIG. Damit ist für das Ende des Verfahrens auf den Zeitpunkt des wirksamen Zustandekommens des Vertrages abzustellen.[641] Stellt sich die Unwirksamkeit des Vertrages heraus, wird das Verfahren fortgesetzt.[642] Der nichtige Vertrag (§ 59 VwVfG) beendet dagegen das Verwaltungsverfahren nicht.[643] Das Anpassungsbegehren nach § 60 VwVfG ist nach Abschluss des Verwaltungsverfahrens in einem eigenen Verwaltungsverfahren zu behandeln.[644]

---

638 Stelkens/Bonk/Sachs, VwVfG (4. Aufl.), § 13 Rn. 18; wohl auch: Ule/Laubinger, Verwaltungsverfahrensrecht, § 15 II.

639 Vgl. Argumentation bei: Kopp/Ramsauer, VwVfG, § 9 Rn. 30. Dass nicht bereits das Ergehen eines Verwaltungsaktes das Verfahren beendet, wird vor allem auch durch § 13 Abs. 1 Nr. 2 und 3 VwVfG, wonach Beteiligte auch diejenigen sind, „an die die Behörde den Verwaltungsakt ... gerichtet hat" bestätigt. Vgl. auch: Knack, VwVfG, § 13 Rn. 3.4; a.A. aber Ule/Laubinger, Verwaltungsverfahrensrecht, § 20 II, die diese Regelung (§ 13 Abs. 1 Nr. 2 und 3) nur damit erklären, dass damit sichergestellt werden solle, dass die Betroffenen Beteiligtenrechte, wie das Recht auf Akteneinsicht auch nach Abschluss des Verfahrens wahrnehmen können.

640 Vgl. auch: Knack, VwVfG, § 9 Rn. 5.5.1; Meyer/Borgs, VwVfG, § 9 Rn. 14 zum Verwaltungsverfahren.

641 Stelkens/Bonk/Sachs, VwVfG, § 9 Rn. 187; Kopp/Ramsauer, VwVfG, § 9 Rn. 30, 32; Knack, VwVfG, § 9 Rn. 5.5.1.

642 Vgl. z.B. Stelkens/Bonk/Sachs, VwVfG, § 9 Rn. 187.

643 Vgl. z.B. Stelkens/Bonk/Sachs, VwVfG, § 9 Rn. 187.

644 Vgl. z.B. Stelkens/Bonk/Sachs, VwVfG, § 9 Rn. 187.

Endet das Verwaltungsverfahren in sonstiger Weise, d.h. z.B. durch Rücknahme des Antrages, Erledigung des Hauptsache, Abschluss eines Vergleiches, so hat die Behörde das Verfahren einzustellen. Mit der Einstellung des Verfahrens - ungeachtet ihrer Art und Weise[645] - endet dann das Verwaltungsverfahren.[646] In diesem Zeitpunkt ist auch das Ende des laufenden Verfahrens nach § 2 Abs. 5 AIG anzunehmen.

Problematisch sind die Fälle, in denen die Behörde ein Verfahren nicht weiter verfolgt, jedoch auch nicht ausdrücklich einstellt. Hierbei wird es darauf ankommen, ob die Behörde endgültig von dem Vorhaben abgelassen hat. Bei einem auf den Abschluss eines öffentlich-rechtlichen Vertrages gerichteten Verfahren findet das Verfahren ein Ende, wenn die Vertragsverhandlungen endgültig gescheitert sind.[647] Dieser Zeitpunkt wird im Einzelfall im Wege der Auslegung zu ermitteln sein. Im Zweifel wird die Behörde nachweisen müssen, dass sie das Verfahren noch betreibt, um die Akteneinsicht nach § 2 Abs. 5 AIG ablehnen zu können.

Die Frage, ob ein Verwaltungsverfahren (noch) läuft - mit der Folge, dass Ansprüche aus dem AIG ausgeschlossen sind - muss im Einzelnen genau geprüft und differenziert entschieden werden.[648] Wird ein zunächst nicht fortgeführtes Verwaltungsverfahren zu einem späteren Zeitpunkt fortgesetzt, so ist bei Vorliegen von Akteneinsichtsgesuchen hinsichtlich des abgeschlossenen Verfahrens zu unterscheiden, ob das Verfahren wieder aufgenommen worden ist, oder ob ein neues Verfahren eingeleitet wurde. Ersteres führt dazu, dass Akteneinsicht in die Akten des wieder aufgenommenen Verfahrens nicht gewährt werden kann, da von einem nach wie vor laufenden Verfahren i.S.d. § 2 Abs. 5 AIG auszugehen ist. Dieser Fall ist z.B. gegeben, wenn ein Verfahren nach einer Wiedereinsetzung in den vorherigen Stand nach § 32 VwVfGBbg weitergeführt wird[649] oder ein ausgesetztes oder unterbrochenes Verfahren fortgesetzt wird. Das Laufen eines neuen Verfahrens ist dagegen anzunehmen, wenn z.B. von Amts wegen ein Verfahren zur Rücknahme eines bereits bestandskräftigen Verwaltungsaktes durchgeführt wird[650] oder z.B. auf Antrag die Erteilung einer Änderungsgenehmigung geprüft wird. In diesem Fall liegt hinsichtlich des be-

645 Die Einstellung kann formlos erfolgen, eine Einstellungsverfügung ist nicht notwendig; ggf. hat eine Mitteilung an die Beteiligten zu ergehen, vgl. Kopp/Ramsauer, VwVfG, § 9 Rn. 35; Stelkens/Bonk/Sachs, VwVfG § 9 Rn. 188f.; Knack, VwVfG, § 9 Rn. 5.5.2.

646 Stelkens/Bonk/Sachs, VwVfG, Knack, VwVfG, § 9 Rn. 5.5.2.

647 Knack, VwVfG, § 9 Rn. 5.5.2.

648 Vgl. auch Tätigkeitsbericht des LDA Bbg, 1998, LT-Drucks. 2/6130, 2.2.

649 Vgl. auch Meyer/Borgs, VwVfG, § 9 Rn. 15.

650 So wohl auch: Knack, VwVfG, § 51 Rn. 4.2.3; anders wohl: Meyer/Borgs, VwVfG, § 9 Rn. 15.

reits abgeschlossenen Verfahrens kein „laufendes Verfahren“ mehr vor, mit der Folge, dass § 2 Abs. 5 AIG der Einsicht in die Akten dieses Verfahrens nicht entgegensteht. Zuzustimmen ist deshalb dem LDA Bbg, der im Fall der Baugenehmigungsakten zum „Potsdam-Center“ die Auffassung vertreten hat, dass ein Akteneinsichtsanspruch nach AIG nicht deshalb von vornherein ausgeschlossen war, weil die Stadtverwaltung die Rücknahme einer bereits erteilten Baugenehmigung prüfte.[651] Hinsichtlich der abgeschlossenen Teile des Baugenehmigungsverfahrens ist nicht das Verwaltungsverfahrensgesetz, sondern das AIG anzuwenden.[652] Entsprechendes gilt, wenn die Behörde auf Antrag des Betroffenen das Verfahren nach § 51 VwVfGBbg wieder aufgreift.[653] Auch in diesem Falle läuft ein neues Verwaltungsverfahren.

bb. Vollzugsverfahren/Vollstreckungsverfahren

Ein eigenes Verfahren stellen jeweils die Vollstreckungs- und Vollzugsverfahren dar.

Wird das Vollstreckungsverfahren als Verwaltungsverfahren durchgeführt, werden z.B. Zwangsmittel angedroht und festgesetzt (§§ 15 ff. Verwaltungsvollstreckungsgesetz für das Land Brandenburg (VwVGBbg)) wird hinsichtlich des Zeitpunktes von Beginn und Ende des Verfahrens auf die Ausführungen zum Verwaltungsverfahren verwiesen.

Ist das Vollstreckungs- oder Vollzugsverfahren als schlicht-hoheitliches Handeln (Realakte) zu qualifizieren, so z.B. bei der Vollstreckung von Geldforderungen (§§ 5 ff. VwVGBbg), werden Beginn und Ende des Verfahrens häufig kurz aufeinander folgen, so dass ein Antrag auf Akteneinsicht während eines laufenden Verfahrens i.S.d. § 2 Abs. 5 AIG nur selten gestellt werden dürfte. Denkbar ist jedoch grundsätzlich auch in diesen Fällen, dass Vollstreckungs- oder Vollzugsverfahren von gewisser Dauer sind. In diesem Falle gilt: Beginn des Verfahrens ist im Zeitpunkt der ersten „Aktenkundigmachung“ der Absicht, das Verfahren durchzuführen, anzunehmen. Das Ende des Verfahrens liegt im Zeitpunkt des tatsächlichen Abschlusses der Vollstreckungs- bzw. Vollzugshandlung.

---

651 Tätigkeitsbericht des LDA Bbg 1998, LT-Drucks. 2/6130, 2.2.
652 Tätigkeitsbericht des LDA Bbg 1998, LT-Drucks. 2/6130, 2.2.
653 Anders aber wohl: Meyer/Borgs, VwVfG, § 9 Rn. 15.

cc. Rechtssetzungsverfahren

Für Rechtssetzungsverfahren bestehen keine Rechtsvorschriften, die Beginn und Ende des Verfahrens und die Akteneinsicht während dieser Zeit ausdrücklich regeln.

Die Rechtssetzungsverfahren des Landtags sind der Akteneinsicht wegen § 2 Abs. 2 S. 1 AIG i. V. m. § 1 Abs. 2 Nr. 1 LOG ohnehin grundsätzlich entzogen.[654]

Die Einsicht in Akten über Rechtssetzungsverfahren von Gemeinden und Landesbehörden (z.B. von Satzungen, Verordnungen, Verwaltungsvorschriften, Erlassen, Richtlinien) ist nach dem AIG dagegen nicht verwehrt. Allgemein gilt: Ein Rechtssetzungsverfahren beginnt regelmäßig mit der Einbringung eines Entwurfes bei dem entscheidungsbefugten Organ und endet mit dem Inkrafttreten der erlassenen Rechtsvorschrift. In diesem Sinn ist der Begriff des „laufenden Verfahrens" i.S.d. § 2 Abs. 5 AIG bei Rechtssetzungsverfahren zu verstehen.

Gleiches gilt für Beschlussverfahren. Beginn des Verfahrens ist regelmäßig mit Einbringung einer Beschlussvorlage anzunehmen, Ende des Verfahrens mit Inkrafttreten des Beschlusses.

dd. Planungsverfahren/Planfeststellungsverfahren

Die Verwaltung kann in verschiedenen Bereichen auf vielfältige Art und Weise planerisch tätig werden. Da dem Begriff des „Plans" üblicherweise alles zugerechnet wird, was der Gesetzgeber oder was sich selbst als Plan bezeichnet,[655] ist eine abschließende Erörterung der Frage des Beginns und Endes von Planungsverfahren an dieser Stelle nicht möglich. Im folgenden werden einige Beispiele für gesetzlich geregelte Verfahren genannt:

Verfahrensrechtlich geregelt ist das Planfeststellungsverfahren in §§ 72 ff. VwVfGBbg.[656] Beginn und Ende des Verfahrens sind auch hier nicht ausdrücklich geregelt. Allgemein läßt sich dem Gesetz entnehmen: Das Planungsverfahren beginnt im - nicht immer eindeutigen - Zeitpunkt der Einreichung des Pla-

---

654 S.o. unter B.I.2.a.bb.

655 Maurer, VerwR, § 15 Rn. 14.

656 Zu dem eingeschränkten Anspruch auf Akteneinsicht nach § 72 Abs. 1 VwVfGBbg a.E. später unter B.II.1.d.bb.(3).

nes bei der Behörde (vgl. § 73 Abs. 1 S. 1 VwVfGBbg).[657] Das Verfahren endet mit den Planfeststellungsbeschluss (vgl. § 74 Abs. 1 VwVfGBbg). Diese Zeitpunkte bestimmen auch Beginn und Ende des laufenden Verfahrens nach § 2 Abs. 5 AIG, wenn es sich um ein Planfeststellungsverfahren im Sinne der §§ 72 ff. VwVfGBbg handelt. Entsprechend den Ausführungen zum Verwaltungsverfahren ist der Beginn des Planfeststellungsverfahrens mit Eingang der Unterlagen bei der Behörde anzunehmen, unabhängig von der Vollständigkeit der Unterlagen, das Ende des Verfahrens mit Bestandskraft des Planfeststellungsbeschlusses.

Für Raumordnungs- und Landesplanungsverfahren nach § 6 a Raumordnungsgesetz (ROG) i. V. m. dem brandenburgischen Landesplanungsgesetz (BbgLPlG) i. V. m. der Verordnung über die Durchführung von Raumordnungsverfahren (ROVerfV) gilt: Das Verfahren beginnt mit der Einreichung der Unterlagen (vgl. § 5 Abs. 1 S. 1 ROVerfV), wobei es auch hier wegen des weiten Verfahrensbegriffes des § 2 Abs. 5 AIG nicht auf die Vollständigkeit der Unterlagen ankommt, sondern lediglich auf den Zeitpunkt des ersten Eingangs von Unterlagen. Das Verfahren endet entweder mit Einstellung des Verfahrens (§ 6 ROVerfV) oder mit der abschließenden planerischen Beurteilung (§ 7 ROVerfV).

Soweit die Planungstätigkeit in der Form eines Gesetzgebungsverfahrens durch den Landtag erfolgt (z.B. Finanz- und Haushaltsplanung des Landes), ist diese wegen § 2 Abs. 2 S. 1 AIG ohnehin dem Akteneinsichtsrecht nach AIG entzogen.

ee. Schlicht-hoheitliches Handeln/Realakte

Auch über schlicht-hoheitliches Handeln von Gemeinden und Behörden werden zwar nicht immer, aber häufig Akten geführt, so z.B. wenn die Behörde Dokumentationen über ihre Kontrolltätigkeiten führt (z.B. über "Baumschauen" an Gemeindestaßen). Ein „laufendes Verfahren“ im Sinne des § 2 Abs. 5 AIG wird bei schlicht-hoheitlichem Handeln regelmäßig nur unmittelbar während der Durchführung der Handlung anzunehmen sein. In diesem Fall werden Beginn und Ende des Verfahrens häufig kurz aufeinander folgen, so dass ein Antrag auf Akteneinsicht während eines laufenden Verfahrens i.S.d. § 2 Abs. 5 AIG nur selten gestellt werden dürfte. Denkbar ist jedoch grundsätzlich auch in diesen Fällen, dass die Verfahren von gewisser Dauer sind. Dies kann z.B. dann der Fall sei, wenn die Behörde über einen längeren Zeitraum Auskünfte zu einer

---

[657] Knack, VwVfG, § 73 Rn. 4.

bestimmten Thematik einholt und sammelt oder über einen längeren Zeitraum planmäßig Kontrolltätigkeiten ausführt. In diesem Falle gilt: Der Beginn des Verfahrens ist im Zeitpunkt der ersten „Aktenkundigmachung" der Absicht, ein Verfahren durchzuführen, anzunehmen. Das Ende des Verfahrens liegt im Zeitpunkt des Abschlusses der Handlung.

Gesuche auf Einsicht in Planungsunterlagen über die Durchführung von bevorstehenden Kontrolltätigkeiten werden - soweit dies erforderlich ist - regelmäßig auch nach § 4 Abs. 2 Nr. 3 AIG abgelehnt werden können und müssen.

Einen Sonderfall stellt das sogenannte „informelle Verwaltungshandeln"[658] dar. Hierunter fallen z.B. Absprachen oder sonstige Kontakte zwischen der Verwaltung und dem Bürger vor Erlass oder an Stelle einer behördlichen Entscheidung.[659] Informelle Akte sind rechtlich nicht verbindlich und somit überwiegend dem sehr weiten Bereich der Realakte zuzuordnen.[660] Informelle Verfahren können einem Verwaltungsverfahren unmittelbar vorausgehen und in dieses münden. Geht das informelle Verwaltungshandeln in ein Verwaltungsverfahren über, so gilt unter Zugrundelegung des weiten Verfahrensbegriffs und entsprechend den obigen Ausführungen zum Verwaltungsverfahren: Das Verfahren beginnt mit der ersten „Aktenkundigmachung" der Absicht, ein Verfahren durchzuführen, und endet - entsprechend den obigen Ausführungen - mit Ende des Verwaltungsverfahrens. Bleibt es lediglich bei informellem Verwaltungshandeln, bestimmen sich Anfang und Ende eines Verfahrens entsprechend dem sonstigen schlicht-hoheitlichen Verwaltungshandeln.

ff. Interne Verfahren

Als besonders schwierig dürfte sich die Feststellung des Zeitpunktes von Beginn und Ende interner Verfahren der Verwaltung erweisen.

Das AIG ermöglicht grundsätzlich auch die Einsicht in Akten über interne Verfahren der Verwaltung. Der Aktenbegriff des AIG[661] schließt auch derartige Akten ein. Der weite Verfahrensbegriff des § 2 Abs. 5 AIG, der weder eine Außenwirkung des Verfahrens, noch das Vorhandensein verfahrensrechtlicher Regelungen verlangt, erfasst grundsätzlich auch interne Verfahren der Verwaltung. Es stellt sich mithin auch im Rahmen interner Verfahren der Verwaltung die

---

[658] Vgl. zu dem Begriff z.B.: Maurer, VerwR, § 15 Rn. 14; Stelkens/Bonk/Sachs, VwVfG, § 9 Rn. 162 ff.; Knack, VwVfG, § 9 Rn. 2.6.

[659] Maurer, VerwR, § 15 Rn. 14; Knack, VwVfG, § 9 Rn. 2.6.

[660] Maurer, VerwR, § 15 Rn. 14; Knack, VwVfG, § 9 Rn. 2.6.

[661] Vgl. hierzu B.I.3.a.

Frage, für welchen Zeitraum die Akteneinsicht aus dem AIG nach § 2 Abs. 5 AIG ausgeschlossen ist.

Regelungen bestehen in diesem Bereich nur vereinzelt. So richtet sich etwa das Disziplinarverfahren nach der Bundesdisziplinarordnung (§§ 15 ff. BDO), die in Brandenburg in Ermangelung eines landesrechtlichen Regelung Anwendung findet (vgl. § 154 Abs. 1 Landesbeamtengesetz für das Land Brandenburg (LBG))[662]. Während dieser Verfahren ist das Akteneinsichtsrecht des AIG nach § 2 Abs. 5 AIG ausgeschlossen. Entsprechend den Ausführungen zum Verwaltungsverfahren (s.o.) gilt: Der Beginn des Verfahrens ist mit der „Aktenkundigmachung“ des Beginns der Vorermittlungen (§§ 26 ff. BDO) und nicht erst mit der Einleitung des förmlichen Disziplinarverfahrens (§§ 33 ff. BDO) anzunehmen. Das Verfahren endet entweder mit der Einstellung des Verfahrens (§ 27 BDO), mit der bestandskräftigen Disziplinarverfügung (§§ 28 ff. BDO) oder mit einem rechtskräftigen Gerichtsbeschluss (§§ 76 ff., § 89 BDO).

Soweit für interne Verfahren keine Regelungen bestehen, wird zunächst festzustellen sein, ob es sich bei den den Akten zugrundeliegenden internen Vorgängen überhaupt um ein Verfahren handelt, d.h. um ein über eine bestimmte Zeitspanne ablaufendes Geschehen und nicht nur um punktuelle Vorgänge. Liegt ein internes Verfahren vor, so sind Beginn und Ende des Verfahrens im Einzelfall zu bestimmen. Allgemein gilt auch hier: Als Zeitpunkt des Beginns des Verfahrens ist der Zeitpunkt anzusetzen, in dem die Behörde erstmals aktenkundig macht, dass sie beabsichtigt, ein Verfahren durchzuführen. Das Ende des Verfahrens ist anzunehmen, wenn die Behörde das Verfahren durch ein konkrete Handlung beendet oder wenn sie das Verfahren nicht weiter verfolgt. In Anbetracht der Vielfalt der denkbaren internen Verfahren ist eine genauere Bestimmung der Zeitpunkte an dieser Stelle nicht möglich.

gg. Fiskalische/Verwaltungsprivatrechtliche Verfahren

Im Bereich ihrer (verwaltungs-)privatrechtlichen Tätigkeit[663] führt die Verwaltung ebenfalls Verfahren durch. In diesem Bereich bestehen - abgesehen von den Vergabeverfahren - keine Vorschriften, die das Verfahren abschließend re-

---

662 Vgl. auch Anlage I Kapitel XIX Sachgebiet A Abschnitt III Nr. 10 des Einigungsvertrages; Zu den Besonderheiten hinsichtlich der Einleitungsbehörde: OVG Frankfurt (Oder), LKV 1996, 217 (217f.).

663 Zu der Frage der Vergabe öffentlicher Aufträge durch öffentlich-rechtlichen Vertrag vgl. Pieper, DVBl. 160 (160f.).

geln. Dennoch werden hier Verfahren im Sinne des § 2 Abs. 5 AIG geführt (s.o.), während deren Laufen das Akteneinsichtsrecht ausgeschlossen ist.[664]

So wird regelmäßig zunächst ein internes Verfahren in der Behörde oder Gemeinde stattfinden, zur Abstimmung über die Frage, ob und wie privatrechtlich gehandelt werden soll. Dieses Verfahren ist dem Akteneinsichtsrecht als laufendes Verfahren nach § 2 Abs. 5 AIG ebenfalls entzogen.

Bei der Durchführung von Vergabeverfahren ist die Verwaltung an die Vorschriften der VOB und VOL, jeweils Teil A,[665] bzw. an §§ 97 ff. des Gesetzes gegen Wettbewerbsbeschränkungen (GWB) und die Verordnung über die Vergabe öffentlicher Aufträge (Vergabeverordnung - VgV)[666] gebunden. Das Vergabeverfahren beginnt regelmäßig mit der Ausschreibung und endet mit dem Zuschlag. Würde man erst den Zeitpunkt der Ausschreibung als Beginn des Verfahrens ansetzen, so hätte dies zur Folge, dass eine Akteneinsicht während der Vorbereitung der Ausschreibung nicht nach § 2 Abs. 5 AIG ausgeschlossen wäre. Bei dem bei der Behörde geführten internen Verfahren, das der Ausschreibung vorausgeht, handelt es sich jedoch bereits um ein laufendes Verfahren (s.o.), so dass für den Beginn des Verfahrens auf den Zeitpunkt der „Aktenkundigmachung" der Absicht, ein Verfahren durchzuführen, abzustellen ist. Das Ende des Verfahrens ist - entsprechend dem Verwaltungsverfahren, das mit einem öffentlich-rechtlichen Vertrag endet - mit dem Abschluss eines wirksamen Vertrages anzunehmen, bzw. wenn das Verfahren nicht weiter geführt wird, in dem Zeitpunkt, in dem die Behörde endgültig von dem Vorhaben ablässt. Letzterer Zeitpunkt ist gegebenenfalls im Wege der Auslegung zu ermitteln.

hh. Zusammenfassung

Im Ergebnis ist festzustellen, dass die für das Verwaltungsverfahren und für andere Verfahren der Verwaltung angenommenen Zeitpunkte für Beginn und Ende von Verfahren grundsätzlich weder geeignet sind, den Begriff des „laufenden Verfahrens" des § 2 Abs. 5 AIG in dem vom Gesetzgeber gewollten Sinne zu bestimmen, noch eine praxistaugliche Auslegung des Begriffes gewährleisten.

---

664 Interessant zur - allerdings nicht vergleichbaren - Problematik des Informationszugang nach dem IFG Bln während laufender Vergabeverfahren: Jahresbericht 2000 des Berliner Beauftragten für den Datenschutz und Akteneinsicht, http://www.datenschutz-berlin.de/jahresbe/00/teil3-5.htm, zuletzt besichtigt am 03.04.2001, Teil 3 3.5 "Sonderproblem: Auftragsvergabe".

665 Hierzu im Einzelnen unter B. II.1.d.bb.(4).

666 Hierzu im Einzelnen unter B. II.1.d.aa.(4).

Vielmehr sind folgende Zeitpunkte maßgeblich zur Bestimmung des Laufens des Verfahrens:

Ausgehend von der Tatsache, dass eine Akteneinsicht während eines laufenden Verfahrens nur dann möglich ist, wenn bei der Behörde oder Gemeinde eine Akte überhaupt vorliegt, gilt für den Zeitpunkt des Beginns von Verfahren zunächst unabhängig von der Verfahrensart: Wird die Behörde auf Antrag, auf eine Anzeige, Anregung oder Anfrage hin tätig, ist auf den Zeitpunkt des Eingangs des entsprechenden Schreibens bei der Behörde abzustellen. Wird die Behörde von sich aus oder von Amts wegen tätig, so ist der Zeitpunkt der „Aktenkundigmachung" der Absicht, ein Verfahren durchzuführen, maßgeblich. Diese „Aktenkundigmachung" kann in einem Vermerk, einer formlosen Aktennotiz oder eine Materialsammlung zu dem durchzuführenden Verfahren bestehen. Grundsätzlich muss die Behörde nachweisen, dass ein Verfahren läuft, wenn sie die Akteneinsicht auf der Grundlage des § 2 Abs. 5 AIG ablehnt bzw. ablehnen will.

Das Ende des Verfahrens ist wie folgt zu bestimmen:

Handelt es sich um ein Verwaltungsverfahren, und endet das Verfahren mit einem Verwaltungsakt, so ist der Zeitpunkt maßgeblich, in dem dieser in Bestandskraft erwächst, d.h. gegebenenfalls der Zeitpunkt der letztinstanzlichen gerichtlichen Entscheidung. Endet das Verwaltungsverfahren mit dem Abschluss eines öffentlich-rechtlichen Vertrages, so ist das Ende des Verfahrens im Zeitpunkt des wirksamen Abschlusses des Vertrages anzunehmen. Endet das Verwaltungsverfahren mit der Einstellung des Verfahrens, so ist der maßgebliche Zeitpunkt für das Ende des Verfahrens der Erlass der Einstellungsverfügung. Endet ein sonstiges (Nicht-Verwaltung-)Verfahren mit Abschluss eines Vertrages, so ist ebenfalls der Zeitpunkt des wirksamen Abschlusses dieses Vertrages maßgeblich.

Im übrigen wird es auf die das Verfahren faktisch abschließende Handlung der Behörde ankommen, die im Einzelfall zu ermitteln ist.

Problematisch sind die Fälle, in denen die Behörde ein Verfahren nicht weiter verfolgt. Hierbei kommt es darauf an, ob die Behörde endgültig von dem Vorhaben abgelassen hat. Dies ist im Einzelfall zu ermitteln. Im Zweifel wird die Behörde nachweisen müssen, dass sie das Verfahren noch betreibt, um die Akteneinsicht nach § 2 Abs. 5 AIG ablehnen zu können.

Im Ergebnis ist der Begriff des „laufenden Verfahrens" sehr weit auszulegen. Diese Auslegung hat zur Folge, dass in zeitliche Hinsicht „Lücken" auftreten, während derer weder Akteneinsicht nach dem AIG gewährt werden kann, weil ein Verfahren läuft, noch „Akteneinsicht nach Maßgabe des anzuwendenden Verfahrensrechts" i.S.d. § 2 Abs. 5 AIG besteht, weil dieses Verfahren nach dem anzuwendenden Verfahrensrecht noch nicht begonnen hat oder bereits beendet ist. Eine engere Auslegung des Begriffes des "laufenden Verfahrens" würde aber dazu führen, daß die Rechte der Verfahrensbeteiligten und das Jedermann-Akteneinsichtsrecht des AIG partiell gleichzeitig eingreifen würden, was der Gesetzgeber gerade nicht gewollt hat.

c. Anzuwendendes Verfahrensrecht

Hinsichtlich des während des Laufens des Verfahrens anzuwendenden Verfahrensrechts kommt es nicht darauf an, ob es sich um Gesetzesrecht handelt. Vielmehr zählen zum anzuwendenden Verfahrensrecht im Sinne des § 2 Abs. 5 AIG Rechtssätze jeder Art und Form, die das Verfahren regeln. So finden auch Verordnungs- und Satzungsrecht, Verwaltungsvorschriften, Richtlinien, Dienstanweisungs- und sonstiges Weisungsrecht Anwendung.

d. Anwendungsfälle (Beispiele)

Da während eines laufenden Verfahrens nach § 2 Abs. 5 AIG nur das jeweils geltende Verfahrensrecht Anwendung findet, bestehen Akteneinsichts- oder Auskunftsrechte während des laufendes Verfahrens nur dann, wenn diese im anzuwendenden Verfahrensrecht ausdrücklich geregelt sind.

Folgende Vorschriften sehen Akteneinsichts- bzw. Auskunftsrechte während laufender Verfahren vor:

aa. Bundesrechtliche Vorschriften

Zahlreiche bundesrechtliche Vorschriften sehen Akteneinsichtsrechte während laufender Verfahren vor. Die bundesrechtlich geregelten Ansprüche während laufender Verfahren sind allerdings durchweg bereits deshalb vorrangig, weil es sich bei ihnen um Bundesrecht handelt[667] und nicht erst weil § 2 Abs. 5 AIG während laufender Verfahren ihren Vorrang anordnet. Während bundesrechtlich geregelter Verfahren bestehen in laufenden Verfahren z.B. folgende Akteneinsichts- und Auskunftsrechte:

---

[667] Einzelheiten hierzu unter B.IV.1.

(1) Akteneinsicht während laufender Gerichtsverfahren

Während laufender Gerichtsverfahren gelten die bundesgesetzlichen Regelungen über die Akteneinsicht. So findet z.B. für Verfahren vor den Verwaltungsgerichten § 100 Verwaltungsgerichtsgesetz (VwGO) Anwendung, vor den Sozialgerichten gilt § 120 Sozialgerichtsgesetz (SGG), bei den ordentlichen Gerichten gelten §§ 147, 406 e Strafprozessordnung (StPO), wenn es sich um Strafsachen handelt, § 299 Abs. 2 Zivilprozessordnung (ZPO) bei Zivilsachen, § 34 Gesetz über die Angelegenheiten der freiwilligen Gerichtsbarkeit (FGG) bei Streitigkeiten, die nach dem FGG verhandelt werden. Da die Gerichtsverfahren jedoch bundesrechtlich abschließend geregelt sind, findet das AIG während dieser Verfahren keine Anwendung.[668]

Darüber hinaus werden die genannten Akteneinsichtsrechte im Rahmen vom § 2 Abs. 5 AIG auch deshalb nicht zu prüfen sein, weil die rechtsprechende Tätigkeit der Gerichte dem Akteneinsichtsanspruch des AIG wegen § 2 Abs. 2 S. 1 AIG i. V. m. § 1 Abs. 2 Ziff. 4 LOG ohnehin grundsätzlich - auch außerhalb laufender Verfahren - entzogen ist.

(2) §§ 29, 72 Abs. 1 a.E. Verwaltungsverfahrensgesetz (VwVfG)

Zwar regeln §§ 29 und 72 Abs. 1 a.E. VwVfG des Bundes ebenfalls die Akteneinsicht während laufender Verfahren. Der Anwendungsbereich der Vorschrift überschneidet sich jedoch nicht mit jenem des AIG, da das AIG lediglich ein Akteneinsichtsrecht gegenüber Behörden und Gemeinden des Landes Brandenburg enthält, das VwVfG des Bundes aber grundsätzlich nur für Bundesbehörden gilt. Die Vorschriften des VwVfG des Bundes sind damit schon aus diesem Grunde kein Anwendungsfall des § 2 Abs. 5 AIG.

(3) § 25 Sozialgesetzbuch - Verwaltungsverfahren - (SGB X)

Ist das Verwaltungsverfahren spezialgesetzlich geregelt, wie dies z.B. für Verfahren nach dem Sozialgesetzbuch im Sozialgesetzbuch - Verwaltungsverfahren - (SGB X) der Fall ist, richtet sich der Akteneinsichtsanspruch in laufenden Verfahren nach diesen Spezialvorschriften, d.h. in Verfahren nach SGB X nach § 25 SGB X, der eine § 29 VwVfGBbg ähnliche Regelung trifft.

---

[668] Einzelheiten hierzu unter B.IV.1.b.aa.

Da das Verwaltungsverfahren und der Akteneinsichtsanspruch für Verfahren nach dem SGB durch das SGB X abschließend bundesgesetzlich geregelt ist, ist die Vorschrift des § 25 SGB X schon allein deshalb gegenüber der landesrechtlichen Regelung durch das AIG während eines laufenden Verfahrens vorrangig.[669] Es handelt sich mithin nicht um einen Anwendungsfall des § 2 Abs. 5 AIG.

(4) § 32 Abs. 5 Vermögensgesetz (VermG)

Sehen Verfahrensvorschriften besondere (erweiterte) Einsichts- oder Auskunftsrechte vor, wie z.B. § 32 Abs. 5 Vermögensgesetz (VermG) für Verfahren nach dem Vermögensgesetz, so ist während laufender Verfahren nach diesen Vorschriften Einsicht oder Auskunft zu gewähren. § 32 Abs. 5 VermG gewährt auch nicht am Verfahren beteiligten Personen einen Auskunftsanspruch, wenn ein berechtigtes Interesse glaubhaft dargelegt wird.
Da das Verfahren für die Geltendmachung der Ansprüche aus dem Vermögensgesetz in § 31 Abs. 7 VermG, der auf das VwVfG verweist, bundesgesetzlich geregelt ist, handelt es sich jedoch nicht um einen Anwendungsfall des § 2 Abs. 5 AIG.

(5) § 13 Vergabeverordnung (VgV), § 111 Gesetz gegen Wettbewerbsbeschränkungen (GWB)

Auf der Grundlage verschiedener Vergaberichtlinien der EG wurden mit dem Vergaberechtsänderungsgesetz (VgRÄG) vom 26.08.1996 die §§ 106 ff. in das Gesetz gegen Wettbewerbsbeschränkungen (GWB)[670] eingefügt, die zum 01.01.1999 in Kraft getreten sind. Diese Vorschriften regeln nunmehr bundesgesetzlich und damit gegenüber Landesrecht vorrangig das Verfahren und ein eigenes Rechtsschutzverfahren bei Vergabeverfahren. Am 09.01.2001 hat die Bundesregierung nunmehr auch eine Verordnung über die Vergabe öffentlicher Aufträge (Vergabeverordnung - VgV) nach § 97 Abs. 6 GWB erlassen, die am 01.02.2001 in Kraft getreten ist.[671] Während laufender Vergabeverfahren, die sich nach §§ 97 ff. Gesetz gegen Wettbewerbsbeschränkungen (GWB) rich-

[669] Vgl. hierzu auch B.IV.1.b.bb.(2)(a)(aa).

[670] Vgl. hierzu auch: Schneevogel/Horn, Das Vergaberechtsänderungsgesetz, NVwZ 1998, 1242ff.

[671] BGBl. 2001 II, S. 110 ff.; vgl. hierzu auch: Höfler/Bert, Die nue Vergabeverordnung, NJW 2000, S. 3310 ff.

ten,[672] sehen die Vorschriften des GWB und der VgV allerdings keinen ausdrücklichen Anspruch auf Akteneinsicht vor.

Nach § 13 S. 1 VgV[673] ist der Auftraggeber jedoch verpflichtet die Bieter, deren Angebote nicht berücksichtigt werden sollen, über den Namen des Bieters, dessen Angebot angenommen werden soll und über den Grund der vorgesehenen Nichtberückichtigung ihres Angebots zu informieren. Diese Informaion hat schriftlich spätestens 14 Tage vor dem Vertragsabschluss zu erfolgen (§ 13 S. 2 VgV). Nach § 13 S. 4 VgV ist ein dennoch abgeschlossener Vertrag nichtig.

Spätestens nach einem Urteil des EuGH[674] (zu insoweit vergleichbaren Regelungen im österreichischen Recht) war eine entsprechende Regelung hinsichtlich der Transparenz des Vergabeverfahrens notwendig geworden.[675] Der EuGH hatte in der sog. "Alcatel-Entscheidung" festgestellt, dass die Mitgliedsstaaten verpflichtet sind, Regelungen zu treffen, die sicherstellen, dass die dem Vertragsschluss vorangehende Entscheidung des Auftraggebers darüber, mit welchem Bieter eines Vergabeverfahrens er den Vertrag schließt, in jedem Fall einem Nachprüfungsverfahren zugänglich zu machen ist, in dem der Antragsteller unabhängig von der Möglichkeit, nach dem Vertragsschluss Schadensersatz zu verlangen, die Aufhebung der Entscheidung erwirken kann, wenn die Voraussetzungen hierfür erfüllt sind.[676] Da im deutschen (wie im österreichischen) Vergaberecht Zuschlag und Vertragsschluss zusammenfallen, fehlte ein öffentlicher Akt, der den Beteiligten zur Kenntnis gelangen und im Rahmen einer Nachprüfung aufgehoben werden könnte.[677] Es war deshalb mindestens eine Informationspflicht der Behörden über die innerorganisatorische Zuschlagsentscheidung vorzusehen.[678] Diese Informationspflicht der Behörde dient allerdings anders als das Akteneinsichtsrecht des AIG dem Individualrechtsschutz.

---

672 Dies ist der Fall, wenn der geschätzte Auftragswert des zu vergebenden Auftrags ohne Mehrwertsteuer die europarechtlichen Schwellenwerte (vgl. § 100 GWB i.V.m. der entsprechenden Rechtsverordnung) erreicht oder überschreitet; zur Höhe der Schwellenwerte vgl. Bekanntmachung der Ministeriums für Wirtschaft vom 13.01.2000, ABl. 2000, 57 f.

673 Ausführlich zu § 13 VgV und den bei Anwendung der Vorschrift auftretenden Problemen: Höfler/Bert, NJW 2000, 3310 (3312ff.).

674 EuGH NJW 2000, 569 (569f.)=DVBl. 2000, 118 (118f.)

675 Vgl. hierzu z.B. Kus, NJW 2000, 544 (544, 546); ausführlich zu der Vorgeschichte des § 13 VgV auch Höfler/Bert, NJW 2000, 3310 (3312ff.).

676 EuGH NJW 2000, 569 (571)=DVBl. 2000, 118 (120).

677 EuGH NJW 2000, 569 (571)=DVBl. 2000, 118 (120).

678 Vgl. zu der Herleitung einer derartigen Pflicht aus den Vorschriften der Verdingungsordnungen (§ 27 a VOL/A) die Entscheidung der Vergabekammer der Bundes, BKartA (1. Vergabekammer des Bundes), NJW 2000, 151 (151f.); Höfler, NJW 2000, 120 (121); Kus, NJW 2000, 544 (544, 546).

Während des Nachprüfungsverfahrens bei der Vergabekammer nach §§ 107 ff. GWB besteht nach § 111 GWB ein ausführliches Akteneinsichtsrecht der Beteiligten (Bieter).[679]

bb. Landesrechtliche Vorschriften

Sind Verfahren landesrechtlich geregelt, so ergeben sich die Auskunfts- und Akteneinsichtsrechte aus den entsprechenden Verfahrensvorschriften. Folgende Vorschriften sehen derartige Rechte während laufender Verfahren vor:

(1) Art. 16 Verfassungsgerichtsgesetz Brandenburg (VerfGG Bbg)

Während laufender Gerichtsverfahren vor dem Verfassungsgericht Brandenburg haben nach § 16 VerfGG Bbg nur die Beteiligten das Recht auf Akteneinsicht. Die rechtsprechende Tätigkeit des brandenburgischen Verfassungsgericht ist dem Akteneinsichtsanspruch nach AIG jedoch nicht nur während laufender Verfahren nach § 2 Abs. 5 AIG, sondern grundsätzlich nach § 2 Abs. 2 S. 1 AIG i. V. m. § 1 Abs. 2 Nr. 1 LOG entzogen, so dass § 16 VerfGG kein Anwendungsfall des Ausschlussgrundes des § 2 Abs. 5 AIG ist.

(2) § 29 Verwaltungsverfahrensgesetz für das Land Brandenburg (VwVfGBbg)

Hauptanwendungsfall der Vorschrift des § 2 Abs. 5 AIG dürften die Verfahren nach dem Verwaltungsverfahrensrecht sein.[680] Richtet sich das Verfahren nach dem VwVfGBbg, so findet für die Entscheidung über Anträge auf Akteneinsicht regelmäßig die Vorschrift des § 29 VwVfGBbg Anwendung mit der Folge, dass während des laufenden Verwaltungsverfahrens im Sinne des § 9 VwVfGBbg Akteneinsicht nur nach den engen Voraussetzungen dieser Vorschrift, d.h. nur *Beteiligten* des Verfahrens bei Vorliegen *rechtlicher Interessen* gewährt werden kann.

---

679 Vgl. hierzu auch B.IV.1.b.cc.

680 So auch: LT-Drucks, 2/4417, S. 3 der Begründung (zu § 2 Abs. 4 des Entwurfes); Breidenbach/Palenda, LKV 1998, 252 (254).

Der Anspruch aus § 29 VwVfGBbg besteht jedoch nur während des laufenden Verwaltungsverfahrens nach VwVfG.[681] Beginn und Ende des Verwaltungsverfahrens - wie bereits oben dargestellt[682] - sind deshalb maßgeblich für den Anwendungsbereich der Vorschrift.

Gleiches gilt, wenn das VwVfGBbg über eine entsprechendes Verweisungsnorm, z.B. § 31 Abs. 7 Vermögensgesetz (VermG), für anwendbar erklärt wird.[683] Insoweit handelt es sich jedoch nicht um einen unmittelbaren Anwendungsfall des § 2 Abs. 5 AIG, da der Bundesgesetzgeber das Verwaltungsverfahren hier spezialgesetzlich geregelt hat. Die Regelung ist bereits als Bundesgesetz vorrangig für die Verwaltungsverfahren nach VermG.[684]

(3) § 72 Abs. 1 VwVfGBbg

Während laufender Planfeststellungsverfahren ist § 29 VwVfGBbg nach § 72 Abs. 1 VwVfGBbg a.E. mit der Maßgabe anzuwenden, dass Akteneinsicht nach pflichtgemäßem Ermessen zu gewähren ist.[685] § 79 Abs. 1 VwVfGBbg ersetzt den sonst nach § 29 Abs. 1 S. 1 VwVfGBbg bestehenden grundsätzlichen Anspruch auf Akteneinsicht im Umfange und nach Maßgabe der unberührt bleibenden sonstigen Vorschriften des § 29 Abs. 1 bis 3 VwVfGBbg durch eine Akteneinsicht nach dem Ermessen der Behörde.[686]

Die Sonderregelung für die Akteneinsicht im Planfeststellungsverfahren ist im Hinblick auf die Planauslegung und -einsicht nach § 73 Abs. 3 VwVfG und mögliche Schwierigkeiten der praktischen Gewährleistung eines Rechtsanspruches auf Akteneinsicht für jeden Einwender und Betroffenen im Massenverfahren geschaffen worden.[687] Die Einsichtsbefugnis nach § 72 Abs. 1 VwVfGBbg a.E. bezieht sich auch auf alle sonstigen, nicht ausgelegten Verwaltungsvorgänge, soweit sie Aktenbestandteil im Sinne des § 29 VwVfGBbg sind.[688] Das Pla-

---

681 BVerwGE 67, 300 (303f.); Knack, VwVfG, § 29 Rn. 2; König, VwVfG, § 29 Rn. 1; Maurer, VerwR, § 19 Rn. 21 a; Stelkens/Bonk/Sachs, VwVfG, § 29 Rn. 1. Nach Kopp/Ramsauer, VwVfG, § 29 Rn. 4, besteht des Akteneinsichtsrecht, wenn Wiedereinsetzung nach § 32 VwVfG bzw. § 60 VwGO in Betracht kommt, u.U. auch darüber hinaus.

682 Vgl. hierzu die Ausführungen unter B.II.1.b.aa.

683 Vgl. auch: Erste Hinweise des Ministeriums des Inneren, ABl. Bbg 1998, 842 (843) 2.7.

684 Vgl. hierzu auch B.IV.b.bb.1.*(2)(a)(bb)*.

685 Zu Beginn und Ende des Planfeststellungsverfahrens s.o. unter B.II.1.b.cc.

686 Stelkens/Bonk/Sachs, VwVfG, § 72 Rn. 115; Knack, VwVfG, § 72 Rn. 6.2; VG Köln, DVBl. 1977, 867 (867).

687 Entwurf VwVfG 1973, BT-Drucks. 7/910, Begründung zu § 68.

688 Stelkens/Bonk/Sachs, VwVfG, § 72 Rn. 116.

nungsverfahren „betreffen“ i.S.d. § 29 Abs. 1 S. 1 VwVfGBbg grundsätzlich nicht auch diejenigen Vorgänge, die den nicht vom VwVfG erfassten Planungsstufen vorausgehen.[689] Etwas anderes gilt jedoch dann, wenn solche Vorgänge aus vorangegangenen Planungsstufen in unmittelbarem Zusammenhang mit dem vom VwVfG erfassten Verfahrensabschnitt der Planauslegung stehen und eine sachlich zusammengehörende Einheit bilden.[690]

(4) §§ 17 Nr. 6 (1), 27 Nr. 2 Verdingungsordnung für Leistungen Teil A (VOL/A), §§ 17 Nr. 7 (1), 27 Nr. 2 Verdingungsordnung für Bauleistungen Teil A (VOB/A) i. V. m. § 55 Abs. 1 Landeshaushaltsordnung Brandenburg (LHO Bbg)

Soweit das Vergabeverfahren bundesgesetzlich geregelt ist (vgl. §§ 97 ff. GWB), richtet sich die Akteneinsicht nach diesen Vorschriften.[691] Vergabeverfahren unterhalb der Schwellenwerte des § 100 GWB[692] sind vom Bundesgesetzgeber nicht in die Neuregelung einbezogen worden.[693] Für sie gelten weiterhin - wie bisher - die haushaltsrechtlichen Vorschriften.[694]

Für die Behörden des Landes Brandenburg gelten deshalb in Vergabeverfahren unter den im GWB vorgesehenen Auftragsgrenzen nach § 55 Abs. 1 brandenburgischen Landeshaushaltsordnung (LHO)[695] i.V.m. den Verwaltungsvorschriften zur LHO (VV-LHO)[696] die Verdingungsordnungen Teil A für die Behörden des Landes als Dienstanweisungen (VOB) bzw. als Vergabevorschrift (VOL)[697], die als solche zwingend anzuwenden sind (vgl. VV-LHO § 55 3.). Für Gemeinden des Landes Brandenburg sind die Verdingungsordnungen Teil

---

689 Stelkens/Bonk/Sachs, VwVfG, § 72 Rn. 116.

690 Stelkens/Bonk/Sachs, VwVfG, § 72 Rn. 116.

691 Vgl. hierzu B.II.1.d.aa.(5).

692 Zu den Schwellenwerten vgl. Bekanntmachung der Ministeriums für Wirtschaft vom 13.01.2000, ABl. 2000, 37 f.

693 Vgl. hierzu auch: Thieme/Correll, DVBl. 1999, 884 (886).

694 Thieme/Correll, DVBl. 1999, 884 (886); Schneevogel/Horn, NVwZ 1998, 1242 (1243) mit dem Hinweis, dass für die Verfahren unter dem Schwellenwert nach wie vor kein Primärrechtsschutz besteht, da die Vorschriften §§ 106 ff. GWB nicht anwendbar sind; zur Zukunft des untergesetzlichen Vergaberechts vgl. z.B. Dreher, NVwZ 1999, 1265 (1265 f.).

695 Vom 07.05.1991, GVBl. I 1991, S. 46 ff., in der Fassung der Bekanntmachung der Neufassung vom 21. April 1999, GVBl. I 1999, S. 106 ff.

696 ABl. Bbg 1992, 1535ff.

697 Vgl. Runderlass des Ministeriums der Finanzen vom 16.11.1999, ABl. Bbg 1999, 1191 (1191).

A nur dann verbindlich, wenn und soweit diese ihre Anwendung angeordnet haben.

Während des Vergabeverfahrens sehen die VOL/A und die VOB/A keine ausdrücklichen Akteneinsichtsrechte vor. Nach § 17 Nr. 6 (1) VOL/A und § 17 Nr. 7 (1) VOB/A besteht eine Pflicht der Behörde, Bewerbern auf Nachfrage sachdienliche Auskünfte über die Verdingungsunterlagen und die Ausschreibung zu erteilen. Nach § 27 Nr. 2 VOB/A teilt der Auftraggeber den bei der Vergabe eines Auftrages nicht berücksichtigten Bietern, die dies beantragen, innerhalb von 15 Tagen nach Eingang ihres Antrages die Gründe für die Ablehnung ihrer Bewerbung oder ihres Angebots sowie den Namen des erfolgreichen Bieters mit.[698]
§ 27 Nr. 2 VOL/A enthält eine entsprechende Informationspflicht, allerdings ist eine Mitteilung des Namens des erfolgreichen Bieters hier nicht vorgesehen.

cc. Verfahren, für die keine Verfahrensregeln bestehen

Wie bereits ausgeführt[699] findet § 2 Abs. 5 AIG auch dann Anwendung, wenn es sich um laufende Verfahren handelt, für die keine Verfahrensregeln bestehen, z.B. solche, die auf Dienst- und Fachaufsichtsbeschwerden hin durchgeführt werden. Während des Laufens dieser Verfahren besteht ein Anspruch auf Akteneinsicht nach AIG damit ebenfalls nicht.[700]

e. Ergebnis und Stellungnahme

Während laufender Verfahren besteht grundsätzlich kein Anspruch auf Akteneinsicht nach AIG. Sowohl der Begriff des "Verfahrens" als auch jener des "Laufens" des Verfahrens sind weit auszulegen. Soweit abschließende bundesgesetzliche Verfahrensvorschriften für ein Verfahren bestehen, durfte der Landesgesetzgeber für diese Verfahren ohnehin keine Akteneinsichtsrechte regeln. In Verfahren, die abschließend bundesgesetzlich geregelt sind, ist das AIG nicht anwendbar, 2 Abs. 5 AIG greift nicht ein. Der Anwendungsbereich des § 2

---

698 Zur Herleitung einer Informationspflicht für die Behörde aus den Vorschriften der Verdingungsordnungen vgl. BKartA (1. Vergabekammer des Bundes), NJW 2000, 151 (151f.); Höfler, NJW 2000, 120 (121); Kus, NJW 2000, 544 (544, 546).

699 Vgl. B.II.1.a.

700 Anders wohl aber: Erste Hinweise des Ministeriums des Inneren, ABl. Bbg 1998, 842 (843) 2.7. Hier wird ausgeführt, dass Anträge auf Akteneinsicht, die im Rahmen von Dienst- oder Fachaufsichtsbeschwerden gestellt werden, u.a. nach dem AIG zu beurteilen seien, da es sich hierbei regelmäßig nicht um Verwaltungsverfahren handele.

Abs. 5 AIG bleibt damit beschränkt auf die landesgesetzlich geregelten Verfahren und jene Verfahren, für die keine Verfahrensregelungen bestehen. Während dieser Verfahren ist nach § 2 Abs. 5 AIG der Akteneinsichtsanspruch aus dem AIG ausgeschlossen.

Mit der Regelung des § 2 Abs. 5 AIG hat der Gesetzgeber die Möglichkeit des Einzelnen, brauchbare aktuelle Informationen zur Nutzung politischer Mitgestaltungsrechte zu erlangen, erheblich eingeschränkt.[701] Insgesamt führt der Ausschlussgrund des § 2 Abs. 5 AIG dazu, dass das Akteneinsichtsrecht des AIG in erheblichem Maße entwertet wird. Da die Akteneinsicht während laufender Verfahren zwingend ausgeschlossen (kein Ermessen!) und der Begriff des laufenden Verfahrens weit auszulegen ist, kann dem Akteneinsichtsrecht nach AIG letzlich auch keine Kontrollfunktion gegenüber der Verwaltung beigemessen werden.[702] In Vorgänge, deren Kenntnis für die Ausübung politischer Mitgestaltungsrechte interessant wäre, kann regelmäßig erst dann Einsicht genommen werden, wenn die Sache abschließend entschieden ist. Eine aktuelle politische Einflussnahme ist damit nicht mehr möglich. Allenfalls im Nachhinein können Entscheidungen kritisch untersucht und angeprangert werden. Häufig wird in diesem Zeitpunkt aber keinerlei konkrete Einflussnahme auf die Entscheidung mehr möglich sein. Das Akteneinsichtsrecht des AIG ist damit auch nur in sehr geringem Maße geeignet, die aktuelle politische Mitgestaltung zu fördern.[703]

Hätte der brandenburgische Gesetzgeber ein effektives Akteneinsichtsrecht schaffen wollen, das sowohl geeignet wäre, die politische Mitgestaltung zu fördern, als auch eine Kontrollfunktion zu erfüllen, hätte er auf die Einschränkung des Akteneinsichtsrechts in § 2 Abs. 5 AIG verzichten müssen. Mittlerweile ist auch erste Kritik - auch seitens des LDA Bbg[704] - an der Vorschrift geäußert worden.[705]

---

701 Auch *Angelov* hält die Regelung für bedenklich und mit dem Anspruch, die politischen Mitgestalungsmöglichkeiten des Bürgers zu verbessern, "wohl nur schwerlich vereinbar", vgl. Angelov, Informationszugangsanspruch, S. 211. Ähnlich auch schon: *Böttcher* (Städte- und Gemeindebund Brandenburg), Stellungnahme im Anhang des Ausschussprotokolls 2/902-I, S. 2; kritisch nunmehr auch: Tätigkeitsbericht des LDA Bbg 2000, LT-Drucks. 3/2481= http://www.brandenburg.de/land/lfdbbg/tb/tb9/tb9b02.htm, zuletzt besichtigt am 05.03.2001, Teil B 4. Ziffer 2.

702 Ähnlich auch schon: *Schöd* (Städte- und Gemeindebund Brandenburg), Ausschussprotokoll 2/902-I, S. 25.

703 Bedenken auch schon bei *Schöd* (Städte- und Gemeindebund Brandenburg), Ausschussprotokoll 2/902-I, S. 25; *Böttcher* (Städte- und Gemeindebund Brandenburg), Stellungnahme im Anhang des Ausschussprotokolls 2/902-I, S. 2.

704 Vgl. Tätigkeitsbericht des LDA Bbg 2000, LT-Drucks. 3/2481= http://www.brandenburg.de/land/lfdbbg/tb/tb9/tb9b02.htm,

Dass eine von § 25 Abs. 5 AIG abweichende Regelung durchaus möglich gewesen wäre bzw. ist, zeigen das IFG Bln und das IFG S-H, die eine entsprechende Einschränkung nicht vorsehen.
Der Berliner Landesgesetzgeber hat explizit umgesetzt, wovon der brandenburgische Gesetzgeber ausdrücklich Abstand genommen hatte: Er hat den zwischen dem Bund und den Bundesländern bestehenden Konsens darüber, dass das Verwaltungsverfahrensrecht - auch in Bezug auf die Informationsrechte in Verfahren - einheitlich geregelt werden soll,[706] hinsichtlich des Akteneinsichtsrechts im laufenden Verwaltungsverfahren aufgekündigt und damit die Regelungen § 29 und § 72 Abs. 1 a.E. VwVfG zum Akteneinsichtsrecht im Verwaltungs- und Planfeststellungsverfahren im Ergebnis ausgehebelt. Mit § 19 Nr. 2 IFG Bln hat der Berliner Landesgesetzgeber einen neuen § 4 a in das Gesetz über das Verfahren der Berliner Verwaltung (VwVfGBln) eingefügt. Nach Abs. 4 und 5 des neuen § 4 a VwVfGBln besteht der Anspruch auf Akteneinsicht nach dem IFG Bln auch für Nichtbeteiligte im Verwaltungsverfahren und im Planfeststellungsverfahren. Allem Anschein nach ist der Berliner Gesetzgeber davon ausgegangen, dass dem Schutz der öffentlichen und privaten Interessen durch die im IFG Bln geregelten Ablehnungsgründe bzw. Ausnahmetatbestände (vgl. §§ 5 bis 10 IFG Bln, hier insbesondere §§ 9 und 10) ausreichend Rechnung getragen werden kann.
Auch der Schleswig-Holsteinische Landesgesetzgeber hat auf einen grundsätzlichen Ausschluß des Informationsrechts in laufenden Verfahren verzichtet. Allerdings hat er davon abgesehen, das Landes-Verwaltungsverfahrensrecht ausdrücklich abzuändern. Im übrigen ging er wohl ebenfalls davon aus, daß die vorgesehenen Ausschlussgründe des IFG S-H (§§ 9 - 12 IFG S-H, insbesondere § 9 Nr. 2, 3 und § 10 Abs. 1-4) ausreichenden Schutz gewährleisten.

Auch das AIG dürfte dem Schutz öffentlicher und privater Interessen in laufenden Verfahren durch die Ausschlussgründe des §§ 4 und 5 AIG hinreichend Rechnung tragen.[707] Für viele Ausschlussgründe bleibt wegen der Regelung des § 2 Abs. 5 AIG nur noch ein sehr eingeschränkter Anwendungsbereich.[708] Konsequent hätte der brandenburgische Gesetzgeber auf § 2 Abs. 5 AIG verzichten müssen, um dem Akteneinsichtsrecht eine angemessen Funktion im Bereich der politischen Mitwirkungsrechte und der Kontrolle des staatlichen Handelns zukommen zu lassen.

---

zuletzt besichtigt am 05.03.2001, Teil B 4. Ziffer 2.

705 Vgl. Angelov, Informationszugangsanspruch, S. 211.

706 Vgl. LT-Drucks, 2/4417, S. 3 der Begründung (zu § 2 Abs. 4 des Entwurfes); vgl. auch: Breidenbach/Palenda, LKV 1998, 252 (254); *Partsch* in NJ 1998, 346 (348) und NJW 1998, 2559 (2561) scheint dieser Konsens nicht bekannt zu sein.

707 So wohl auch: Frenzel, Zugang zu Informationen, S. 19.

708 Vgl. hierzu B.II.2.

Unabhängig von der Regelung des § 2 Abs. 5 AIG bleiben während aller laufenden Verfahren die allgemeinen datenschutzrechtlichen Vorschriften anwendbar, insbesondere der Anspruch des Betroffenen auf Auskunft über die zu seiner Person gespeicherten Daten und gegebenenfalls Einsicht in die entsprechenden Akten.[709] Ansprüche aus § 18 Abs. 1, 4 Brandenburgisches Datenschutzgesetz (BbgDSG),[710] § 71 Brandenburgisches Polizeigesetz (BbgPolG) und § 12 Brandenburgisches Verfassungsschutzgesetz (BbgVerfSchG) bestehen grundsätzlich auch während laufender Verfahren i.S.d. § 2 Abs. 5 AIG.

2. Entgegenstehen überwiegender öffentlicher oder privater Interessen nach §§ 4 und 5 AIG

In den §§ 4 und 5 AIG sieht das AIG teilweise zwingende und teilweise in das Ermessen der Behörde gestellte Ablehnungsgründe vor für die Fälle, in denen die Verweigerung der Akteneinsicht zum Schutz überwiegender öffentlicher oder privater Interessen erforderlich ist. Für die in §§ 4 und 5 AIG genannten Ausschlussgründe ist immer die Möglichkeit des parallelen Vorliegens mehrerer Ausschlussgründe gegeben. Die Ausschlussgründe stehen weder in einem Konkurrenzverhältnis, noch in einer bestimmten Rangfolge untereinander.[711]

Nachfolgend werden die einzelnen Ablehnungsgründe lediglich kurz dargestellt. Eine umfangreiche Untersuchung und Darstellung der Vorschriften der §§ 4 und 5 AIG ist für die Bestimmung des Anwendungsbereiches - soweit er Gegenstand dieser Untersuchung ist - nicht erforderlich und würde im übrigen den Rahmen dieser Arbeit sprengen.

a. Schutz überwiegender öffentlicher Interessen

§ 4 AIG regelt Fälle, in denen die Akteneinsicht zum Schutz überwiegender öffentlicher Interessen zu versagen ist (Abs. 1, 3) bzw. versagt werden soll (Abs. 2).[712]

---

709 Hierzu im Einzelnen später unter B.IV.2.b.cc.(2).

710 So im Ergebnis auch: Erste Hinweise des Ministeriums des Inneren, ABl. Bbg 1998, 842 (843) 2.7.

711 Vgl. auch: Breidenbach/Palenda, LKV 1998, 252 (254).

712 Eine Darstellung der entsprechenden Regelungen des IFG Bln findet sich bei Partsch, LKV 2001, 98 (98f.).

aa. Zwingender Ausschluss des Akteneinsichtsrechts nach § 4 Abs. 1 AIG

In den in Absatz 1 des § 4 AIG vorgesehenen Fällen ist das Akteneinsichtsrecht zwingend ausgeschlossen.[713] Die dort genannten Interessen hat der Gesetzgeber für so schwerwiegend gehalten, dass die Gewährung der Akteneinsicht nach dem AIG unter keinem Gesichtspunkt in Frage kommt, es sei denn, die öffentliche Stelle erklärt in den Fällen des § 4 Abs. 1 Nr. 2 AIG ihre Zustimmung.[714]

Die zwingenden Versagungsgründe des § 4 Abs. 1 AIG enthalten keine umfassende Geheimhaltungsanordnung für die betroffenen Informationen.[715] Die Behörden sind vielmehr - vorbehaltlich anderer entgegenstehender Vorschriften - im Einzelfall befugt, derartige Informationen von sich aus zu offenbaren.[716] In Bezug auf das Akteneinsichtsersuchen nach AIG besteht jedoch eine Versagungspflicht.[717]

(1) § 4 Abs. 1 Nr. 1 AIG

Nach § 4 Abs. 1 Nr. 1 AIG[718] ist die Akteneinsicht zwingend abzulehnen, wenn das Bekanntwerden des Akteninhalts die Landesverteidigung oder die internationalen Beziehungen des Bundes oder eines anderen Landes berühren würde[719] oder die Beziehungen des Landes zu anderen Staaten oder zwischenstaatlichen Einrichtungen, zur Europäischen Union, zum Bund oder zu den Ländern beeinträchtigen könnte.[720]

Die Vorschrift differenziert folgendermaßen:
Zum einen soll mit der Ausschlussregelung derjenige Bereich von der Akteneinsicht ausgenommen werden, der die Kompetenzen anderer Körperschaften wie z.B. des Bundes (Landesverteidigung oder internationale, auswärtige Be-

---

713 LT-Drucks. 2/4417, S. 4 der Begründung; Erste Hinweise des Ministeriums des Inneren, ABl. Bbg 1998, 842 (843) 4.1.; Breidenbach/Palenda, LKV 1998, 252 (254); Kneifel-Haverkamp, DuD 1998, 438 (439).

714 LT-Drucks. 2/4417, S. 4 der Begründung; Erste Hinweise des Ministeriums des Inneren, ABl. Bbg 1998, 842 (843) 4.1.

715 Kneifel-Haverkamp, DuD 1998, 438 (439).

716 Kneifel-Haverkamp, DuD 1998, 438 (439).

717 Kneifel-Haverkamp, DuD 1998, 438 (439).

718 Eine ähnliche, aber nicht identische Vorschrift findet sich in § 9 Nr. 1 IFG S-H. Das IFG Bln enthält keine entsprechende Regelung. Die Fälle des § 4 Abs. 1 Nr. 1 AIG dürften jedoch u.U. von § 11 IFG Bln erfasst werden, der die Versagung des Informationsanspruchs allerdings in das Ermessen der Behörde stellt.

719 Vgl. hierzu auch die ähnliche Regelung in § 7 Abs. 1 Nr. 1 UIG.

720 Kritisch zu der Vorschrift: Partsch, NJ 1998, 346 (349); ders., NJW 1998, 2559 (2561f.).

ziehungen) oder anderer Länder betrifft.[721] Hier genügt es für den Ausschluss, wenn das Bekanntwerden des Akteneinhaltes diese vorbezeichneten Beziehungen und Gegenstände auch nur berühren würde,[722] da die Kompetenzen des Bundes und anderer Stellen hier unmittelbar tangiert werden.[723] Zu beachten ist jedoch, dass die weite Formulierung der Vorschrift und das grundsätzliche Übergewicht der Interessen nicht zu einem Missbrauch der Vorschrift führen dürfen.[724] Im Einzelfall ist zu prüfen, ob tatsächlich etwa ein schutzwürdiges militärisches Geheimnis vorliegt; gegebenenfalls sind zeitliche Grenzen der Geheimnisbedürftigkeit zu berücksichtigen.[725]
Sind von dem Begehren auf Akteneinsicht dagegen Beziehungen des Landes Brandenburg (z.B. zu anderen Staaten) betroffen, so kann der Antrag nach § 4 Abs. 1 Nr. 1 AIG nur dann abgelehnt werden, wenn durch die Gewährung der Akteneinsicht die Möglichkeit einer negativen Auswirkung auf die Beziehungen des Landes gegeben ist.[726] Nur in diesem Fall kann das Vorliegen eines überwiegenden öffentlichen Interesses bejaht werden.[727]

(2) § 4 Abs. 1 Nr. 2 AIG

Nach § 4 Abs. 1 Nr. 2 AIG[728] ist der Antrag auf Akteneinsicht zwingend abzulehnen, wenn durch das Bekanntwerden des Akteninhalts Angaben und Mitteilungen öffentlichen Stellen, die nicht dem Anwendungsbereich dieses Gesetzes unterfallen, ohne deren Zustimmung offenbart würden.[729]

Die Vorschrift wurde eingefügt, weil eine im Vorfeld des Gesetzgebungsverfahrens beim Bund und den anderen Ländern durchgeführte Umfrage ergeben hatte, dass ein Zugang zu Informationen aus dem Zuständigkeitsbereich dieser

---

721 LT-Drucks. 2/4417, S. 5 der Begründung; Erste Hinweise des Ministeriums des Inneren, ABl. Bbg 1998, 842 (843) 4.1.1.
722 LT-Drucks. 2/4417, S. 5 der Begründung; Erste Hinweise des Ministeriums des Inneren, ABl. Bbg 1998, 842 (843) 4.1.1.
723 Breidenbach/Palenda, LKV 1998, 252 (255).
724 Vgl. Touriaux, UIG, § 7 Rn. 1 zu der ähnlichen Vorschrift des § 7 Abs. 1 Nr. 1 UIG.
725 Vgl. Touriaux, UIG, § 7 Rn. 1 zu der ähnlichen Vorschrift des § 7 Abs. 1 Nr. 1 UIG.
726 LT-Drucks. 2/4417, S. 5 der Begründung; Erste Hinweise des Ministeriums des Inneren, ABl. Bbg 1998, 842 (843) 4.1.1; Breidenbach/Palenda, LKV 1998, 252 (255).
727 LT-Drucks. 2/4417, S. 5 der Begründung; Breidenbach/Palenda, LKV 1998, 252 (255).
728 Vgl. auch die identische Vorschrift des § 10 Abs. 3 Nr. 2 IFG Bln. Das IFG S-H enthält keine vergleichbare Regelung.
729 Kritisch zu der Vorschrift: Partsch, NJ 1998, 346 (349); ders., NJW 1998, 2559 (2561).

Stellen über die Einsichtnahme in Akten im Land Brandenburg nicht ohne deren vorherige Zustimmung eingeräumt werden konnte.[730]

Öffentliche Stellen im Sinne des § 4 Abs. 1 Nr. 2 AIG sind solche, die ihren Sitz außerhalb des Landes Brandenburg haben oder gemäß § 2 AIG nicht unter den Anwendungsbereich des AIG fallen.[731] Dies sind vor allem Stellen des Bundes und anderer Länder,[732] aber auch alle öffentlichen Stellen des Landes Brandenburg, die nicht Verpflichtete des Akteneinsichtsanspruchs nach AIG sind, z.B. ein Teil der brandenburgischen Körperschaften, Anstalten oder Stiftungen des öffentlichen Rechts.[733]
Angaben und Mitteilungen im Sinne des § 4 Abs. 1 Nr. 2 AIG sind z.B. Stellungnahmen anderer Länder zu einem Vorgang, zu dem sich Bund und Länder austauschen.[734]

(3) § 4 Abs. 1 Nr. 3 AIG

Nach § 4 Abs. 1 Nr. 3 AIG[735] ist der Antrag auf Akteneinsicht zwingend abzulehnen, wenn sich der Inhalt der Akten auf Beratungen der Landesregierung oder Arbeiten zu ihrer Vorbereitung bezieht.

Die Vorschrift wurde eingefügt, weil der Kernbereich der Tätigkeit der Landesregierung unter dem Stichwort der „exekutiven Eigenverantwortung" aus dem Anwendungsbereich des Gesetzes herausgenommen werden sollte.[736] Unter Beratungen der Landesregierung oder Arbeiten zu ihrer Vorbereitung sollen insbesondere zu verstehen sein: die Beratungen des Kabinetts, alle Arbeiten und Beratungen zu ihrer Vorbereitung, die Konferenz der Amtschefs,[737] die die Kabi-

730 LT-Drucks. 2/4417, S. 5 der Begründung; Breidenbach/Palenda, LKV 1998, 252 (255); Kneifel-Haverkamp, DuD 1998, 438 (439).

731 Erste Hinweise des Ministeriums des Inneren, ABl. Bbg 1998, 842 (843) 4.1.2.

732 LT-Drucks. 2/4417, S. 5 der Begründung; Erste Hinweise des Ministeriums des Inneren, ABl. Bbg 1998, 842 (843) 4.1.2.; Breidenbach/Palenda, LKV 1998, 252 (255).

733 S.o. unter B.I.2.d.

734 Erste Hinweise des Ministeriums des Inneren, ABl. Bbg 1998, 842 (844) 4.1.2.

735 Vgl. auch die ähnlichen Vorschriften § 10 Abs. 3 Nr. 1 IFG Bln, § 10 Abs. 4, 5 IGH S-H, § 3 Abs. 1 Nr. 1 und § 7 Abs. 1 Nr. 1 UIG. Zu den im UIG verwendeten Begriffen "Beratungen" und „Vertraulichkeit" vgl. OVG Schleswig, NVwZ 1999, 670 (670 ff.)=DVBl. 1999, 250 (250 ff.).

736 LT-Drucks. 2/4417, S. 5 der Begründung; Erste Hinweise des Ministeriums des Inneren, ABl. Bbg 1998, 842 (844) 4.1.3; Breidenbach/Palenda, LKV 1998, 252 (255).

737 Kritisch hierzu: Partsch, NJ 1998, 346 (349); ders., NJW 1998, 2559 (2561); dagegen: Breidenbach/Palenda, NJW 1999, 1307 (1309).

nettsitzung vorbereiten, sowie alle zur Vorbereitung der Sitzungen und der vom Kabinett zu treffenden Entscheidungen gefertigten Unterlagen.[738]

(4) § 4 Abs. 1 Nr. 4 AIG

Nach § 4 Abs. 1 Nr. 4 AIG[739] ist der Antrag auf Akteneinsicht zwingend abzulehnen, wenn das Bekanntwerden des Akteninhaltes Belange der Strafverfolgung und -vollstreckung, der Gefahrenabwehr oder anderer Belange der inneren Sicherheit beeinträchtigen könnte.[740]

Die Regelung soll sicherstellen, dass durch die Akteneinsicht weder die Strafverfolgung, die Strafvollstreckung, die Gefahrenabwehr noch andere Belange der inneren Sicherheit beeinträchtigt werden können, da hierdurch eine erhebliche Gefahr für die öffentliche Sicherheit und Ordnung verursacht werden könnte.[741] Die Vorschrift soll sich in erster Linie auf die Polizei- und Ordnungsbehörden und den Verfassungsschutz beziehen.[742] Sie soll solche Akten erfassen, deren Offenbarung z.B. Belange der Strafverfolgung beeinträchtigen könnte, obwohl die Akten selbst nicht Teil von Ermittlungsakten geworden sind, ihre Offenbarung aber negative Auswirkungen auf Belange der Strafverfolgung haben könnte.[743] Ermittlungsakten selbst sind wegen der abschließenden bundesrechtlichen Regelung in der Strafprozessordnung ohnehin nicht vom AIG erfasst.[744]

---

[738] LT-Drucks. 2/4417, S. 5 der Begründung; Erste Hinweise des Ministeriums des Inneren, ABl. Bbg 1998, 842 (844) 4.1.3; Breidenbach/Palenda, LKV 1998, 252 (255); kritisch zu dieser Definition: Partsch, NJ 1998, 346 (349); ders., NJW 1998, 2559 (2561f.); dagegen: Breidenbach/Palenda, NJW 1999, 1307 (1309).

[739] Vgl. auch die ähnlichen Vorschriften § 9 Abs. 2, 3 IFG S-H und § 9 Abs. 1 IFG Bln. In § 9 Abs. 2 IFG Bln ist eine Befristung der Verweigerung der Akteneinsicht auf drei Monate in diesen Fällen vorgesehen.

[740] Kritisch zu der Vorschrift: Partsch, NJ 1998, 346 (349); ders., NJW 1998, 2559 (2561f.).

[741] LT-Drucks. 2/4417, S. 5 der Begründung; Erste Hinweise des Ministeriums des Inneren, ABl. Bbg 1998, 842 (844) 4.1.4; Breidenbach/Palenda, LKV 1998, 252 (255).

[742] LT-Drucks. 2/4417, S. 5 der Begründung; Erste Hinweise des Ministeriums des Inneren, ABl. Bbg 1998, 842 (844) 4.1.4; Breidenbach/Palenda, LKV 1998, 252 (255).

[743] LT-Drucks. 2/4417, S. 5 der Begründung; Erste Hinweise des Ministeriums des Inneren, ABl. Bbg 1998, 842 (844) 4.1.4.

[744] Vgl. auch: LT-Drucks. 2/4417, S. 5 der Begründung; Erste Hinweise des Ministeriums des Inneren, ABl. Bbg 1998, 842 (844) 4.1.4; Breidenbach/Palenda, LKV 1998, 252 (255).

(5) § 4 Abs. 1 Nr. 5 AIG

Nach § 4 Abs. 1 Nr. 5 AIG[745] ist der Antrag auf Akteneinsicht zwingend abzulehnen, wenn durch die Gewährung der Akteneinsicht Inhalte von Akten offenbart würden, die eine Behörde zur Durchführung eines Gerichtsverfahrens (1. Alt.), eines strafrechtlichen oder disziplinarrechtlichen Ermittlungsverfahrens (2. Alt.) oder eines Bußgeldverfahrens erstellt hat (3. Alt.) oder die ihr aufgrund des Verfahrens zugehen (4. Alt.)[746] oder die der Aufsicht über eine andere Stelle dienen (5. Alt.).[747]
Die Vorschrift wurde aufgenommen, um die Prozessführung der Behörde nicht zu beeinträchtigen[748] und um die "Waffengleichheit der Prozessparteien" aufrechtzuerhalten.[749] Die über die zur Aufsicht dienenden Akten getroffene Regelung (5. Alt.) wurde für erforderlich gehalten, um die anderen in § 4 Abs. 1 Nr. 1 bis 5 AIG geregelten Ausnahmen nicht dadurch leerlaufen zu lassen, dass über die Einsicht in die zur Aufsicht angelegten und geführten Akten genau diejenigen Informationen zugänglich werden, die nach den Nummern 1 bis 5 oder nach bundesrechtlichen Regelungen bereits ausgeschlossen sind.[750]

Der LDA Bbg hat im Zusammenhang mit einem Fall, in dem ein Bürger Akteneinsicht in Aufsichtsakten beim Ministerium des Innern als oberster Kommunalaufsichtsbehörde begehrt hatte, die Auffassung vertreten, die Regelung des § 4 Abs. 1 Nr. 5 5. Alt. AIG rechtfertige es nicht, dem Bürger die gesamten Akten vorzuenthalten.[751] Vielmehr sei durch teilweise Gewährung von Einsicht und Aussonderung eventuell schutzwürdiger Informationen dem Informationsinteresse des Bürgers Rechnung zu tragen.[752] Hinzu kam in dem konkreten Fall, dass der Petent Betroffener i.S.d. Datenschutzgesetzes war, weil die streitige Akten auch Informationen zu seiner Person enthielten, und zudem - nach Auffassung des LDA Bbg - in dem Fall auch ein berechtigtes Interesse an der Information hatte, weil er sie zur Durchsetzung bestehender Rechtsansprüche benötigte.

---

[745] Das IFG Bln sieht lediglich eine mit § 4 Abs. 1 Nr. 5 2. bis 4. Alt. AIG vergleichbare Vorschrift in § 9 Abs. 1 S. 2 AIG vor. Mit § 4 Abs. 1 Nr. 5 1. und 5. Alt. AIG vergleichbare Vorschriften enthält das IFG Bln nicht. Das IFG S-H enthält in § 9 Nr. 2 und 3 und § 10 Abs. 2 vergleichbare Ablehnungsgründe, die jedoch enger gefasst sind. Eine § 4 Abs. 1 Nr. 5 5. Alt. AIG entsprechende Regelung ist nicht vorgesehen.

[746] Vgl. hierzu auch die ähnliche Vorschrift des § 7 Abs. 1 Nr. 2 UIG.

[747] Kritisch zu der Vorschrift: Partsch, NJ 1998, 346 (349); ders., NJW 1998, 2559 (2561f.).

[748] Erste Hinweise des Ministeriums des Inneren, ABl. Bbg 1998, 842 (844) 4.1.5.

[749] Breidenbach/Palenda, LKV 1998, 252 (255).

[750] LT-Drucks. 2/4417, S. 6 der Begründung; Breidenbach/Palenda, LKV 1998, 252 (255).

[751] Tätigkeitsbericht des LDA Bbg 1999, http://www.brandenburg.de/land/lfdbbg/tb/tb8/tb8b.htm, zuletzt besichtigt am 09.03.2000, Teil B 3.5.

[752] Tätigkeitsbericht des LDA Bbg 1999, a.a.O.

Der Auffassung der LDA Bbg kann jedoch nicht gefolgt werden. Zunächst ist darauf hinzuweisen, dass es für den Anspruch aus dem AIG unerheblich ist, ob möglicherweise auch ein Auskunftsrecht nach dem Datenschutzgesetz[753] oder ein Anspruch nach den von der Rechtsprechung entwickelten Grundsätzen besteht.[754] Nach § 4 Abs. 1 Nr. 5 5. Alt. AIG ist der Antrag auf Akteneinsicht *nach dem AIG* dann zwingend abzulehnen, wenn durch die Gewährung der Akteneinsicht *Inhalte von Akten offenbart würden, die der Aufsicht über eine andere Stelle dienen.* Der Vorschrift - in ihrer derzeitigen Fassung - ist eindeutig zu entnehmen, dass Einsicht in Aufsichtsakten (Inhalte von Akten, die der Aufsicht über eine andere Stelle dienen) grundsätzlich nicht zu gewähren ist. In die Akten der entscheidenden Behörde kann dagegen durchaus Einsicht genommen werden, wenn nicht andere Ablehnungsgründe eingreifen. Etwaige Weisungen der Aufsichtsbehörden dürften dieser Akten dann regelmäßig auch zu entnehmen sein. Da § 4 Abs. 1 Nr. 5 5. Alt. AIG die gesamte Aufsichtsakte der Akteneinsicht entzieht, bleibt für eine Einsicht in Teile der Akte nach § 6 Abs. 2 AIG aber kein Raum.

In einem anderen Fall, in dem ein Journalist die Einsicht in eine fachaufsichtliche Weisung des Justizministeriums gegenüber der Staatsanwaltschaft in einem Ermittlungsverfahren beantragt hat, hat der LDA Bbg die Auffassung vertreten, dass Willensbildungen und Abstimmungen zwischen den Behörden, soweit sie abgeschlossen sind, nicht von vornherein einen höheren Schutz genießen als andere Informationen.[755] Es sei nicht zu erkennen, wieso Aufsichtsmaßnahmen geheim zu halten seien.[756] Sollte eine solche Maßnahme gegenüber der nachgeordneten Stelle der (Wieder-)Herstellung eines rechtmäßigen Zustandes dienen, sei deren Bekanntwerden vielmehr geeignet, das Vertrauen der Bürger in die Verwaltung zu stärken.[757] Das Akteneinsichtsrecht als politisches Mitgestaltungs- und Kontrollrecht lebe davon, dass auch Problemgebiete der Verwaltung bekannt würden. Nur soweit in Akten Informationen enthalten seien, die aus anderen Gründen geheimhaltungsbedürftig seien, erscheine es gerechtfertigt, diese Informationen auch nicht in solchen Akten zugänglich zu machen, die zu Zwecken der Aufsicht geführt werden.
Auch insoweit kann den Ausführungen des LDA Bbg nicht gefolgt werden. Die vertretene Auffassung ist mit dem Wortlaut der Vorschrift nicht vereinbar. § 4 Abs. 1 Nr. 5 5. Alt. AIG enthält einen zwingend Ausschluss der Akteneinsicht

[753] Vgl. zu diesem Anspruch und seinem Verhältnis zum AIG B.IV.2.b.dd.(1).
[754] Vgl. zu diesem Anspruch und seinem Verhältnis zum AIG B.IV.3.
[755] Tätigkeitsbericht des LDA Bbg 1999, http://www.brandenburg.de/land/lfdbbg/tb/tb8/tb8b.htm, zuletzt besichtigt am 09.03.2000, Teil B 3.5.
[756] Tätigkeitsbericht des LDA Bbg 1999, a.a.O.
[757] Tätigkeitsbericht des LDA Bbg 1999, a.a.O.

in *Inhalte von Akten, die der Aufsicht über eine andere Stelle dienen.* In laufenden Verfahren greift der Ausschlussgrund grundsätzlich nicht ein, da während dieser das Akteneinsichtsrecht bereits nach § 2 Abs. 5 AIG grundsätzlich ausgeschlossen ist. Dass allerdings die Akteneinsicht in Aufsichtsunterlagen nur dann nicht gewährt werden soll, wenn *andere Ausschlussgründe* eingreifen, kann bei der derzeitigen Gesetzesfassung nicht angenommen werden. Für die Regelung in § 4 Abs. 1 Nr. 5 5. Alt. AIG würde dann kein Anwendungsbereich verbleiben.

Eine andere Frage ist es, ob auf den Ausschlussgrund des § 4 Abs. 1 Nr. 5 5. Alt. AIG unter Berücksichtigung des Zweckes des AIG nicht grundsätzlich verzichtet werden sollte. Dies erscheint sachgerecht.[758] Gerade in diesem Bereich dürfte es sich regelmäßig um Vorgänge handeln, die für Bürger von besonderen Interesse sind. Darüber hinaus ist auch nicht ersichtlich, warum die Akteneinsicht in Aufsichtsakten außerhalb laufender Verfahren grundsätzlich ausgeschlossen werden sollte. Der Schutz der in §§ 4 und 5 AIG genannten öffentlichen und privaten Interessen ist ja auch bei Gewährung von Akteneinsicht in Aufsichtsakten zu beachten und die Akteneinsicht in Fällen des Eingreifens von Ausschlussgründen zu verweigern.[759] Weder das IFG Bln noch das IFG S-H enthalten einen vergleichbaren Ausschlussgrund.

bb. Ausschluss des Akteneinsichtsrechts nach Ermessen, § 4 Abs. 2 AIG

In den Fällen des § 4 Abs. 2 AIG *soll* die Akteneinsicht bei Vorliegen der dort geregelten Voraussetzungen (Nr. 1 bis 4) versagt werden, es sei denn, dass das Interesse an der Einsichtnahme das entgegenstehende öffentliche Interesse im Einzelfall überwiegt.

Die Akteneinsicht ist nach den Vorstellungen des Gesetzgebers in den Fällen des § 4 Absatz 2 AIG im Regelfall abzulehnen.[760] Jedoch soll der zuständigen Stelle in den genannten Fällen ein "eingeschränkter Ermessensspielraum" zustehen, der es ermöglicht, die Akteneinsicht aus Verhältnismäßigkeitsgründen dann zu gewähren, wenn besondere Umstände des Einzelfalles das Informati-

---

758 So nunmehr auch: Tätigkeitsbericht des LDA Bbg 2000, LT-Drucks. 3/2481= http://www.brandenburg.de/land/lfdbbg/tb/tb9/tb9b02.htm, zuletzt besichtigt am 05.03.2001, Teil B 4.

759 Vgl. auch: Tätigkeitsbericht des LDA Bbg 2000, LT-Drucks. 3/2481= http://www.brandenburg.de/land/lfdbbg/tb/tb9/tb9b02.htm, zuletzt besichtigt am 05.03.2001, Teil B 4.

760 LT-Drucks. 2/4417, S. 6 der Begründung; vgl. auch: Erste Hinweise des Ministeriums des Inneren, ABl. Bbg 1998, 842 (844) 4.2.; Kneifel-Haverkamp, DuD 1998, 438 (440).

onsinteresse der antragstellenden Person ausnahmsweise gegenüber dem öffentlichen Interesse an der Geheimhaltung überwiegen lassen.[761] Voraussetzung für diese Abwägung soll regelmäßig sein, dass die antragstellende Person ein über den Normalfall hinaus gesteigertes Interesse an der begehrten Information habe und daher ihr Interesse an der Akteneinsicht das öffentliche Interesse überwiege.[762] Die Gründe hat die antragstellende Person darzulegen[763] (vgl. § 6 Abs. 1 S. 2 AIG).

Der in der Begründung des Gesetzentwurfes verwendete Begriff des "eingeschränkten Ermessensspielraumes" ist irreführend. Bei der Vorschrift handelt es sich um eine "Soll-Vorschrift" im herkömmlichen Sinne. Die Behörde "soll" unter den in § 4 Abs. 2 AIG genannten Voraussetzungen, den Antrag auf Akteneinsicht ablehnen, d.h. sie ist in der Regel hierzu verpflichtet, kann aber in Ausnahmefällen, in atypischen Situationen, davon absehen.[764] Wann ein Ausnahmefall zwingend anzunehmen ist, hat der Gesetzgeber in § 4 Abs. 2 a.E. AIG bezeichnet.

(1) § 4 Abs. 2 Nr. 1 AIG

Nach § 4 Abs. 2 Nr. 1 AIG[765] soll der Antrag auf Akteneinsicht abgelehnt werden, "soweit sich der Inhalt der Akten auf den Prozess der Willensbildung innerhalb von und zwischen Behörden oder Verwaltungseinrichtungen oder auf Vorgänge bezieht, die nach § 44 der Gemeindeordnung (GO) oder § 38 der Landkreisordnung (LKrO) in nichtöffentlicher Sitzung zu beraten oder zu beschließen sind oder in nichtöffentlicher Sitzung beraten oder beschlossen worden sind."[766]

Dieser Ausschlussgrund beruht auf der (keinesfalls zwingenden) Grundentscheidung des Gesetzgebers, dass der interne Willensbildungsprozess innerhalb oder zwischen Behörden der Akteneinsicht - auch nach Abschluss von Verfah-

---

761 LT-Drucks. 2/4417, S. 7 der Begründung.

762 Erste Hinweise des Ministeriums des Inneren, ABl. Bbg 1998, 842 (844) 4.2.

763 LT-Drucks. 2/4417, S. 6 und 7 der Begründung; Erste Hinweise des Ministeriums des Inneren, ABl. Bbg 1998, 842 (844) 4.2.; so wohl auch: Kneifel-Haverkamp, DuD 1998, 438 (440).

764 Zu dem Begriff der "Soll-Vorschrift" vgl. z.B. Maurer, VerwR, § 7 Rn. 11 m.w.N.

765 Eine ähnliche, aber nicht identische Regelung findet sich in § 10 Abs. 3 Nr. 1, Abs. 4 IFG Bln. Das IFG S-H enthält keine vergleichbare Vorschrift.

766 Kritisch zu der Vorschrift: Partsch, NJ 1998, 346 (349); ders., NJW 1998, 2559 (2562); dagegen: Breidenbach/Palenda, NJW 1999, 1307 (1309).

ren (vgl. § 2 Abs. 5 AIG) - nicht zugänglich sein soll.[767] Nur so könne sichergestellt werden, dass innerhalb der Behörde und zwischen den Behörden im Vorfeld der Entscheidung ein offener Meinungsaustausch stattfinden könne, der für die Qualität der Entscheidung von großer Bedeutung sei.[768] Darüber hinaus werde abgesichert, dass es bei der politischen Verantwortung der Behördenleitung für alle von der Behörde getroffenen Entscheidungen bleibe.[769] Bei den Vorgängen, die in den Gemeindevertretungen bzw. Kreistagen in nichtöffentlicher Sitzung beraten oder beschlossen würden, werde im Regelfall die Akteneinsicht zu versagen sein, da die Voraussetzungen, aufgrund derer der Ausschluss der Öffentlichkeit nach den angegebenen Vorschriften erfolgte, auch nach Abschluss von Beratungen der Gemeindevertretung bzw. des Kreistages im Regelfall vorliegen werden.[770] Allerdings werde der zuständigen Behörde die Möglichkeit eingeräumt, unter Berücksichtigung des Regel-Ausnahme-Verhältnisses dem Bürger Akteneinsicht zu gewähren, wenn überwiegende öffentliche Interessen nicht entgegenstehen.[771] Dies soll z.B. der Fall sein, wenn der Zweck der Beratung unter Ausschluss der Öffentlichkeit nachträglich durch Zeitablauf entfallen ist.[772]

Unter Berücksichtigung der Begründung des Gesetzentwurfes und des Zweckes des AIG - qualitative und quantitative Verbesserung der Nutzung vorhandener politischer Mitgestaltungsrechte[773] - müsste das Regel-Ausnahme-Verhältnis in den von § 4 Abs. 2 Nr. 1 AIG erfassten Fällen andersherum ausgestaltet sein. Nach Abschluss von Verfahren (vgl. Wortlaut: „beraten oder beschlossen worden sind“) ist der Ausschluss des Akteneinsichtsrechts nur - und nur dann - gerechtfertigt, wenn die Gründe für die Nichtöffentlichkeit fortbestehen. Ist dies nicht der Fall, besteht keine Rechtfertigung für den Ausschluss der Akteneinsicht, wenn nicht andere Ausschlussgründe eingreifen.

---

767 LT-Drucks. 2/4417, S. 6 der Begründung; Erste Hinweise des Ministeriums des Inneren, ABl. Bbg 1998, 842 (844) 4.2.1; Breidenbach/Palenda, LKV 1998, 252 (255).

768 LT-Drucks. 2/4417, S. 6 der Begründung; Erste Hinweise des Ministeriums des Inneren, ABl. Bbg 1998, 842 (844) 4.2.1; Breidenbach/Palenda, LKV 1998, 252 (255).

769 LT-Drucks. 2/4417, S. 6 der Begründung.

770 LT-Drucks. 2/4417, S. 6 der Begründung; Erste Hinweise des Ministeriums des Inneren, ABl. Bbg 1998, 842 (844) 4.2.1; Breidenbach/Palenda, LKV 1998, 252 (255).

771 LT-Drucks. 2/4417, S. 6 der Begründung; Breidenbach/Palenda, LKV 1998, 252 (255).

772 Breidenbach/Palenda, LKV 1998, 252 (255).

773 Vgl. A.II.3.a.

(2) § 4 Abs. 2 Nr. 2 AIG

Nach § 4 Abs. 2 Nr. 2 AIG[774] soll der Antrag auf Akteneinsicht abgelehnt werden, wenn durch das vorzeitige Bekanntwerden des Akteninhalts der Erfolg bevorstehender behördlicher Maßnahmen gefährdet werden könnte.[775]

Die Ablehnung der Akteneinsicht nach dieser Vorschrift setzt grundsätzlich voraus, dass die Behörde eine Abwägung vornimmt und in diesem Abwägungsprozess die entsprechenden Umstände des Verfahrens berücksichtigt.[776] Nach der Vorschrift besteht grundsätzlich die Möglichkeit, eine Ausforschung einer bevorstehenden Maßnahme z.B. die geplante Prüfung eines Gewerbebetriebes, zu verhindern.[777]

Der Anwendungsbereich dieser Vorschrift dürfte gering sein. Bei zeitnah vorgesehenen Maßnahmen der Behörde wird die Vorschrift schon deshalb nicht zur Anwendung kommen, weil das AIG für die Gewährung der Akteneinsicht durch die Behörde keine Fristen vorsieht[778] und die Behörde dem Akteneinsichtsgesuch zunächst im wesentlichen unbehelligt - abgesehen von einer möglichen Aufforderung durch den LDA Bbg - drei Monate lang nicht entsprechen muss. Darüber hinaus wird regelmäßig wegen des zwingenden Ausschlusses der Akteneinsicht in laufenden Verfahren (§ 2 Abs. 5 AIG) eine Prüfung der Ermessensnorm des § 4 Abs. 2 Nr. 2 AIG nicht erforderlich sein.

---

774 Vgl. hierzu auch die ähnlichen Vorschriften § 9 Abs. 1 S. 1 IFG Bln, § 10 Abs. 1 IFG S-H (hier ist allerdings keine Ermessensentscheidung vorgesehen), § 14 Abs. 1 S. 5 IFG Bln, § 10 Abs. 6 IFG S-H (zur Möglichkeit bzw. Verpflichtung der späteren Gewährung der Akteneinsicht in diesen Fällen) und § 7 Abs. 1 Nr. 3 2. Alt. UIG (betrifft jedoch nur behördliche Tätigkeiten und Maßnahmen zum Schutz der Umwelt).

775 Kritisch zu der Vorschrift: Partsch, NJ 1998, 346 (349); ders., NJW 1998, 2559 (2562), der ausführt, nach bisherigen deutschen Recht sei nur der Erfolg rechtmäßiger behördlicher Maßnahmen schützenswert.

776 LT-Drucks. 2/4417, S. 6 der Begründung; Breidenbach/Palenda, LKV 1998, 252 (255).

777 Breidenbach/Palenda, LKV 1998, 252 (256); Erste Hinweise des Ministeriums des Inneren, ABl. Bbg 1998, 842 (844) 4.2.1 Erste Hinweise des Ministeriums des Inneren, ABl. Bbg 1998, 842 (844) 4.2.2

778 Zu dieser Problematik später ausführlich unter B.III.4..

(3) § 4 Abs. 2 Nr. 3 AIG

Nach § 4 Abs. 2 Nr. 3 AIG[779] soll der Antrag auf Akteneinsicht abgelehnt werden, wenn sich die Akteneinsicht auf die Übermittlung noch nicht abgeschlossener Schriftstücke oder auf Entwürfe zu Entscheidungen sowie die Arbeiten zu ihrer unmittelbaren Vorbereitung bezieht.

Die Einfügung dieses Ausschlussgrundes wurde damit begründet, dass erst das abgeschlossene Schriftstück, z.B. ein ordnungsgemäß gebilligter und unterschriebener Bescheid bzw. die zugrundeliegende Verfügung, nicht aber ein Vermerk, der noch nicht schlussgezeichnet und dem Geschäftsgang zugeleitet ist, den Willen der Behörde ausdrücke.[780] Diese Ausnahme soll die Regelung des § 4 Abs. 2 Nr. 1 AIG ergänzen.[781] Noch nicht abgestimmte bzw. fertiggestellte Schriftstücke sollen nicht in die Öffentlichkeit gelangen.[782] Diese Schriftstücke könnten sonst möglicherweise einen völlig unzutreffenden Rechtsschein setzen.[783]

Der Vorschrift ist zu entnehmen, dass der Aktenbegriff des AIG grundsätzlich auch Entwürfe beinhaltet.[784] Allerdings verbleibt für die Vorschrift wegen der Regelungen des § 2 Abs. 5 AIG (Ausschluss der Akteneinsicht während laufender Verfahren) und § 3 AIG (Aktenbegriff) nur ein sehr eingeschränkter Anwendungsbereich. Die Einsicht in noch nicht abgeschlossene Schriftstücke oder in Entwürfe zu Entscheidungen sowie in die Arbeiten zu ihrer unmittelbaren Vorbereitung ist während laufender Verfahren i.S.d. § 2 Abs. 5 AIG ohnehin ausgeschlossen. Alle Vorentwürfe und Notizen, d.h. jene, die ohnehin nicht zum Verbleib bei den Akten, sondern zur Vernichtung bestimmt sind, sind vom Akteneinsichtsrecht schon deshalb nicht erfasst, weil sie nicht dem Aktenbegriff des AIG nach § 3 AIG unterfallen.[785] Die Einsicht in die verbleibenden „Entwürfe" oder noch nicht abgeschlossenen Schriftstücke dürfte regelmäßig nicht versagt werden können, wenn nicht andere Ausschlussgründe eingreifen. Von entscheidender Bedeutung ist vielmehr grundsätzlich - wie bereits oben zum

---

779 Vgl. hierzu auch die ähnlichen Vorschriften in § 10 Abs. 1 IFG Bln und § 10 Abs. 1, 2, 6 IFG S-H, die die Einsicht in diese Unterlagen jedoch nur während laufender Verfahren ausschließen, und § 7 Abs. 2 UIG.

780 LT-Drucks. 2/4417, S. 7 der Begründung; Erste Hinweise des Ministeriums des Inneren, ABl. Bbg 1998, 842 (844), 4.2.3; Breidenbach/Palenda, LKV 1998, 252 (256).

781 LT-Drucks. 2/4417, S. 7 der Begründung; Erste Hinweise des Ministeriums des Inneren, ABl. Bbg 1998, 842 (844), 4.2.3; Breidenbach/Palenda, LKV 1998, 252 (256).

782 LT-Drucks. 2/4417, S. 7 der Begründung; Erste Hinweise des Ministeriums des Inneren, ABl. Bbg 1998, 842 (844), 4.2.3; Breidenbach/Palenda, LKV 1998, 252 (256).

783 Breidenbach/Palenda, LKV 1998, 252 (256).

784 S.o. unter B.I.3.a.

785 LT-Drucks. 2/4417, Begründung zu § 3.

Aktenbegriff (§ 3 AIG) ausgeführt[786] - , dass der Verlauf und die Entwicklung der Angelegenheit aus den Akten erkennbar ist.[787] In den Fällen des § 4 Abs. 2 Nr. 3 AIG wird der Abwägungsprozess deshalb regelmäßig zugunsten der Gewährung der Akteneinsicht ausfallen müssen,[788] wenn Verlauf und Entwicklung der Angelegenheit ansonsten nicht nachvollziehbar ist. Im Einzelfall müssen konkrete Gründe gegeben sein, die rechtfertigen, dass der Meinungsbildungsprozess innerhalb der Behörde nicht offenbart werden kann. Gerade an der Einsicht in die den Meinungsbildungsprozess dokumentierenden Unterlagen dürfte häufig ein Interesse bestehen, das die Nutzung politischer Mitgestaltungsrechte befördert. Soweit die Auffassung vertreten wird, noch nicht abgestimmte bzw. fertiggestellte Schriftstücke sollten nicht in die Öffentlichkeit gelangen, weil diese Schriftstücke sonst möglicherweise einen völlig unzutreffenden Rechtsschein setzen könnten,[789] kann dieses Argument nicht überzeugen. Allein dass der Bürger möglicherweise unzutreffende oder unerwünschte (!) Schlussfolgerungen aus der Akte zieht, kann nicht zu einer Einschränkung des Akteneinsichtsrechts führen.[790]

Unter Berücksichtigung des Zweckes des AIG - der qualitativen und quantitativen Verbesserung der Nutzung vorhandener politischer Mitgestaltungsrechte - müsste das Regel-Ausnahme-Verhältnis in den von § 4 Abs. 2 Nr. 3 AIG erfassten Fällen (ebenso wie bei § 4 Abs. 2 Nr. 1 AIG) umgekehrt ausgestaltet sein und kann im Ergebnis nur in diesem Sinne verstanden werden.

(4) § 4 Abs. 2 Nr. 4 AIG

Nach § 4 Abs. 2 Nr. 4 AIG[791] soll der Antrag auf Akteneinsicht abgelehnt werden, wenn die ordnungsgemäße Erfüllung der Aufgaben der öffentlichen Stelle erheblich beeinträchtigt würde.

Zu der Vorschrift ist ausgeführt worden, dass sie eingreifen, wenn die Gewährung der Akteneinsicht aufgrund "besonderer Umstände des Einzelfalles" zu

786 S.o. unter B.I.3.a.

787 Vgl. auch: LT-Drucks. 2/4417, Begründung zu § 3; Erste Hinweise des Ministeriums des Inneren, ABl. Bbg 1998, 842 (843), 3.2.; Breidenbach/Palenda, LKV 1998, 252 (254).

788 So im Ergebnis auch Partsch, NJ 1998, 346 (349); ders., NJW 1998, 2559 (2562).

789 Breidenbach/Palenda, LKV 1998, 252 (256).

790 Ähnlich zum UIG: Kimber/Ekardt, NuR 1999, 262 (265).

791 Vgl. auch die Vorschrift in § 9 Abs. 1 S. 1 IFG Bln, die in diesem Fall jedoch keine Ermessensentscheidung vorsieht, und § 14 Abs. 1 S. 5 IFG Bln, der die Möglichkeit einer Akteneinsicht zu einem späteren Termin in diesen Fällen regelt. Das IFG S-H enthält keinen vergleichbare Ablehnungsgrund, § 10 Abs. 5 IFG S-H schützt lediglich "die Funktionsfähigkeit ... der Landesregierung."

einer "erheblichen Beeinträchtigung der ordnungsgemäßen Aufgabenerfüllung" der öffentlichen Stelle führen würde.[792] Der Gesetzgeber hielt angesichts der Neuartigkeit des AIGs einen solchen Auffangtatbestand für erforderlich, bei dessen Anwendung allerdings Zurückhaltung geboten sei.[793]

Nach Auffassung der Verfasser des Gesetzentwurfes eröffnet § 4 Abs. 2 Nr. 4 AIG der Behörde die Möglichkeit, die Akteneinsicht zu verweigern, wenn durch das Verfahren der Aufbereitung und Sichtung der Akten und Zusammenstellung der Unterlagen zur Beantwortung des Einsichtsersuchens die Aufgabenerfüllung der Behörde in erheblichem Maße beeinträchtigt würde.[794] Bei der Anwendung der Vorschrift soll aber ein strenger Maßstab anzulegen sein.[795] Bloße Beeinträchtigung, wie sie durch die normale Bearbeitung eines Vorganges entstehe, reiche hierfür nicht aus.[796] Erforderlich sei vielmehr, dass es sich um einen Vorgang handelt, der mit erheblicher Personalbindung verbunden ist und es der Behörde für nicht unerhebliche Zeit nicht oder kaum noch möglich macht, ihre anderen gesetzlichen Aufgaben wahrzunehmen.[797] Die Regelung komme nur in Ausnahmefällen zur Anwendung.[798]

An der Vorschrift ist berechtigte Kritik[799] geäußert worden: Die Bestimmung offenbare ein Verständnis von Verwaltungsaufgaben, das sich im Widerspruch zum Gesetz selber befinde. Mit dem AIG habe der Landesgesetzgeber der Verwaltung die Pflicht auferlegt, grundsätzlich Akteneinsicht zu gewähren. Das herkömmliche Regel-Ausnahme-Verhältnis werde also gerade umgekehrt. Damit gehört die Akteneinsichtsgewährung zu den Aufgaben der jeweiligen öffentlichen Stelle. Undenkbar wäre etwa als Vergleich ein ablehnender Wohngeldbescheid mit der Begründung, eine positive Bescheidung hätte die ordnungsgemäße Aufgabenerfüllung erheblich beeinträchtigt. Sich der Aufga-

---

792 LT-Drucks. 2/4417, S. 7 der Begründung (wohl versehentlich unter „Zu Nr. 3"); Erste Hinweise des Ministeriums des Inneren, ABl. Bbg 1998, 842 (844), 4.2.4; Breidenbach/Palenda, LKV 1998, 252 (256).

793 LT-Drucks. 2/4417, S. 7 der Begründung.

794 LT-Drucks. 2/4417, S. 7 der Begründung (wohl versehentlich unter „Zu Nr. 3"); Breidenbach/Palenda, LKV 1998, 252 (256).

795 Erste Hinweise des Ministeriums des Inneren, ABl. Bbg 1998, 842 (846), 4.2.4.

796 LT-Drucks. 2/4417, S. 7 der Begründung; Erste Hinweise des Ministeriums des Inneren, ABl. Bbg 1998, 842 (844), 4.2.4; Breidenbach/Palenda, LKV 1998, 252 (256).

797 LT-Drucks. 2/4417, S. 7; Erste Hinweise des Ministeriums des Inneren, ABl. Bbg 1998, 842 (844), 4.2.4; Breidenbach/Palenda, LKV 1998, 252 (256).

798 Erste Hinweise des Ministeriums des Inneren, ABl. Bbg 1998, 842 (844), 4.2.4.

799 Vgl. *Sokol* in ihrem Vortrag auf dem Internationalen Symposium „Informationsfreiheit und Datenschutz" am 25./26. Oktober 1999 in Potsdam, zugänglich über http://brandenburg.de/land/lfdbbg/internat/Symp99/symp99.htm, zuletzt besichtigt am 12.06.2000; ähnliche auch: Partsch, NJ 1998, 346 (349); ders., NJW 1998, 2559 (2562).

benerfüllung durch die Berufung auf deren erhebliche Beeinträchtigung entziehen zu können, ließe die dahinter stehende unzeitgemäße Differenzierung erkennen zwischen vermeintlich eigentlichen Aufgaben und eher lästigen Zusatzdienstleistungen, die unzutreffend nicht als originäre Verwaltungsaufgaben betrachtet werden. Dieser Kritik ist zuzustimmen. Auf den Ausschlussgrund des § 4 Abs. 2 Nr. 4 AIG sollte verzichtet werden. Allenfalls vertretbar erscheint es, eine Regelung zu treffen, die es der Behörde ermöglicht, in derartigen Fallkonstellationen die Akteneinsichtsgewährung auf einen späteren Termin zu verschieben.[800]

cc. Entgegenstehen von Geheimhaltungspflichten, § 4 Abs. 3 AIG

Nach § 4 Abs. 3 AIG[801] bleibt die Verpflichtung zur Wahrung gesetzlicher Geheimhaltungspflichten oder von Berufs- oder besonderen Amtsgeheimnissen, die nicht auf gesetzlichen Vorschriften beruhen, unberührt.

Die Vorschrift stellt klar, dass z.B. das Arztgeheimnis oder das Steuergeheimnis durch das AIG nicht tangiert wird und der Schutz vor Offenbarung garantiert ist.[802] Eine Akteneinsicht in Unterlagen, die unter das Arztgeheimnis oder das Steuergeheimnis fallen, ist damit ausgeschlossen.[803]

Durch das AIG wird die Pflicht zur Amtsverschwiegenheit nicht grundsätzlich aufgehoben.[804] Mit der behördlichen Entscheidung, Akteneinsicht zu gewähren, wird allerdings durch den Dienstherren gleichzeitig die Entscheidung getroffen, dass eine Pflicht zur Verschwiegenheit bezogen auf die zu offenbarenden Unterlagen nicht mehr besteht.[805] Aus diesem Grunde gilt für den beteiligten Amtsträger die Tatsache der Übermittlung von Daten aus dem dienstlichen Be-

---

800 So z.B. § 14 Abs. 1 S. 5 IFG Bln.

801 Weder das IFG Bln noch das IFG S-H enthalten vergleichbare Vorschriften.

802 So zum Arztgeheimnis auch: LT-Drucks. 2/4417, S. 8 der Begründung; Erste Hinweise des Ministeriums des Inneren, ABl. Bbg 1998, 842 (845), 4.3; Breidenbach/Palenda, LKV 1998, 252 (256).

803 So zum Arztgeheimnis auch: LT-Drucks. 2/4417, S. 8 der Begründung; Breidenbach/Palenda, LKV 1998, 252 (256).

804 LT-Drucks. 2/4417, S. 8 der Begründung; Breidenbach/Palenda, LKV 1998, 252 (256).

805 LT-Drucks. 2/4417, S. 8 der Begründung; Erste Hinweise des Ministeriums des Inneren, ABl. Bbg 1998, 842 (845), 4.3; Breidenbach/Palenda, LKV 1998, 252 (256); vgl. auch die ausdrückliche Regelung in § 5 IFG Bln. Nach § 5 S. 1 IFG Bln ist mit der Entscheidung, Akteneinsicht oder Aktenauskunft zu erteilen, die Genehmigung nach § 26 Abs. 2 des Berliner Beamtengesetzes zu erteilen.

reich als genehmigt.[806] Die allgemeine dienst- und arbeitsrechtliche Verpflichtung zur Amtsverschwiegenheit (§ 25 Landesbeamtengesetz [LBG], § 9 Bundesangestelltentarifvertrag Ost [BAT-O], § 8 BbgDSG) stehen deshalb einer Akteneinsicht oder einem sonstigen Informationszugang nach AIG regelmäßig nicht entgegen.[807]

Wegen der Doppelnatur der Geheimhaltungspflichten, die im öffentlichen, aber auch im privaten Interesse stehen, hat der Gesetzgeber in § 5 Abs. 1 S. 2 AIG einen Verweis auf § 4 Abs. 3 AIG eingefügt.[808]

b. Schutz überwiegender privater Interessen

§ 5 Abs. 1 AIG regelt Fälle, in denen die Akteneinsicht zum Schutz überwiegender privater Interessen zwingend abzulehnen ist, es sei denn, es liegen die Voraussetzungen der Absätze 2 oder 3 des § 5 AIG vor.[809]

Unter dem Begriff der überwiegenden privaten Interessen sind vornehmlich jene Rechte zu verstehen, die bereits in der Verfassung niedergelegt sind.[810] Hierzu zählen namentlich der Datenschutz, die Wissenschafts- und Forschungsfreiheit sowie die weiteren Grundrechte wie die Berufsfreiheit, der Schutz des Eigentums und der Schutz des ausgeübten und eingerichteten Gewerbebetriebes.[811] Forschungsgeheimnisse, Geschäftsgeheimnisse und Urheberrechte sind durch den Staat zu schützen, soweit ihm Unterlagen mit solchen Inhalten durch einen Bürger im Rahmen von Verfahren zugänglich gemacht worden sind.[812]

aa. Zwingender Ausschluss des Akteneinsichtsrechts nach § 5 Abs. 1 AIG

§ 5 Abs. 1 AIG enthält zwingende Ablehnungsgründe für Anträge auf Akteneinsicht nach AIG.[813]

---

806 LT-Drucks. 2/4417, S. 8 der Begründung; Erste Hinweise des Ministeriums des Inneren, ABl. Bbg 1998, 842 (845), 4.3; Breidenbach/Palenda, LKV 1998, 252 (256).

807 Erste Hinweise des Ministeriums des Inneren, ABl. Bbg 1998, 842 (845), 4.3.

808 Breidenbach/Palenda, LKV 1998, 252 (256).

809 Ein Vergleich mit den entsprechenden Regelungen des IFG Bln findet sich bei Partsch, LKV 2001, 98 (98f.).

810 LT-Drucks. 2/4417, S. 8 der Begründung.

811 LT-Drucks. 2/4417, S. 8 der Begründung.

812 LT-Drucks. 2/4417, S. 8 der Begründung.

813 LT-Drucks. 2/4417, S. 8 der Begründung; Erste Hinweise des Ministeriums des Inneren, ABl. Bbg 1998, 842 (845), 5.1; Breidenbach/Palenda, LKV 1998, 252 (256).

(1) § 5 Abs. 1 Nr. 1 AIG

Nach § 5 Abs. 1 Nr. 1 AIG[814] ist der Antrag auf Akteneinsicht - vorbehaltlich des § 5 Abs. 2 und 3 AIG - zwingend abzulehnen, soweit hierdurch personenbezogene Daten offenbart würden.[815]

Der Begriff der personenbezogenen Daten in § 5 Abs. 1 Nr. 1 AIG ist entsprechend der Definition des § 3 Abs. 1 BbgDSG zu verstehen.[816] Personenbezogene Daten sind danach "Einzelangaben über persönliche oder sachliche Verhältnisse einer bestimmten oder bestimmbaren natürlichen Person." Weitere Einzelheiten sind dem Datenschutzrecht zu entnehmen.

(2) § 5 Abs. 1 Nr. 2 AIG

Nach § 5 Abs. 1 Nr. 2 AIG ist der Antrag auf Akteneinsicht - vorbehaltlich des § 5 Abs. 2 und 3 AIG - zwingend abzulehnen, soweit der Einsicht der Schutz geistigen Eigentums, insbesondere Urheberrechte, entgegensteht.[817]

Der Vorschrift liegt die Überlegung zugrunde, dass mit dem AIG nicht in das bundesrechtlich geregelte Urheberrecht[818] eingegriffen werden soll.[819] § 5 Abs. 1 Nr. 3 AIG zielt darauf ab zu verhindern, dass die bestehenden Regelungen zum Schutz geistigen Eigentums[820] unter Inanspruchnahme des AIG unterlaufen werden.[821]

---

814 Ähnliche Vorschriften finden sich in § 12 Abs. 1 IFG S-H, § 6 Abs. 1 IFG Bln, der als zusätzliche Voraussetzung für die Ablehnung vorsieht, dass tatsächliche Anhaltspunkte dafür vorhanden sind, dass überwiegend Privatinteressen verfolgt werden, und § 8 Abs. 1 Nr. 1 UIG, der als zusätzliche Voraussetzung vorsieht, dass durch die Offenbarung schutzwürdige Interessen der Betroffenen beeinträchtigt würden.

815 Zu den verschiedenen "Kategorien" der personenbezogenen Daten und der Prüfungsfolge im Rahmen des § 5 AIG vgl. auch Tätigkeitsbericht des LDA Bbg 2000, LT-Drucks. 3/2481= http://www.brandenburg.de/land/lfdbbg/tb/tb9/tb9b02.htm, zuletzt besichtigt am 05.03.2001, Teil B 3.2 und Anlage 4.

816 Erste Hinweise des Ministeriums des Inneren, ABl. Bbg 1998, 842 (845), 5.1.1.

817 Vgl. auch die ähnliche Vorschrift des § 8 Abs. 1 S. 1 Nr. 2 UIG. Bei der Akteneinsicht nach dem IFG Bln dürfte in vergleichbaren Fällen § 6 Abs. 1 2. Alt IFG Bln eingreifen, der jedoch zusätzlich eine Interessenabwägung verlangt. Das IFG S-H enthält keine vergleichbare Regelung.

818 Vgl. zu dem auch in § 8 Abs. 1 S. 1 Nr. 2 UIG verwendeten Begriff des geistigen Eigentums: Touriaux, UIG, § 8 Rn. 25ff.

819 LT-Drucks. 2/4417, S. 8 der Begründung.

820 Vgl. zu dem auch in § 8 Abs. 1 S. 1 Nr. 2 UIG verwendeten Begriff des Urheberrechts: Touriaux, UIG, § 8 Rn. 31ff.

821 LT-Drucks. 2/4417, S. 8 der Begründung.

(3) § 5 Abs. 1 Nr. 3 AIG

Nach § 5 Abs. 1 Nr. 3 AIG[822] ist der Antrag auf Akteneinsicht - vorbehaltlich des § 5 Abs. 2 und 3 AIG - abzulehnen, soweit dadurch ein Antragsteller oder ein Dritter von einer Tatsache Kenntnis erlangen würde, die nur einem eng begrenzten Personenkreis bekannt ist, zu einem bestimmten Geschäftsbetrieb in Beziehung steht und die nach dem Willen des Unternehmens geheimzuhalten ist oder an deren Geheimhaltung das Unternehmen ein schutzwürdiges Interesse hat.

Jede Position im Rahmen der Betriebs- und Geschäftsgeheimnisse[823] ist als schutzwürdig anzusehen,[824] die vom Unternehmen aus nicht für Personen außerhalb des Unternehmens bestimmt ist.[825] Für die Frage, ob es sich im konkreten Fall um ein Betriebs- oder Geschäftsgeheimnis handelt, kommt es nicht darauf an, ob Tatsachen als solche ausdrücklich als derartige Geheimnisse gekennzeichnet oder ohne weiteres erkennbar sind.[826] Entscheidend ist nach der Vorschrift, dass es sich um eine Tatsache handelt, die einem eng begrenzten Personenkreis bekannt ist und zu einem bestimmten Geschäftsbetrieb in Beziehung steht sowie nach dem Willen des Unternehmens dem Grunde nach geheimzuhalten ist[827] oder an deren Geheimhaltung das Unternehmen - objektiv - ein schutzwürdiges Interesse hat.[828] Dabei kann bereits die Tatsache der Vorüberlegung zur Verlegung eines Betriebsstandortes als eine geheimzuhaltende Tatsa-

---

822 Vgl. zum Schutz von Betriebs- und Geschäftsgeheimnissen auch die ähnliche Ablehnungsgründe in § 7 S. 1 IFG Bln, § 11 Abs. 1 IFG S-H und § 8 Abs. 1 S. 2, Abs. 2 UIG. § 7 S. 1 IFG Bln ermöglicht eine Ablehnung auch dann, wenn „den Betroffenen oder durch die Offenbarung ein nicht nur unwesentlicher wirtschaftlicher Schaden entstehen kann."

823 Vgl. zu dem auch in § 8 Abs. 1 S. 2 UIG verwendeten Begriff der Betriebs- und Geschäftsgeheimnisse: Touriaux, UIG, § 8 Rn. 41ff.

824 LT-Drucks. 2/4417, S. 8 der Begründung.

825 Breidenbach/Palenda, LKV 1998, 252 (256).

826 LT-Drucks. 2/4417, S. 8 der Begründung; Erste Hinweise des Ministeriums des Inneren, ABl. Bbg 1998, 842 (845), 5.1.3; Breidenbach/Palenda, LKV 1998, 252 (256).

827 LT-Drucks. 2/4417, S. 8f. der Begründung; Erste Hinweise des Ministeriums des Inneren, ABl. Bbg 1998, 842 (845), 5.1.3; Breidenbach/Palenda, LKV 1998, 252 (256); Zu Recht kritisch zu letzterer Voraussetzung, da es hierdurch dem Unternehmen überlassen wird, über die Schutzwürdigkeit der Daten zu bestimmen: Partsch, NJ 1998, 346 (350); ders., NJW 1998, 2559 (2562), ders., LKV 2001, 98 (99); auch: LDA Bbg *Dix*, Der gläserne Bürokrat, Dokumentation, S. 62; auch: Tätigkeitsbericht des LDA Bbg 2000, LT-Drucks. 3/2481=http://www.brandenburg.de/land/lfdbbg/tb/tb9/tb9b02.htm, zuletzt besichtigt am 05.03.2001, Teil B 4. Ziffer 4.

828 Erste Hinweise des Ministeriums des Inneren, ABl. Bbg 1998, 842 (845), 5.1.3.

che zu bewerten sein, da sich aus solchen Überlegungen bereits Rückschlüsse auf Investitionsvorhaben ziehen lassen.[829]

§ 6 Abs. 3 S. 2 AIG sieht vor, dass der Betroffene (bzw. das betroffene Unternehmen) auch dann vor Gewährung der Akteneinsicht anzuhören ist, wenn Unternehmensdaten von der Akteneinsicht erfaßt sind, die nach Auffassung der Behörde nicht unter § 5 Abs. 1 Nr. 3 AIG fallen. Hierdurch soll sichergestellt werden, dass der Behörde alle erforderlichen Informationen geliefert werden, welche für die Prüfung der Tatbestandsvoraussetzungen erforderlich sind.[830] Unter Umständen kann sich herausstellen, dass es sich im konkreten Falle doch um schutzwürdige Unternehmensdaten handelt, obwohl dies zunächst für die Behörde nicht erkennbar war.

bb. Ausnahmen von § 5 Abs. 1 AIG

Die Akteneinsicht kann trotz des Vorliegens der Voraussetzungen des § 5 Abs. 1 AIG gewährt werden, wenn die Voraussetzungen des § 5 Abs. 2 AIG gegeben sind oder wenn es sich um die Offenbarung von dienstlichen Daten und Namen der bearbeitenden Amtsträger nach § 5 Abs. 3 AIG handelt. Im Einzelnen gilt:

(1) § 5 Abs. 2 AIG

Die Akteneinsicht „kann" bei Vorliegen der Voraussetzungen des § 5 Abs. 2 Nr. 1 bis 4 AIG gewährt werden.

Der Wortlaut der Vorschrift lässt auf den ersten Blick darauf schließen, dass der Behörde ein Ermessen zusteht, ob sie in den geregelten Fällen, die Akteneinsicht zulässt oder nicht. In der Begründung des Gesetzentwurfes wird ausgeführt, dass die Gewährung der Akteneinsicht „im pflichtgemäßen Ermessen" der Behörde erfolgen könne, wenn die in den Nummern eins bis drei genannten Voraussetzungen vorliegen.[831] Zu § 5 Abs. 2 Nr. 1 AIG wird diesbezüglich kei-

---

829 LT-Drucks. 2/4417, S. 9 der Begründung; Erste Hinweise des Ministeriums des Inneren, ABl. Bbg 1998, 842 (845), 5.1.3; Breidenbach/Palenda, LKV 1998, 252 (256).

830 So: LT-Drucks. 2/4417, S. 9 der Begründung; Erste Hinweise des Ministeriums des Inneren, ABl. Bbg 1998, 842 (845), 5.1.3; Breidenbach/Palenda, LKV 1998, 252 (257). Eine „Abwägung" hat bei der Prüfung der Voraussetzungen des § 5 Abs. 1 Nr. 3 AIG allerdings nicht zu erfolgen, da es sich um einen zwingenden Ausschlussgrund handelt.

831 LT-Drucks. 2/4417, S. 9 der Begründung; vgl. auch: Breidenbach/Palenda, LKV 1998, 252 (256); in den Ersten Hinweise des Ministeriums des Inneren, ABl. Bbg 1998, 842 (845), 5.2 wird das Ermessen wohl als auf alle 4 Ziffern des § 5 Abs. 2 AIG bezogen gesehen.

ne klare Aussage getroffen.[832] Eine nähere Betrachtung der Vorschrift des § 5 Abs. 2 AIG ergibt jedoch, dass lediglich bei § 5 Abs. 2 Nr. 1 2. und 3. Alt., Abs. 2 Nr. 2 und Abs. 2 Nr. 3 AIG Raum für eine Ermessensentscheidung bleibt. In den Fällen des § 5 Abs. 2 Nr. 1 1. Alt und Nr. 4 AIG ist die Akteneinsicht dagegen zwingend zu gewähren, wenn nicht andere Ausschlussgründe eingreifen.[833] Dies soll im Folgenden bei den einzelnen Tatbeständen näher erläutert werden.

Die Regelung des § 5 Abs. 2 S. 2 AIG, nach der § 16 BbgDSG keine Anwendung findet, stellt lediglich klar, dass die in der Akteneinsicht liegende Datenübermittlung an Private nicht auf der Grundlage des allgemeinen Datenschutzrechts erfolgt, sondern ihre Rechtsgrundlage ausschließlich in § 5 Abs. 2 S. 1 AIG findet.[834] Die Regelung des § 5 Abs. 2 S. 1 AIG geht in diesen Fällen als speziellere Rechtsnorm den Vorschriften von § 16 BbgDSG vor.[835]

(a) § 5 Abs. 2 Nr. 1 AIG

Nach § 5 Abs. 2 Nr. 1 AIG kann die Akteneinsicht gewährt werden, soweit personenbezogene Daten mit Zustimmung des Betroffenen offenbart werden (1. Alt.)[836] oder die Offenbarung durch dieses Gesetz (2. Alt.) oder eine andere Rechtsvorschrift zugelassen ist (3. Alt.).[837]

Die erste Alternative der Vorschrift setzt voraus, dass die Zustimmung des Betroffenen zur Offenbarung seiner personenbezogenen Daten eingeholt worden ist.[838] Das Verfahren zu Einholung der Zustimmung richtet sich nach § 6 Abs. 5 AIG.

---

832 LT-Drucks. 2/4417, S. 9 der Begründung; vgl. auch: Erste Hinweise des Ministeriums des Inneren, ABl. Bbg 1998, 842 (845), 5.2; Breidenbach/Palenda, LKV 1998, 252 (256).

833 Vgl. auch: Kneifel-Haverkamp, DuD 1998, 438 (440), der - jedoch ohne nähere Begründung - davon ausgeht, dass bei Vorliegen der Voraussetzungen des § 5 Abs. 2 AIG - von seltenen Ausnahmefällen abgesehen - in der Regel eine Offenbarungspflicht bestehen dürfte.

834 LT-Drucks. 2/4417, S. 9 der Begründung; Erste Hinweise des Ministeriums des Inneren, ABl. Bbg 1998, 842 (845), 5.3.

835 Erste Hinweise des Ministeriums des Inneren, ABl. Bbg 1998, 842 (845), 5.3.

836 Ähnlich: § 6 Abs. 2 IFG Bln; vgl. auch § 12 Abs. 1 Nr. 3 IFG S-H.

837 Ähnlich auch: § 12 Abs. 1 Nr. 1 IFG S-H.

838 LT-Drucks. 2/4417, S. 9 der Begründung; Erste Hinweise des Ministeriums des Inneren, ABl. Bbg 1998, 842 (845), 5.2.1; Zur Unterscheidung von Zustimmung und Anhörung vgl. Tätigkeitsbericht des LDA Bbg 2000, LT-Drucks. 3/2481= http://www.brandenburg.de/land/lfdbbg/tb/tb9/tb9b02.htm, zuletzt besichtigt am 05.03.2001, Teil B 2.2.

Liegen die Voraussetzungen des § 5 Abs. 2 Nr. 1 1. Alt. AIG vor, so ist die Akteneinsicht zu gewähren. Welches schutzwürdige Interesse nach Einwilligung des Betroffenen noch an der Verweigerung der Akteneinsicht bestehen könnte, das im Rahmen der Ermessensentscheidung zu berücksichtigen wäre, ist nicht ersichtlich.[839] Praktische Bedeutung kann die Möglichkeit der Verweigerung eines Informationszugangs aus Datenschutzgründen trotz Zustimmung der betroffenen Person kaum erlangen. Die der Stelle obliegende pflichtgemäße Ermessensausübung dürfte in aller Regel von einer Ermessensreduzierung auf Null auszugehen haben.

Aufgrund des AIG ist die Offenbarung gemäß § 5 Abs. 2 Nr. 1 2. Alt. AIG z.B. im Falle des § 5 Abs. 3 AIG zugelassen. Andere Rechtsvorschriften, die die Offenbarung im Sinne des § 5 Abs. 2 Nr. 1 3. Alt. AIG (3. Alt) zulassen, enthält z.B. das UIG. § 16 BbgDSG wird dagegen in § 5 Abs. 2 S. 2 AIG ausdrücklich für unanwendbar erklärt.

Regelmäßig wird auch bei Vorliegen der Voraussetzungen des § 5 Abs. 2 Nr. 1 2. Alt. AIG die Akteneinsicht zu gewähren sein, nur in Ausnahmefällen, bei Vorliegen konkreter Anhaltspunkte dafür, dass schutzwürdige Belange einer Betroffenen Person entgegenstehen, wird die Behörde nach pflichtgemäßem Ermessen zu entscheiden haben, ob dies tatsächlich der Fall ist.[840] Nur dann bleibt Raum für eine Ermessensentscheidung.

(b) § 5 Abs. 2 Nr. 2 AIG

Nach § 5 Abs. 2 Nr. 2 AIG[841] kann die Akteneinsicht gewährt werden, soweit die personenbezogenen Daten aus allgemein zugänglichen Quellen entnommen

---

839 So auch: Partsch, NJ 1998, 346 (349); ders., NJW 1998, 2559 (2562); *Sokol* in ihrem Vortrag auf dem Internationalen Symposium „Informationsfreiheit und Datenschutz" am 25./26. Oktober 1999 in Potsdam, zugänglich über http://brandenburg.de/land/lfdbbg/internat/Symp99/symp99.htm, zuletzt besichtigt am 12.06.2000; ähnlich auch: Angelov, Informationszugangsanspruch, S. 211; auch schon: *Garstka* (Berliner Datenschutzbeauftragter), Ausschussprotokoll 2/902-I, S. 34; wohl auch Tätigkeitsbericht des LDA Bbg 2000, LT-Drucks. 3/2481= http://www.brandenburg.de/land/lfdbbg/tb/tb9/tb9b02.htm, zuletzt besichtigt am 05.03.2001, Anhang 4.
Das IFG Bln geht davon aus, daß bei Zustimmung der Betroffenen "in der Regel" keine schutzwürdigen Belange der Betroffenen entgegenstehen (vgl. § 6 Abs. 2 IFG Bln).

840 So auch: Kneifel-Haverkamp, DuD 1998, 438 (440).

841 Weder das IFG Bln noch das IFG S-H enthalten einen derartigen Ablehnungsgrund; vgl. aber § 5 Abs. 6 IFG S-H.

werden können und schutzwürdige Belange des Betroffenen der Offenbarung nicht entgegenstehen.

Personenbezogene Daten, die aus allgemein zugänglichen Quellen entnommen werden können, sind z.B. Rufnummern, auch in Verbindung mit weiteren Angaben zur Person, soweit sie sich im öffentlichen Fernsprechbuch befinden, oder Tatsachen, die aus Medienveröffentlichungen ohnehin bereits bekannt sind.[842] Schutzwürdige Belange einer betroffenen Person können z.B. berührt sein, wenn sich die Akteneinsicht auf in der Akte befindliche Presseveröffentlichungen zu Verurteilungen der Person erstrecken soll, die sehr lange zurückliegen.[843]

Regelmäßig wird bei Vorliegen der Voraussetzungen des § 5 Abs. 2 Nr. 2 AIG die Akteneinsicht zu gewähren sein.[844] Nur in Ausnahmefällen, wenn konkrete Anhaltspunkte vorhanden sind, wird die Behörde nach pflichtgemäßem Ermessen zu entscheiden haben, ob schutzwürdige Belange einer betroffenen Person der Offenbarung entgegenstehen.[845]

Nach § 6 Abs. 3 AIG ist der Betroffene in den Fällen des § 5 Abs. 2 Nr. 2 AIG vor der Gewährung der Akteneinsicht anzuhören.[846]

(c) § 5 Abs. 2 Nr. 3 AIG

Nach § 5 Abs. 2 Nr. 3 AIG[847] kann die Akteneinsicht gewährt werden, soweit aufgrund besonderer Umstände des Einzelfalles im Hinblick auf den Zweck der politischen Mitgestaltung das Offenbarungsinteresse des Antragstellers das Interesse der betroffenen Person an der vertraulichen Behandlung der Information überwiegt.

---

842 LT-Drucks. 2/4417, S. 9 der Begründung; Erste Hinweise des Ministeriums des Inneren, ABl. Bbg 1998, 842 (845), 5.2.2; Breidenbach/Palenda, LKV 1998, 252 (256).

843 Vgl. Beispiel in den Ersten Hinweisen des Ministeriums des Inneren, ABl. Bbg 1998, 842 (845), 5.2.2.

844 So wohl auch: Angelov, Informationszugangsanspruch, S. 212, der die Vorschrift für nicht überzeugend hält.

845 So auch: Kneifel-Haverkamp, DuD 1998, 438 (440).

846 Zur Unterscheidung von Anhörung und Zustimmung vgl. Tätigkeitsbericht des LDA Bbg 2000, LT-Drucks. 3/2481=http://www.brandenburg.de/land/lfdbbg/tb/tb9/tb9b02.htm, zuletzt besichtigt am 05.03.2001, Teil B 2.2.

847 Ähnlich: § 6 Abs. 1 IFG Bln a.E.; § 12 Abs. 1 Nr. 4 IFG S-H (bei Geltendmachung eines "rechtlichen Interesses" des Antragstellers).

Die Vorschrift, die übrigens als einzige die zentrale Zweckbestimmung des AIG - die "politische Mitgestaltung" - erwähnt, geht davon aus, dass im Einzelfall aufgrund besonderer Umstände im Hinblick auf den Zweck der politischen Mitgestaltung das Offenbarungsinteresse der antragstellenden Person das Interesse der betroffenen Person an der vertraulichen Behandlung der Information überwiegen kann.[848] Dies soll z.B. dann der Fall sein, wenn es sich um private Angelegenheiten eines politischen Funktionsträgers handelt und Anzeichen für eine Ausnutzung seines öffentlichen Amtes für die private Angelegenheit bestehen[849] oder wenn die Akten Hinweise darauf enthalten, dass einer Privatperson zu Unrecht die Genehmigung für ein umstrittenes Bauvorhaben erteilt worden ist.[850]

Durch die Regelung des § 5 Abs. 2 Nr. 3 AIG wird das Recht des Einzelnen aus Art. 11 Abs. 1 BbgVerf (Datenschutz) gesetzlich beschränkt.[851] Nach Art. 11 Abs. 2 S. 1 AIG sind Einschränkungen dieses Rechts nur im überwiegenden Allgemeininteresse durch Gesetz oder aufgrund eines Gesetzes im Rahmen der darin festgelegten Zwecke zulässig. Nach § 5 Abs. 2 Nr. 3 AIG darf eine Einschränkung nur dann erfolgen, wenn die Akteneinsicht zum Zweck der politischen Mitgestaltung erfolgt und wenn aufgrund besonderer Umstände des Einzelfalles im Hinblick auf den Zweck der politischen Mitgestaltung das Offenbarungsinteresse des Antragstellers das Interesse der betroffenen Person an der vertraulichen Behandlung der Information überwiegt. Der Begriff der politischen Mitgestaltung ist umfassend und ohne klare Konturen.[852] Insoweit wird im Rahmen der Ermessensentscheidung nach § 5 Abs. 2 Nr. 3 AIG sorgfältigst abzuwägen sein, ob das Offenbarungsinteresse und mithin das öffentliche Interesse an der Offenbarung gegenüber den privaten Interessen des Betroffenen überwiegt. Diese Abwägung dürfte im Einzelfall äußerst problematisch sein, weil sie regelmäßig eine (Vorab-)Entscheidung der Behörde über den Zweck der Akteneinsicht und die „Mitgestaltungsrelevanz" der zu offenbarenden personenbezogenen Daten - gegebenenfalls inklusive einer Rechtmäßigkeitsprüfung bezüglich der darin enthaltenen Vorgänge - beinhaltet. Gleichzeitig sind die Belange des Betroffenen zu berücksichtigen und eine Vorverurteilung zu

---

848 LT-Drucks. 2/4417, S. 9 der Begründung; Erste Hinweise des Ministeriums des Inneren, ABl. Bbg 1998, 842 (845), 5.2.3; Breidenbach/Palenda, LKV 1998, 252 (256).

849 LT-Drucks. 2/4417, S. 9 der Begründung; Erste Hinweise des Ministeriums des Inneren, ABl. Bbg 1998, 842 (845), 5.2.3; Breidenbach/Palenda, LKV 1998, 252 (256).

850 Wegweiser zur Akteneinsicht des LDA Bbg, Dezember 1998; Dix, DuD 1999, 316 (316).

851 Vgl. auch: Breidenbach/Palenda, LKV 1998, 252 (256).

852 Kritisch zu der Vorschrift des § 5 Abs. 2 Nr. 3 unter Hinweis auf diese Tatsache auch: Partsch, NJ 1998, 346 (350); ders., NJW 1998, 2559 (2562).

vermeiden.[853] Im Ergebnis dürfte die Offenbarung von Daten nach der Vorschrift nur in sehr seltenen Ausnahmefällen zulässig sein.[854]

Die vorgesehene Ausnahme vom Verbot des Zugangs zu personenenbezogenen Daten im Hinblick auf den Zweck der politischen Mitgestaltung ist als zu restriktiv kritisiert worden.[855] Der Gesetzgeber solle eine differenziertere Abwägung zwischen den Grundrechten auf Informationszugang und Datenschutz vornehmen, um einen Ausgleich (praktische Konkordanz) zwischen diesen prinzipiell gleichwertigen Verfassungsgewährleistungen zu erzielen.[856] Die Aufzählung bestimmter Arten personenbezogenen Daten, deren Offenlegung bei einer Akteneinsicht schutzwürdige Belange der Betroffenen in der Regel nicht beeinträchtigen, würde den Verwaltungen die Rechtsanwendung, insbesondere die Abwägung zwischen den Datenschutz- und den Akteneinsichtsinteressen praktisch erleichtern.[857] Dieser Auffassung kann nicht gefolgt werden. Zum einen besteht keine prinzipielle Gleichwertigkeit der Verfassungsgewährleistungen Informationszugang und Datenschutz. Ein Recht auf Informationszugang besteht nach Art. 21 Abs. 4 BbgVerf nur "nach Maßgabe der Gesetze". Das Recht auf Datenschutz ergibt sich dagegen direkt aus der Verfassung (Art. 11 Abs. 1 BbgVerf); es darf nur unter den Voraussetzungen des Art. 11 Abs. 2 BbgVerf eingeschränkt werden. Die vorgeschlagene "Aufzählung" von nach dem AIG in der Regel zugänglichen personenbezogenen Daten wäre problematisch, da es sich bei der Zugangszulassung regelmäßig um eine Einzelfallentscheidung handelt, die das im konkreten Fall bestehende Interesse des Antragstellers an der Akteneinsicht zu berücksichtigen hat.

Nach § 6 Abs. 3 AIG ist der Betroffene im Falle des § 5 Abs. 2 Nr. 3 AIG vor der Gewährung der Akteneinsicht anzuhören.

Nach dem Wortlaut des Gesetzes kann ein überwiegendes Offenbarungsinteresse zum Zweck der politischen Mitgestaltung nur Vorrang gegenüber dem Datenschutz natürlicher Personen, nicht aber gegenüber Urheberrechten oder Ge-

---

853 Vgl. auch: Breidenbach/Palenda, LKV 1998, 252 (256).

854 Der Auffassung des LDA Bbg, dass im Falle des umstrittenen Potsdam-Centers die Voraussetzungen des § 5 Abs. 2 Nr. 3 AIG mit hoher Wahrscheinlichkeit gegeben gewesen wären, weil in Potsdam zur Debatte gestanden habe, ob das umstrittene Bauvorhaben einen Teil des Weltkulturerbes der UNESCO beeinträchtige (Dix, DuD 1999, 316 (316)), kann deshalb ohne nähere Kenntnis der Aktenlage und der sonstigen Umstände nicht ohne weiteres gefolgt werden.

855 Tätigkeitsbericht des LDA Bbg 2000, LT-Drucks. 3/2481= http://www.brandenburg.de/land/lfdbbg/tb/tb9/tb9b02.htm, zuletzt besichtigt am 05.03.2001, Teil B 4. Ziffer 3.

856 a.a.O.

857 a.a.O.

heimhaltungsinteressen von Unternehmen haben. Es ist jedoch erwogen worden, eine verfassungskonforme Analogie zur gesetzlichen Abwägung zwischen Datenschutz und Informationszugangsinteresse auch dann zuzulassen, wenn Urheberrecht oder Betriebs- und Geschäftsgeheimnisse betroffen sind.[858] Dem ist zuzustimmen. Es wäre nicht zu rechtfertigen, wenn zwar der Schutz des Persönlichkeitsrechts, nicht aber jener privater Urheberrechte oder Geheimhaltungsinteressen von Unternehmen hinter dem Recht auf politische Mitgestaltung und dem dazu erforderlichen Informationszugang zurücktreten müsste.[859] Dem steht auch nicht der Gesetzesvorbehalt des Art. 11 Abs. 2 BbgVerf entgegen, da das Grundrecht aus Art. 11 Abs. 1 BbgVerf nur personenbezogene Daten erfasst.

Allerdings wird § 5 Abs. 2 Nr. 3 AIG auch in analoger Anwendung nur in wenigen Ausnahmefällen nach sorgfältiger Interessenabwägung eine Offenbarung der Daten ermöglichen.

(d) § 5 Abs. 2 Nr. 4 AIG

Nach § 5 Abs. 2 Nr. 4 AIG kann die Akteneinsicht gewährt werden, soweit die Daten im Sinne des § 5 Abs. 1 Nr. 3 AIG mit Zustimmung des Unternehmens offenbart werden.

Betriebs- und Geschäftsgeheimnisse im Sinne des § 5 Abs. 1 Nr. 3 AIG können damit im Rahmen der Akteneinsicht offengelegt werden, wenn die Zustimmung des Unternehmens - sei es die Person, sei es die Unternehmung - vor der Offenlegung vorliegt.[860] Das Verfahren zur Einholung der Zustimmung richtet sich nach § 6 Abs. 5 AIG.

Sind die Voraussetzungen des § 5 Abs. 2 Nr. 4 AIG gegeben, ist die Akteneinsicht zu gewähren. Mit der Zustimmung sind die Daten i.S.d. § 5 Abs. 2 Nr. 3 AIG nicht mehr schutzwürdig.[861] Welches schutzwürdige Interesse nach Zustimmung des Unternehmens noch an der Verweigerung der Akteneinsicht in die Betriebs- oder Geschäftsgeheimnisse bestehen könnte, das im Rahmen des Ermessens zu berücksichtigen wäre, ist nicht ersichtlich.

---

858 Dix, DuD 1999, 316 (316); vgl. auch: Tätigkeitsbericht des LDA Bbg 2000, LT-Drucks. 3/2481=http://www.brandenburg.de/land/lfdbbg/tb/tb9/tb9b02.htm, zuletzt besichtigt am 05.03.2001, Teil B 4. Ziffer 4.

859 Dix, DuD 1999, 316 (316).

860 LT-Drucks. 2/4417, S. 9 der Begründung; Breidenbach/Palenda, LKV 1998, 252 (256).

861 Breidenbach/Palenda, LKV 1998, 252 (256).

Zu § 5 Abs. 2 Nr. 4 AIG ist ausgeführt worden, die Vorschrift stelle sicher, dass durch die Anhörung der beteiligten (auch juristischen) Personen diese die Möglichkeit hätten, "sich zu der ... Offenbarung der Daten abschließend zu äußern."[862] Dies ist so nicht zutreffend. Vielmehr wird durch die Zustimmungsmöglichkeit in § 5 Abs. 2 Nr. 4 AIG wird gerade erst die Möglichkeit eröffnet, Betriebs- und Geschäftsgeheimnisse überhaupt zu offenbaren, die sonst zwingend von der Akteneinsicht ausgeschlossen wären (§ 5 Abs. 1 Nr. 3 AIG).
Dass der Behörde alle erforderlichen Informationen geliefert werden, welche für die Prüfung der Tatbestandsvoraussetzungen des § 5 Abs. 1 Nr. 3 AIG (d.h. der Feststellung, ob es sich tatsächlich um Unternehmensdaten handelt, die von der Akteneinsicht zwingend ausgeschlossen sind) erforderlich sind, wird bereits durch § 6 Abs. 3 S. 2 AIG sichergestellt.[863] Danach sind Betroffene auch dann vor Gewährung der Akteneinsicht anzuhören, wenn Unternehmensdaten von der Akteneinsicht betroffen sind, die nicht unter § 5 Abs. 1 Nr. 3 AIG fallen.

(2) Offenbarung der Mitwirkung von Amtsträgern, § 5 Abs. 3 AIG

Nach § 5 Abs. 3 AIG[864] ist bei Einsicht in die Akten auch die Offenbarung der Mitwirkung eines Amtsträgers an Verwaltungsvorgängen oder sonstigem hoheitlichem Handeln sowie dessen Namens, Titels, akademischen Grades, der innerdienstlichen Funktionsbeschreibung, der dienstlichen Anschrift und Rufnummer zulässig, es sei denn, der Offenbarung stehen schutzwürdige Belange des Amtsträgers entgegen.

Die klarstellende Regelung des § 5 Abs. 3 AIG wurde erst später im Gesetzgebungsverfahren auf Empfehlung des Ausschusses für Inneres durch den Landtag eingefügt.[865] Die Regelung hat zum Ziel, dass bei der Gewährung der Akteneinsicht auf die Schwärzung dieser Angaben verzichtet werden kann und damit ein zusätzlicher Aufwand vermieden wird.[866] Die Aussonderung der Daten wäre häufig mit einem unverhältnismäßig hohen Aufwand verbunden.[867]

---

862 LT-Drucks. 2/4417, S. 9 der Begründung; Erste Hinweise des Ministeriums des Inneren, ABl. Bbg 1998, 842 (845), 5.2.4; Breidenbach/Palenda, LKV 1998, 252 (256).

863 So: LT-Drucks. 2/4417, S. 9 der Begründung; Erste Hinweise des Ministeriums des Inneren, ABl. Bbg 1998, 842 (845), 5.1.3; Breidenbach/Palenda, LKV 1998, 252 (257). Eine „Abwägung“ hat bei der Prüfung der Voraussetzungen des § 5 Abs. 1 Nr. 3 AIG allerdings nicht zu erfolgen, da es sich um einen zwingenden Ausschlussgrund handelt.

864 Ähnlich auch § 6 Abs. 2 Nr. 2 IFG Bln, aber ohne vergleichbare Einschränkung. Das IFG S-H enthält keine derartige Regelung.

865 LT-Drucks. 2/4999, S. 8.

866 LT-Drucks. 2/4999, S. 15.

867 Erste Hinweise des Ministeriums des Inneren, ABl. Bbg 1998, 842 (846), 5.4.

Die Vorschrift schreibt fest, dass das Recht auf informationelle Selbstbestimmung von Amtsträgern im allgemeinen hinter dem Akteneinsichtsrecht zurücksteht.[868] Anders als Antragsteller oder sonstige in einem Vorgang bezeichnete Personen besitzen die Bearbeiter nicht die gleiche Schutzwürdigkeit hinsichtlich der „dienstlichen" personenbezogenen Daten wie andere Personen.[869] Die Regelung stellt damit eine weitere Durchbrechung des im AIG verankerten Grundsatzes dar, dass personenbezogene Daten ohne Zustimmung des Betroffenen nicht offenbart werden dürften.[870] Häufig wird es sich bei den Angaben um personenbezogene Daten handeln, die jedenfalls teilweise auch aus allgemein zugänglichen Quellen entnommen werden können (z.B. Eigenveröffentlichungen oder Internetseiten der Behörde).[871]

Die Offenbarung der Mitwirkung eines Amtsträgers an Verwaltungsvorgängen oder sonstigem hoheitlichem Handeln sowie dessen Namens, Titels, akademischen Grades, der innerdienstlichen Funktionsbeschreibung, der dienstlichen Anschrift und Rufnummer ist jedoch dann unzulässig, wenn der Offenbarung schutzwürdige Belange des Amtsträgers entgegenstehen (§ 5 Abs. 3 AIG a.E.). Dies ist etwa dann der Fall, wenn die Offenbarung zu einer persönlichen Bedrohung oder sonstigen erheblichen (Sicherheits-)Gefährdung des Amtsträgers führen kann,[872] oder wenn auf Grund des Verhaltens eines Amtsträgers gegen diesen disziplinarische Maßnahmen erwogen werden.[873] Bei Entgegenstehen derartiger schutzwürdiger Belange des Amtsträgers wird regelmäßig nur eine Schwärzung der entsprechenden Angaben angemessen sein, nur in Ausnahmefällen wird eine Verweigerung der Akteneinsicht insgesamt in Betracht kommen (vgl. § 6 Abs. 2 AIG).[874]

cc. Entgegenstehen von Geheimhaltungspflichten, § 5 Abs. 1 S. 2 AIG i. V. m. § 4 Abs. 3 AIG

Mit der Verweisung des § 5 Abs. 1 S. 2 AIG auf § 4 Abs. 3 AIG hat der Gesetzgeber der Tatsache Rechnung getragen, dass die in § 4 Abs. AIG genannten Geheimhaltungspflichten nicht nur dem öffentlichen Interesse, sondern auch dem

---

868 LT-Drucks. 2/4999, S. 15.

869 Breidenbach/Palenda, LKV 1998, 252 (256f.).

870 Breidenbach/Palenda, LKV 1998, 252 (256f.).

871 Erste Hinweise des Ministeriums des Inneren, ABl. Bbg 1998, 842 (846), 5.4.

872 Erste Hinweise des Ministeriums des Inneren, ABl. Bbg 1998, 842 (846), 5.4; Breidenbach/Palenda, LKV 1998, 252 (257).

873 Dix, DuD 1999, 316 (316).

874 Ähnlich auch: Partsch, NJ 1998, 346 (350); ders., NJW 1999, 2559 (2562); Breidenbach/Palenda, LKV 1998, 252 (257).

Schutz privater Rechte dienen.[875] Hierzu wird auf die Ausführungen zu § 4 Abs. 3 AIG verwiesen.[876]

3. Fälle des § 6 Abs. 4 AIG Bbg

Nach § 6 Abs. 4 AIG[877] kann der Antrag auf Akteneinsicht abgelehnt werden, wenn der Antragsteller bereits über die begehrten Informationen verfügt oder sich diese in zumutbarer Weise aus allgemein zugänglichen Quellen beschaffen kann, oder wenn der Antrag zum Zweck der Vereitelung oder Verzögerung von Verwaltungshandlungen erfolgt. Der Behörde wird damit ein Ermessen eingeräumt, in den genannten Fällen den Antrag abzulehnen.[878]

§ 6 Abs. 4 Alternative 1 und 2 AIG erfasst Fälle, in denen die Gewährung der Akteneinsicht mangels Erforderlichkeit abgelehnt werden kann. Dass der Antragsteller bereits im Sinne des § 6 Abs. 4 AIG über die begehrten Informationen verfügt oder sich diese auf zumutbare Weise beschaffen kann, kann regelmäßig dann angenommen werden, wenn sich die Informationen in Amtsblättern, Dokumentationen oder Unterlagen befinden, die öffentlich für jedermann zur Verfügung stehen oder käuflich erwerbbar sind.[879] Hierzu gehören Veröffentlichungen aller Art, auch amtliche Verkündungsblätter, andere amtliche Verlautbarungen sowie Drucksachen des Landtages.[880] Die Regelung wurde mit der Begründung eingefügt, dass es nicht Aufgabe der Verwaltung sei, den Bürgern Einsichtnahme in entsprechende Dokumente zu gestatten, wenn diese sich die gewünschten Informationen mit Leichtigkeit selbst beschaffen könnten.[881]
Da die Behörde die Ablehnung des Akteneinsichtsgesuchs stets schriftlich zu begründen hat (§ 6 Abs. 1 S. 6 AIG), muss sie dem Antragsteller spätestens in diesem Zeitpunkt - wenn sie dies nicht bereits im Rahmen einer Anhörung getan hat - mitteilen, wo er die begehrte Information erlangen kann. Allerdings sollte die Behörde dem Antragsteller nach Möglichkeit bereits in einer Anhö-

---

875 LT-Drucks. 2/4417, S. 11 der Begründung; Erste Hinweise des Ministeriums des Inneren, ABl. Bbg 1998, 842 (845), 5.1.4; Breidenbach/Palenda, LKV 1998, 252 (256).

876 Vgl. B.II.2.a.cc.

877 Weder das IFG Bln noch das IFG S-H enthalten einen derartigen Ablehnungsgrund, vgl. aber § 5 Abs. 6 IFG S-H.

878 LT-Drucks. 2/4417, S. 11 der Begründung; Erste Hinweise des Ministeriums des Inneren, ABl. Bbg 1998, 842 (846), 6.4; Breidenbach/Palenda, LKV 1998, 252 (257).

879 LT-Drucks. 2/4417, S. 11 der Begründung; Breidenbach/Palenda, LKV 1998, 252 (257),

880 LT-Drucks. 2/4417, S. 11 der Begründung; Erste Hinweise des Ministeriums des Inneren, ABl. Bbg 1998, 842 (846), 6.4.

881 LT-Drucks. 2/4417, S. 11 der Begründung.

rung anheim stellen, den Antrag zurückzunehmen, um den Aufwand und gegebenenfalls Gebühren für eine Ablehnungsentscheidung[882] zu vermeiden.

§ 6 Abs. 4 Alternative 3 und Alternative 4 AIG erfassen Fälle missbräuchlicher Antragstellung. Dass die Antragstellung zum Zweck der Vereitelung oder Verzögerung von Verwaltungshandlungen im Sinne des § 6 Abs. 4 2. HS AIG erfolgt ist, kann sich aus den Darlegungen der antragstellenden Person ergeben und/oder aus sonstigen Gründen erkennbar sein.[883] Die Darlegungs- und Beweislast trifft hier grundsätzlich die Behörde.[884] Die Regelung beruht auf der Überlegung, dass Verzögerungen im Verwaltungshandeln letztlich nicht zu Lasten anderer (außerhalb der Verwaltung stehender Bürger) gehen dürfe und deshalb eine mutwillige Verzögerung im Interesse der drittbetroffenen Bürger nicht hingenommen werden kann.[885] Ob die Behörde im Einzelfall allerdings eine entsprechende Intention des Antragstellers nachweisen kann, ist fraglich, da Gründe für die Akteneinsicht nach AIG regelmäßig nicht angegeben werden müssen.

4. Anwendbarkeit bereichsspezifischer Regeln für einen unbeschränkten Personenkreis nach § 1 AIG a.E.

Nach § 1 AIG a.E.[886] besteht der Anspruch auf Akteneinsicht nur, soweit nicht andere Rechtsvorschriften bereichsspezifische Regelungen für einen unbeschränkten Personenkreis enthalten. Daraus folgt, dass der Anspruch auf Akteneinsicht aus dem AIG dann ausgeschlossen sein soll und ein entsprechender

---

882 Vgl. zur Gebührenerhebung für ablehnende Entscheidungen die Ausführungen unter B.III.5.

883 LT-Drucks. 2/4417, S. 11 der Begründung; Erste Hinweise des Ministeriums des Inneren, ABl. Bbg 1998, 842 (846), 6.4,

884 Erste Hinweise des Ministeriums des Inneren, ABl. Bbg 1998, 842 (846), 6.4.

885 LT-Drucks. 2/4417, S. 11 der Begründung; Breidenbach/Palenda, LKV 1998, 252 (257),

886 Weder der IFG Bln noch das IFG S-H enthalten vergleichbare Konkurrenzregelungen. Nach § 17 IFG S-H bleiben "Rechtsvorschriften, die einen weitergehenden Zugang zu Informationen ermöglichen oder ihre Grundlage in besonderen Rechtsverhältnissen haben, ... unberührt." Vgl. hierzu ausführlich: Stellungnahme des Landesbeauftragten für den Datenschutz Schleswig-Holstein zu den Gesetzentwürfen eines Informationsfreiheitsgesetzes des Fraktion des SSW im Schleswig-Holsteinischen Landtag (E-SSW) und des Innenministers des Landes Schleswig-Holstein (E-IM) vom 11. November 1999, http://www.rewi.hu-berlin.de/Datenschutz/DSB/SH/material/recht/infofrei/stellifg.htm, zuletzt besichtigt am 29.03.2000, 3.g); auch: Weichert: DuD 2000, 262 (264).
Nach § 2 Abs. 2 IFG Bln bleiben "weitergehende Ansprüche nach anderen Rechtsvorschriften ... unberührt." In § 2 Abs. 2 und §§ 19 bis 21 IFG Bln ist das Verhältnis zu bestimmten Vorschriften explizit geregelt.

Antrag mithin abgelehnt werden muss, wenn für den im konkreten Fall einschlägigen „spezifischen Bereich" bereits „Regelungen" für einen „unbeschränkten Personenkreis" vorhanden sind. Der Anwendungsbereich der einzigen ausdrücklichen Konkurrenzvorschrift des AIG ist auf den ersten Blick nicht klar erkennbar und soll deshalb nachfolgend näher untersucht werden.

a. Begriffe

Zunächst sind die in der Vorschrift des § 1 AIG a.E. enthaltenen Begriffe „unbeschränkter Personenkreis" und „bereichsspezifische Regelung" näher zu bestimmen.

aa. „Unbeschränkter Personenkreis" i.S.d. § 1 AIG

Rechtsvorschriften bestehen dann für einen „unbeschränkten Personenkreis" i.S.d. § 1 AIG a.E., wenn sie sogenannte „Jedermann-Rechte" enthalten, d.h. bestimmte Rechte für eine uneingeschränkte Vielzahl von Personen eröffnen.

Nicht vorrangig gegenüber dem AIG sind damit nach § 1 AIG a.E. insbesondere (landesrechtliche) Vorschriften, die einem begrenzten Personenkreis nach besonderen Vorschriften einen Informationszugang gewähren. Dies sind z.B. § 36 Abs. 3 der Gemeindeordnung (GO), der ein Auskunftsrecht für die Gemeindevertreter vorsieht, oder § 5 des Brandenburgischen Landespressegesetzes (BbgPG), der einen Informationsanspruch zugunsten der Presse enthält,[887] und alle anderen Betroffenen- oder Beteiligtenrechte (z.B. § 13 Abs. 3 S. 1 des Vermessungs- und Liegenschaftsgesetzes (VermLiegG), § 18 BbgDSG), die einen Informationszugangsanspruch gewähren. Diese Ansprüche bleiben zunächst nach § 1 AIG a.E. unberührt und treten neben den Anspruch aus dem AIG.[888]

Problematisch ist, ob eine Regelung auch dann noch als für einen „unbeschränkten Personenkreis" geltend zu qualifizieren ist, wenn sie für die Geltendmachung des Informations- oder Akteneinsichtsrechts das Vorliegen oder die Glaubhaftmachung eines berechtigten Interesses verlangt, wie z.B. § 13 Abs. 3 S. 3 VermLiegG,[889] oder ob nur „voraussetzungslos gewährte Aktenein-

---

[887] Vgl. auch: Erste Hinweise des Ministeriums des Inneren, ABl. Bbg 1998, 842 (842), 1.2.
[888] So zu § 5 BbgPG auch: Kneifel-Haverkamp, DuD 1998, 438 (439).
[889] So: Erste Hinweise des Ministeriums des Inneren, ABl. Bbg 1998, 842 (842), 1.2.

sichtsrechte“ von der Regelung erfasst sind.[890] Eine Regelung für einen beschränkten Personenkreis ist nur dann anzunehmen, wenn die zusätzlich geforderte Voraussetzung so auszulegen ist, dass es sich im Ergebnis wegen der Einschränkung um ein Betroffenen- oder Beteiligtenrecht oder ein Recht für einen bestimmten und bestimmbaren Personenkreis handelt. In diesem Fall kann nicht mehr von einem Jedermann-Recht ausgegangen werden.[891] Führt die Auslegung der geforderten Voraussetzung nicht dazu, dass es sich um ein Recht für einen beschränkten Personenkreis handelt (wie z.B. bei § 13 Abs. 3 S. 3 VermLiegG), so ist davon auszugehen, dass das eine Regelung i.S.d. § 1 AIG a.E. vorliegt, die lediglich eine zusätzliche Voraussetzung enthält.

bb. „Bereichsspezifische Regelung“ i.S.d. § 1 AIG

Klärungsbedürftig ist der Begriff der „bereichsspezifischen Regelung.“ Es stellt sich zum einen die Frage, ob „Regelungen“ im Sinne des § 1 AIG a.E. lediglich Akteneinsichtsrechte oder alle denkbaren Informationsrechte sind. Zum anderen ist unklar, was unter dem (Teil-)Begriff des „Bereichs“ zu verstehen ist.

In der Begründung zum Gesetzentwurf ist der Begriff der „bereichsspezifischen Regelung“ nicht näher konkretisiert worden. Als Beispiel wurde lediglich „die landesrechtliche Regelung über das Akteneinsichtsrecht in das Liegenschaftskataster“ genannt.[892] In den Ersten Hinweisen des Ministeriums des Inneren zum AIG wurde ebenfalls die Regelung des § 13 Abs. 3 Vermessungs- und Liegenschaftsgesetz (VermLiegG Bbg) beispielhaft angeführt, die als „speziellere Rechtsnorm“ Vorrang vor der Anwendung des AIG habe.[893] Weiterhin wurde auf das Brandenburgische Archivgesetz verwiesen.[894] Zudem ist die Auffassung vertreten worden, aus der Regelung des § 1 AIG a.E. lasse sich die Struktur des Gesetzes als „Auffanggesetz“ erkennen.[895] Als Beispiele für vorrangige Regelungen wurden außerdem das UIG, § 144 Brandenburgisches Wassergesetz (BbgWassG) und die Regelungen über den Zugang zu öffentlichen Registern genannt.[896]

---

[890] So LT-Drucks. 2/4417, S. 2 der Begründung, allerdings unter gleichzeitiger Nennung der „landesrechtlichen Regelungen über das Akteneinsichtsrecht in das Liegenschaftskataster“ als Beispiel für § 1 AIG.

[891] Hierfür ist jedoch derzeit kein Beispiel im Brandenburgischen Landesrecht vorhanden.

[892] LT-Drucks. 2/4417, S. 2 der Begründung.

[893] Erste Hinweise des Ministeriums des Inneren, ABl. Bbg 1998, 842 (842), 1.2.

[894] Erste Hinweise des Ministeriums des Inneren, ABl. Bbg 1998, 842 (842), 1.5; Breidenbach/Palenda, LKV 1998, 252 (253).

[895] Breidenbach/Palenda, LKV 1998, 252 (253).

[896] Breidenbach/Palenda, LKV 1998, 252 (253).

Zu klären ist zunächst, ob von dem Begriff der „Regelung“ lediglich Akteneinsichtsrechte erfasst werden oder alle Informationsrechte, d.h. neben Akteneinsichtsrechten auch unterschiedlich ausgestaltete Auskunftsrechte. Nach der Begründung des Gesetzentwurfes wird auf mit dem Recht auf Akteneinsicht „vergleichbare Rechte“ verwiesen.[897] Als Beispiel für ein solches Recht werden „die landesrechtlichen Regelungen über das Akteneinsichtsrecht in das Liegenschaftskataster“ genannt.[898] Die landesrechtlichen Regelungen hinsichtlich des Liegenschaftskatasters sehen lediglich ein Auskunftsrecht sowie ein Recht auf Herausgabe von Auszügen aus dem Kataster vor (vgl. § 13 Abs. 3 S. 1 VermLiegG). Im Ergebnis ist deshalb davon auszugehen, dass der Begriff der „Regelungen“ in § 1 AIG Informationsrechte im allgemeinen erfasst.

Unklar ist, wann eine Regelung als „bereichsspezifisch“ einzustufen ist. Denkbar ist es grundsätzlich, zur Bestimmung des geregelten „Bereiches“ auf bestimmte Aktentypen, auf bestimmte Daten oder Informationen, auf bestimmte Behörden oder auf bestimmte Verfahren abzustellen. Erforderlich ist ungeachtet dessen, dass die Regelung den „Bereich“ abschließend regelt. Anderenfalls kann der Anwendungsbereich des AIG nicht von dem der „bereichsspezifischen Regelung“ klar abgegrenzt werden.

Den oben dargestellten Ausführungen zum AIG ist zu entnehmen, dass als „bereichsspezifische Regelungen“ jedenfalls diejenigen landesrechtlichen Regelungen anzusehen sein sollen, die sich auf einen bestimmten Aktentyp beziehen und für diesen Typ spezielle Regelungen treffen. Eine derartige Auslegung des Begriffes ist auch zweckmäßig, da der Landesgesetzgeber sonst mit dem AIG alle bisher - von ihm selbst - hinsichtlich der Zugangsvoraussetzungen und des Verfahrens speziell geregelten Informationsrechte aufgehoben hätte. Bestimmte Aktentypen sind z.B. Register und Verzeichnisse (z.B. Handelsregister, Grundbuch, Liegenschaftskataster, Abfallkataster, Wasserbuch, Biotopverzeichnis, Verzeichnis der Denkmale), Pläne (z.B. Raumordnungspläne, Bebauungspläne) und sonstige Sammlungen von Informationen, für die besondere Regelungen über den Zugang getroffen worden sind (z.B. für öffentliches Archivgut in öffentlichen Archiven des Landes Brandenburg im brandenburgischen Archivgesetz).

Denkbar ist weiterhin, als bereichsspezifische Regelung jene Gesetze anzusehen, die Zugangsrechte zu Daten oder Informationen, die eine bestimmte Materie betreffen, z.B. Umweltinformationen oder personenbezogene Daten, regeln.

---

897 LT-Drucks. 2/4417, S. 2 der Begründung.

898 LT-Drucks. 2/4417, S. 2 der Begründung.

„Bereichsspezifisch“ in diesem Sinne wären dann z.B. Bestimmungen, die den Zugang zu Umweltinformationen (so § 4 UIG[899]) oder zu naturschutzbezogenen Daten (§ 67 BbgNatSchG) für einen unbeschränkten Personenkreis regeln. Derartige Zugangsrechte werden jedoch von § 1 AIG a.E. nur dann erfasst, wenn sie den Zugang zu diesen Informationen abschließend regeln. Die genannten Vorschriften treffen aber für den jeweiligen Informationstyp keine abschließenden Regelungen. Für den Anspruch aus dem UIG wird dies durch § 4 Abs. 2 UIG unmissverständlich festgestellt. Für § 67 BbgNatSchG gilt im Ergebnis gleiches. Weder mit dem Erlass des UIG noch mit dem Erlaß des § 67 BbgNatSchG wollte der jeweilige Gesetzgeber die Zugangsmöglichkeiten zu den jeweiligen Informationen nach anderen Vorschriften einschränken oder ausschließen. Vielmehr wurde durch die Vorschriften erstmalig überhaupt ein Zugang für nicht an Verfahren Beteiligte zugelassen. Keinesfalls sollte aber ein weitergehender Informationszugang nach anderen Vorschriften nicht mehr möglich sein. Die Vorschriften werden deshalb nicht von § 1 AIG a.E. erfaßt. Sie sind im Ergebnis neben dem Anspruch aus AIG anwendbar.[900] Der Anspruch auf Einsicht in oder Auskunft über bestimmte Informationen (z.B. Umweltinformationen oder naturschutzbezogene Daten) kann im Einzelfall weiter gehen als jener aus § 1 AIG, weil die Einschränkungen des AIG (z.B. § 2 Abs. 5, § 4 und 5 AIG) für ihn nicht gelten. Andererseits kann der Anspruch auch im Vergleich zu jenem aus dem AIG im konkreten Fall auch ein weniger an Informationszugang umfassen, weil er auf einen bestimmten Informationstyp beschränkt ist (z.B. § 4 UIG auf Umweltinformationen) oder nur gegenüber bestimmten Behörden besteht. Dann kann das AIG einen weitergehenden Informationszugang verschaffen.
Datenschutzrechtliche Informationsansprüche (z.B. § 71 Brandenburgisches Polizeigesetz [BbgPG] und § 18 Brandenburgisches Datenschutzgesetz [BbgDSG]) - werden von § 1 AIG a.E. schon deshalb nicht erfasst, da diese nicht für einen unbeschränkten Personenkreis sondern nur für Betroffene gelten. Sie sind neben dem AIG anwendbar.[901]

Denkbar ist es weiterhin, solche Regelungen als „bereichsspezifisch“ im Sinne des § 1 AIG zu qualifizieren, die Informationsrechte gegenüber bestimmten Be-

---

899 Näheres zu dem Anspruch aus dem UIG und seinem Verhältnis zum AIG unter B.IV.1.b.ee.(2).

900 Das UIG als vorrangige Regelung bezeichnet haben in diesem Zusammenhang aber: Erste Hinweise des Ministeriums des Inneren, ABl. Bbg 1998, 842 (842), 1.3; Breidenbach/Palenda, LKV 1998, 252 (253), Kneifel-Haverkamp, DuD 1998, 438 (439); auch: Tätigkeitsbericht des LDA Bbg 2000, LT-Drucks. 3/2481= http://www.brandenburg.de/land/lfdbbg/tb/tb9/tb9b02.htm, zuletzt besichtigt am 05.03.2001, Teil B 3.2.

901 Vgl. hierzu B.IV.2.b.dd.

hörden oder in bestimmten Verfahren abschließend regeln. Allerdings gibt es im bestehenden Recht keine „Jedermann-Rechte" auf Akteneinsicht oder Auskunft, die den Informationszugang bei bestimmten Behörde oder während bestimmter Verfahren regeln. Regelmäßig sind in diesen "Bereichen" nur Beteiligtenrechte vorgesehen.

Im Ergebnis verbleiben daher als „bereichsspezifische Regelungen" im Sinne des § 1 AIG a.E. lediglich solche Informationsansprüche, die den Zugang zu bestimmten Aktentypen, d.h. bestimmten Verzeichnissen, Registern, Katastern und Archivgut abschließend regeln.

Die von § 1 AIG a.E. erfassten Informationsrechte dürften jedenfalls z.T. zugleich im Verhältnis zum AIG spezieller und deshalb bereits aufgrund dessen vorrangig sein.[902] An dieser Stelle kann jedoch dahin gestellt bleiben, ob der Vorschrift lediglich deklaratorische Bedeutung zukommt oder ob sie erforderlich war, um den Vorrang der "bereichsspezifischen Regelungen" anzuordnen.

b. Bundesrechtliche Vorschriften

Nicht erst durch die Regelung des § 1 AIG a.E. vom Anwendungsbereich des AIG ausgeschlossen sind bundesrechtliche Vorschriften, die abschließende „bereichsspezifische" Regelungen enthalten. Vorhandene bundesrechtliche Vorschriften sind regelmäßig schon wegen der mangelnden Gesetzgebungskompetenz des Landes vorrangig,[903] wenn das Bundesgesetz nicht ausdrücklich die ergänzende Anwendung von Landesrecht zulässt. Auf Register wie das Grundbuch, das Handelsregister oder das Schuldnerverzeichnis, die bundesrechtlichen Regelungen unterliegen, ist deshalb das brandenburgische AIG ohnehin nicht anwendbar.[904]

Der Anspruch aus dem UIG[905] ist - wie bereits oben ausgeführt - nicht von der Regelung des § 1 AIG a.E. erfaßt, da er den Zugang zu Umweltinformationen nicht abschließend regelt. Aufgrund der ausdrücklichen Anordnung in § 4 Abs.

---

902 Ausführlich zum Konkurrenzverhältnis von Normen gleicher Rangordnung unter B.IV.2.a.

903 Hierzu nachfolgend unter B.IV.1.

904 LT-Drucks. 2/4417, S. 2 der Begründung; Kneifel-Haverkamp, DuD 1998, 438 (439); hierzu im Einzelnen unter B.IV.1.b.dd.(2).

905 Näheres zu dem Anspruch aus dem UIG und seinem Verhältnis zum AIG unter B.IV.1.b.ee.(2).

2 UIG ist das UIG aber auch als Bundesgesetz nicht vorrangig gegenüber dem AIG anzuwenden, sondern daneben.[906]

c. Landesrechtliche Vorschriften (Beispiele)

Folgende landesrechtliche Vorschriften treffen bereichsspezifische Regelungen für einen unbeschränkten Personenkreis. Sie sind somit nach § 1 AIG a.E. für den betroffenen Aktentyp spezieller als das AIG mit der Folge, dass ein Anspruch aus dem AIG für den geregelten Aktentyp in der Regel nicht besteht.

Im Einzelnen:

aa. § 144 Brandenburgisches Wassergesetz (BbgWG): Einsichtnahme ins Wasserbuch

Für den Bereich der Einsichtnahme in das Wasserbuch enthält das brandenburgische Landesrecht eine Regelung für einen unbeschränkten Personenkreis. Nach § 144 Abs. 1 S. 1 Brandenburgisches Wassergesetz (BbgWG) ist jedermann die Einsicht in das Wasserbuch, seine Auszüge und diejenigen Urkunden, auf die in der Eintragung Bezug genommen wird, gestattet. Nach § 144 Abs. 2 BbgWG ist die Einsicht in solche Urkunden, die Mitteilungen über geheimzuhaltende Betriebseinrichtungen oder Betriebsweisen enthalten, nur nach Zustimmung der Berechtigten gestattet.

bb. § 32 Abs. 3 S. 4 Brandenburgisches Naturschutzgesetz (BbgNatSchG): Einsichtnahme ins Biotopverzeichnis

Für den Bereich der Einsichtnahme in das von der Fachbehörde für Naturschutz und Landschaftspflege geführte Verzeichnis der gesetzlich geschützten Biotope (Biotopverzeichnis, vgl. § 32 Abs. 3 BbgNatSchG) sieht das brandenburgische Landesrecht eine Regelung für einen unbeschränkten Personenkreis vor. Nach § 32 Abs. 3 S. 4 BbgNatSchG kann das Verzeichnis von jedermann eingesehen werden.

---

906 Das UIG als vorrangige Regelung bezeichnet haben in diesem Zusammenhang aber: Erste Hinweise des Ministeriums des Inneren, ABl. Bbg 1998, 842 (842), 1.3; Breidenbach/Palenda, LKV 1998, 252 (253), Kneifel-Haverkamp, DuD 1998, 438 (439).

cc. § 9 Abs. 3 Brandenburgisches Denkmalschutzgesetz (BbgDenkmSchG): Einsicht in das Verzeichnis der Denkmale

Für den Bereich der Einsicht in das von der unteren Denkmalschutzbehörde zu führende Verzeichnis der Denkmale (vgl. § 9 Abs. 2 S. 1 BbgDenkmSchG) enthält das brandenburgische Landesrecht eine bereichsspezifische Regelung für einen unbeschränkten Personenkreis. Nach § 9 Abs. 3 S. 1 BbgDenkmSchG ist die Einsicht in das Verzeichnis der Denkmale jedermann gestattet. Nach § 9 Abs. 3 S. 2 BbgDenkmSchG ist jedoch, soweit es sich um ortsfeste Bodendenkmale oder bewegliche Denkmale handelt, ein berechtigtes Interesse darzulegen.

dd. § 13 Abs. 3 S. 3 Vermessungs- und Liegenschaftsgesetz Brandenburg (VermLiegG Bbg): Auskünfte und Auszüge aus dem Liegenschaftskataster

Für den Bereich der Auskünfte und Auszüge aus dem vom Katasteramt zu führende Liegenschaftskataster (vgl. § 23 Abs. 1 VermLiegG Bbg) regelt das brandenburgische Landesrecht neben einem Anspruch der Eigentümer, Nutzungs- und Erbbauberechtigten und Notare (vgl. § 13 Abs. 3 S. 1, 2 VermLiegG Bbg) auch ein Informationsrecht für einen unbeschränkten Personenkreis. Nach § 13 Abs. 3 S. 3 können andere als die genannten Antragsteller Auskünfte aus dem Liegenschaftsregister im gleichen Umfange (vgl. § 13 Abs. 4 VermLiegG Bbg) beziehen, soweit sie ein berechtigtes Interesse darlegen.

ee. § 9 Brandenburgisches Archivgesetz (BbgArchivG): Benutzung von Archivgut durch Dritte

Auf Akten, die an ein öffentliches Archiv im Sinne des Brandenburgischen Archivgesetzes (BbgArchivG) abgegeben wurden,[907] findet das AIG keine Anwendung.[908] Für die Einsichtnahme in das in öffentlichen Archiven des Landes Brandenburg vorhandene öffentliche Archivgut enthält § 9 BbgArchivG - neben der Regelung zur Benutzung von Archivgut durch Betroffene (vgl. § 8 BbgArchivG) - eine bereichsspezifische Regelung für einen unbeschränkten Personenkreis. Nach § 9 Abs. 1 S. 1 BbgArchivG hat jede Person, die ein berechtigtes Interesse glaubhaft macht, das Recht, öffentliches Archivgut nach Maßgabe der

---

907 Ausführlich zu Erfassung und Anbietung, Bewertung und Übernahme von Archivgut nach dem Landesrecht: Schreckenbach, LKV 1998, 289 (291 f.).

908 So im Grundsatz auch: Erste Hinweise des Ministeriums des Inneren, ABl. Bbg 1998, 842, 1.5.

Absätze 2 und 3 des § 9 BbgArchivG und der §§ 10 und 11 BbgArchivG zu benutzen, soweit durch das BbgArchivG oder durch Rechtsvorschriften nicht anderes bestimmt ist. § 9 Abs. 2 Bbg Archiv nennt beispielhaft (vgl. „insbesondere“) Fälle, in denen ein berechtigtes Interesse anzunehmen ist. § 10 BbgArchivG enthält Regelungen über die Schutzfristen für die Nutzung von Archivgut. Danach darf im allgemeinen Archivgut frühestens nach Ablauf von 10 Jahren nach Entstehung der Unterlagen genutzt werden, im Falle von personenbezogenem Archivgut frühestens 10 Jahre nach dem Tod der betroffenen Person. § 11 sieht Einschränkungen und Ausschlussgründe für die Benutzung von Archiven zum Schutz öffentlicher und privater Interessen vor.

Das Ministerium des Inneren führt in seinen "Ersten Hinweisen zur Anwendung des AIG" zur Anwendung des BbgArchivG neben dem AIG folgendes aus:[909] Bei Übergabe der Akten an das öffentliche Archiv teile die abgebende Stelle dem zuständigen Archiv mit, welche Akten oder Aktenteile einer Akteneinsicht nach dem AIG unterlegen haben, sofern eine anonymisierte Kopie des Bescheides über die Gewährung von Akteneinsicht nicht beigefügt sei. Für die Akten gelten dann nach Auffassung des Ministeriums des Inneren gemäß § 10 Abs. 7 BbgArchivG die in § 10 Abs. 1 bis 3 BbgArchivG genannten Schutzfristen nicht. Die Benutzung der Akten erfolge nach den Regelungen des BbgArchivG, ein berechtigtes Interesse der antragstellenden Personen im Sinne des § 9 Abs. 1 BbgArchivG sei in diesem Falle anzunehmen.
Dieser Auffassung des Ministeriums kann nicht gefolgt werden. Zunächst ist davon auszugehen, dass § 10 Abs. 7 BbgArchivG keinesfalls regelmäßig, sondern vielmehr regelmäßig *nicht* einschlägig ist. Nach dieser Vorschrift gelten die Schutzfristen der § 10 Abs. 1 bis 3 BbgArchivG nicht für Unterlagen, die bereits bei ihrer Entstehung zur Veröffentlichung bestimmt oder der Öffentlichkeit zugänglich waren. Eine Zugänglichkeit "bei Entstehen" der Unterlagen ist nach AIG schon deshalb in der überwiegenden Zahl der Fällen zu verneinen, weil die Akteneinsicht nach AIG in laufenden Verfahren nach § 2 Abs. 5 AIG ausgeschlossen ist. Keinesfalls grundsätzlich angenommen werden kann bei der Geltendmachung des Anspruchs aus § 9 Abs. 1 AIG das Vorliegen eines berechtigten Interesses der antragstellenden Person "in diesen Fällen". Da § 1 AIG a.E. ausdrücklich den Vorrang bereichsspezifischer Regelungen für einen unbeschränkten Personenkreis anordnet, gilt § 9 BbgArchivG - samt der darin vorgesehenen Voraussetzungen - vorrangig für den mit der Vorschrift geregelten spezifischen Bereich "Archivgut bei öffentlichen Archiven".

Im Ergebnis führt die Regelung des § 1 AIG a.E. damit dazu, dass Akten, die nach AIG zugänglich waren, mit der Abgabe an ein Archiv zunächst unter die

---

909 Erste Hinweise des Ministeriums des Inneren, ABl. Bbg 1998, 842, 1.5.

Schutzfirsten des Archivrechts fallen und damit über einen längeren Zeitraum nicht mehr zugänglich sind. Bereits im Gesetzgebungsverfahren ist dies als nicht hinnehmbar kritisiert und eine eindeutige Regelung des Konkurrenzverhältnisses zwischen dem AIG und dem BbgArchivG gefordert worden.[910] Um unterschiedliche Entscheidungen von Verwaltungsbehörden und Archiven zu vermeiden, ist ein Vorgehen entsprechend dem nunmehr in den "Ersten Hinweisen zum AIG" formulierten (Kennzeichnung der Akten, s.o.) vorgeschlagen worden.[911] Hierdurch kann jedoch unter Berücksichtigung der derzeitigen Fassung des § 1 AIG a.E. und der infolgedessen vorrangigen Geltung des Archivrechts kein Zugangsrecht begründet werden. Allein durch eine Kennzeichnung von Akten können die Schutzfirsten des Archivrechts nicht abgeändert werden. Hier müßte der Gesetzgeber tätig werden, wenn er eine Zugangsmöglichkeit zu den Akten während der Schutzfristen des Archivrechts wünscht.[912] Denkbar wäre z.B. nach der Regelung des § 1 AIG a.E. eine Sonderregelung für Archivgut einzufügen: "Waren Akten vor Abgabe an Landesarchive nach dem AIG zugänglich, so bleiben sie dies auch während der im BbgArchivG vorgesehenen Schutzfristen in gleichem Umfang." Parallel dazu müßte eine entsprechende Änderung des BbgArchivG vorgenommen werden.

Etwas anderes gilt, solange sich Akten zur Aufbewahrung in einem Zwischenarchiv befinden (§ 5 Abs. 5 BbgArchivG). Hier sind ausschließlich die Regelungen des AIG anwendbar.[913] § 5 Abs. 5 S. 2 BbgArchivG, nach dem die anbietende Stelle auch nach Abgabe des Archivgutes an das öffentliche Archiv über die Benutzung des Archivgutes durch Dritte entscheidet, ist als spezielle Zuständigkeitsregelung für die Gewährung der Akteneinsicht nach AIG in diesen Fällen zu qualifizieren. Die im Zwischenarchiv verwahrten Unterlagen stehen weiterhin unter der Aufsicht der abgebenden Stelle und sind - da noch nicht bewertet - noch kein Archivgut.[914]

---

910 *Neitmann* (Landesverband Brandenburg des Vereins Deutscher Archivare), Ausschussprotokoll 2/902 - I, S. 21f.

911 *Neitmann* (Landesverband Brandenburg des Vereins Deutscher Archivare), Ausschussprotokoll 2/902 - I, S. 21f.; auch: *Bleyl* (damaliger Landesbeauftragter für den Datenschutz Brandenburg), Stellungnahme im Anhang des Ausschussprotokolls 2/902-I, S. 11.

912 Nicht ausreichend dürfte die Verankerung einer Kennzeichnungspflicht in Verwaltungsvorschriften sein, so aber: *Bleyl* (damaliger Landesbeauftragter für den Datenschutz Brandenburg), Stellungnahme im Anhang des Ausschussprotokolls 2/902-I, S. 11.

913 So auch: Erste Hinweise des Ministeriums des Inneren, ABl. Bbg 1998, 842, 1.5.; Tätigkeitsbericht des LDA Bbg 1999, Teil B, 3.4 für das Liegenschaftsrecht.

914 Schreckenbach, LKV 1998, 289 (292).

ff. § 38 S. 2 Brandenburgisches Abfallgesetz (BbgAbfG) i. V. m. dem Umweltinformationsgesetz (UIG): Zugang Dritter zu Informationen über Altlasten

Für den Bereich der Auskünfte und Auszüge aus dem von den unteren Abfallwirtschaftsbehörden zu führende Altlastenkataster (§ 37 BbgAbfG) enthält das brandenburgische Landesrecht zwar in § 38 S. 2 BbgAbfG eine Regelung für einen unbeschränkten Personenkreis, in der für den Zugang zu diesen Informationen (personenbezogenen Daten sowie Tatsachen und Erkenntnisse über Altablagerungen und Altstandorte, vgl. § 38 S. 1 BbgAbfG) darauf verwiesen wird, dass sich dieser nach dem UIG richtet. Diese Regelung führt aber nicht dazu, dass ein Anspruch auf Einsicht in das Altlastenkataster oder in Informationssammlungen zu Altlasten nach dem AIG wegen § 1 AIG a.E. ausgeschlossen ist. Neben dem UIG bleiben - wegen der ausdrücklichen Regelung des § 4 Abs. 2 UIG - andere Ansprüche auf Zugang zu Informationen, mithin auch solche aus dem AIG unberührt. Eine Einsicht in das Altlastenkataster nach AIG ist damit grundsätzlich möglich.

Gleiches gilt im Ergebnis für das nach §§ 15 ff. BbgAbfG vom Landesumweltamt zu führende Abfallkataster. Hier sieht das Landesrecht keinen Anspruch auf Auskunft oder Akteneinsicht für einen unbeschränkten Personenkreis vor. Neben dem Informationsanspruch aus § 4 UIG besteht deshalb auch ein Anspruch auf Akteneinsicht nach § 1 AIG in das Abfallkataster (vgl. auch § 41 Abs. 3 BbgAbfG).

gg. § 67 Brandenburgisches Naturschutzgesetz (BbgNatSchG): Auskunft über naturschutzbezogene Daten bei den Naturschutzbehörden

Wie bereits oben ausgeführt, trifft § 67 BbgNatSchG Vorschrift keine abschließende Regelung für den Bereich der naturschutzbezogene Informationen. Die Regelung ist vielmehr neben dem Anspruch aus dem AIG anwendbar. In Anbetracht der Regelung des § 4 UIG dürfte § 67 BbgNatSchG im übrigen inzwischen bedeutungslos sein, da § 4 UIG einen weiteren Anwendungsbereich („umweltbezogene Daten") als § 67 BbgNatSchG („naturschutzbezogene Daten") hat. Das Verhältnis der Vorschriften zueinander ist jedoch nicht Gegenstand dieser Untersuchung.

d. Ergebnis und Stellungnahme

Die Vorschrift des § 1 AIG a.E., die das Akteneinsichtsrecht nach AIG ausschließt, „soweit ... andere Rechtsvorschriften bereichsspezifische Regelungen für einen unbeschränkten Personenkreis enthalten“, hat im Ergebnis einen relativ kleinen und überschaubaren Anwendungsbereich. Sie führt lediglich dazu, dass die bestehenden landesrechtlichen Akteneinsichts- und Auskunftsrechte für Register, Kataster, Verzeichnisse und öffentliches Archivgut unberührt bleiben und die Akteneinsichtsrechte in diesen speziellen Aktentyp nicht durch die Einführung des AIG geändert oder erweitert werden.
Bundesrechtlich geregelte "bereichsspezifische" Informationsrechte "für einen unbeschränkten Personenkreis" sind nicht erst aufgrund der Anordnung des § 1 AIG a.E. vorrangig sondern schon wegen der mangelnden Gesetzgebungskompetenz des Landes. Dies wird nachfolgend im Einzelnen dargestellt.[915]

Die Vorschrift des § 1 AIG a.E. führt auch dazu, dass in Akten nach Abgabe an Landesarchive nicht mehr nach dem AIG eingesehen werden kann, sondern dann die Schutzfristen des BbgArchivGs eingreifen. Dies hat zur Folge, dass ursprünglich nach dem AIG zugängliche Akten u.U. über Jahre nicht mehr eingesehen werden können. Hier sollte der Gesetzgeber eine Sonderregelung für Archivgut schaffen, die den fortdauernden Zugang nach dem AIG ermöglicht und die "Flucht in Archiv" unmöglich macht.

Weder das IFG S-H noch das IFG Bln enthalten eine § 1 AIG a.E. entsprechende Regelung. Nach § 2 Abs. 2 IFG Bln bleiben "weitergehende Ansprüche nach anderen Rechtsvorschriften ... unberührt." In § 2 Abs. 2 und §§ 19 bis 21 IFG Bln ist das Verhältnis des Informationsanspruchs des IFG Bln zu bestimmten Vorschriften explizit geregelt. Nach § 17 IFG S-H bleiben "Rechtsvorschriften, die einen weitergehenden Zugang zu Informationen ermöglichen oder ihre Grundlage in besonderen Rechtsverhältnissen haben, ... unberührt." Zum IFG S-H ist ausgeführt worden, man müsse die Schaffung des allgemeinen Informationsrechts als "neuen Mindeststandard" begreifen mit der Folge, dass der Anwendungsbereich des Gesetzes auf sämtliche behördliche Unterlagen durchschlage, auch auf solche, bei denen bisher nach geltendem Recht lediglich ein eingeschränktes Einsichtsrecht bestand.[916] Dieses Postulat kann für das bran-

---

[915] Vgl. B.IV.1.b.dd.(2).

[916] Vgl. Stellungnahme des Landesbeauftragten für den Datenschutz Schleswig-Holstein zu den Gesetzentwürfen eines Informationsfreiheitsgesetzes des Fraktion des SSW im Schleswig-Holsteinischen Landtag (E-SSW) und des Innenministers des Landes Schleswig-Holstein (E-IM) vom 11. November 1999, http://www.rewi.hu-berlin.de/Datenschutz/DSB/SH/material/recht/infofrei/stellifg.htm, zuletzt besichtigt am 29.03.2000, 3.g).

denburgische AIG hinsichtlich der für die "bereichsspezifischen Regelungen unbeschränkten Personenkreis" schon angesichts der Vorschrift des § 1 AIG a.E. nicht geteilt werden.

III. Rechtsfolgen des Akteneinsichtsantrags: Anspruchsinhalt, Zeitraum der Entscheidung, Kosten

Die Stellung eines Akteneinsichtsantrags hat regelmäßig die Gewährung oder die Nichtgewährung der Akteneinsicht bzw. der sonstigen Zurverfügungstellung von Informationen zur Folge. Nachfolgend soll der Anspruchsinhalt nochmals zusammenfassend dargestellt werden (1. bis 3.).[917] Danach werden die Fragen des Zeitraums der Entscheidung (4.) und der Gebühren für Amtshandlungen nach dem AIG erörtert (5.).

1. Anspruch auf Akteneinsicht

Der Anspruch aus § 1 AIG ist auf „*Einsicht* in Akten" gerichtet. Dieser Anspruch wird grundsätzlich - vorbehaltlich der in § 6 Abs. 2 AIG und § 8 AIG geregelten Ausnahmen und der in § 7 S. 3 und 4 AIG vorgesehen Möglichkeiten - durch die Gewährung der Einsicht in die Originaldokumente erfüllt (vgl. § 7 S. 2 AIG).

2. Anspruch auf Auskunft; Ermessen

Die Akteneinsicht ist von der Auskunft zu trennen. Ein Anspruch auf Auskunftserteilung gewährt das AIG im Grundsatz nicht. Die Behörde hat jedoch in den Fällen der §§ 6 Abs. 2 S. 2[918] und 8 Abs. 1 AIG ein Ermessen, statt der Akteneinsicht eine Auskunft zu erteilen. In diesen Fällen steht dem Antragsteller insoweit ein Anspruch auf Auskunft zu, als die Behörde die Akteneinsicht oder Aktenauskunft nicht insgesamt verweigern darf. Ein Anspruch auf eine möglicherweise für den Antragsteller günstigere, weil zusammenfassende Auskunftserteilung besteht jedoch nicht, wenn die Behörde es bevorzugt, auch bei Vorliegen der Tatbestandsvoraussetzungen der §§ 6 Abs. 2 S. 2 und 8 Abs. 1 AIG Akteneinsicht zu erteilen.

Der Inhalt des Anspruchs aus § 1 AIG ist zu unterscheiden vom jenem des Art. 21 Abs. 3 S. 2 BbgVerf. Bürgerinitiativen und Verbänden zur Beeinflussung öffentlicher Angelegenheiten haben nach Art. 21 Abs. 3 S. 2 1. HS BbgVerf ein „Recht auf Information".[919] Das Recht auf Information kann sowohl durch Gewährung von Akteneinsicht als auch durch Erteilung von Auskünften erfüllt werden. Die Auswahl, in welcher Art und Weise der Anspruch aus Art. 21 Abs.

---

[917] Siehe hierzu ausführlich unter B.I.3.b.-d.
[918] Siehe hierzu ausführlich unter B.I.3.c.
[919] Siehe hierzu ausführlich unter B.I.3.e.

3 S. 2 BbgVerf zu erfüllen ist, steht nicht dem Antragsteller, sondern regelmäßig der Behörde zu. Die Behörde hat hierbei ein Ermessen. Entscheidend ist, dass den Vereinigungen ausreichende Informationen für die angegebenen Zwecke, d.h. die politische Mitgestaltung, zur Verfügung gestellt werden. Unter Umständen kann der Anspruch nur durch Akteneinsicht oder nur durch Auskunftserteilung ermessensfehlerfrei erfüllt werden.

3. Art und Weise der Gewährung der Akteneinsicht

Nach §§ 1, 7 AIG besteht grundsätzlich zunächst nur ein Anspruch auf Akteneinsicht. Ein Anspruch auf Übermittlung der begehrten Informationen in anderer Weise als durch Einsicht in die Originaldokumente wird nicht gewährt.[920] Mit Zustimmung des Antragstellers kann die Behörde jedoch von den in § 7 Abs. 1 S. 2 Nr. 1 bis 5 AIG bezeichneten anderen Möglichkeiten der Übermittlung von Informationen Gebrauch machen. So kann statt der Akteneinsicht z.B. eine Übermittlung von Fotokopien oder Druckstücken erfolgen, es können Dokumentationen zusammengestellt werden, die als Broschüren oder in sonstiger Weise (z.B. als CD-ROM oder im Internet) zur Verfügung gestellt werden.

4. Zeitraum der Entscheidung

Das AIG regelt nicht, innerhalb welchen Zeitraums die jeweilige Behörde über einen Antrag auf Akteneinsicht zu entscheiden hat. Damit bleibt es bei der allgemeinen verwaltungsverfahrensrechtlichen Regelung, dass frühestens drei Monate nach Stellung des Antrages Untätigkeitsklage nach § 75 VwGO erhoben werden kann.[921]

Im Gesetzgebungsverfahren ist von der Opposition (PDS) vergeblich versucht worden, eine Entscheidungsfrist von einem Monat für Akteneinsichtsgesuche nach dem AIG einzufügen.[922]

Das Fehlen der Regelung einer Entscheidungsfrist ist nach Erlass des AIG heftig kritisiert worden. Die Tatsache, dass nicht bestimmt sei, wie schnell die Verwaltung einen Antrag auf Informationszugang bescheiden muss, wurde als

---

920 Siehe hierzu ausführlich unter B.I.3.b.

921 Presseinformation des LDA Bbg, Informationen zur Pressekonferenz am 3. März 1999, http://www.brandenburg.de/land/lfbbg/presse/Interv.htm, zuletzt besichtigt am 15.04.1999, I.3; Partsch, NJ 1998, 346 (350); ders., NJW 1998, 2559 (2563).

922 S.o. unter A.II.2.

eine der wesentlichen Schwächen des AIG bezeichnet.[923] Der Mangel sei „dramatisch“ und werde dazu führen, dass die Behörden darüber das Akteneinsichtsrecht entwerten werden.[924] Auch ist die Befürchtung geäussert worden, dass entsprechende Anträge durch verzögernde Behandlung zunichte gemacht - „ausgesessen“ - würden.[925] Bereits das Ausschöpfen der maximalen Bearbeitungsfrist von drei Monaten reiche aus, Informationen veralten und damit einen Antrag ins Leere laufen zu lassen.[926] Um dies zu verhindern, sei eine klare Festlegung nötig.[927] Teilweise wird deshalb die Regelung einer Drei-Wochen-Frist vorgeschlagen.[928] Insbesondere bei eiligen Anliegen der antragstellenden Personen könne bereits eine Bearbeitungszeit von drei Wochen, die rechtlich nicht zu beanstanden sei, zu lang sein und zu Schwierigkeiten führen.[929] Beispielsweise sei es Journalisten oder Bürgern, die ein Bürgerbegehren durchführen wollten, nicht zuzumuten, wochenlang auf Informationen zu warten. Für sie habe eine lange Bearbeitungszeit dasselbe Ergebnis wie ein ablehnender Bescheid.[930] Der LDA Bbg schlägt eine 30-Tagefrist vor, wie sie in Kanada gilt.[931] Eine solche Regelung könnte nach seiner Auffassung in Brandenburg auch ohne Gesetzesänderung angewandt werden, indem die Verwaltungen eine vergleichbare Frist in ihren internen Verwaltungsanweisungen zum AIG aufnehmen und danach verfahren würden.[932]

---

923 Tätigkeitsbericht 1998 des LDA Bbg, LT-Drucks. 2/6130, 2.3; Presseinformation des LDA Bbg, Informationen zur Pressekonferenz am 3. März 1999, http://www.brandenburg.de/land/lfbbg/presse/Interv.htm, zuletzt besichtigt am 15.04.1999, I.3; Tätigkeitsbericht des LDA Bbg 2000, LT-Drucks. 3/2481= http://www.brandenburg.de/land/lfdbbg/tb/tb9/tb9b02.htm, zuletzt besichtigt am 05.03.2001, Teil B 4; auch: Partsch, LKV 2001, 98 (100).

924 Partsch, NJ 1998, 346 (350); ders., NJW 1998, 2559 (2563); ders., LKV 2001, 98 (100); zustimmend: Angelov, Informationszugangsanspruch, S. 212 Fn. 1002.

925 Presseinformation des LDA Bbg vom 07.06.1999 (Run auf Akten?).

926 Tätigkeitsbericht des LDA Bbg 1999, http://www.brandenburg.de/land/lfdbbg/tb/tb8/tb8.htm, zuletzt besichtigt am 09.03.2000, B. 6.3.

927 Presseinformation des LDA Bbg vom 07.06.1999 (Run auf Akten?).

928 Partsch, NJW 1998, 2559 (2563).

929 Tätigkeitsbericht des LDA Bbg 1999, http://www.brandenburg.de/land/lfdbbg/tb/tb8/tb8.htm, zuletzt besichtigt am 09.03.2000, B. 6.3.

930 Tätigkeitsbericht des LDA Bbg 1999, http://www.brandenburg.de/land/lfdbbg/tb/tb8/tb8.htm, zuletzt besichtigt am 09.03.2000, B. 6.3.

931 Tätigkeitsbericht des LDA Bbg 1999, http://www.brandenburg.de/land/lfdbbg/tb/tb8/tb8.htm, zuletzt besichtigt am 09.03.2000, B. 6.3.

932 Tätigkeitsbericht des LDA Bbg 1999, http://www.brandenburg.de/land/lfdbbg/tb/tb8/tb8.htm, zuletzt besichtigt am 09.03.2000, B. 6.3.; vgl. auch: Tätigkeitsbericht des LDA Bbg 2000, LT-Drucks. 3/2481=

Zum Teil wird angenommen, dass die Behörden auch nach der bestehenden Rechtslage unter dem Aspekt einer bürgernahen Verwaltung gehalten seien, ein Akteneinsichtsgesuch möglichst zeitnah zu bescheiden, um politische Mitbestimmungsrechte zu wahren.[933] Da Informationen schnell veralteten, sei es wichtig, dass über einen Antrag auf Akteneinsicht oder Informationszugang schnell entschieden werde.[934] Jede dilatorische Behandlung solcher Anträge könne den Grundrechtsschutz vereiteln und zur Rechtsverweigerung werden.[935] Es verstehe sich von selbst, dass die Entscheidung über den Antrag unverzüglich, d.h. ohne schuldhaftes Zögern zu erfolgen habe.[936] Auch dies lasse allerdings noch einen zu weiten Spielraum.[937] Zumindest aber könne der Bürger erwarten, dass die Verwaltung den Eingang seines Antrages auf Akteneinsicht innerhalb von zwei Wochen bestätige.[938] Hinderungsgründe, die zu einer Ablehnung des Antrages führen könnten, sollten von der Behörde bereits im Vorfeld genannt werden.[939]

Den Auffassungen zur geltenden Rechtslage kann nicht gefolgt werden. Ein näherer Blick auf die Ausgestaltung des Akteneinsichtsrechts des AIG zeigt, dass dem Gesetz eine aktuelle politische Kontroll- und Mitgestaltungsfunktion - insbesondere wegen der Regelung des § 2 Abs. 5 AIG - ohnehin nicht bzw. nur in verschwindend geringem Maße zukommt.[940] Aus diesem Grunde ist - bei Fortbestand der derzeitigen Ausgestaltung des Akteneinsichtsrechts des AIG - eine derartige Interpretation der Vorschriften nicht geeignet, politische Mitgestaltungsrechte zu wahren. Die gesetzliche Regelung einer kürzeren Entscheidungsfrist allein wäre deshalb hierfür wenig hilfreich. Allerdings ist einhergehend mit einer Veränderung der Ausgestaltung der Akteneinsichtsrechts - insbesondere einer Ausdehnung des Anspruchs auch auf laufende Verfahren - eine Verkürzung der Entscheidungsfrist geboten, da eine effektive Kontrollfunktion der Akteneinsicht in der Tat nur zukommen kann, wenn die Informationen eini-

---

http://www.brandenburg.de/land/lfdbbg/tb/tb9/tb9b02.htm, zuletzt besichtigt am 05.03.2001, Teil B 2.1 und Anhang 4.

933 Presseinformation des LDA Bbg, Informationen zur Pressekonferenz am 3. März 1999, http://www.brandenburg.de/land/lfbbg/presse/Interv.htm, zuletzt besichtigt am 15.04.1999, I.3.

934 Tätigkeitsbericht des LDA Bbg 1998, LT-Drucks. 2/6130, 2.3; vgl. auch: Tätigkeitsbericht des LDA Bbg 2000, LT-Drucks. 3/2481= http://www.brandenburg.de/land/lfdbbg/tb/tb9/tb9b02.htm, zuletzt besichtigt am 05.03.2001, Teil B 3.3.

935 Tätigkeitsbericht 1998 des LDA Bbg, LT-Drucks. 2/6130, 2.3.

936 Tätigkeitsbericht 1998 des LDA Bbg, LT-Drucks. 2/6130, 2.3.

937 Tätigkeitsbericht 1998 des LDA Bbg, LT-Drucks. 2/6130, 2.3.

938 Tätigkeitsbericht 1998 des LDA Bbg, LT-Drucks. 2/6130, 2.3.

939 Tätigkeitsbericht 1998 des LDA Bbg, LT-Drucks. 2/6130, 2.3.

940 Vgl. hierzu A.II.3. und B.II.1.e.

germaßen zeitnah zugänglich gemacht werden. In Anbetracht der Prüfungsverpflichtungen der Behörde hinsichtlich der Ausnahmetatbestände - insbesondere für den Fall, dass Akteneinsicht auch in laufenden Verfahren möglich wäre - dürfte allerdings eine Regelfrist von mindestens einem Monat notwendig und realistisch sein. Ein kürzerer Zeitraum ist verwaltungstechnisch kaum realisierbar. Zu beachten ist ferner, dass die Akteneinsicht regelmäßig erst dann gewährt werden kann, wenn die Entscheidung über die Akteneinsicht bestandskräftig geworden ist, es sei denn ihre sofortige Vollziehung wurde ausnahmsweise angeordnet.[941] Damit muss der Antragsteller in der Regel einen weiteren Monat abwarten. Eine frühere Akteneinsichtnahme ist nur dann zulässig, wenn von vornherein feststeht, dass keine Offenbarung von schutzwürdigen personenbezogenen Daten oder Betriebs- oder Geschäftsgeheimnissen erfolgt.

Das Berliner Informationsfreiheitsgesetz sieht in § 14 Abs. 1 S. 1 IFG Bln[942] - anders als das AIG - vor, dass über einen Antrag auf Akteneinsicht oder Aktenauskunft „unverzüglich" zu entscheiden ist. Für den Fall, dass die öffentliche Stelle den Antrag zurückweisen will, ist der Antragsteller oder die Antragstellerin nach § 15 Abs. 5 IFG Bln innerhalb von zwei Wochen nach Antragstellung zu bescheiden.

Ergibt die Prüfung des Antrages, dass dem Antrag stattgegeben werden könne und Rechte Betroffener nicht berührt seien, "soll" bei mündlicher Antragstellung Akteneinsicht oder Aktenauskunft "sofort" gewährt werden (§ 14 Abs. 1 S. 3 IFG Bln).

Bei schriftlicher Antragstellung soll auf die allgemeinen Sprechzeiten und Dienstzeiten verwiesen werden (§ 14 Abs. 1 S. 4 IFG Bln). Wird durch die sofortige Gewährung der Akteneinsicht oder Aktenauskunft im Einzelfall die ordnungsgemäße Erfüllung der Aufgabe der öffentlichen Stelle beeinträchtigt, so kann nach § 14 Abs. 1 S. 5 IFG Bln ein späterer Termin bestimmt werden. Durch diese Vorschriften soll nach Auffassung der Verfasser des Berliner Gesetzentwurfes verhindert werden, dass die Verwaltung das Informationsrecht durch zögerliche Bearbeitung von Anträgen aushöhlt.[943]

Die Praxis wird zeigen, ob die vom Berliner Landesgesetzgeber gewählten Formulierungen, die sowohl einen Beurteilungsspielraum ("unverzüglich", "ordnungsgemäße Erfüllung der Aufgabe der öffentlichen Stelle beeinträchtigt"), als auch ein Ermessen ("kann ... ein späterer Termin bestimmt werden") eröffnen als auch z.T. als "Soll-Vorschrift" Abweichungen vom Regelfall der sofortigen Gewährung der Akteneinsicht bei mündlicher Antragstellung zulassen, geeignet sind, eine zügigere Gewährung von Auskünften und Akteneinsicht

941 Vgl. auch § 14 Abs. 2 S. 4 IFG Bln.

942 Zu dem Zeitrahmen für die Gewährung von Informationszugang nach dem IFG Bln vgl. auch: Partsch, LKV 2001, 98 (100 f.).

943 Bln Abgh.-Drucks. 13/1623, Begründung des Entwurfes.

durch die Behörden zu gewährleisten.[944] Auch eine *zwingende* Frist von zwei Wochen für die Ablehnung von Anträgen lässt sich aus § 15 Abs. 5 IFG Bln nicht ableiten.[945] Hier wird die Behörde regelmäßig vorbringen können, dass sie zunächst - nach erster Prüfung - beabsichtigt habe, dem Antrag stattzugeben.
Ob die Regelungen in der Praxis zu einer schnelleren Informationsgewährung führt,[946] ist weiterhin aus folgendem Grunde zweifelhaft: Zwar kann der Antragsteller gegen die Ablehnung Widerspruch einlegen und muss nicht Untätigkeitsklage erheben. Weigert sich jedoch die Behörde beständig, die Informationen zu gewähren und bescheidet auch den Widerspruch schlechterdings nicht, so kann der Antragsteller erst nach 3 Monaten erfolgreich Untätigkeitsklage erheben.

Das IFG S-H sieht in § 7 Abs. 1 IFG S-H vor, dass die Behörde, die begehrten Informationen "unverzüglich", spätestens aber innerhalb eines Monats "zugänglich" macht. Diese Frist wird sich nur dann einhalten lassen, wenn die Behörde nicht die Bestandskraft der Entscheidung, die Information verfügbar zu machen, abwarten muss (s.o.). In allen anderen Fällen ist es des Behörde unmöglich, die (vollständigen) Informationen innerhalb der Monatsfrist zugänglich zu machen. Eine Verlängerung der Frist auf zwei Monate lässt das IFG S-H aber nur zu, soweit Umfang und Komplexität der begehrten Informationen dies rechtfertigen (§ 7 Abs. 3 S. 1 IFG S-H). Die gewählte Formulierung dürfte deshalb in der Praxis Probleme aufwerfen.[947] Der Gesetzgeber hätte zweckmäßiger eine Monatsfrist für die *Entscheidung* über den Antrag gesetzt.
Für die Ablehnung des Antrags sieht das IFG S-H ebenfalls eine Monatsfrist vor, die auf zwei Monate verlängert werden darf, soweit die Komplexität der begehrten Information dies rechtfertigt (§ 7 Abs. 2 S. 1, 3 S. 2 IFG S-H). Über die Fristverlängerung und deren Gründe hat die Behörde den Antragsteller schriftlich zu informieren (§ 7 Abs. 3 S. 3 IFG S-H). Letzere Regelungen erscheinen sachgerecht.
Wird der Antrag nicht innerhalb eines Monats beschieden, so gilt dies nach § 7 Abs. 4 IFG S-H als Ablehnung. Die Regelung hat zur Folge, dass der Antragsteller gegen die Ablehnung Widerspruch einlegen kann und nicht Untätigkeitsklage erheben muss. Ob diese Regelung allerdings tatsächlich für den Antrag-

---

944 Kritisch insoweit auch: Partsch, LKV 2001, 98 (100 f.).

945 So aber die Ersten Hinweise der Berliner Senatsverwaltung für Inneres zum IFG Bln vom 16.11.1999, http://www.datenschutz-berlin.de/doc/bln/ifg/ifg_hinw.htm, zuletzt besichtigt am 07.07.2000; so wohl auch: Partsch, LKV 2001, 98 (101), der die Regelung für "vorbildlich" hält..

946 So aber *Sokol* in ihrem Vortrag auf dem Internationalen Symposium „Informationsfreiheit und Datenschutz“ am 25./26. Oktober 1999 in Potsdam, zugänglich über http://brandenburg.de/land/lfdbbg/internat/Symp99/symp99.htm, zuletzt besichtigt am 12.06.2000.

947 Anders: Partsch, LKV 2001, 98 (101), der die Regelung für sachgerecht hält.

steller nützlich ist, wenn sie die Behörde beständig weigert, die Informationen zu gewähren, ist zweifelhaft. Bescheidet die Behörde auch den Widerspruch nicht, so kann der Antragsteller auch wieder erst nach 3 Monaten erfolgreich Untätigkeitsklage erheben. Diese Regelung erscheint deshalb wenig geeignet, um die Informationsgewährung zu beschleunigen.

Den Vorschriften zur Entscheidungsfrist in den anderen Ländergesetzen kann keine Vorbildfunktion für eine Regelung im brandenburgischen AIG zukommen. Meines Erachtens wäre es zweckmäßig und realistisch, eine Monatsfrist für die *Entscheidung* über den Antrag festzuschreiben, die unter bestimmten Voraussetzungen, insbesondere wenn eine Anhörung von Betroffenen zu erfolgen hat, auf zwei Monate verlängert werden kann. Eine Regelung über die Entscheidungsfrist ist allerdings erst dann von Bedeutung, wenn der Gesetzgeber den Informationsanspruch des AIG auch dergestalt abändert, dass eine Akteneinsicht nicht ausschließlich nach rechtskräftigem bzw. bestandskräftigem Abschluss von Verfahren zulässig ist.

5. Kostenerhebung für die Akteneinsicht nach AIG

Obgleich die Frage der Erhebung von Kosten für die Gewährung oder Nichtgewährung der Akteneinsicht in rechtlicher Hinsicht in keinem unmittelbaren Zusammenhang mit dem Anwendungsbereich des AIG steht, so ist ein tatsächlicher Zusammenhang unübersehbar. Es liegt auf der Hand, dass hohe Gebühren grundsätzlich geeignet sind, den Bürger von Anfragen abzuschrecken,[948] und damit eine faktische Einschränkung seines Rechts sein können. Realistisch betrachtet besteht die Gefahr, dass Verwaltungsbehörden hohe Gebühren im Einzelfall gezielt einsetzen, um die Antragsteller unerwünschter Anträge von ihrem Ansinnen abzubringen.[949]

Die bis zum Schluss im Gesetzgebungsverfahren umstrittene Frage der Erhebung von Kosten für die Entscheidung über Akteneinsichtsgesuche nach AIG hat im Ergebnis zu der Regelung des **§ 10 AIG** geführt.

Nach § 10 Abs. 1 S. 1 AIG werden für Amtshandlungen, die aufgrund des AIG vorgenommen werden, Kosten (Gebühren und Auslagen) erhoben. Die Gebühren sind nach § 10 Abs. 1 S. 2 AIG "so zu bemessen, dass zwischen dem Verwaltungsaufwand einerseits und dem Recht auf Akteneinsicht andererseits ein

---

948 Vgl. z.B. auch König, DÖV 2000, 45 (53); Kimber/Ekardt, NuR 1999, 262 (264); Touriaux, NJW 1994, 2319 (2323); Lutterbeck, Europäische Informationsgesellschaft, S. 6.

949 Vgl. z.B. auch Kimber/Ekardt, NuR 1999, 262 (264) zum UIG.

angemessenes Verhältnis besteht." Kostenregelungen in anderen Rechtsvorschriften bleiben unberührt (§ 10 Abs. 1 S. 3 AIG).
§ 10 Abs. 2 AIG ermächtigt die Landesregierung, im Benehmen mit dem Ausschuss für Inneres des Landtages die Gebührentatbestände und die Höhe der Gebühren durch Rechtsverordnung (Gebührenordnung) zu bestimmen. Über drei Jahre nach Verabschiedung des AIG hat die Landesregierung nunmehr mit dem Innenausschuss des Landtages das Benehmen über eine Gebührenordnung hergestellt. Die "Verwaltungsgebührenordnung für Amtshandlungen beim Vollzug des Akteneinsichts- und Informationszugangsgesetzes (Akteneinsichts- und Informationszugangsgebührenordnung - AIGGebO)"[950] vom 2. April 2001 ist am 20.04.2001 in Kraft getreten (Zu den einzelnen Regelungen und Tarifstellen im Folgenden). Ihre Geltung wurde zunächst bis Ende des Jahres 2003 befristet (§ 4 S. 2 AIGGebO).
Für Amtshandlungen in Angelegenheiten der Selbstverwaltung von Gemeinden und Gemeindeverbänden, die aufgrund des AIG vorgenommen werden, bleiben nach § 10 Abs. 3 AIG die Vorschriften des Kommunalabgabengesetzes unberührt.

Die Kostenregelung in § 10 Abs. 1 S. 2 AIG hat im Gesetzgebungsverfahren eine Änderung erfahren. Die Kriterien der "Bedeutung", des "wirtschaftlichen Wertes" oder des "sonstigen Nutzens der Amtshandlung für den Kostenschuldner", die zunächst bei der Gebührenbemessung Berücksichtigung finden sollten,[951] wurden für willkürlich und deshalb unpraktikabel gehalten.[952] Aus diesem Grunde wurde die Bestimmung dahingehend geändert, dass die Gebühren so zu bemessen seien, dass zwischen dem Verwaltungsaufwand einerseits und "dem Recht auf Akteneinsicht" andererseits ein angemessenes Verhältnis besteht. Bemessungsfaktor für die Kosten sollte nur noch "der reine Verwaltungsaufwand in Relation zur Grundrechtsausübung sein."[953] Hierzu ist geäussert worden, dass das Gesetz verhindern wolle, dass die Informationssuchenden durch eine unangemessene Gebührengestaltung von der Nutzung des Akteneinsichtsrechts abgeschreckt werden.[954] Niemand dürfe durch unangemessen hohe Gebühren von der Wahrnehmung des Rechts abgehalten werden, da es sich bei dem Akteneinsichtsrecht um ein in der Landesverfassung verbürgtes Grundrecht handele.[955] Auch ist ausgeführt worden, die Gebühren müssten einerseits

---

950 GVBl. II, 85f.
951 Vgl. hierzu auch die Ausführungen in LT-Drucks. 2/4417, S. 13 der Begründung.
952 LT-Drucks. 2/4999, S. 16; vgl. auch: Änderungsanträge der SPD-Fraktion vom 28.01.1998, LT-Drucks. 2/4999, Anlage 2; *Humpert* (Landkreistag Brandenburg), Stellungnahme im Anhang des Ausschussprotokolls 2/902-I, S. 5.
953 Vgl. Presseerklärung der SPD-Landtagsfraktion vom 27.10.1998.
954 Kneifel-Haverkamp, DuD 1998, 438 (440).
955 Tätigkeitsbericht des LDA Bbg 1999,

den durch den Antrag verursachten Verwaltungsaufwand und andererseits "die Bedeutung der Akteneinsicht für das Recht auf politische Mitgestaltung der Bürger und die Einflussnahme auf den politischen Willensbildungsprozess in der jeweiligen Gebietskörperschaft in ein angemessenes Verhältnis bringen."[956]

Die Regelung des § 10 AIG ist heftig kritisiert worden. Teilweise ist darauf verwiesen worden, dass sich in Anbetracht der Tatsache, dass es sich bei dem Akteneinsichtsrecht um ein verfassungsrechtlich verbürgtes Recht handele, "nur eine sozial abgefederte Orientierung an den Mindestkosten verfassungskonform" sei.[957] Da mit erheblichen Kosten für die Verwaltung zu rechnen sei, werde zu Recht ein Modernisierungsschub für die Verwaltung gefordert.[958] Die Gebührenordnung müsse berücksichtigen, dass die Ausübung eines Grundrechts nicht mit prohibitiven Kosten belegt werden dürfe.[959] Darüber hinaus fehle eine Regelung, die einen Verzicht auf Gebühren ermögliche, wenn die Akteneinsicht im öffentlichen Interesse sei.[960]

Die Frage der Erhebung von Gebühren für die Geltendmachung von Informationsansprüchen wird insgesamt kontrovers diskutiert. So wird z.T. davon ausgegangen, dass die hierfür entstehenden Kosten „Demokratiekosten“ bzw. „Grundkosten einer demokratischen Gesellschaft“ (wie z.B. auch die Kosten für Wahlen) seien, die primär von der Gemeinschaft zu tragen sind.[961] Auch wird ausgeführt, die Kosten der Eintreibung seien häufig höher als die Gebühren selbst.[962] Teilweise wird darauf hingewiesen, dass die Problematik der hohen Kosten durch einen extremen Ausbau des Internets kompensiert werden könne.[963] Dies belegten insbesondere die Erfahrungen aus Nordamerika.[964]

---

http://www.brandenburg.de/land/lfdbbg/tb/tb8/tb8.htm, zuletzt besichtigt am 09.03.2000, B. 2.3.

956 Kneifel-Haverkamp, DuD 1998, 438 (440).

957 Partsch, NJ 1998, 346 (350); ders., NJW 1998, 2559 (2563).

958 Partsch, NJ 1998, 346 (350); ders., NJW 1998, 2559 (2563).

959 Presseinformation des LDA Bbg vom 07.06.1999 (Run auf Akten?); vgl. auch: Tätigkeitsbericht des LDA Bbg 2000, LT-Drucks. 3/2481= http://www.brandenburg.de/land/lfdbbg/tb/tb9/tb9b02.htm, zuletzt besichtigt am 05.03.2001, Teil B 2.5.

960 So z.B. der LDA Bbg *Dix*, Der gläserne Bürokrat, Dokumentation, S. 65.

961 So z.B. der innenpolitischer Sprecher der Bundestagsfraktion BÜNDNIS 90/DIE GRÜNEN im Bundestag *Özdemir*, Der gläserne Bürokrat, Dokumentation, S. 55f.; auch: *Flaherty* (Kanada) auf dem Internationalen Symposium „Informationsfreiheit und Datenschutz“ am 25./26. Oktober 1999 in Potsdam, Vortrag zugänglich über http://brandenburg.de/land/lfdbbg/internat/Symp99/symp99.htm, zuletzt besichtigt am 12.06.2000; ählich auch: Angelov, Informationszugangsanspruch, S. 248.

962 *Flaherty* a.a.O.

963 Vgl. z.B. Lutterbeck, Europäische Informationsgesellschaft, S. 6; *ders.*, Stellungnahme, S. 3; Tätigkeitsbericht des LDA Bbg 1999,

Es stellt sich zunächst die Frage, welche Schlussfolgerungen sich aus der Regelung des § 10 AIG für die Gebührenerhebung für Amtshandlungen nach dem AIG ergeben.
Bei der Bestimmung der zu erhebenden Kosten sind zunächst die Grundsätze des deutschen Verwaltungskostenrechts zugrunde zu legen. Dieses wird von zwei Grundprinzipien bestimmt: dem Äquivalenzprinzip und dem Kostendeckungsprinzip.[965]
Das *Äquivalenzprinzip* gestaltet den allgemeinen Verhältnismäßigkeitsgrundsatz näher aus.[966] Es besagt, dass zwischen der Gebühr und dem Wert der Leistung für den Empfänger ein angemessenes Verhältnis bestehen muss,[967] anders ausgedrückt, dass die Gebühr nicht in einem Missverhältnis zu der öffentlichen Leistung stehen darf.[968] Das Äquivalenzprinzip lässt es grundsätzlich zu, dass die Summe der für eine bestimmte Art von Amtshandlungen erhobenen Gebühren höher ist als die Aufwendungen der Behörde hierfür.[969] Das Äquivalenzprinzip ist erst verletzt, wenn Verwaltungsgebühren so hoch festgesetzt werden, dass sie von einem Antrag auf bestimmte Amtshandlungen abschrecken und in derartigen Fällen die Höhe der Gebühr durch den Aufwand der Behörde nicht gerechtfertigt ist.[970] Es darf im Rahmen des Äquivalenzprinzips keine Gebühr

---

http://www.brandenburg.de/land/lfdbbg/tb/tb8/tb8.htm, zuletzt besichtigt am 09.03.2000, B. 2.3.

964 Nach Aussagen von *Dr. Robert Gellman* (U.S.A.) auf dem Internationalen Symposium „Informationsfreiheit und Datenschutz" am 25./26. Oktober 1999 in Potsdam (Vortrag zugänglich über http://brandenburg.de/land/lfdbbg/internat/Symp99/symp99.htm, zuletzt besichtigt am 12.06.2000) sind die Auskunftsanträge stark zurückgegangen seit die Verwaltungen dazu übergegangen sind, auch Auskünfte, die sie bereits auf Anträge hin erteilt haben, in das Internet einzustellen. Teilweise habe sich die Zahl der Anträge sogar halbiert. Für die Zukunft erwartet er, dass die Anzahl von Informationsanträgen bei den Verwaltungen in dem Maß zurückgeht, in dem diese von sich aus über das Internet oder andere Medien die bei ihnen vorhandenen Informationen zu Verfügung stellen. Vgl. auch Presseinformation des LDA Bbg zum Internationalen Symposium „Informationsfreiheit und Datenschutz" am 25./26. Oktober 1999 in Potsdam, http://www.brandenburg.de/land/lfbbg/presse/Interv.htm, zuletzt besichtigt am 29.12.1999; auch: Tätigkeitsbericht des LDA Bbg 1999, http://www.brandenburg.de/land/lfdbbg/tb/tb8/tb8.htm, zuletzt besichtigt am 09.03.2000, B. 2.3.

965 Vgl. § 3 Verwaltungskostengesetz (VwKostG), § 3 Gebührengesetz für das Land Brandenburg (GebG Bbg); vgl. hierzu auch: BR-Drucks. 530/69, Zu § 3.

966 BVerwGE 26, 305 (309); BVerwG, DÖV 1977, 676 (677).

967 BVerwGE 12, 162 (166).

968 BVerfGE 20, 257 (270); BVerwGE 26, 305 (309).

969 BVerwGE 12, 162 (169).

970 BR-Drucks. 530/69, Zu § 3.

festgesetzt werden, die den erforderlichen Verwaltungsaufwand unangemessen übersteigt oder unterschreitet.[971]
Das *Kostendeckungsprinzip* (auch Kostenüberdeckungsverbot genannt) besagt, dass die Gebühren den mit der Amtshandlung verbundenen voraussichtlichen Arbeitsaufwand abdecken und gleichzeitig nicht übersteigen sollen.[972] Das Kostendeckungsprinzip gilt nicht generell, sondern nur aufgrund ausdrücklicher gesetzlicher Anordnung (vgl. § 3 S. 2 VwKostG; § 3 S. 2 GebG Bbg).[973]
§ 10 AIG ordnet die Geltung des Kostendeckungsprinzips nicht an. Unter Berücksichtigung der Tatsache, dass die Akteneinsicht in einem öffentlichen Interesse besteht und gerade nicht der Durchsetzung von Individualinteressen dient, würde das Akteneinsichtsrecht auch ad absurdum geführt, wenn Gebühren ausschließlich nach dem Kostendeckungsprinzip bemessen würden. Kaum jemand würde, ohne einen zwingenden Grund zu haben, möglicherweise hundert oder gar tausend D-Mark für den Zugang zu Daten ausgeben, die er nicht aus persönlichen (und damit meist auch juristischen) Gründen zwingend benötigt (z.B. zur Rechtsverfolgung). Das Akteneinsichtsrecht bliebe im Wesentlichen auf diejenigen beschränkt, die weitere Zwecke (insbesondere wirtschaftliche) hiermit verfolgen (z.B. Journalisten oder Unternehmen).
Es verbleibt damit für die Bestimmung der Gebühren nach dem AIG grundsätzlich bei der Anwendung des Äquivalenzprinzips. Das Äquivalenzprinzip passt im Hinblick auf den Akteneinsichtsanspruch aus dem AIG jedoch nicht ohne weiteres, weil es die Leistung (Gewährung der Akteneinsicht) zu dem individuellen Nutzen bzw. dem Wert den die Leistung für den Bürger hat, in ein Verhältnis setzt.[974] Welchen Nutzen oder (wirtschaftlichen) Wert die Akteneinsicht für den Bürger hat, kann und darf die Behörde bei dem Akteneinsichtsanspruch aus AIG aber gerade nicht prüfen und feststellen.[975] Dies zeigt sich insbesondere darin, dass das Recht aus § 1 AIG nicht von der Geltendmachung eines berechtigten Interesses oder einer Begründung abhängig ist. Feststellungen über Zweck und Wert einer Informationsgewährung in einem konkreten Fall bleiben damit regelmäßig pure Spekulation. Es würde zudem regelmäßig zu Ungleichbehandlungen führen, wenn die Behörde bei Antragstellern, bei denen sie (zufällig) die Motive der Akteneinsicht kennt, höhere Gebühren festsetzen würde

---

[971] BR-Drucks. 530/69, Zu § 3.

[972] Vgl. z.B. Schlabach, VwKostG, § 3 Rn. 17 ff.; vgl. auch Wortlaut des § 3 S. 2 VwKostG und des § 3 S. 2 GebG Bbg.

[973] So z.B. in § 10 S. 2 UIG, der allerdings nach der allerdings nach der Rechtsprechung des EuGH nicht mit der Umweltinformationsrichtline vereinbar sein dürfte, vgl. EuGH NuR 2000, 26 (29).

[974] Ähnlich: König, DÖV 2000, 45 (53) zum UIG.

[975] Eine Berücksichtigung des wirtschaftlichen Wertes der Informationen für den Antragsteller bei der Bemessung der Gebühr im Rahmen einer Auskunft nach dem UIG hält das BVerwG allerdings für zulässig, vgl. BVerwG, NuR 2000, 509 (510f.)=NVwZ 2000, 913 (914).

als bei anderen, deren Motive sie nicht kennt. Aus diesem Grunde ist die ursprüngliche Formulierung des § 10 AIG (s.o.) auch zu Recht im Gesetzgebungsverfahren kritisiert und geändert worden. Allerdings enthält die nunmehr gewählte Formulierung, nach der immer noch ein "angemessenes Verhältnis" zu "dem Recht auf Akteneinsicht" bestehen muss, keinen wesentlich präziseren Anhaltspunkt für die Gebührenbemessung und vermag somit nicht zu überzeugen. Sie lässt zwei Interpretationen zu: Gemeint sein könnte, dass ein angemessenes Verhältnis zu Bedeutung, wirtschaftlichem Wert oder sonstigem Nutzen der Akteneinsicht zu wahren ist. Dies ist jedoch gleichbedeutend mit der ursprünglich im Gesetzentwurf vorgesehenen, später geänderten Formulierung und dürfte deshalb gerade nicht Intention der Regelung sein. Damit kann die Regelung m.E. nur so verstanden werden, dass die Gebühren mit Rücksicht auf das "Recht auf Akteneinsicht" grundsätzlich eine bestimmte Höchstgrenze nicht überschreiten darf, um den Antragsteller nicht von der Geltendmachung des Akteneinsichtsrechts abzuschrecken. Letztere Interpretation, die einer eingeschränkten Anwendung des Äquivalenzprinzips gleichkommt, dürfte wohl am ehesten dem Willen des Gesetzgebers entsprechen.

Die nunmehr von der Landesregierung erlassene **AIGGebO** sieht "für Amtshandlungen beim Vollzug des AIGs" - nach dem Verwaltungsaufwand gestaffelt - nach § 1 AIGGebO i.V.m. den Tarifstellen 1.1 bis 1.2.3 der Anlage zur AIGGebO Rahmengebühren für die "Übermittlung von Informationen" wie folgt vor:

"1.1	Erteilung einer Auskunft	0-200 DM
1.2	Ermöglichung der Einsichtnahme in Akten und sonstige Informationsträger	
1.2.1	in einfachen Fällen	0-200 DM
1.2.2	bei umfangreichem Verwaltungsaufwand	200-1000 DM
1.2.3	bei außergewöhnlichem Verwaltungsaufwand, insbesondere, wenn in zahlreichen Fällen Daten ausgesondert werden müssen zum Schutz überwiegender öffentlicher oder privater Interessen (§§ 4 und 5 AIG)	1000-2000 DM"

Nach § 3 AIGGebO sind bei der Festsetzung der Gebühr im Einzelfall der mit der Amtshandlung verbundene Verwaltungsaufwand, soweit Aufwendungen nicht als Auslagen gesondert berechnet werden (Nr. 1), und auf Antrag die wirtschaftlichen Verhältnisse des Antragstellers (Nr. 2) zu berücksichtigen.

Für Widerspruchsbescheide sehen die Tarifstellen 2.1 und 2.2 der Anlage zur AIGGebO vor:

"2.1	Erteilung von Bescheiden über Widersprüche - wenn und soweit sie zurückgewiesen werden	20-100 DM
2.2	Bescheide über Widersprüche gegen Kostenentscheidungen - wenn und soweit sie zurückgewiesen werden	20 DM"

Auslagen, die im Zusammenhang mit gebührenpflichtigen Amtshandlungen notwendig werden, gelten nach § 3 Abs. 1 AIGGebO als bereits in die Gebühr einbezogen. Nach § 3 Abs. 2 S. 1 AIGGebO gilt dies nicht, sofern das Akteneinsicht auf andere Weise als durch Einsicht in die Orginaldokumente erfüllt wird; hierfür notwendige Auslagen hat der Antragsteller zu ersetzen. Die Höhe der Auslagen richtet sich nach Tarifstelle 3 der Anlage zur AIGGebO. Für Kopien, Zweitschriften oder Computerausdrucke sind hier 1 DM für die erste 50 Seiten und 0,30 DM für jede weitere Seite vorgesehen (Tarifstelle 3.1 AIGGebO). Auslagen sind nach § 3 Abs. 2 S. 3 AIGGebO auch dann zu erstatten, wenn für eine Amtshandlung Gebührenfreiheit besteht oder von der Gebührenerhebung ganz oder teilweise abgesehen wird.

Die in der AIGGebO getroffenen Regelungen und vorgesehenen Tarifstellen sind z.T. problematisch und nicht überzeugend. Im Einzelnen:

Die derzeit in Tarifstelle 1. bis 1.2.3 der Anlage zur AIGGebO vorgesehenen **Gebührenrahmen** werden § 10 AIG und den allgemeinen Grundsätzen des Verwaltungskostenrechts nicht gerecht.
In der Gebührenordnung sollte die Gebührenhöhe m.E. unter Berücksichtigung des § 10 AIG im Ergebnis etwa wie folgt ausgestaltet werden: Für die Entscheidung über Anträge auf Akteneinsicht nach AIG sollte ein Gebührenrahmen vorgesehen werden. Dieser Gebührenrahmen sollte eine Mindestgebühr enthalten. Dem immer wieder erhobenen Einwand, dass die Gebührenerhebung nicht abschreckend wirken dürfe, ist allgemein entgegenzusetzen, dass grundsätzlich jede - auch noch so geringe, kostendeckende- und angemessene - Gebührenerhebung abschreckend sein kann, wenn der Empfänger der Leistung (Akteneinsicht/Information) die Leistung nicht wirtschaftlich nutzen will (z.B. als Journalist oder Unternehmer). Ob und in welchem Maße im konkreten Einzelfall eine wirtschaftliche Nutzung beabsichtigt ist, kann und darf die Behörden bei dem Akteneinsichtsanspruch aus AIG aber gerade nicht prüfen und feststellen (s.o.). Ein gewisser Abschreckungseffekt, den jede Gebührenerhebung hat, ist vielmehr legitim. Der Gesetzgeber darf mit einer Gebührenregelung durchaus (auch) das Ziel anstreben, einer leichtfertigen oder gar missbräuchlichen Stel-

lung von Anträgen entgegenzuwirken und zu diesem Zweck eine Mindestgebühr festsetzen.[976] Auch hinsichtlich des AIG ist es geboten, etwa Querulanten von Antragstellungen abzuhalten. Eine (Mindest-)Gebühr von rund 20,- DM halte ich derzeit für angemessen.[977] Da die Gebühr im Einzelfall auch den Verwaltungsaufwand überschreiten darf (wenn sie insgesamt dennoch angemessen ist), ohne das Äquivalenzprinzip zu verletzen, ist diese Gebühr auch dann zu erheben, wenn der Aufwand der Verwaltung als geringer als 20,- DM zu bewerten ist (was selten der Fall sein dürfte). Dass die Gebühren darüber hinaus keine Gewinnerzielung bewirken dürfen, worauf immer wieder hingewiesen wird, ist selbstverständlich und wäre im übrigen weder mit dem Kostendeckungs- noch mit dem Äquivalenzprinzip vereinbar. Problematischer ist die Festsetzung einer Gebührenobergrenze für die Akteneinsicht nach AIG. Hier halte ich allenfalls 100,- DM für derzeit vertretbar.[978] Eine Privatperson, die Informationen nicht für wirtschaftliche Zwecke gebrauchen, sondern nur politische Mitgestaltungsrechte besser nutzen will, dürfte allenfalls gerade noch bereit sein, einen derartigen Betrag für die Akteneinsicht aufzuwenden. Innerhalb des genannten Gebührenrahmens kann die Behörde ihren Verwaltungsaufwand berücksichtigen, gleichzeitig wird ein möglicher Abschreckungseffekt gering gehalten.

Die in den Tarifstellen 1.2.2 und 1.2.3 der Anlage zur AIGGebO vorgesehen Höchstgebühren von bis zu 1000 bzw. 2000 DM sind zu hoch und geeignet, Interessierte von Antragstellungen abzuschrecken.[979] Die Staffelung der Gebührenhöhe nach Verwaltungsaufwand - "in einfachen Fällen", "bei umfangreichem Verwaltungsaufwand", "bei außergewöhlichem Verwaltungaufwand" - in der Anlage zur AIGGebO ist äußerst unbestimmt und fordert Streitigkeiten über die Gebührenhöhe geradezu heraus.
Unverständlich ist, warum der Verordnungsgeber für den Erlass von Widerspruchsbescheiden nicht eine mit § 15 Abs. 3 und Abs. 4 des Gebührengesetzes des Landes Brandenburg (GebO Bbg) vergleichbare Regelung vorgesehen hat. Welche Überlegungen der derzeitigen Fassung der Tarifstelle 3 der Anlage zur

---

976 BVerfGE 50, 217 (230f.) zur Gebührenerhebung für die Einlegung von Rechtsbehelfen; vgl. auch: VG Göttingen, NVwZ-RR, 650 (651).

977 Eine Mindestgebühr in dieser Höhe sieht auch die Verwaltungsgebührenordnung Berlin für die Gewährung von Akteneinsicht oder Aktenauskunft nach dem Berliner Informationsfreiheitsgesetz vor, vgl. Zweiundzwanzigste Verordnung zur Änderung der Verwaltungsgebührenordnung vom 30.05.2000, GVBl. Bln 2000, 349 (349).

978 Die Verwaltungsgebührenordnung Berlin sieht jedoch eine Gebührenobergrenze von 1000,- DM vor.

979 So auch: Tätigkeitsbericht des LDA Bbg 2000, LT-Drucks. 3/2481= http://www.brandenburg.de/land/lfdbbg/tb/tb9/tb9b02.htm, zuletzt besichtigt am 05.03.2001, Teil B 4.

AIGGebO zu Grunde gelegen haben, ist unklar. Überzeugender wäre m.E. eine § 15 Abs. 3 und 4 GebO Bbg entsprechende Regelung.

Die in Tarifstelle 3.1 der Anlage zur AIGGebO vorgesehenen zu erstattenden **Auslagen** von 1 DM bzw. 0,30 DM für Zweitschriften, Kopien und Computerausdrucke sind unter Berücksichtigung der Tatsache, dass sich heute der Preis für die Herstellung einer Kopie etwa im Bereich von 0,10 DM pro Seite bewegt, deutlich überhöht.[980]

Zur AIGGebO ist geäußert worden, sie ermögliche eine **Gebührenerhebung auch für Ablehungsbescheide**.[981] Dies ist jedoch nicht der Fall. Nach § 1 AIGGebO werden Gebühren "für Amtshandlungen beim Vollzug des AIGs ... nach anliegendem Gebührentarif, der Bestandteil dieser Verordnung ist, erhoben." Die Anlage zur AIGGebO sieht in Tarifstelle 1 Gebühren aber ausschließlich für die "Übermittlung von Informationen" vor. Lediglich für zurückweisende Widerspruchsbescheide wird eine Gebührenerhebung geregelt. Für Ablehnungsbescheide können nach der AIGGebO nur Auslagen geltend gemacht werden (§ 3 Abs. 2 S. 3, 2 AIGGebO i. V. m. Tarifstelle 3 der Anlage zur AIGGebO). Eine Gebührenerhebung für Ablehnungsbescheide nach dem AIG wird von der AIGGebO damit nicht ermöglicht.
Etwas anderes ergibt sich allerdings aus § 10 AIG direkt. Die Erhebung einer Gebühr für die Ablehnung von Anträgen ist nach § 10 AIG geboten. Nach § 10 Abs. 1 S. 1 AIG werden für Amtshandlungen, die aufgrund des AIG vorgenommen werden, Kosten (Gebühren und Auslagen) erhoben. Die Gebühren sind nach § 10 Abs. 1 S. 2 AIG dann so zu bemessen, dass zwischen dem Verwaltungsaufwand einerseits und dem Recht auf Akteneinsicht andererseits ein angemessenes Verhältnis besteht. Ein Ermessen bei der Gebührenerhebung oder ein Absehen von ihr sieht § 10 AIG nicht vor. Eine Gebührenerhebung für ablehnende Bescheide entspricht zudem auch den Grundsätzen des deutschen Verwaltungskostenrechts. Auch in den Fällen der Ablehnung von Anträgen erhält der Bürger eine Leistung (Amtshandlung): Den begründeten Ablehnungsbescheid. In Bezug auf die Kosten für Informationsanträge nach dem UIG hat der Europäische Gerichtshof zwar entschieden, dass eine Gebühr, die im Fall der Ablehnung eines Informationsantrages erhoben wird, nicht als angemessen

---

980 Ähnlich auch: Hinweise zum Gesetz über die Freiheit des Zugangs zu Informationen für das Land Schleswig-Holstein - IFG-SH) vom 9. Februar 2000; GS S-H II, GlNr. 2010-2, GVBl. 2000=zugänglich auch über: http://www.rewi.hu-berlin.de/Datenschutz/DSB/SH/material/recht/dsleicht/hinwifg.htm, zuletzt besichtigt am 05.03.2001, S. 36.

981 Tätigkeitsbericht des LDA Bbg 2000, LT-Drucks. 3/2481= http://www.brandenburg.de/land/lfdbbg/tb/tb9/tb9b02.htm, zuletzt besichtigt am 05.03.2001, Teil B 4.

erachtet werden könne, da in einem solchen Fall tatsächlich keine Übermittlung von Informationen im Sinne von Art. 5 der Umweltinformationsrichtlinie stattfinde.[982] Diese Rechtsprechung des Europäischen Gerichtshofes zum UIG ist jedoch nicht ohne weiteres auf das AIG übertragbar. Der EuGH hat lediglich festgestellt, dass die Umweltinformationsrichtlinie, die eine Gebührenerhebung nur für die "Übermittlung von Informationen" vorsieht, nicht ordnungsgemäß umgesetzt worden ist.[983] Ein allgemeiner Grundsatz, dass jede Antragsablehnung von Akteneinsichts- oder Auskunftsbegehren grundsätzlich gebührenfrei sein müsse, lässt sich hieraus nicht ableiten. Im Zusammenhang mit der Entscheidung des EuGH zum UIG ist jedoch schon vor Erlass der AIGGebO vorgeschlagen worden, dass der Grundsatz der Gebührenfreiheit für abgelehnte Informationsersuchen auch bei der Landesgebührenordnung zum AIG berücksichtigt werden sollte.[984] Letztlich solle der Gesetzgeber gänzlich auf die Gebühr verzichten, und die Kosten für die Akteneinsicht als allgemeine Kosten der Verwaltung ansehen, um den dahinter stehenden Prinzipien der Bürgerbeteiligung und Verwaltungstransparenz zu genügen.[985] Mit der derzeitigen Gesetzesformulierung des § 10 AIG ist dies jedoch nicht zu vereinbaren. Die Möglichkeit des Verzichts auf Gebühren bei Ablehnung von Anträgen müsste ausdrücklich im Gesetz geregelt werden. Welche Gebührenhöhe nach Erlaß der AIGGebO für ablehnende Bescheid zu Grunde zu legen ist, ist bei der derzeigen Fassung der AIGGebO völlig unklar.

Im Rahmen des **§ 2 Nr. 1 AIGGebO,** nach dem bei der Festsetzung der Gebühr (innerhalb der Rahmengebühr) im Einzelfall der mit der Amtshandlung verbundene Verwaltungsaufwand (soweit Aufwendungen nicht als Auslagen gesondert berechnet werden) zu berücksichtigen ist, besteht die bereits vor Erlaß der Gebührenordnung bestehende Problematik, ob neben den reinen Übermittlungskosten **auch** die **Kosten für** einen im Einzelfall **hohen Ermittlungsaufwand** angesetzt werden dürfen.[986]
Hierzu ist im Gesetzgebungsverfahren des AIG die Auffassung vertreten worden, dass nur diejenigen Kosten in Rechnung gestellt werden dürften, die für die

---

[982] EuGH, NuR 2000, 26 (29)=DVBl. 1999, 1494 (1496f.)=NVwZ 1999, 1209 (1211f.).

[983] EuGH, NuR 2000, 26 (29)=DVBl. 1999, 1494 (1496f.)=NVwZ 1999, 1209 (1211f.); kritisch hierzu: Becker, NVwZ 1999, 1187 (1189f.).

[984] Tätigkeitsbericht des LDA Bbg 1999, http://www.brandenburg.de/land/lfdbbg/tb/tb8/tb8.htm, zuletzt besichtigt am 09.03.2000, B. 2.3.

[985] Tätigkeitsbericht des LDA Bbg 1999, http://www.brandenburg.de/land/lfdbbg/tb/tb8/tb8.htm, zuletzt besichtigt am 09.03.2000, B. 2.3.

[986] Zu dieser Problematik bei der Kostenregelung des UIG: König, DÖV 2000, 45 (53f.); Kimber/Ekardt, NuR 1999, 262 (264), Lutterbeck, Europäische Informationsgesellschaft, S. 4 ff.

Bereitstellung der Informationen, d.h. z.B. Kopierkosten oder Kosten für die Bereitstellung von Dateien, anfallen.[987] Nach dem Kostendeckungsprinzip wären darüber hinaus grundsätzlich auch die Kosten für den Ermittlungsaufwand zu berücksichtigen. Im Gesetzentwurf des AIG haben die Entwurfsverfasser diesbezüglich "deutlich" darauf hingewiesen,[988] dass ein administrativer Mehraufwand, wie z.B. das Sichten und Aufbereiten von Akten, das Zurverfügungstellen von Kopien oder das Fertigen von Ablichtungen zum Zwecke der Anonymisierung usw. auch als finanziell relevanter Mehraufwand zu werten sei, der unter dem Gesichtspunkt der Kostendeckung - nicht jedoch der Gewinnerzielung - dem anfragenden Bürger nach Maßgabe einer noch zu schaffenden Gebührenordnung in Rechnung gestellt werden könne.
Von der Gegenauffassung wurde geäussert, es sei nicht hinnehmbar, den Zeitaufwand der Behörde als Berechnungsgrundlage für die Gebühr zu Grunde zu legen, weil dadurch die Kosten für eine zurückhaltendere Informationspolitik der Behörde oder sogar für organisatorischen Mängel (z.B. bei der Registratur oder Aktenführung) auf den Antragstellenden umgelegt würden.[989]
Letzterer Auffassung ist insoweit zuzustimmen, als zumindest nicht ausschliesslich der tatsächliche Zeitaufwand der Behörde Kriterium für die Gebührenberechnung sein darf. Dies ergibt sich jedoch nicht aus der Besonderheit des Akteneinsichtsrechts, sondern bereits aus dem Äquivalenzprinzip. Die Gebühren müssen - wie bereits oben ausgeführt - lediglich dem eingeschränkten Äquivalenzprinzip entsprechen. Sie dürfen einen gewissen, vom Verordnungsgeber festzusetzenden Höchstbetrag nicht überschreiten, im übrigen müssen sie angemessen im Hinblick auf die gewährte Leistung sein.

Die AIGGebO ist insoweit kritisiert worden als sie ein **Absehen oder eine Ermäßigung der Gebühren** im Wesentlichen nur unter den Voraussetzungen des § 2 Nr. 2 AIGGebO, d.h. auf Antrag und unter Berücksichtigung der wirtschaftlichen Verhältnisse des Antragstellers vorsieht und nicht auch bei Vorliegen eines besonderen Mitgestaltungsinteresses des Antragstellers.[990] Dieser Kritik kann - unter Zugrundelegung der obigen Ausführungen - nicht gefolgt werden. Die konkreten Motive des Antragsteller dürfen keine Berücksichtigung bei der Bemessung der Gebührenhöhe finden (s.o.)

---

987 Vgl. Presseerklärung der SPD-Landtagsfraktion vom 27.10.1998.

988 LT-Drucks. 2/4417, S. 2 der Begründung.

989 Tätigkeitsbericht des LDA Bbg 1999, http://www.brandenburg.de/land/lfdbbg/tb/tb8/tb8.htm, zuletzt besichtigt am 09.03.2000, B. 2.3.

990 Tätigkeitsbericht des LDA Bbg 2000, LT-Drucks. 3/2481= http://www.brandenburg.de/land/lfdbbg/tb/tb9/tb9b02.htm, zuletzt besichtigt am 05.03.2001, Teil B 4.

Aus der Regelung des **§ 10 Abs. 3 AIG**, die festschreibt, dass für Amtshandlungen in Angelegenheiten der Selbstverwaltung von Gemeinden und Gemeindeverbänden, die aufgrund des AIG vorgenommen werden, die Vorschriften des Kommunalabgabengesetzes unberührt bleiben, ergibt sich, dass für eine kommunale Verwaltung zwei unterschiedliche Maßstäbe für die Gebührenfestsetzung bei der Akteneinsicht ausschlaggebend sind: die Landesgebührenordnung, wenn es um Akten geht, die Informationen über Auftragsangelegenheiten bzw. Pflichterfüllung nach Weisung enthalten und das Kommunalabgabengesetz bzw. kommunale Gebührensatzungen für solche Akten, die in Selbstverwaltungsangelegenheiten geführt werden.[991] Auch hier erscheinen Probleme in der Praxis vorprogrammiert im Falle, dass die kommunalen Gebührenverodnungen oder -satzungen von der AIGGebO abweichende Regelungen treffen.

Unklar ist die Bedeutung der Regelung in § 10 Abs. 1 S. 3 AIG, nach der Kostenregelungen in anderen Rechtsvorschriften unberührt bleiben. Hierzu wird die Auffassung vertreten, dass die Vorschrift keinesfalls bedeuten könne, dass Gebührenerhebungen, wie sie z.B. gemäß Kommunalabgabengesetz bzw. gemäß einer auf dessen Grundlage erlassenen kommunalen Gebührensatzung getroffen werden, die Angemessenheit der Höhe der Gebühr außer Acht lassen dürften.[992] Dem ist nicht zuzustimmen. Für eine solche - im Ergebnis zwar zweckmäßige - Auslegung des § 10 AIG lässt die Vorschrift keinen Raum. § 10 Abs. 3 AIG regelt ausdrücklich, dass die Vorschriften des Kommunalabgabengesetzes, auch wenn Amtshandlungen nach dem AIG vorgenommen werden, unberührt bleiben, und nicht, dass sie entsprechend der Vorschrift des § 10 Abs. 1 S. 1 AIG angepasst oder abgeändert oder entsprechend angewendet werden müssen. § 10 Abs. 1 S. 3 AIG hat nach meiner Auffassung vielmehr folgende Bedeutung: Solange keine Gebührenordnung nach § 10 Abs. 2 AIG erlassen worden war, galten die Kostenregelungen in bestehenden Gebührenordnungen für Amtshandlungen nach dem AIG, wenn die Gebührenordnungen eine entsprechende (passende) Tarifstelle enthielt (z.B. für "sonstige Amtshandlungen"[993]). Darüber hinaus besagt die Vorschrift m.E., dass auch nach Erlass einer Gebührenordnung nach § 10 Abs. 2 AIG andere Gebührenregelungen dann an-

---

991 Tätigkeitsbericht des LDA Bbg 1999, http://www.brandenburg.de/land/lfdbbg/tb/tb8/tb8.htm, zuletzt besichtigt am 09.03.2000, B. 2.3.

992 Tätigkeitsbericht des LDA Bbg 1999, http://www.brandenburg.de/land/lfdbbg/tb/tb8/tb8.htm, zuletzt besichtigt am 09.03.2000, B. 2.3.

993 Vgl. z.B. Tarifstelle 1.4.2 der Gebührenordnung des Ministeriums für Umwelt, Naturschutz und Raumordnung (GebO MUNR) vom 18.03.1999, ABl. 1999, 131 (134): "Amtshandlungen, für die keine andere Tarifstelle vorgesehen ist und die nicht einem von der handelnden Behörde wahrzunehmenden öffentlichen Interesse dienen: 0 bis 1000 DM."

zuwenden sind, wenn gleichzeitig mit der Akteneinsicht Informationsansprüche auf der Grundlage einer anderen Rechtsvorschrift erfüllt werden. In diesem Falle muss dann die Gebührenregelung für die Amtshandlung, aufgrund derer die Informationsgewährung erfolgt ist, angewendet werden. Dies kann im Einzelfall zu einer geringeren Gebühr (z.B. bei Akteneinsicht in eigene personenbezogene Daten), durchaus aber auch zu einer höheren Gebühr (z.B. bei Akteneinsicht nach UIG) führen.

Ergänzend wird angemerkt, dass auch die Informationsfreiheitsgesetze der anderen Bundesländer eine Gebührenerhebung für die Informationsgewährung vorsehen.
Nach § 16 IFG Bln sind Akteneinsicht oder Aktenauskunft und das Widerspruchsverfahren gebührenpflichtig. Mit der Zweiundzwanzigste Verordnung zur Änderung der Verwaltungsgebührenordnung vom 30.05.2000 wurden die Verwaltungsgebührenordnung des Landes Berlin geändert und Gebührenrahmen für einzelne Amtshandlungen nach dem IFG festgelegt.[994]
Nach § 8 S. 1 IFG S-H dürfen für Amtshandlungen nach dem IFG S-H Verwaltungsgebühren erhoben werden, dies soll jedoch nicht bei Amtshandlungen gegenüber Beteiligten gelten. Auslagen sind zu erstatten, sie dürfen die tatsächlichen Kosten jedoch nicht übersteigen (§ 8 S. 3 IFG S-H). Auf der Grundlage des § 8 S. 1 IFG S-H hat das Innenministerium inzwischen die schleswig-holsteinische Landesverordnung über Verwaltungsgebühren und den dazugehördenden allgemeinen Gebührentarif geändert und eine neue Tarifstelle (25.2) neu eingefügt.[995]

---

[994] GVBl. Bln 2000, 349 (349f.); vgl. hierzu: Tätigkeitsbericht 2000 des Berliner Beauftragten für Datenschutz und Akteneinsicht, http//www.datenschutz-berlin.de/jahresbe/00/teil3-5.htm, 3.5.

[995] GVGl. S-H 2000, S. 546; vgl. hierzu: Hinweise zum Gesetz über die Freiheit des Zugangs zu Informationen für das Land Schleswig-Holstein - IFG-SH) vom 9. Februar 2000; GS S-H II, GlNr. 2010-2, GVBl. 2000, S. 166, zugänglich auch über: http://www.rewi.hu-berlin.de/Datenschutz/DSB/SH/material/recht/dsleicht/hinwifg.htm, zuletzt besichtigt am 05.03.2001, S. 35 ff. und Anhang 4.

IV. Verhältnis zu anderen Vorschriften und Informationsrechten

Zuletzt soll der Anwendungsbereich des AIG neben bestehenden bundes- und landesrechtlichen Akteneinsichts- und Auskunftsansprüchen bestimmt werden, soweit das Verhältnis dieser Vorschriften zum AIG nicht bereits durch die Regelungen des § 2 Abs. 5 und § 1 AIG a.E. erfasst wird und deshalb in den vorhergehenden Abschnitten erörtert wurde. Es soll geklärt werden, inwieweit sich der Anwendungsbereich bestehender Ansprüche aus Gesetz und Rechtsprechung mit jenem des AIG überschneidet, und ob die jeweiligen Ansprüche gegenüber dem AIG vorrangig, nachrangig oder neben dem AIG anwendbar sind.

1. Bundesrechtliche Vorschriften

Es stellt sich die Frage, in welchem Verhältnis das Akteneinsichtsrecht aus AIG zu bundesrechtlichen Informationsrechten steht, und ob und inwieweit der Anwendungsbereich des AIG durch bestehendes Bundesrecht eingeschränkt wird.

a. Rangordnung von Bundesrecht und Landesrecht

In der Begründung des Gesetzentwurfes haben die Entwurfsverfasser allgemein darauf verwiesen, dass der Anwendungsbereich des AIG durch die Grenzen der Gesetzgebungskompetenz des Landesgesetzgebers begrenzt ist.[996] So sei zum Beispiel im Anwendungsbereich des partiell gleichgerichteten Umweltinformationsgesetzes des Bundes eine Anwendung des AIG ausgeschlossen.[997] Die Regelungen des AIG sollen auch nicht für solche Akten gelten, deren Behandlung durch die Strafprozessordnung abschließend geregelt sei.[998]

Bei näherem Hinsehen zeigt sich, dass gerade diese im Gesetzentwurf genannten Beispiele nichts über die Problematik des Verhältnisses von bundesrechtlichen Regelungen zum AIG aussagen. Der Akteneinsichtsanspruch des AIG gilt gegenüber den Organen der Rechtspflege (Gerichte, Staatsanwaltschaften, Polizei, als Hilfsbeamtin der Staatsanwaltschaft) ohnehin nur soweit diese Verwaltungsaufgaben wahrnehmen,[999] so dass sich der Anwendungsbereich des AIG

---

[996] LT-Drucks., 2/4417, S. 1 der Begründung; so auch: Kneifel-Haverkamp, DuD 1998, 438 (439).

[997] LT-Drucks., 2/4417, S. 1 der Begründung; so auch: Kneifel-Haverkamp, DuD 1998, 438 (439), der zusätzlich die Registerordnungen des Bundes nennt.

[998] LT-Drucks., 2/4417, S. 1 der Begründung; vgl. auch: Kneifel-Haverkamp, DuD 1998, 438 (439).

[999] Vgl. hierzu B.I.2.a.bb.

und jener der Akteneinsichtsrechte der StPO schon wegen der gesetzlich geregelten Voraussetzungen im AIG nicht überschneiden. Das UIG findet wegen der ausdrücklichen gesetzlichen Konkurrenzregelung in § 4 Abs. 2 UIG (nach der neben dem Anspruch aus § 4 Abs. 1 UIG andere Ansprüche auf Zugang zu Informationen unberührt bleiben) neben dem AIG Anwendung. Das Konkurrenzverhältnis ist damit unmissverständlich geklärt. Einzelheiten zu diesen Beispielen werden nachfolgend erörtert.

Allgemein gilt für das Verhältnis von Bundes- und Landesrecht:

Dem Grundsatz nach beschreibt die Kollisionsregel des Art. 31 GG das Verhältnis mit der Formel: "Bundesrecht bricht Landesrecht", die im wesentlichen besagt: Bundesrecht jeglicher Rangstufe geht dem Landesrecht vor. Dabei ist jedoch folgendes zu beachten:

- Voraussetzung für die Anwendung des Art. 31 GG ist, dass zwei Rechtsvorschriften verschiedener Rechtssetzungsorgane (des Bundes und eines Landes) miteinander *kollidieren*, d.h. beide Normen müssen auf *denselben Sachverhalt, auf dieselbe Materie anwendbar* sein *und* bei ihrer Anwendung *zu verschiedenen Ergebnissen führen können.*[1000] Nur in diesem Fall 'bricht' Bundesrecht Landesrecht, d.h. Bundesrechts ist höher- bzw. vorrangig.[1001]
- Die Kollisionsregeln der Rangordnungslehre greifen nur dann ein, wenn die kollidierenden Normen für sich betrachtet gültig sind.[1002] Deshalb kann z.B. ein Bundesgesetz, das gegen die Vorschriften über die Gesetzgebungskompetenzen verstößt und deshalb nichtig ist, ein bestehendes Landesgesetz nicht verdrängen.
- Die Kollisionsregel des Art. 31 GG wird durch Art. 28 Abs. 1 GG und Art. 142 GG überlagert und eingeschränkt. Nach Art 28 Abs. 1 GG sind die Länder bei der Gestaltung ihrer Verfassung nur an die Grundsätze des republikanischen, demokratischen und sozialen Rechtsstaates gebunden; es liegt also ein Verstoß gegen Bundesrecht nur dann vor, wenn diese Grundsätze verletzt sind.[1003] Das Verhältnis der Bundesgrundrechte und der Landesgrundrechte wird durch die Vorschrift des Art. 142 GG bestimmt.

[1000] BVerfGE 36, 342 (363); Gubelt in v. Münch, GG-Kommentar, Art. 31 Rn. 3; Maunz in Maunz/Dürig, Art. 31 Rn. 13f.

[1001] Gubelt in v. Münch, GG-Kommentar, Art. 31 Rn. 3, 12 ff.; Maunz in Maunz/Dürig, Art. 31 Rn. 2.

[1002] Maunz in Maunz/Dürig, Art. 31 Rn. 15.

[1003] BVerfGE 36, 342 (361ff.).

Zu unterscheiden von der Kollisions- und Rangordnungsnorm[1004] des § 31 GG sind die Kompetenznormen des GG, insbesondere Art. 30, 70 ff. und 105 GG. Diese enthalten materielle Zuständigkeitsnormen. Nach ihnen bestimmt sich, ob Bundes- oder Landesgesetze innerhalb der zustehenden Gesetzgebungskompetenzen erlassen wurden.

Im Grundsatz liegt die Gesetzgebungszuständigkeit bei den Ländern (Art. 30, 70 Abs. 1 GG). Dies gilt nicht

- soweit das Grundgesetz dem Bund ausdrücklich Gesetzgebungsbefugnisse verleiht (Art. 70 Abs. 1 GG) oder

- soweit dem Bund kraft ungeschriebener Zuständigkeiten eine Gesetzgebungskompetenz zukommt.

In Art. 71 ff. GG werden dem Bund Gesetzgebungszuständigkeiten wie folgt zugewiesen:

Im Bereich der *ausschließlichen Bundesgesetzgebungskompetenz* sind die Länder grundsätzlich von der Gesetzgebungskompetenz ausgeschlossen, es sei denn, sie sind "hierzu in einem Bundesgesetz ausdrücklich ermächtigt" (Art. 71 GG). Die einzelnen Sachgebiete der ausschließlichen Bundesgesetzgebungskompetenz sind in Art. 73 und 105 Abs. 1 GG aufgeführt.

Den größten und wichtigsten Bereich der Gesetzgebung umfasst die *konkurrierende Gesetzgebungszuständigkeit*. Der Bund ist im Rahmen der konkurrierenden Gesetzgebung zuständig, wenn

- die Materie im Katalog der Art. 74, 74a, 105 Abs. 2 GG aufgeführt ist **und**
- Bedürfnis für eine bundesgesetzliche Regelung besteht (Art. 72 Abs. 2 GG).

Im Bereich der konkurrierenden Gesetzgebung haben die Länder die Befugnis zur Gesetzgebung, solange und soweit der Bund von seiner Gesetzgebungszuständigkeit nicht durch Gesetz Gebrauch gemacht hat (Art. 72 Abs. 1 GG). Eine Sperrwirkung gegenüber den Ländern tritt damit erst ein, wenn der Bund von seiner konkurrierenden Zuständigkeit durch den Erlass eines Gesetzes Gebrauch macht.[1005] Das Gesetz muss sich im Bereich der konkurrierenden Gesetzgebung bewegen, "erforderlich" im Sinne des Art. 72 Abs. 2 GG sein und darf nicht gegen sonstige Bestimmungen der Verfassung (z. B. gegen Grundrechte) oder sonstige rechtsstaatliche Vorgaben (z.B. allgemeines Völkerrecht) verstoßen.[1006]

[1004] Zu dieser rechtlichen Qualifizierung vgl. z.B. Gubelt in v. Münch, GG-Kommentar, Art. 31 Rn. 3; Maunz in Maunz/Dürig, Art. 31 Rn. 1.

[1005] Kunig in v. Münch, GG-Kommentar, Art. 72 Rn. 9.

[1006] Kunig in v. Münch, GG-Kommentar, Art. 72 Rn. 8.

Weiterhin muss es sich um eine *erschöpfende* Regelung handeln.[1007] Wann eine bundesgesetzliche Regelung erschöpfend ist, ist einer Gesamtwürdigung des betreffenden Normenkomplexes zu entnehmen.[1008] Eine erschöpfende bundesrechtliche Regelung kann nicht schon deshalb angenommen werden, weil ein Bundesgesetz ein Sachgebiet überhaupt 'kodifiziert' hat. "Denn ungeachtet der 'Kodifizierung' können immer noch Bereich übrig bleiben, deren Regelung offen geblieben ist."[1009] Als 'richtungsgebender Anhaltspunkt' für das Vorliegen einer erschöpfenden Regelung ist es deshalb anzusehen, wenn neben ihr kein Raum mehr für eine landesrechtliche Regelung übrig bleibt.[1010] Der Bundesgesetzgeber kann sich auch darauf beschränken, Teile eines Sachgebietes zu regeln, für die nicht bundesgesetzlich geregelten Teile bleibt es dann bei der Gesetzgebungsbefugnis der Länder.[1011] Aus der Tatsache, dass das Bundesgesetz eine Frage nicht behandelt, kann jedoch nicht geschlossen werden, dass der Bundesgesetzgeber von seinem Gesetzgebungsrecht keinen Gebrauch gemacht hat.[1012] Eine erschöpfende Regelung liegt etwa auch vor, wenn der Sache nach ergänzende Vorschriften möglich, nach dem erkennbaren Regelungswillen aber ausgeschlossen sein sollen.[1013] Als "Gebrauchmachen" ("Regeln") im Sinne des Art. 12 Abs. 1 GG kommen jedoch "nur gesetzliche Vorschriften in Betracht, die *selbst* und materiell alles oder etwas über die rechtliche Gestaltung der Gesetzgebungsmaterie bestimmen (einschließlich solcher Bestimmungen, nach denen künftig gewisse Ausdrücke der Materie rechtlich ungeregelt bleiben)".[1014]
Im Einzelfall ist im Wege der Auslegung des jeweiligen Gesetzes zu ermitteln, ob der Bundesgesetzgeber eine erschöpfende Regelung getroffen hat.[1015]
Das Land darf Gesetze erlassen, soweit der ganze aufgeführte Sachbereich oder Teile daraus vom Bundesgesetzgeber noch nicht in Anspruch genommen worden sind.[1016]

Eine *Rahmengesetzgebungszuständigkeit* steht dem Bund zu, wenn
- der Regelungsgegenstand zu einem der in Art. 75 Abs. 1 GG genannten Sachgebiete gehört **und**

[1007] BVerfGE 7, 342 (347); 20, 238 (248); Kunig in v. Münch, GG-Kommentar, Art. 72 Rn. 11.
[1008] BVerfGE 7, 342 (347); 49, 343 (258); 67, 299 (324); Kunig in v. Münch, GG-Kommentar, Art. 72 Rn. 11 mit Beispielen.
[1009] BVerfGE 56, 110 (119).
[1010] Maunz in Maunz/Dürig, Art. 72 Rn. 14.
[1011] Maunz in Maunz/Dürig, Art. 72 Rn. 14.
[1012] BVerfGE 20, 238 (250).
[1013] BVerfGE 32, 319 (317).
[1014] BVerfGE 34, 9 (28).
[1015] Maunz in Maunz/Dürig, Art. 72 Rn. 14.
[1016] Maunz in Maunz/Dürig, Art. 72 Rn. 5.

- Bedürfnis für eine bundesgesetzliche Regelung besteht (Art. 75, 72 Abs. 2 GG).

Der Bund darf im Bereich dieser Zuständigkeit keine Vollregelung treffen, sondern ist auf Rahmenvorschriften beschränkt. Rahmenvorschriften dürfen nur in Ausnahmefällen in Einzelheiten gehende und unmittelbar geltende Vorschriften enthalten (Art. 75 Abs. 2 GG).

Bei den *ungeschriebenen Zuständigkeiten* sind folgende drei Fallgruppen anerkannt: die Zuständigkeit kraft Sachzusammenhanges, die Annexkompetenz und die Zuständigkeit kraft Natur der Sache. Die *Zuständigkeit kraft Sachzusammenhangs* wird angenommen, wenn es zur Regelung einer ausdrücklich zugewiesenen Materie unerlässliche Voraussetzung ist, dass eine andere Materie mitgeregelt wird.[1017] Eine sogenannte *Annexkompetenz* liegt vor, wenn eine zugeteilte Kompetenz auf Fragen, die bei der Vorbereitung und Durchführung der Sachmaterie entstehen, ausgedehnt wird.[1018] Der sogenannten "*Zuständigkeit kraft Natur der Sache*" (angenommen bei ureigensten Bundesangelegenheiten, bei der Wahrnehmung gesamtdeutscher Interessen oder wenn eine Regelung zwingend nur einheitlich für den Gesamtstaat möglich ist) wird mittlerweile nur noch ein sehr enger Raum zugewiesen.[1019]

Eine ausdrücklich Gesetzgebungskompetenz des Bundes für die Regelung von Informationsrechten gegenüber Behörden sieht das Grundgesetz nicht vor. Eine solche Kompetenz kann sich deshalb nur aus der Zugehörigkeit des jeweiligen Informationsrechts zu einem Gegenstand der ausschließlichen oder der konkurrierenden Gesetzgebungskompetenz bzw. der Rahmengesetzgebungskompetenz oder aus einer (ungeschriebenen) Zuständigkeit kraft Sachzusammenhangs oder einer Annexkompetenz zu einem der Gegenstände ergeben. Soweit der Bundesgesetzgeber Informationsrechte im Rahmen seiner konkurrierenden Gesetzgebungszuständigkeit geregelt hat, kommt es für die Frage der (ergänzenden) Anwendbarkeit des AIG darauf an, ob der Bundesgesetzgeber eine abschließende bzw. erschöpfende Regelung getroffen hat.

[1017] Vgl. z.B. BVerfGE 3, 407 (421); 15, 1 (20).

[1018] Maunz in Maunz/Dürig, Art. 70 Rn. 49; Schmidt-Bleibtreu/Klein, GG, Vorbem. vor Art. 70 Rn. 6 m.w.N.; Zur Abgrenzung zur Kompetenz kraft Sachzusammenhangs vgl. z.B. Kunig in v. Münch, GG-Kommentar, Art. 70 Rn. 25 ff.

[1019] Maunz in Maunz/Dürig, Art. 70 Rn. 46 m.w.N. und näheren Ausführungen und Beispielen.

b. Einzelne Vorschriften (Beispiele)

Im folgenden werden einige bundesrechtliche Vorschriften, die Informationsrechte enthalten, exemplarisch - nach Sachgebieten geordnet und zusammengefasst - hinsichtlich ihres Verhältnisses zum brandenburgischen AIG untersucht.

aa. Gerichtliche Verfahren

Während laufender Gerichtsverfahren gelten die bundesgesetzlichen Regelungen über die Akteneinsicht.

Nach Art. 74 Nr. 1 GG erstreckt sich die konkurrierende Gesetzgebung auf "die Gerichtsverfassung" und "das gerichtliche Verfahren". "Das gerichtliche Verfahren" i.S.d. Art. 74 Nr. 1 GG betrifft "die verfahrensmäßige Behandlung von Angelegenheiten der Gerichte"[1020] bzw. "die verfahrensmäßige Behandlung von Streitfällen vor Gericht, also das Prozessrecht einschließlich der Kosten der Rechtsverfolgung."[1021] Die Gerichtsverfahren der verschiedenen Fachgerichtszweige sind demgemäß - abgesehen von den Verfahren vor den Landesverfassungsgerichten[1022] - bundesrechtlich geregelt. Mit dem Erlass der Gerichtsordnungen/-gesetze hat der Bundesgesetzgeber von seiner Kompetenz, Verfassung und Verfahren der Gerichte zu regeln, im wesentlichen erschöpfend Gebrauch gemacht.[1023] Zu Regelungen über "die verfahrensmäßige Behandlung von Angelegenheiten der Gerichte" gehören auch die im Zusammenhang mit dem Gerichtsverfahren stehenden Akteneinsichtsrechte.

Damit gilt für die Akteneinsicht in Verfahren vor den Verwaltungsgerichten § 100 Verwaltungsgerichtsgesetz (VwGO); eine Sonderregelung enthält § 82 Asylverfahrensgesetz (AsylVfG) für Verfahren des vorläufigen Rechtsschutzes in Asylverfahren.
In Strafsachen[1024] findet § 147 Strafprozessordnung (StPO) Anwendung, wonach im Strafverfahren Akteneinsicht nur durch den Verteidiger möglich ist.

[1020] Maunz in Maunz/Dürig, Art. 74 Rn. 172.

[1021] Kunig in v. Münch, GG-Kommentar, Art. 74 Rn. 19.

[1022] Auf die Verfassungsgerichtsbarkeit der Länder erstreckt sich die Gesetzgebungskompetenz nicht, vgl. Maunz in Maunz/Dürig, Art. 74 Rn. 73; Zu § 16 Bbg VerfGG vgl. B.II.4.d.bb.(1).

[1023] Maunz in Maunz/Dürig, Art. 74 Rn. 79; Für die VwGO: BVerfGE 37, 191 (198).

[1024] Zum Recht auf Informationen des öffentlichen Sektors, die in Akten der Strafverfolgungsbehörden und für Strafverfolgungszwecke gespeichert sind, vgl. Vassilaki, CR 1997, 60 (60 ff., 162 ff.).

Weiterhin bestehen Akteneinsichtsrechte für Privatkläger (§ 385 Abs. 3 StPO), Nebenkläger (§ 397 Abs. 1 S. 2 i. V. m. § 385 Abs. 3 StPO) und den Verletzten (§ 406 e StPO).
In Zivilverfahren ist Akteneinsicht nach § 299 Abs. 2 Zivilprozessordnung (ZPO), im Zwangsvollstreckungsverfahren nach § 760 ZPO zu gewähren.
§ 34 Gesetz über die Angelegenheiten der freiwilligen Gerichtsbarkeit (FGG) regelt die Akteneinsicht bei Streitigkeiten, die nach dem FGG verhandelt werden.
Vor den Sozialgerichten ist § 120 Sozialgerichtsgesetz (SGG) für die Akteneinsicht im Verfahren anzuwenden.

In finanzgerichtlichen Klageverfahren findet § 78 Finanzgerichtsordnung (FGO) für die Akteneinsicht Anwendung. Bei der Regelung des Finanzgerichtsverfahrens hat der Bund allerdings nicht von seiner konkurrierenden Gesetzgebungszuständigkeit aus Art. 74 Nr. 1 GG sondern von der ausschließlichen Gesetzgebungskompetenz aus § 108 Abs. 6 GG Gebrauch gemacht.

Der Anwendungsbereich der genannten Akteneinsichtsrechte überschneidet sich nicht mit dem des AIG, weil die rechtsprechende Tätigkeit der Gerichte dem Akteneinsichtsanspruch des AIG wegen § 2 Abs. 2 S. 1 AIG i. V. m. § 1 Abs. 2 Ziff. 4 LOG grundsätzlich entzogen ist.[1025] Darüber hinaus besteht ein Akteneinsichtsrecht nach dem AIG ohnehin nicht während laufender Verfahren (§ 2 Abs. 5 AIG).[1026]

Es stellt sich jedoch grundsätzlich die Frage, ob der Landesgesetzgeber die Akteneinsicht in Verfahrensakten außerhalb laufender Verfahren auch in Akten der Gerichte hätte regeln dürfen oder ob der Bundesgesetzgeber durch den Erlass der Gerichtsordnungen/-gesetze eine abschließende Regelung getroffen hat, die auch die Behandlung von Akten über Gerichtsverfahren nach rechtskräftigem Abschluss von Verfahren abdeckt. Dies würde zum einen voraussetzen, dass die Gesetzgebungskompetenz für die "Gerichtsverfassung und für das "gerichtliche Verfahren" auch die Kompetenz für die Regelung von Akteneinsichtsrechten in Akten über gerichtliche Verfahren nach Abschluss des gerichtlichen Verfahrens umfasst, und zum anderen, dass der Bundesgesetzgeber auch insoweit eine erschöpfende Regelung getroffen hat. Während Ersteres unproblematisch der Fall ist, ist Letzteres nicht ohne weiteres anzunehmen. Zwar lässt der Wortlaut des Art. 74 Nr. 1 GG - "das gerichtliche Verfahren" - auf den ersten Blick annehmen, dass eine Zuständigkeit nur für die Regelung des Verfahrens selbst besteht, jedoch ist die Formulierung - wie bereits oben ausgeführt - so zu verstehen, dass "die verfahrensmäßige Behandlung von Angelegenheiten der Gerich-

---

[1025] S.o. unter B.I.2.a.bb.
[1026] S.o. unter B.II.1.

te"[1027] erfasst wird. Hierzu zählt auch die Behandlung von Akten über Gerichtsverfahren *nach* Abschluss der Verfahren, so dass davon auszugehen ist, dass sich die Gesetzgebungskompetenz des Bundesgesetzgebers auch hierauf bezieht.[1028] Der Bundesgesetzgeber hat mit dem Erlass der Gerichtsordnungen die Behandlung von Verfahrensakten der Gerichte durch die Gerichte auch abschließend geregelt.[1029] Insbesondere aus der Tatsache, dass der Bundesgesetzgeber in sämtlichen Verfahrensordnungen die Möglichkeit eines Wiederaufnahmeverfahrens vorgesehen hat, ist zu entnehmen, dass eine abschließende Regelung auch für den Zeitraum nach rechtskräftigen Abschluss von Gerichtsverfahren getroffen wurde.[1030]

Da sich der Anwendungsbereich des AIG in der derzeitigen Fassung nicht auf die Akten der rechtsprechenden Tätigkeit der Gerichte bezieht, soll auf weitere Ausführungen zu der Thematik verzichtet werden. Ergänzend wird angemerkt, dass auch die bisher erlassenen Informationsgesetze der Länder Berlin und Schleswig-Holstein keinen Akteneinsichtsanspruch gegen die Gerichte zulassen, soweit diese als Organe der Rechtspflege oder aufgrund besonderer Rechtsvorschriften in richterlicher Unabhängigkeit tätig werden (vgl. § 3 Abs. 3 Nr. 3 IFG SH; § 2 Abs. 1 S. 2 IFG Bln: "nur soweit diese Verwaltungsaufgaben erledigen").

bb. Verwaltungsverfahren

Verschiedene bundesrechtliche Vorschriften enthalten Informationsrechte während laufender Verwaltungsverfahren.

[1027] Maunz in Maunz/Dürig, Art. 74 Rn. 172.

[1028] Hiervon gehen wohl auch Kneifel-Haverkamp, DuD 1998, 438 (439) aus, wenn sie darauf verweisen, dass durch die StPO die Behandlung der Akten abschließend geregelt sei und diese Akten einer Regelung durch das AIG damit entzogen seien.

[1029] So wohl auch *Kneifel-Haverkamp*, DuD 1998, 438 (439), der darauf verweist, dass die Reichweite des AIG durch die Grenzen der Gesetzgebungskompetenz des Landes eingeschränkt sei und dies z.B. bedeute dass die Regelungen des AIG nicht für solche Akten gelten, deren Behandlung durch die Strafprozessordnung abschließend geregelt sei.

[1030] Eine andere Frage ist es, ob die getroffenen Regelungen über die Aufbewahrung des Schriftguts der ordentlichen Gerichtsbarkeit und der Staatsanwaltschaften ausreichend sind, insbesondere ob sie den Grundsätzen des Volkszählungsurteils entsprechen. Dies ist zu verneinen. Zu entsprechenden Forderungen nach einer bundesgesetzlichen Regelung vgl. OLG Frankfurt a.M., NJW 1999, 73 (73 f.); auch: Entschließung der 56. Konferenz der Datenschutzbeauftragten des Bundes und der Länder vom 5./6. Oktober 1998 in Wiesbaden; Entschließung der 58. Konferenz der Datenschutzbeauftragten des Bundes und der Länder vom 5./6. Oktober 1999 in Rostock.

Zwar sieht das Grundgesetz weder eine ausschließliche noch eine konkurrierende Gesetzgebungskompetenz des Bundes für Verwaltungsverfahren vor; eine solche Zuständigkeit ergibt sich jedoch für die folgenden Bereiche:

- gemäß Art. 70 ff. GG i.V.m. Art. 86 ff. GG das Verwaltungsverfahrensrecht als Annex zur jeweiligen Materie uneingeschränkt für die Regelung des *Verfahrens der Bundesbehörden* i. S. von Art. 86 ff. GG,[1031]
- gemäß Art. 70 ff. GG i.V.m. Art. 85 Abs. 1 GG für Regelungen hinsichtlich des *Verfahrens von Landesbehörden* unbeschränkt im wesentlichen nur *im Bereich der Bundesauftragsverwaltung* gemäß Art. 85 GG,[1032]
- gemäß Art. 70 ff. GG i.V.m. Art. 84 Abs. 1GG für Regelungen hinsichtlich des *Verfahrens von Landesbehörden* im Bereich des *Vollzuges von Bundesgesetzen* durch die Länder *als eigene Angelegenheit* gemäß Art. 84 Abs. 1 GG (sogenannter landeseigener Vollzug) nur mit Zustimmung des Bundesrates.[1033]

(1) Bundesgesetzliche Vorschriften zur Regelung von Verwaltungsverfahren von Bundesbehörden: §§ 29, 72 Abs. 1 Verwaltungsverfahrensgesetz (VwVfG) des Bundes

Die den §§ 29, 79 VwVfGBbg entsprechenden §§ 29, 72 Abs. 1 VwVfG des Bundes enthalten Akteneinsichtsrechte während laufender Verwaltungsverfahren bzw. Planfeststellungsverfahren der Behörden des Bundes.

Im Hinblick auf die bereits dargelegte nur beschränkte Gesetzgebungszuständigkeit des Bundes für das Verwaltungsverfahrensrecht und angesichts des Widerstandes der Länder gegen eine weitergehende Regelung durch Bundesrecht verzichtete der Bundesgesetzgeber auf eine generelle Einbeziehung der Landesbehörden in den Anwendungsbereich des VwVfG und begnügte sich mit einer Teilregelung. Das VwVfG gilt gemäß § 1 Abs. 1 Nr. 1 VwVfG des Bundes *primär nur für Bundesbehörden. Landesbehörden* haben es nach näherer Bestimmung des § 1 Abs. 1 Nr. 2 VwVfG des Bundes und der Abs. 2 und 3 des § 1 VwVfG des Bundes *nur* anzuwenden, wenn sie beim *Vollzug von Bundesgesetzen* im Auftrag des Bundes (Art. 85 GG) oder von Bundesgesetzen, die ge-

[1031] So die h.M. vgl. z.B. BVerfGE 26, 281 (300f.); Kopp/Ramsauer, VwVfG, Einführung Rn. 15 m.w.N.; Obermayer, VwVfG, Einleitung Rn. 35.

[1032] Obermayer, VwVfG, Einleitung Rn. 38 - aufgrund ausschließlicher Gesetzgebungskom-pe-tenz; Ule, DVBl. 1957, 597 (602); Kopp/Ramsauer, VwVfG, Einführung Rn. 15 m.w.N. - nach den Grundsätzen über die Zuständigkeit kraft Sachzusammenhangs.

[1033] BVerfG 26, 338 (385); Kopp/Ramsauer, VwVfG, Einführung Rn. 15 m.w.N.; Obermayer, VwVfG, Einleitung Rn. 37.

mäß Art. 84 Abs. 1 GG mit Zustimmung des Bundesrates erlassen wurden, tätig werden *und* das betroffene Land *nicht in einem eigenen Verwaltungsverfahrensgesetz* Regelungen für das Verfahren getroffen hat. Da Brandenburg - wie mittlerweile alle Bundesländer (teilweise in Form von "dynamischen Verweisungen"[1034]) - ein Verwaltungsverfahrensgesetz erlassen hat, gilt das VwVfG des Bundes für die Landesbehörden und Kommunen des Landes Brandenburg nicht. Der Anwendungsbereich der Vorschriften der §§ 29 und 72 VwVfG des Bundes überschneidet sich damit schon deshalb nicht mit jenem des AIG, weil das AIG lediglich ein Akteneinsichtsrecht gegenüber Behörden und Gemeinden des Landes Brandenburg enthält. Die Frage der Konkurrenz der Vorschriften stellt sich folglich nicht.

(2) Bundesgesetzliche Vorschriften zur Regelung von Verwaltungsverfahren von Landesbehörden

In einigen Bereichen hat der Bundesgesetzgeber Verfahrensregeln für von Landesbehörden durchzuführende Verfahren getroffen. In diesen Verfahrensvorschriften befinden sich auch Informationsrechte. Zum einen stellt sich die Frage der Konkurrenz dieser Informationsrechte zum AIG, zum anderen ist unklar, ob der Bundesgesetzgeber durch die Regelung der jeweiligen Verfahren die Anwendbarkeit des AIG außerhalb dieser Verfahren ausgeschlossen hat.

(a) Informationsrechte in Verfahren

Während von Landesbehörden durchzuführenden Verfahren, die bundesrechtlich geregelt sind, bestehen z. B. die folgende Akteneinsichtsrechte:

(aa) § 25 Sozialgesetzbuch - Verwaltungsverfahren (SGB X)

§ 25 SGB X enthält einen § 29 VwVfG entsprechenden - hinsichtlich der Ausnahmetatbestände (§ 25 Abs. 2 und 3 SGB X) jedoch abweichenden - Anspruch auf Akteneinsicht für die Beteiligten an Verfahren nach dem SGB. Der Anspruch besteht - wie jener aus § 29 VwVfG - nur in laufenden Verwaltungsverfahren.[1035]

1034 Vgl. hierzu z.B. Kopp/Ramsauer, VwVfG, Einführung Rn. 28.

1035 Vgl. z.B. BSG, NVwZ 1992, 406 (406); v. Wulffen in Schroeder-Pritzen, SGB X, § 25 Rn. 2, 5.

Das SGB X gilt für die öffentlich-rechtliche Verwaltungstätigkeit der Behörden, die nach dem SGB ausgeübt wird (vgl. § 1 S. 1 SGB X).[1036] Hierzu gehört auch die öffentlich-rechtliche Verwaltungstätigkeit der Behörden der Länder, der Gemeinden und Gemeindeverbände und der sonstigen der Aufsicht des Landes unterstehenden juristischen Personen des öffentlichen Rechts.[1037] Für die Ausführung der besonderen Teile des SGB gilt dies nur, soweit diese Teile mit Zustimmung des Bundesrates die Vorschriften des SGB X für anwendbar erklären (vgl. § 1 Abs. 1 S. 2 SGB X).

Mit dem SGB X hat der Bundesgesetzgeber auch das Verwaltungsverfahren für von Landesbehörden zu führende Verfahren bei der Ausführung des SGB geregelt.[1038] Die Gesetzgebungszuständigkeit des Bundes für die Regelungen des SGB X ergibt sich aus einer Annexkompetenz zu den in seinen Zuständigkeitsbereich fallenden Gesetze.[1039]

Werden die brandenburgischen Landesbehörden im Rahmen ihrer Aufgaben aus dem SGB tätig, haben sie statt des VwVfGBbg die Verfahrensregelungen des SGB X anzuwenden und mithin während laufender Verwaltungsverfahren Akteneinsicht nach § 25 SGB X zu gewähren. Da § 25 SGB X lediglich ein Akteneinsichtsrecht während laufender Verwaltungsverfahren enthält, überschneidet sich der Anwendungsbereich der Vorschrift nicht - wie auch jener des § 29 VwVfGBbg[1040] - mit dem des AIG.

(bb) § 32 Abs. 5 Vermögensgesetz (VermG)

Für die von den Ämtern zur Regelung offener Vermögensfragen durchzuführenden Verfahren nach dem VermG hat der Bundesgesetzgeber in §§ 30 ff. VermG besondere Verfahrensregeln getroffen; darüber hinaus gilt nach § 31 Abs. 7 VermG das – nach dem im Brandenburg ein solches erlassen wurde - das Landesverwaltungsverfahrensgesetz.

1036 Vgl. hierzu z.B. Schroeder-Pritzen, SGB X, § 1 Rn. 2.

1037 Vgl. hierzu auch § 1 Abs. 1 S. 2 SGB X; dazu im einzelnen: Schroeder-Pritzen, SGB X, § 1 Rn. 3 und 6.

1038 Zu dem ursprünglich vom Bundesrat unternommenen Versuch, die öffentlich-rechtliche Verwaltungstätigkeit der Länder, Gemeinden und Gemeindeverbände in bestimmten Sachbereichen von der Anwendbarkeit des SGB X auszunehmen, vgl. Schroeder-Printzen, SGB X, § 1 Rn. 6 m.w.N.

1039 BR-Drucks. 288/80, Anlage S. 1 Nr. 1; auch BT-Drucks. 8/2034, S. 30 § 1.

1040 Vgl. hierzu B.II.1.b.aa und d.bb.(2).

Das VermG sieht ein besonderes Informationsrecht für den betroffenen Antragsteller vor. Nach § 31 Abs. 3 VermG hat der Antragsteller Anspruch auf Auskunft durch die Behörde über alle Informationen, die zur Durchsetzung seines Anspruchs erforderlich sind. Hierzu genügt die Glaubhaftmachung des Anspruchs. Die Auskunft ist schriftlich zu erteilen. Der Anspruch tritt neben den Anspruch auf Akteneinsicht der Beteiligten aus § 29 VwVfGBbg.

Weiterhin enthält das VermG ein besonderes Informationsrecht für Dritte: Nach § 32 Abs. 5 S. 1 VermG können jedem, der ein berechtigtes Interesse glaubhaft darlegt, Namen und Anschriften der Antragsteller sowie der Vermögenswert mitgeteilt werden, auf den sich die Anmeldung bezieht. Jeder Antragsteller kann der Mitteilung der ihn betreffenden Angaben nach Satz 1 widersprechen, die dann unbeschadet der nach anderen Vorschriften bestehenden Auskunftsrechte unterbleibt (§ 35 Abs. 5 S. 2 VermG).

Die Kompetenz der Bundesgesetzgebers zum Erlass des Vermögensgesetzes ergibt sich aus Art. 41 des Einigungsvertrages (EinigungsV) i.V.m. der "Gemeinsamen Erklärung vom 15. Juni 1990 zu Regelung offener Vermögensfragen" (vgl. Anhang III zum EinigungsV).[1041]

Da der Akteneinsichtsanspruch aus dem AIG während laufender Verfahren grundsätzlich ausgeschlossen ist, besteht kein Konkurrenzproblem mit den Auskunftsrechten in Verfahren nach dem VermG.

(cc) §§ 91, 364 Abgabenordnung (AO): Einsichtnahme in Akten der Steuerverwaltung

Das von Landesbehörden als Verwaltungsverfahren durchzuführende steuerliche Festsetzungs- und Rechtsbehelfsverfahren wird durch die Abgabenordnung (AO) geregelt. Die AO enthält kein allgemeines normiertes Recht auf Akteneinsicht des Steuerpflichtigen oder seiner Berater (oder sonstiger Personen), wie dies etwa in § 29 VwVfG festgeschrieben ist.[1042] § 29 VwVfG findet auch keine entsprechende Anwendung im Besteuerungsverfahren, da der Gesetzgeber ja gerade auf eine entsprechende Norm verzichtet hat.[1043]

1041 Vgl. hierzu Scholz in Maunz/Dürig, Art. 143 Rn. 17 ff. m.w.N.

1042 Zur Begründung des zuständigen Finanzausschusses zum Absehen von einer derartigen Regelung vgl. BT-Drucks. 7/4292, S. 24f.

1043 Dißlars, NJW 1997, 481 (482).

Dies bedeutet allerdings nicht, dass eine Akteneinsicht im Besteuerungsverfahren schlechthin als unzulässig angesehen werden muss.[1044]
Im *Steuerfestsetzungsverfahren* hat der Steuerpflichtige vielmehr durchaus einen Anspruch auf fehlerfreie Ermessensentscheidung dahin, ob ihm nicht in diesem speziellen Einzelfall Akteneinsicht gewährt werden kann, etwa weil die Belange Dritter nicht berührt werden können.[1045] Abgeleitet wird dieser Anspruch aus § 91 AO, der im Festsetzungsverfahren dem Betroffenen grundsätzlich ein Recht auf Gehör vor Erlass eines Verwaltungsaktes gibt.[1046] Im Rahmen des Ermessens hat die Behörde stets das Interesse der Beteiligten an einer sachgerechten Wahrnehmung der steuerlichen Belange des Steuerpflichtigen und das Interesse der Behörde, das primär auf einen ordnungsgemäßen Geschäftsgang ausgerichtet ist, gegeneinander abzuwägen.[1047] Grenze des Akteneinsichtsrechts ist das in § 30 AO normierte Steuergeheimnis.[1048]

Auch im außergerichtlichen *Rechtsbehelfsverfahren* gibt es kein allgemeines Akteneinsichtsrecht. Auch im Einspruchsverfahren besteht nur ein Anspruch auf eine pflichtgemäße Ermessensentscheidung.[1049] Allerdings ist § 364 AO zu beachten, der die Finanzbehörde verpflichtet, den Beteiligten, sofern dies noch nicht geschehen, die Unterlagen der Besteuerung mitzuteilen. Aus der Formulierung des Gesetzes lässt sich schließen, dass die Verwaltung kein Ermessen hinsichtlich der Mitteilung der Besteuerungsunterlagen hat, wenn vom Steuerpflichtigen ein auf diese Informationen bezogener Antrag gestellt wird.[1050] Darüber hinaus hat die Steuerverwaltung die gleiche Interessenabwägung vorzunehmen wie auch bei der Akteneinsicht im Festsetzungsverfahren. Allerdings ist die Akteneinsicht insoweit zu gewähren, wenn hierdurch eine langwierige und kostenintensive Auseinandersetzung in einem Finanzgerichtsprozess vermieden werden kann[1051] oder wenn im Einspruchsverfahren ein Beraterwechsel stattgefunden hat.[1052]

[1044] Zu der streitigen, bisher nicht höchstrichterlich entschiedenen Frage, ob sich aus den Landesdatenschutzgesetzen ein Anspruch auf Akteneinsicht herleiten lässt, der über die Möglichkeiten der AO hinausgeht: Dißlars, NJW 1997, 481 (482f.) - bejahend; Hüttemann, NJW 1997, 2020 (2020f.) - ablehnend.

[1045] Brockmayer in Klein, AO, § 91 Rn. 2; Tipke/Kruse, AO/FGO, § 91 AO Rn. 2; Dißlars, NJW 1997, 481 (482); vgl. auch Anwendungserlass zur AO 1977 vom 15. Juli 1998, Zu § 91 4.

[1046] Dißlars, NJW 1997, 481 (482).

[1047] FG Niedersachsen, EFG 1991, 625 (625); Dißlars, NJW 1997, 481 (482).

[1048] Ausführlich hierzu Dißlars, NJW 1997, 481 (482).

[1049] Dißlars, NJW 1997, 481 (482).

[1050] Dißlars, NJW 1997, 481 (482); Tipke/Kruse, AO/FGO, § 364 AO Rn. 1.

[1051] Dißlars, NJW 1997, 481 (482).

[1052] Vgl. auch Anwendungserlass zur AO 1977 vom 15. Juli 1998, Zu § 364.

Mit dem Erlass der AO hat der Bundesgesetzgeber von seiner (konkurrierenden Gesetzgebungs-)Zuständigkeit nach Art. 108 Abs. 5 S. 2 GG i.V.m. Art. 105 Abs. 2 GG mit Zustimmung des Bundesrates Gebrauch gemacht, indem er eine einheitliche Regelung des allgemeinen Steuerrechts und des korrespondierenden Verfahrens getroffen hat.[1053] Der Bundesgesetzgeber hat das Besteuerungs- und das diesbezügliche außergerichtliche Rechtsbehelfsverfahren in der Abgabenordnung abschließend geregelt.[1054] Die AO gilt nach § 1 AO für alle von Bundes- oder Landesfinanzbehörden verwalteten und bundeseinheitlich geregelten Steuern (§ 1 Abs. 2 AO) und im wesentlichen auch für die von den Gemeinden verwalteten Realsteuern (§ 1 Abs. 2 AO).

Da der Akteneinsichtsanspruch aus dem AIG während laufender Verfahren grundsätzlich ausgeschlossen ist, stellt sich die Frage der Konkurrenz zu den Auskunftsrechten in Verfahren nach der AO jedoch nicht.

(dd) § 10 a Neunte Verordnung zur Durchführung des Bundes-Immissionsschutzgesetzes (Verordnung über das Genehmigungsverfahren - 9. BImSchV)

Die auf der Grundlage von § 10 Abs. 10 Bundes-Immissionsschutzgesetz (BImSchG) erlassene Neunte Verordnung zur Durchführung des BImSchG (Verordnung über das Genehmigungsverfahren - 9. BImSchV) enthält in § 10 a 9. BImSchV ein Akteneinsichtsrecht. Danach gewährt die Genehmigungsbehörde Akteneinsicht nach pflichtgemäßem Ermessen; § 29 Abs. 1 S. 3, Abs. 2 und 3 VwVfG finden entsprechende Anwendung. Dieses Akteneinsichtsrecht tritt neben die Auslegungsverpflichtung der Behörde bezüglich des Genehmigungsantrages und der beigefügten Unterlagen aus § 10 der 9. BmSchV und § 10 Abs. 3 S. 2 BImSchG.

Die Gesetzgebungskompetenz des Bundes für die Regelungen des Immissionsschutzes ergibt sich aus verschiedenen Gegenständen des Art. 74 GG.[1055] Insgesamt besteht für das BImSchG in allen seinen Vorschriften eine ausreichende Bundeskompetenz.[1056] Mit § 10 BImSchG und der 9. BImSchV hat der Bundesgesetzgeber mit Zustimmung des Bundesrates das immissionsschutzrechtliche Genehmigungsverfahren geregelt. Diese Regelungen sind jedoch nicht ab-

---

[1053] Vgl. z.B. Fischer-Menshausen in v. Münch, GG-Kommentar, Art. 108 Rn. 15.

[1054] Dißlars, NJW 1997, 481 (482); Fischer-Menshausen in v. Münch, GG-Kommentar, Art. 108 Rn. 15; in diesem Sinne auch BFH, BStBl. II 1994, 552 (53f.).

[1055] Vgl. Aufzählung bei Jarass, BImSchG, Einl. Rn. 21, zu der verbleibenden Landeskompetenz beim Immissionsschutzrecht vgl. Rn. 22ff.

[1056] Jarass, BImSchG, Einl. Rn. 21.

schließend. Für die Anwendung der Verfahrensregeln im Genehmigungsverfahren ergibt sich vielmehr folgende Rangfolge:
1. § 10 BImSchG
2. 9. BImSchV
3. Landesverwaltungsverfahrensgesetz.[1057]

Umstritten ist, ob während des Genehmigungsverfahrens § 10 a 9. BImSchV und § 29 VwVfG nebeneinander anwendbar sind[1058] oder ob § 10 a 9. BImSchV (als lex specialis) § 29 VwVfG vorgeht.[1059] Ungeachtet dessen überschneidet sich der Anwendungsbereich beider Vorschriften jedoch nicht mit jenen des AIG, da die Ansprüche jeweils nur während laufender Verfahren gelten. Ein Konkurrenzproblem stellt sich damit nicht.

(b) Anwendbarkeit des AIG nach Abschluss von bundesrechtlich geregelten Verwaltungsverfahrens?

Es stellt sich die Frage, ob der Bundesgesetzgeber mit der Regelung von Verfahrensvorschriften (im Rahmen seiner konkurrierenden Gesetzgebungszuständigkeit) die Akten der bundesrechtlich geregelten Verfahren auch nach Abschluss des jeweiligen Verfahrens einer Regelung durch den Landesgesetzgeber entzogen hat, d.h. die Vorschriften des AIG auch nach Abschluss der Verfahren keine Anwendung finden.

Dies ist meines Erachtens zu verneinen. Unproblematisch ist die Anwendbarkeit des AIG nach Abschluss von Verfahren in den Fällen anzunehmen, in denen der Bundesgesetzgeber schon das jeweilige Verfahren nicht abschließend geregelt hat. Dies gilt etwa für die Verfahren nach dem Vermögensgesetz. Hier hat der Bundesgesetzgeber ausdrücklich die ergänzende Anwendbarkeit des Landesverfahrensgesetzes vorgesehen (§ 31 Abs. 7 VermG). Soweit keine anderen gesetzlichen Regelungen für den Zeitraum nach Abschluss des Verfahrens eingreifen (z.B. Archivgesetze) kann dann durchaus das AIG Anwendung finden. Gleiches gilt für das immissionsschutzrechtliche Genehmigungsverfahren, das der Bundesgesetzgeber nicht abschließend geregelt hat und damit die ergänzende Anwendbarkeit von Landesverfahrensrecht zugelassen hat (s.o.). Auch hier kann nach Abschluss von Verfahren - bei Vorliegen der Voraussetzungen - grundsätzlich ein Akteneinsichtsrecht nach AIG bestehen, das häufig neben den Informationsanspruch aus dem UIG treten wird.[1060]

1057 So auch: Kutscheidt in Landmann/Rohmer, Bd. I, § 10 BImSchG Rn. 12; zu den nicht anzuwendenden Vorschriften des Verwaltungsverfahrensgesetzes vgl. Rn. 15.

1058 So: Jarass, BImSchG, § 10 Rn. 68 m.w.N.

1059 So: Kutscheidt in Landmann/Rohmer, Bd. II, § 10a 9. BImSchV Rn. 2.

1060 Vgl. zu dem Verhältnis von AIG und UIG die Ausführungen unter B.IV.1.ee.(2).

Problematischer sind diejenigen Fälle, in denen der Bundesgesetzgeber das Verwaltungsverfahren abschließend bundesgesetzlich geregelt hat, wie z.B. im SGB X und in der AO. Es stellt sich die Frage, ob der Bundesgesetzgeber mit der Regelung des SGB X und der AO auch die Akten über die Verfahren nach SGB X und der AO nach Abschluss des Verfahrens einer Regelung durch den Landesgesetzgeber entzogen hat. In beiden genannten Fällen hat der Bundesgesetzgeber von seiner konkurrierenden Gesetzgebungskompetenz Gebrauch gemacht (s.o.; für die AO aus Art. 108 Abs. 5 S. 2 GG i.V.m. Art. 105 Abs. 2 GG, für das SGB X aus einer Annexkompetenz zu verschiedenen Gegenständen des Art 74 GG). Im Bereich der konkurrierenden Gesetzgebung haben die Länder die Befugnis zur Gesetzgebung, solange und soweit der Bund von seinem Gesetzgebungsrecht keinen Gebrauch gemacht hat (Art. 72 Abs. 1 GG). Eine Sperrwirkung gegenüber den Ländern tritt damit erst und nur insoweit ein als der Bund von seiner konkurrierenden Zuständigkeit durch Gesetz erschöpfend Gebrauch macht.[1061] Im Einzelfall ist im Wege der Auslegung des jeweiligen Gesetzes zu ermitteln, ob und inwieweit der Bundesgesetzgeber eine erschöpfende Regelung getroffen hat.[1062] Hier ist eine Gesamtwürdigung des betreffenden Normenkomplexes vorzunehmen, dabei ist der Regelungswille des Bundesgesetzgebers zu berücksichtigen.[1063]

Mit den Regelungen des SGB X und der AO hat der Bundesgesetzgeber jeweils für die Verfahren selbst eine abschließende Regelung getroffen. Für die Handhabung der Akten nach Abschluss der Verfahren, d.h. für den Zeitraum, in dem die Verfahrensvorschriften nicht mehr anwendbar sind, ist meines Erachtens - jeweils nach Abschluss der Verfahren, d.h. mit Bestandskraft bzw. Rechtskraft der das Verfahren abschließenden Entscheidung - das AIG auf diese Akten anwendbar, es sei denn andere bundesgesetzliche Vorschriften greifen ein (z.B. FGO oder SGG). Sonderregelungen enthält das SGB X allerdings für "Sozialdaten" in §§ 67 ff. SGB X. Der Zugang zu diesen Daten ist durch das SGB X abschließend geregelt, so dass eine Akteneinsicht in diese nach dem AIG ausgeschlossen ist. § 83 SGB X enthält hierfür einen (datenschutzrechtlichen) Auskunftsanspruch des Betroffenen.
Bei der Einsicht in Verfahrensakten der Finanzbehörden ist § 30 AO, das Steuergeheimnis, im Rahmen des Anspruchs aus dem AIG als "gesetzliche Geheimhaltungspflicht" im Sinne der §§ 5 Abs. 1 S. 2, 4 Abs. 3 AIG zu beachten.
Ginge man davon aus, dass AO und SGB X den Umgang mit Verfahrensakten bereits abschließend auch nach Abschluss von Verfahren regelten, müsste man in der Konsequenz annehmen, dass die Landesarchivgesetze Regelungen für diese Unterlagen nicht treffen dürften. Dies ist jedoch nicht der Fall. Vielmehr

[1061] Vgl. hierzu Ausführungen und Nachweise unter B.IV.1. a.
[1062] Vgl. hierzu Ausführungen und Nachweise unter B.IV.1. a.
[1063] Vgl. hierzu Ausführungen und Nachweise unter B.IV.1. a.

können nach § 2 BbgArchivG Archivgut des Landes *alle* (archivwürdigen) *Unterlagen, die bei Behörden des Landes entstanden sind*, sein. Hierbei kommt es nicht darauf an, ob die Unterlagen in Verfahren entstanden sind, die (abschließend) bundesgesetzlich geregelt sind.

Der im Gesetzentwurf des AIG pauschal aufgestellten Behauptung, im Bereich der Steuerverwaltung sei Akteneinsicht nur nach Maßgabe der Abgabenordnung zu gewähren,[1064] kann nach dem oben gesagten nicht gefolgt werden. Vielmehr ist davon auszugehen, dass nach Abschluss der Verfahren nach der AO oder nach dem SGB X das AIG durchaus Anwendung finden kann. Allerdings dürfte in diesen Bereichen wegen der regelmäßig in den Akten vorhandenen sensiblen Daten in der Praxis nur selten ein Akteneinsichtsanspruch nach dem AIG bestehen.

Im Ergebnis ist festzuhalten, dass das Vorhandensein bundesrechtlicher Verfahrensvorschriften einen Akteneinsichtsanspruch in Akten über diese Verfahren nach Abschluss des Verfahrens nicht grundsätzlich ausschließt.

Ergänzend ist darauf hinzuweisen, dass der Schleswig-Holsteinische Gesetzgeber bei Erlass des IFG S-H allem Anschein nach ebenfalls diese Auffassung vertreten hat: Nach § 3 Abs. 1 IFG S-H gelten die Vorschriften des IFG S-H für die Behörden des Landes, der Kreise., der Ämter und Gemeinden sowie der sonstigen Körperschaften des öffentlichen Rechte, *auch, soweit diese Bundesrecht oder Recht der Europäischen Gemeinschaft ausführen.*

cc. Verwaltungsprivatrechtliches Handeln: § 111 GWB: Akteneinsicht im Verfahren vor der Vergabekammer

Einzige bundesrechtliche Vorschrift, die ausdrücklich einen Informationsanspruch in Bezug auf verwaltungsprivatrechtliches Handeln[1065] - während des Nachprüfungsverfahrens vor der Vergabekammer - vorsieht, ist § 111 GWB.[1066]

Nach § 111 GWG können die Beteiligten die Akten bei der Vergabekammer einsehen und sich durch die Geschäftsstelle auf ihre Kosten Ausfertigungen, Auszüge oder Abschriften erteilen lassen. Die Vergabekammer hat die Einsicht in die Unterlagen zu versagen, soweit dies aus wichtigen Gründen, insbesondere

[1064] LT-Drucks., 2/4417, S. 2 der Begründung (zu § 2 Abs. 1); vgl. auch: Breidenbach/Palenda, LKV 1998, 252 (253).

[1065] Zu der Frage der Vergabe öffentlicher Aufträge durch öffentlich-rechtlichen Vertrag vgl. Pieper, DVBl. 2000, 160 (160f.).

[1066] Vgl. zu dieser Vorschrift auch Ausführungen unter B.II.1.d.aa.(5).

des Geheimschutzes oder zur Wahrung von Fabrikations-, Betriebs- oder Geschäftsgeheimnissen geboten ist (§ 111 Abs. 2 GWB).

§ 111 GWB findet Anwendung während der auf Antrag durchzuführenden Nachprüfungsverfahren vor den Vergabekammern des Bundes (eingerichtet beim Bundeskartellamt, vgl. § 106 Abs. 1 GWB) oder der Länder (in Brandenburg: eingerichtet beim Ministerium für Wirtschaft, Mittelstand und Technologie, § 106 Abs. 2 GWB, § 2 Landesnachprüfungsverordnung - LNpV[1067]). Da das AIG einen Akteneinsichtsanspruch während laufender Verfahren, mithin auch während des Nachprüfungsverfahrens durch die Vergabekammer des Landes, grundsätzlich ausschließt (vgl. § 2 Abs. 5 AIG),[1068] überschneidet sich der Anwendungsbereich der Ansprüche aus § 1 AIG und § 111 GWB nicht.

Darüber hinaus wäre es dem Landesgesetzgeber auch verwehrt, eine Regelung über die Akteneinsicht in laufenden Nachprüfungsverfahren bei Vergabeverfahren zu regeln, da der Bundesgesetzgeber im GWB für das Nachprüfungsverfahren eine abschließende Regelung getroffen hat. Die Gesetzgebungskompetenz des Bundesgesetzgebers für den Erlass des GWB ergibt sich aus Art. 74 Nr. 16 GG ("Verhütung des Missbrauchs wirtschaftlicher Machtstellungen").[1069]

aa. Bestimmte Register / Verzeichnisse / Archivgut

Verschiedene bundesrechtliche Vorschriften enthalten Informationsrechte, die sich auf bestimmte Register, Verzeichnisse bzw. Archivgut beziehen.

Im Einzelnen:

(1) Informationsrechte gegenüber Bundesbehörden

Einige Vorschriften sehen Informationsrechte gegenüber Bundesbehörden bezüglich bestimmter Register, Verzeichnisse bzw. Archive vor, so z.B. §§ 150, 150 a, 150 b Gewerbeordnung (GewO), §§ 30, 41 Bundeszentralregistergesetz (BZRG) und § 5 Bundesarchivgesetz (BArchG). Zwischen diesen Informationsansprüchen und dem AIG besteht jedoch kein Konkurrenzproblem, da sich ihr Anwendungsbereich nicht mit jenen des AIG überschneidet. Das AIG enthält ein Akteneinsichtsrecht lediglich gegenüber Landesbehörden.

1067 Vom 19.05.1999, GVBl. II 1999, 332 ff.
1068 Vgl. hierzu die Ausführungen unter B.II.a. und B.II.b.ff.
1069 Maunz in Maunz/Dürig, Art. 74 Rn. 192.

(2) Informationsrechte gegenüber Landesbehörden

(a) § 12 Abs. 1 Grundbuchordnung (GBO): Einsicht ins Grundbuch

Nach § 12 Abs. 1 S. 1 Grundbuchordnung (GBO) ist die Einsicht in das von den Amtsgerichten zu führende Grundbuch jedem gestattet, der ein berechtigtes Interesse darlegt. Gleiches gilt von Urkunden, auf die im Grundbuch zur Ergänzung einer Eintragung Bezug genommen ist, sowie von den noch nicht erledigten Eintragungsanträgen.

Mit der GBO hat der Bundesgesetzgeber eine abschließende Regelung für das Grundbuch und den Zugang zum Grundbuch bzw. zu mit dem Grundbuch in Zusammenhang stehenden Unterlagen getroffen. Der Bundesgesetzgeber hat im Rahmen seiner Kompetenz aus Art. 74 Nr. 1 GG für die "Gerichtsverfassung" mit der GBO eine abschließende Regelung für Einrichtung, Führung und Zugang zum Grundbuch getroffen.[1070] Auf das Grundbuch ist das AIG wegen der vorhandenen abschließenden bundesrechtlichen Regelung nicht anwendbar.[1071]

(b) § 9 Abs. 1 Handelsgesetzbuch (HGB): Einsichtnahme ins Handelsregister

Nach § 9 Abs. 1 HGB ist jeden die Einsicht des Handelsregisters sowie der zum Handelsregister eingereichten Schriftstücke gestattet.

In §§ 8 ff. HGB und §§ 125 ff. FGG hat der Bundesgesetzgeber Einrichtung, Führung und Zugang zum Handelsregister abschließend geregelt. Insoweit hat er von seiner Kompetenz aus Art. 74 Nr. 11 GG ("Recht der Wirtschaft (Gewerbe, Handel)") hinsichtlich des Handelsregisters abschließend Gebrauch gemacht. Die Regelungen des Handelsgesetzbuches zählen zu den Gegenständen des Art. 74 Nr. 11 GG.[1072] Auf Handelsregister ist das AIG mithin nicht anwendbar, da dies einer abschließenden bundesrechtlichen Regelungen unterliegt.[1073]

1070 Maunz in Maunz/Dürig, Art. 74 Rn. 79.

1071 So auch: LT-Drucks., 2/4417, S. 2 der Begründung. (zu § 1); Erste Hinweise des Ministeriums des Inneren, ABl. Bbg 1998, 842, 1.4; Kneifel-Haverkamp, DuD 1998, 438 (439).

1072 Maunz in Maunz/Dürig, Art. 74 Rn. 143.

1073 So auch: LT-Drucks., 2/4417, S. 2 der Begründung. (zu § 1); Erste Hinweise des Ministeriums des Inneren, ABl. Bbg 1998, 842, 1.4; Kneifel-Haverkamp, DuD 1998, 438 (439).

(c) § 79 BGB: Einsichtnahme ins Vereinsregister

Nach § 79 Abs. 1 S. 1 BGB ist die Einsicht des Vereinsregisters sowie der von dem Verein bei dem Amtsgericht eingereichten Schriftstücke jedem gestattet. Von den Eintragungen kann auch eine Abschrift gefordert werden (§ 79 Abs. 1 S. 2).

Mit den Regelungen zum Vereinsregister hat der Bundesgesetzgeber im Rahmen seiner Gesetzgebungskompetenz aus Art. 74 Nr. 1 GG ("bürgerliches Recht") hinsichtlich dieser Materie eine abschließende Regelung getroffen. Für landesgesetzliche Regelungen über den Zugang zum Vereinsregister bleibt deshalb kein Raum.

(d) § 1563 BGB: Einsicht in das Güterrechtsregister

Nach § 1563 S. 1 BGB ist die Einsicht in das Güterrechtsregister, das bei den zuständigen Registergericht geführt wird (§ 1558 Abs. 1 BGB; Ausnahme: § 1558 Abs. 2 BGB), jedermann gestattet. Von den Eintragungen kann auch eine Abschrift gefordert werden (§ 1563 S. 2 BGB).

Mit den Regelungen zum Güterrechtsregister hat der Bundesgesetzgeber im Rahmen seiner Gesetzgebungskompetenz aus Art. 74 Nr. 1 GG ("bürgerliches Recht") hinsichtlich dieser Materie eine abschließende Regelung getroffen. Für landesgesetzliche Regelungen über den Zugang zum Güterrechtsregister verbleibt deshalb kein Raum.

(e) § 6 Abs. 3 Handwerksordnung (HandwO): Einsicht in die Handwerksrolle

Nach § 6 Abs. 3 S. 1 Handwerksordnung (HandwO) ist eine Einzelauskunft aus der von der Handwerkskammer zu führenden Handwerksrolle jedem zu erteilen, der ein berechtigtes Interesse glaubhaft darlegt. Eine listenmäßige Übermittlung von Daten aus der Handwerksrolle an nichtöffentliche Stellen ist zulässig, wenn sie zur Erfüllung der Aufgaben der Handwerkskammer erforderlich ist oder wenn der Auskunftsbegehrende ein berechtigtes Interesse an der Kenntnis der zu übermittelnden Daten glaubhaft dargelegt und kein Grund zu der Annahme besteht, dass der Betroffene ein schutzwürdiges Interesse an dem Ausschluss der Übermittlung hat (§ 6 Abs. 3 S. 2 HandwO). Die listenmäßige Übermittlung ist nicht zulässig, wenn der Gewerbetreibende widersprochen hat (§ 6 Abs. 3 S. 4 HandwO).

Der Anwendungsbereich des § 6 Abs. 3 HandwO überschneidet sich schon deshalb nicht mit jenem des AIG, weil der Anspruch aus § 1 AIG nicht gegenüber Körperschaften des öffentlichen Rechts besteht[1074] und Handwerkskammern Körperschaften des öffentlichen Rechts sind (§ 90 Abs. 1 HandwO). Damit besteht kein Konkurrenzproblem zwischen den Informationsrechten aus dem AIG und § 6 Abs. 3 HandwO.

ee. Bestimmte Daten und Informationen

Bundesrechtliche Regelungen für die Einsicht in bzw. Auskunft über bestimmte Daten oder Informationen finden sich z.B. im Bundesdatenschutzgesetz (BDSG) - hinsichtlich der sogenannten "personenbezogenen Daten" - und im UIG - hinsichtlich der "Informationen über die Umwelt".

Im Einzelnen:

(1) §§ 19 Abs. 1 S. 1 Bundesdatenschutzgesetz (BDSG): Auskunft an den Betroffenen

Nach § 19 Abs. 1 S. 1 Bundesdatenschutzgesetz (BDSG) ist dem Betroffenen, auf Antrag Auskunft zu erteilen über die zu seiner Person gespeicherten Daten (Nr. 1) und den Zweck der Speicherung (Nr. 2).

Der Anwendungsbereich der Vorschrift überschneidet sich nicht mit jenem des AIG. Das Bundesdatenschutzgesetz findet nach Erlass der Landesdatenschutzgesetze nur noch auf öffentliche Stellen des Bundes Anwendung (§ 1 Abs. 2 BDSG). Erhebt, verarbeitet und nutzt die Verwaltung der Länder und Gemeinden Daten, greift nicht das Bundesdatenschutzgesetz, sondern es greifen die Datenschutzgesetze der einzelnen Bundesländer ein.[1075] Soweit Bundesgesetze durch die Landesverwaltung ausgeführt werden, hätte zwar auch insoweit eine Bundeszuständigkeit bestanden,[1076] doch hat der Gesetzgeber hiervon keinen Gebrauch gemacht: Nach § 12 Abs. 2 BDSG findet des 2. Abschnitt des BDSG, der sich auf die Datenverarbeitung öffentlicher Stellen bezieht, für öffentliche Stellen der Länder nur Anwendung, wenn eine landesrechtliche Regelung fehlt. Dies ist in keinem der 16 Bundesländer der Fall. Da auch Brandenburg ein ei-

[1074] Vgl. hierzu B.II.2.d.
[1075] Vgl. z.B. Däubler, BDSG, Einleitung Rn. 53.
[1076] Vgl. z.B. Däubler, BDSG, Einleitung Rn. 53.

genes Datenschutzgesetz erlassen hat,[1077] gilt nicht das BDSG für Verwaltungen und Gemeinden des Landes Brandenburg sondern das Brandenburgische Datenschutzgesetz (BbgDSG).

(2) § 4 Abs. 1 Umweltinformationsgesetz (UIG): Anspruch auf Informationen über die Umwelt

§ 4 Abs. 1 UIG enthält einen bundesgesetzlich geregelten Anspruch auf Informationen über die Umwelt. Mit dem Erlass des UIG hat die Bundesrepublik Deutschland die EG-Richtlinie 90/313/EWG von 1990[1078] umgesetzt. Allerdings ist dies nur sehr restriktiv und teilweise mangelhaft geschehen. Der Europäische Gerichtshof hat die Regelungen des UIG bereits in mehreren Urteilen beanstandet.[1079] Zuletzt hat der EuGH in einem Vertragsverletzungsverfahren der Europäischen Kommission gegen die Bundesrepublik Deutschland festgestellt, dass einzelne Regelungen des UIG gegen die Umweltinformationsrichtlinie verstoßen,[1080] weshalb nicht unerhebliche Änderungen des UIG durch den Bundesgesetzgeber erforderlich sind, die noch ausstehen. Ein Entwurf, der die notwendigsten Änderungen enthält, liegt jedoch inzwischen vor.[1081] Zudem überarbeitet die Kommission derzeit die Umweltinformationsrichtlinie.[1082]

Im Einzelnen gilt nach der derzeitigen Gesetzesfassung:

[1077] Zu den datenschutzrechtlichen Informationsansprüchen des brandenburgischen Datenschutz-gesetzes vgl. B.IV.2.b.dd.

[1078] BGBl. I 1994, S. 1490 ff., Gesetz zur Umsetzung der Richtlinie 90/313/EWG des Rates v. 7.6.1990 über den freien Zugang zu Informationen über die Umwelt.

[1079] Vgl. hierzu auch Ausführungen und Nachweise unter B.II.1.a.aa.

[1080] EuGH, NuR 2000, 26 (27ff.)=DVBl. 1999, 1494 (1494ff.)=NVwZ 1999, 1209 (1209 ff.); Vgl. hierzu auch: Pitschas/Lessner, DVBl. 2000, 332 (332ff.); Becker, NVwZ 1999, 1187 (1187ff.); Zu dem Vertragsverletzungsverfahren der Kommission vgl. auch: König, DÖV 2000, 45 (52f.); Kimber/Ekardt, NuR 1999, 262 (263ff.).

[1081] Vgl. Entwurf für ein Gesetz zur Umsetzung der UVP-Änderungsrichtlinie, IVU-Richtlinie und weiterer EG-Richtlinien zum Umweltschutz, zugänglich über: http://www.bmu.de/fset800.htm, zuletzt besichtigt am 23.04.2001, vgl. dort Artikel 21 (Änderung des UIG) und Artikel 22 (Änderung der Umweltinformationsgebührenordnung (UIG GebV) und die jeweiligen Begründungen hierzu.

[1082] Vgl. Vorschlag für eine Richtlinie des Europäischen Parlaments und des Rates über den Zugang der Öffentlichkeit zu Umweltinformationen (von der Kommission vorgelegt), KOM (2000) 402 endgültig.

(a) Ausgestaltung des Informationsrechts

Nach § 4 Abs. 1 S. 1 UIG hat jeder Anspruch auf freien Zugang zu Informationen über die Umwelt, die bei einer Behörde oder einer Person des Privatrechts im Sinne des § 2 Nr. 2 UIG vorhanden sind. Die Behörde kann auf Antrag Auskunft erteilen, Akteneinsicht gewähren oder Informationsträger in sonstiger Weise zur Verfügung stellen (§ 4 Abs. 1 S. 2 UIG).

Anspruchsinhaber des Anspruchs aus § 4 Abs. 1 S. 1 UIG ist jedermann. Anspruchsberechtigt sind alle natürlichen und juristischen Personen des Privatrechts.[1083]

Anspruchsverpflichtet sind Behörden (i.S.d. § 1 Abs. 4 VwVfG; § 4 Abs. 1, § 3 Abs. 1 S. 1 UIG). Dem Wortlaut des UIG zufolge muss des sich um Behörden handeln, die Aufgaben des Umweltschutzes wahrzunehmen haben (§§ 3 Abs. 1 S. 1 UIG). Nach heute wohl einhelliger Meinung fallen unter den Behördenbegriff nicht nur die Umweltfachbehörden, sondern alle Behörden, die im Rahmen ihrer Aufgabenerfüllung Umweltaspekte zu berücksichtigen haben.[1084] Mit der Zeichnung der Arhus-Konvention hat sich die Bundesrepublik zudem verpflichtet, den Informationsanspruch gegenüber jeder Behörde, nicht nur gegenüber denen mit umweltbezogenen Aufgabe zu gewährleisten.[1085]
Nicht anspruchsverpflichtet sind nach § 3 Abs. 1 S. 2 UIG derzeit:

1. die obersten Bundes- und Landesbehörden, soweit sie im Rahmen der Gesetzgebung oder beim Erlass von Rechtsverordnungen tätig werden,
2. Behörden, soweit sie Umweltbelange lediglich nach den für alle geltenden Rechtsvorschriften zu beachten haben,
3. Gerichte, Strafverfolgungs- und Disziplinarbehörden.[1086]

[1083] Als "jeder" i.S.d. UIG ist nach der Rechtsprechung des BVerwG auch der Ortsverband einer politischen Partei anzusehen, BVerwG, DVBl. 1999, 1134 (1135f.)=NVwZ 1999, 1220 (1220f.), nicht dagegen eine Gemeinde als juristische Personen des öffentlichen Rechts, BVerwG, NVwZ 1996, 400 (401). Vgl. hierzu auch die Ausführungen unter B.I.1.a.

[1084] Vgl. z.B. Touriaux, UIG, §§ 2, 3 Rn 78 ff.; Röger, UIG, § 3 Rn. 5 ff.

[1085] Pressemitteilung des BMU vom 28.12.1998, http://www.bmu.de/presse/bmu/pm031.htm, zuletzt besichtigt am 22.02.2000; Arhus-Konvention vom 25.06.1998 abgedruckt bei: Frenzel, Zugang zu Informationen, S. 214 ff.

[1086] In Bezug auf letztere Regelung hatte die Rüge der Europäischen Kommission in dem Vertragsverletzungsverfahren gegen die Bundesrepublik Deutschland keinen Erfolg, vgl. EuGH, NuR 2000, 26 (27)=DVBl. 1999, 1494 (1495)=NVwZ 1999, 1209 (1210); vgl. hierzu auch: Pitschas/Lessner, DVBl. 2000, 332 (333); Becker, NVwZ 1999, 1187 (1188).

Anspruchsgegenstand des § 4 Abs. 1 UIG sind Informationen über die Umwelt, die bei den in § 3 Abs. 1 UIG bestimmten Behörden des Bundes, der Länder, der Gemeinden oder Gemeindeverbände sowie der sonstigen juristischen Personen der Umwelt vorhanden sind oder die bei natürlichen oder juristischen Personen des privaten Rechts vorhanden sind, die öffentlich-rechtliche Aufgaben im Bereich des Umweltschutzes wahrnehmen und die der Aufsicht von Behörden unterstellt sind. § 3 Abs. 3 UIG enthält eine Legaldefinition der Begriffes des "Informationen über die Umwelt".[1087]

Nach § 4 Abs. 1 S. 2 UIG kann die Behörde auf Antrag Auskunft erteilen, Akteneinsicht gewähren oder Informationsträger in sonstiger Weise zur Verfügung stellen (§ 4 Abs. 1 S. 2 UIG). Wie die Behörde den Zugang zu den gewünschten Informationen gewährt, liegt damit dem Wortlaut der Vorschrift nach im Ermessen der Behörde. Das BVerwG hat das Auswahlermessen der Behörde jedoch mit Blick auf den Sinn und Zweck der Umweltinformationsrichtlinie, die mit dem UIG umgesetzt werden sollte, dahingehend eingeschränkt, dass die Behörde von einem Informationsmittel - wie etwa der Akteneinsicht - , das vom Bürger ausdrücklich gewünscht wurde, nur abweichen darf, wenn hierfür gewichtige Gründe, z.B. ein deutlich höherer Verwaltungsaufwand, besteht.[1088] Der vorliegende Entwurf für eine Änderung des UIG trägt dieser Rechtsprechung Rechnung.[1089] Der EuGH hat zudem festgestellt, dass das UIG insoweit gegen die Umweltinformationsrichtlinie verstößt, als es nicht vorsieht, dass Informationen auszugsweise übermittelt werden, sofern die Angaben ausgesondert werden können.[1090] Auch dieser Aspekt wurde in dem Änderungsentwurf zum UIG berücksichtigt.[1091]

1087 Hierzu gehören nach der Rechtsprechung des BVerwG auch Informationen über die staatliche finanzielle Förderung eines umweltverbessernden Produktionsverfahrens, BVerwG, DVBl. 1999, 1134 (1135 f.); anders in der vorhergehenden Instanz OVG Lüneburg, NVwZ 1998, 654 (654). Nicht hierzu gehören sollen Informationen über abgeschlossene Straf- und Ordnungswidrigkeitsverfahren, vgl. VG Mannheim, NuR 1999, 149 (150).

1088 BVerwGE 102, 282 (287f.); a.A. die Vorinstanz OVG NW, DVBl. 1995, 1020 (1020f.).

1089 Vgl. Entwurf für ein Gesetz zur Umsetzung der UVP-Änderungsrichtlinie, IVU-Richtlinie und weiterer EG-Richtlinien zum Umweltschutz, zugänglich über: http://www.bmu.de/fset800.htm, zuletzt besichtigt am 23.04.2001, Artikel 21 Nr. 1a).

1090 Vgl. EuGH, NuR 2000, 26 (27 f.)=DVBl. 1999, 1494 (1496)=NVwZ 1999, 1209 (1210f.); vgl. hierzu auch: Pitschas/Lessner, DVBl. 2000, 332 (333); Zu Recht kritisch zu dieser Entscheidung: Becker, NVwZ 1999, 1187 (1188).

1091 Vgl. Entwurf für ein Gesetz zur Umsetzung der UVP-Änderungsrichtlinie, IVU-Richtlinie und weiterer EG-Richtlinien zum Umweltschutz, zugänglich über: http://www.bmu.de/fset800.htm, zuletzt besichtigt am 23.04.2001, Artikel 21 Nr. 1b).

Der Anspruch aus § 4 UIG besteht nicht, wenn einer der Ausschlussgründe des § 7 Abs. 1 UIG eingreift und die Information deshalb zum Schutz öffentlicher Belange nicht gewährt werden darf. Zu den wichtigsten Ausschlussgründen des § 7 UIG gehören der Schutz der Vertraulichkeit behördeninterner Beratungen (§ 7 Abs. 1 Nr. 1 UIG) und die Zugangsverweigerung während der Dauer eines verwaltungsbehördlichen Verfahrens hinsichtlich derjenigen Daten, die der Behörde aufgrund des Verfahrens zugehen (§ 7 Abs. 1 Nr. 2 UIG)[1092]. Der Ausschluss des Zugangsrechts zu Informationen, die der Behörde während eines laufenden Verwaltungsverfahrens zugegangen sind, hat bereits zu einem Urteil des EuGH Anlass gegeben, in dem dieser eine europarechtswidrige Umsetzung der Umweltinformationsrichtlinie festgestellt hat, weil "Vorverfahren" im Sinne der Richlinie nach Auffassung des Gerichts nur solche Verfahren sind, die einem gerichtlichen oder quasigerichtlichen Verfahren unmittelbar vorausgehen und durchgeführt werden, um Beweise zu beschaffen oder ein Ermittlungsverfahren durchzuführen, bevor das eigentliche Verfahren eröffnet wird.[1093] Das Urteil hat nach überwiegender Auffassung die Folge, dass die Bestimmung nicht mehr angewendet werden darf.[1094] Der Rechtsprechung des EuGH wird im Entwurf zur Änderung der UIG mit einem entsprechend Änderungsvorschlag zu § 7 Abs. 1 Nr. 2 UIG Rechnung getragen.[1095]

Ausschlussgründe zum Schutz privater Belange enthält § 8 Abs. 1 UIG. Hier sind insbesondere der Schutz personenbezogener Daten (§ 8 Abs. 1 Nr. 1 UIG) sowie der Schutz geistigen Eigentums (§ 8 Abs. 1 Nr. 2 UIG) und der Schutz von Betriebs- und Geschäftsgeheimnissen (§ 8 Abs. 1 S. 2 UIG) zu nennen. Die genannten privaten Interessen sind allerdings nicht absolut, sondern nur insoweit geschützt, als nicht höherrangige Interessen im Einzelfall eine Offenbarung erlauben.[1096]

Nach § 7 Abs. 3 S. 1 UIG ist der Antrag abzulehnen, wenn er offensichtlich missbräuchlich gestellt ist.

[1092] Vgl. zum Zugang zu Umweltinformationen während eines strafrechtlichen Ermittlungsverfahrens: BVerfG, DVBl. 2000, 198 (198 ff.).

[1093] EuGH, DVBl. 1998, 1176 (1177f.)=NuR 1998, 645 (646f.), bestätigt durch EuGH, NuR 2000, 26 (27)=DVBl. 1999, 1494 (1495)=NVwZ 1999, 1209 (1210). Vgl. hierzu auch die Ausführungen unter: B.II.1.a.aa.

[1094] So: Pitschas/Lessner, DVBl. 1999, 226 (228); König, DÖV 2000, 45 (52); Schrader, NVwZ 1999, 40 (41). Hatje, NJ 1999, 99 (99f.) geht dagegen davon aus, dass die Vorschrift verfassungskonform auszulegen sei bis der Gesetzgeber diese geändert habe, wozu er verpflichtet sei.

[1095] Vgl. Entwurf für ein Gesetz zur Umsetzung der UVP-Änderungsrichtlinie, IVU-Richtlinie und weiterer EG-Richtlinien zum Umweltschutz, zugänglich über: http://www.bmu.de/fset800.htm, zuletzt besichtigt am 23.04.2001, Artikel 21 Nr. 3.

[1096] Vgl. hierzu: Touriaux, UIG, § 8 Rn. 58; Röger, UIG, § 8 Rn. 37.

Über einen Antrag nach § 4 Abs. 1 UIG ist innerhalb von zwei Monaten zu entscheiden (§ 5 Abs. 2 S. 1 UIG).[1097]

Die Informationsgewährung nach dem UIG ist grundsätzlich gebührenpflichtig (§ 10 UIG).[1098]

(b) Vergleich mit dem Akteneinsichtsrecht des AIG

Zunächst ist darauf hinzuweisen, dass die gesetzgeberische Zweckbestimmung des UIG eine andere als jene des AIG ist. Ziel des UIG ist - neben dem in § 1 UIG genannten Selbstzweck (freier Zugang zu und Verbreitung von Informationen über die Umwelt) - der Abbau von Vollzugsdefiziten in der Verwaltungspraxis im Umweltrecht und damit letztlich die Erreichung einer bundes- bzw. unionsweiten Verbesserung des Umweltschutzes.[1099] Das AIG soll dagegen - wie bereits ausgeführt - der Verbesserung der Nutzung vorhandener politischer Mitgestaltungsrechte dienen.

Der Anspruch aus § 4 Abs. 1 S. 1 UIG ist, wie auch jener aus § 1 AIG, ein "Jedermannrecht". Allerdings steht der Anspruch des § 1 AIG nach der hier vertretenen Auffassung - unter Berücksichtigung der Regelung des Art. 21 Abs. 3 BbgVerf - nicht nichtrechtsfähigen Vereinigungen, wie z.B. einem Ortsverband einer politischen Partei zu.[1100]

Hinsichtlich des Kreises der Anspruchsgegner ist der Anspruch aus § 4 Abs. 1 UIG einerseits weiter, andererseits enger als jener aus § 1 AIG. Der Anspruch des UIG richtet sich nicht nur gegen Landesbehörden des Landes Brandenburg,

---

1097 Nach dem Entwurf für ein Gesetz zur Umsetzung der UVP-Änderungsrichtlinie, IVU-Richtlinie und weiterer EG-Richtlinien zum Umweltschutz, zugänglich über: http://www.bmu.de/fset800.htm, zuletzt besichtigt am 23.04.2001, Artikel 21 Nr. 2 ist die Information in Zukunft innerhalb einer Frist von zwei Monaten *zugänglich* zu machen; bei fehlendem Anspruch ist innerhalb dieser Frist ein Ablehnungsbescheid zu erteilen.

1098 Vgl. hierzu Umweltinformationsgebührenverordnung des Bundes (UIGGebV, BGBl. I, 194, S. 3732 ff.) und Entwurf für ein Gesetz zur Umsetzung der UVP-Änderungsrichtlinie, IVU-Richtlinie und weiterer EG-Richtlinien zum Umweltschutz, zugänglich über: http://www.bmu.de/fset800.htm, zuletzt besichtigt am 23.04.2001, Artikel 21 Nr. 4 (Änderung des § 10 UIG) und Artikel 22 (Änderung der UIGGebV);
Für Brandenburg: Umweltgebührenordnung (UIGebO, GVBl. II 1993, S. 618);
Zur fehlerhaften Umsetzung der Umweltinformationsrichtlinie im bundesdeutschen Recht, vgl. EuGH, NuR 2000, 26 (28 f.)=DVBl. 1999, 1494 (1496f.)=NVwZ 1999, 1209 (1211f.); Vgl. hierzu auch die Ausführungen unter B.III.5.

1099 BT-Drucks. 12/7138, S. 7.

1100 Vgl. hierzu die Ausführungen unter B.I.1.a.

sondern auch gegen Bundesbehörden und Behörden anderer Bundesländer. Anspruchsverpflichtet sind bisher allerdings nur Behörden, die Aufgaben des Umweltschutzes im oben genannten Sinne wahrzunehmen haben (s.o).

Der Gegenstand der Informationsanspruchs unterscheidet sich in zweierlei Hinsicht:
Der Anspruch aus § 1 AIG bezieht sich auf Akten (i.S.d. § 3 AIG) insgesamt, der Anspruch aus dem UIG bezieht sich ausschließlich auf "Informationen über die Umwelt".
Zum anderen gewährt das AIG grundsätzlich nur einen Anspruch auf Akteneinsicht und nur in Ausnahmefällen einen Auskunftsanspruch (s.o.). Die Erfüllung des Anspruchs aus dem UIG hat sich dagegen primär an dem vom Antragsteller begehrten Informationsmittel zu orientieren, nur in Ausnahmefällen darf die Behörde hiervon abweichen (s.o.).

Die Einschränkungen des Anspruchs aus § 4 Abs. 1 UIG in den §§ 7 und 8 UIG ähneln jenen des AIG, sind aber nicht identisch. Auf einen detaillierten Vergleich der Ablehnungsgründe muss an dieser Stelle verzichtet werden. Hervorzuheben ist jedoch, dass durchaus Fälle denkbar sind, in denen das AIG auch hinsichtlich der Umweltinformation einen weitergehenden Anspruch verschafft als das UIG. So ist etwa die Übermittlung von verwaltungsinterner Mitteilungen nach dem AIG anders als nach dem UIG (§ 7 Abs. 2 3. Alt UIG)[1101] nicht grundsätzlich ausgeschlossen.

Im Gegensatz zum AIG besteht der Anspruch des UIG grundsätzlich unabhängig von Laufen eines Verwaltungsverfahrens.[1102]

Im Ergebnis ist festzustellen, dass die Anwendungsbereiche von AIG und UIG sich nur partiell überschneiden.

(c) Konkurrenzverhältnis zum Akteneinsichtsrecht aus AIG

Das UIG enthält eine ausdrückliche Konkurrenzregelung für das Verhältnis zu anderen Informationsansprüchen: Nach § 4 Abs. 2 UIG bleiben andere Ansprüche auf Zugang zu Informationen unberührt. Unproblematisch sind deshalb AIG und UIG nebeneinander anwendbar. Als Rechtsgrundlage ist von der Behörde jeweils auf die weitergehende Anspruchsgrundlage zurückzugreifen, wenn ein Informationsanspruch gelten gemacht wird.

[1101] Vgl. hierzu: OVG Schleswig, NVwZ 2000, 341 (341f.).

[1102] Vgl. hierzu - insbesondere zu der Rechtsprechung des EuGH zu § 7 Abs. 1 Nr. 2 UIG - die Ausführungen unter B.II.1.a.aa.

Unverständlich sind die Ausführungen des Ministeriums des Inneren und der Literatur dahingehend, dass die bundesrechtliche Regelung des UIG dem AIG grundsätzlich vorgehe.[1103] UIG und AIG decken unterschiedliche Regelungsbereiche ab, die sich lediglich in Teilbereichen überschneiden. In den Fällen der Überschneidung wir zwar in dem meisten Fällen das UIG hinsichtlich der Informationen über die Umwelt ein 'Mehr' an Informationen gewähren, so dass der Anspruch auf dieser Rechtsgrundlage zu erfüllen sein wird. Der Anspruch ist dann jedoch nicht als "bundesrechtliche Regelung" per se vorrangig. § 4 Abs. 2 UIG sieht gerade vor, dass andere Ansprüche auf Zugang zu Informationen unberührt bleiben. Gewährt das AIG im Einzelfall einen weitergehenden Anspruch, ist das AIG als Rechtsgrundlage für die (weitergehende) Informationsgewährung heranzuziehen. Dies kann z.B. der Fall sein, wenn

- Informationen von nicht nach dem UIG verpflichteten Behörden verlangt werden (z.B. Behörden, die Umweltbelange lediglich nach den für alle geltenden Rechtsvorschriften zu beachten haben, vgl. § 3 Abs. 1 Nr. 2 UIG) oder
- die Übermittlung von verwaltungsinterner Mitteilungen (die nach dem AIG anders als nach dem UIG nicht ausgeschlossen ist, vgl. § 7 Abs. 2 3. Alt UIG) begehrt wird oder
- wenn neben Umweltinformationen weitergehende Informationen verlangt werde (z.B. Akteneinsicht in weitere, mit der Information über die Umwelt nur *mittelbar* zusammenhängende Akten).

Wie die Regelung des § 4 Abs. 2 UIG zeigt, sollten Ansprüche aus anderen Gesetzen, die ein 'Mehr' an Informationen gewähren, durch das UIG gerade nicht ausgeschlossen werden. Einer ergänzenden Anwendung des AIG steht damit nichts im Wege.

1103 Vgl. Erste Hinweise des Ministeriums des Inneren, ABl. Bbg 1998, 842, 1.3; Kneifel-Haverkamp, DuD 1998, 438 (439); Angelov, Informationszugangsanspruch, S. 201 Fn. 938; Scherzberg, Öffentlichkeit der Verwaltung, S. 400; so wohl auch: Tätigkeitsbericht des LDA Bbg 1999, http://www.brandenburg.de/land/lfdbbg/tb/tb8/tb8.htm, zuletzt besichtigt am 09.03.2000, B. 3.2.; nunmehr ausdrücklich auch: Tätigkeitsbericht des LDA Bbg 2000, LT-Drucks. 3/2481= http://www.brandenburg.de/land/lfdbbg/tb/tb9/tb9b02.htm, zuletzt besichtigt am 05.03.2001, Teil B 3.2; ebenso unzutreffend zum IFG S-H: Stellungnahme des Landesbeauftragten für den Datenschutz Schleswig-Holstein zu den Gesetzentwürfen eines Informationsfreiheitsgesetzes des Fraktion des SSW im Schleswig-Holsteinischen Landtag (E-SSW) und des Innenministers des Landes Schleswig-Holstein (E-IM) vom 11. November 1999, http://www.rewi.hu-berlin.de/Datenschutz/DSB/SH/material/recht/infofrei/stellifg.htm, zuletzt besichtigt am 29.03.2000, 3.g).

c. Ergebnis und Zusammenfassung

Das Verhältnis des AIG zu bundesrechtlich geregelten Informationsrechten stellt sich im Ergebnis wie folgt dar:

Da das Akteneinsichtsrecht des AIG während laufender Verfahren ausgeschlossen ist, kommt es zu keiner Überschneidung des Anwendungsbereiches des AIG mit sämtlichen bundesrechtlich geregelten Informationsrechten in laufenden Verfahren. Ein Konkurrenzproblem mit Akteneinsichts- und Auskunftsansprüche während laufender Gerichts- und Verwaltungsverfahren stellt sich damit nicht.

Weiterhin besteht kein Konkurrenzproblem zu Vorschriften, die ausschließlich Akteneinsichts- oder Auskunftsrechte gegenüber Bundesbehörden enthalten (z.B. §§ 29, 72 Abs. 1 VwVfG des Bundes, §§ 30, 41 BZRG, § 5 BArchG) sowie § 19 Abs. 1 S. 1 BDSG), da das AIG gegenüber diesen Behörden ohnehin keine Anwendung findet.

Ansprüche gegenüber Körperschaften des öffentlichen Rechts, wie § 6 Abs. 3 Handwerksordnung (HandwO) gegenüber der Handwerkskammer, überschneiden sich hinsichtlich des Anwendungsbereiches ebenfalls nicht mit dem AIG, das diese Körperschaften nicht Verpflichtete des Anspruchs aus dem AIG sind.

Differenziert zu betrachten sind die Bereiche, in denen der Bundesgesetzgeber Regelungen getroffen hat, die von Landesbehörden anzuwenden sind.
Durchweg vorrangig sind hier jene Ansprüche, mit denen der Bundesgesetzgeber unter erschöpfender Gebrauchmachung von seiner (konkurrierenden) Gesetzgebungskompetenz den Zugang zu bestimmten Akten, Registern oder Verzeichnissen abschließend geregelt hat. Dies ist z.B. mit den Regelungen § 12 Abs. 1 GBO, § 9 Abs. 1 HGB, § 79 BGB und § 1563 BGB geschehen. Auf von den Gerichten zu führende Register wie Grundbuch, Handelsregister, Vereinsregister oder Güterrechtsregister ist das AIG damit nicht anwendbar, da diese abschließenden bundesrechtlichen Regelungen unterliegen.
In den Fällen, in denen der Bundesgesetzgeber im Rahmen seiner Gesetzgebungskompetenz Regelungen für von den Landesbehörden zu führende (Verwaltungs-)Verfahren getroffen hat (z.B. SGB X, BImSchG, AO, VermG) kann das AIG nach Abschluss der Verfahren grundsätzlich Anwendung finden. Insoweit ist - unabhängig davon, ob der Bundesgesetzgeber das Verfahren nur teilweise oder abschließend/erschöpfend geregelt hat - davon auszugehen, dass das AIG nach Bestandskraft bzw. Rechtskraft der das Verfahren abschließenden Entscheidung, durchaus Anwendung finden kann, wenn dem nicht andere bundesrechtliche Vorschriften entgegenstehen. So ist eine Anwendung des AIG auch nach Abschluss von nach der AO oder dem SGB X zu führenden Verfah-

ren keinesfalls grundsätzlich ausgeschlossen. Allerdings sind die besonderen Vorschriften dieser Gesetze zu beachten. So enthalten §§ 67 ff. SGB X eine abschließende Regelung für die Behandlung von "Sozialdaten". Das Steuergeheimnis des § 30 AO ist auch im Rahmen des Anspruchs aus dem AIG zu beachten.

Einziger ausdrücklich neben dem AIG geltender bundesrechtlich geregelter Informationsanspruch ist aufgrund der ausdrücklichen Regelung des § 4 Abs. 2 UIG der Anspruch auf Umweltinformationen aus § 4 Abs. 1 UIG.

2. Landesrechtliche Vorschriften

Zuletzt soll der Anwendungsbereich des AIG neben bestehenden landesrechtlichen Akteneinsichts- und Auskunftsansprüchen bestimmt werden, soweit deren Verhältnis zum AIG nicht bereits durch die Vorschriften des § 2 Abs. 5 und § 1 AIG a.E. abschließend geregelt ist. Da § 2 Abs. 5 AIG die Akteneinsicht während laufender Verfahren grundsätzlich ausschließt, wird - obgleich die Vorschrift nach der hier vertretenen Auffassung keine Konkurrenznorm sondern einen materiellen Ausschlussgrund darstellt - auf die landesgesetzlich geregelten Informationsrechte während laufender Verfahren nur noch kurz hingewiesen (vgl. **b.a.a.** im Folgenden). Bereits von § 1 AIG a.E. erfasst werden sämtliche landesrechtliche Regelungen, die bereichsspezifische Regeln für einen beschränkten Personenkreis enthalten, mithin alle Einsichts- und Informationsrechte in Bezug auf Register, Verzeichnisse, Archivgut etc. Auch insoweit wird auf die Ausführungen zu § 1 AIG a.E. verwiesen (vgl. **b.bb.** im Folgenden). Nicht von der Vorschrift des § 1 AIG a.E. erfasst werden dagegen sonstige Informationsrechte zugunsten eines "beschränkten Personenkreises" und datenschutzrechtliche Informationsansprüche. Ihr Verhältnis zu dem Anspruch aus § 1 AIG wird nachfolgend dargestellt (vgl. **b.cc.** und **dd.**).

a. Konkurrenzverhältnis landesrechtlicher Normen

Für das Konkurrenzverhältnis landesrechtlicher Normen untereinander gelten die folgenden Grundsätze:

Verfassungsnormen gehen einfachem Gesetzesrecht vor, dieses geht vor Untergesetzesrecht.[1104]

[1104] Vgl. z.B. Larenz, Methodenlehre, S. 267; Maurer, VerwR, § 4 Rn. 38.

Normenkollisionen zwischen Rechtsnormen gleicher Rangstufe werden nach den folgenden zwei (nicht apriorisch, sondern de lege lata geltenden) Kollisionsregeln gelöst:

Zum einen findet der *Satz vom Vorrang der lex posterior* Anwendung. Er besagt, dass das spätere Gesetz das frühere verdrängt (lex posterior derogat legi priori).[1105] Dieser Satz, der von der (unbestrittenen) Befugnis des Gesetzgebers ausgeht, das jeweils vorgefundene Recht abzuändern, greift ein, wenn dieselbe Stelle nacheinander sich widersprechende Normsätze gleichen Ranges erlässt.[1106]

Als weitere Kollisionsregel gilt der *Satz vom Vorrang der lex specialis*. Danach verdrängt das engere (speziellere) Gesetz das weitere Gesetz (lex specialis derogat legi generali).[1107] Im logischen Verhältnis der Spezialität stehen zwei Normen zueinander, wenn der Anwendungsbereich der spezielleren Norm völlig in dem der allgemeineren Norm aufgeht, wenn also alle Fälle der speziellen Norm auch solche der allgemeinen Norm sind.[1108] In diesen Fällen wird der Tatbestand der spezielleren Norm für ihren Anwendungsbereich die allgemeinere regelmäßig verdrängen, was gleichzeitig bedeutet, dass die allgemeinere Norm durch die speziellere eingeschränkt wird.[1109] Sind jedoch die Rechtsfolgen der Rechtssätze miteinander verträglich (d.h. schließen sich nicht gegenseitig aus), kommt es im Einzelfall darauf an, ob die Rechtsfolge der spezielleren Norm für deren Anwendungsbereich die der allgemeineren Norm nach der Regelungsabsicht des Gesetzes nur ergänzen, sie modifizieren, oder aber an ihre Stelle treten sollte, was im Wege der Auslegung zu ermitteln ist.[1110]
Von den Fällen der Spezialität zu unterscheiden sind diejenigen Fälle, bei denen sich die Tatbestände zweier Normen nur teilweise decken, einige Fälle also nur dem einen, einige dem anderen, einige beiden Tatbeständen unterfallen.[1111] Auch in diesem Fall kommt es auf Sinn und Zweck der in Frage stehenden Regeln und die hinter ihnen stehenden Wertungen an.[1112] Lässt sich feststellen, dass das Gesetz bestimmte Vorgänge aus besonderen Gründen einer einheitlichen Regelung hat unterwerfen wollen, ist die Verdrängung der allgemeineren Norm anzunehmen.[1113] Ist dagegen eine der beiden Normen nicht als erschöp-

[1105] Vgl. z.B. Schillig, Rang und Geltung, S. 448; Maurer, VerwR, § 4 Rn. 37.
[1106] Schillig, Rang und Geltung, S. 248, 450.
[1107] Vgl. z.B. Larenz, Methodenlehre, S. 267; Maurer, VerwR, § 4 Rn. 37.
[1108] Larenz, Methodenlehre, S. 267; Schillig, Rang und Geltung, S. 448.
[1109] Larenz, Methodenlehre, S. 267; Schillig, Rang und Geltung, S. 448.
[1110] Larenz, Methodenlehre, S. 267 f.
[1111] Larenz, Methodenlehre, S. 268.
[1112] Larenz, Methodenlehre, S. 268.
[1113] Larenz, Methodenlehre, S. 268 m.w.N.

fende Regelung zu betrachten, dann sind beide Normen, soweit ihre Tatbestände sich decken und die Rechtsfolgen einander nicht ausschließen, nebeneinander anwendbar.[1114]

b. Einzelne Vorschriften (Beispiele)

Nachfolgend werden einige landesrechtliche Vorschriften, die Auskunfts- oder Informationsansprüche enthalten, dargestellt und ihr Verhältnis zu dem Akteneinsichtsrecht aus dem AIG untersucht.

aa. Informationsrechte während laufender Gerichts-, Verwaltungs- und Vergabeverfahren

Landesrechtlich geregelte Informationsrechte während laufender Gerichts-, Verwaltungs- und Vergabeverfahren enthalten z.B. § 16 VerfGG Bbg, § 29 und § 72 Abs. 1 VwVfG Bbg, § 17 Nr. 6 (1) VOL/A und § 17 Nr. 7 (1) VOB/A jeweils i.V.m. § 55 Abs. 1 LHO Bbg. Da § 2 Abs. 5 AIG die Akteneinsicht während laufender Verfahren grundsätzlich ausschließt, überschneidet sich der Anwendungsbereich dieser Vorschriften - wie bereits oben ausgeführt[1115] - nicht mit dem Akteneinsichtsrecht des AIG. Das Verhältnis der Vorschriften zum AIG ist mithin bereits abschließend durch das AIG selbst geregelt. Insoweit wird auf die Ausführungen zu § 2 Abs. 5 AIG verwiesen.

bb. Informationsrechte bezüglich bestimmter Akten / Register / Verzeichnisse / Archivgut für einen unbeschränkten Personenkreis

Landesrechtlich geregelte Informationsrechte bezüglich bestimmter Akten, Register, Verzeichnisse bzw. Archivgut für einen unbeschränkten Personenkreis enthalten beispielsweise § 144 BbgWG, § 32 Abs. 3 S. 4 BbgNatSchG , § 9 Abs. 3 BbgDenkmSchG, § 13 Abs. 3 S. 3 VermLiegG Bbg, § 9 BbgArchivG. Das Verhältnis dieser Vorschriften zum AIG wird - wie bereits ausgeführt[1116] - durch § 1 AIG a.E. abschließend geregelt, da es sich um bereichsspezifische Informationsrechte für eine unbeschränkten Personenkreis handelt. Insoweit wird auf die obigen Ausführungen zu § 1 AIG a.E. und die weiteren dort dargestellten Beispiele verwiesen.

[1114] Larenz, Methodenlehre, S. 269.
[1115] S.o. unter B.II.1., zu den einzelnen Beispielen vgl. d.bb.
[1116] Vgl. hierzu B.II.4.

cc. Informationsrechte für einen bestimmten Personenkreis

Verschiedene Vorschriften im brandenburgischen Landesrecht sehen Informationsrechte für einen bestimmten, abgrenzbaren Personenkreis vor. Einige dieser Rechte finden ihre Grundlage in der brandenburgischen Verfassung, z.B. in Art. 21 Abs.3 S. 2 BbgVerf (Informationsanspruch der Bürgerinitiativen und Verbände), Art. 56 Abs. 3, 4 BbgVerf (Informationsrechte der Abgeordneten), Art. 71, 72 Abs. 3 BbgVerf (Informationsrechte des Petitionsausschusses und der Untersuchungsausschüsse), Art. 74 Abs. 1 BbgVerf (Informationsrechte des Landesbeauftragten für den Datenschutz und das Recht auf Akteneinsicht), andere sind einfachgesetzlich geregelt, so etwa der Informationsanspruch der Presse (§ 5 Brandenburgisches Landespressegesetz (BbgPG)), das Recht der Einwohner zur Einsichtnahme in Beschlussvorlagen (§ 16 Abs. 3 Gemeindeordnung für das Land Brandenburg (GO Bbg)) und die Auskunfts- und Akteneinsichtsansprüche der Gemeindevertreter (§ 36 Abs. 2 und 3 GO Bbg).

Im Gegensatz zu den Regelungen für eine unbeschränkten Personenkreis, die - soweit sie als "bereichsspezifisch" anzusehen sind - von § 1 AIG a.E. erfasst werden,[1117] wird das Verhältnis zu diesen Vorschriften nicht ausdrücklich durch das AIG geregelt.

Im Grundsatz gilt daher: Ansprüche, die einem begrenzten Personenkreis einen Informationszugang gewähren ohne - nach der Intention des Gesetzgebers - einen "Bereich" abschließend zu regeln, bleiben unberührt neben dem AIG bestehen, sie sind nicht spezieller.[1118]

Im Einzelnen:

(1) Art. 21 Abs. 3 S. 2 BbgVerf: Informationsanspruch der Bürgerinitiativen und Verbände zur Beeinflussung öffentlicher Angelegenheiten

Wie bereits oben dargestellt,[1119] ergibt sich unmittelbar aus Art. 21 Abs. 3 S. 2 BbgVerf ein Informationsanspruch der Bürgerinitiativen und Verbände zur Beeinflussung öffentlicher Angelegenheiten, auf den das AIG entsprechende Anwendung findet (§ 9 Abs. 1 AIG).

[1117] Vgl. hierzu B.II.4.

[1118] So wohl auch: Erste Hinweise des Ministeriums des Inneren, ABl. Bbg 1998, 842, 1.2.

[1119] S.o. und A.II.1.d. und B.I.1.b. und B. I. 3.e.

(a) Ausgestaltung des Informationsrechts

Nach Art. 21 Abs. 3 S. 2 BbgVerf haben Bürgerinitiativen und Verbände zur Beeinflussung öffentlicher Angelegenheiten das Recht auf Information durch alle staatlichen und kommunalen Stellen. Das Nähere regelt ein Gesetz (Abs. 21 Abs. 3 S. 3 BbgVerf).

Anspruchsinhaber des Rechts aus Art. 21 Abs. 3 S. 2 BbgVerf sind ausschließlich Bürgerinitiativen und Verbände zur Beeinflussung öffentlicher Angelegenheiten, d.h. qualifizierte Personenmehrheiten. Insoweit wird auf die Ausführungen unter **B.I.1.b.** verwiesen.

Gegenstand des Rechtes aus Art. 21 Abs. 3 S. 2 BbgVerf ist ein *Anspruch auf Information*. Dabei handelt es sich um einen Anspruch, bei dessen Erfüllung der Behörde hinsichtlich des „Ob“ kein Ermessen, hinsichtlich des „Wie“ jedoch ein Ermessen zusteht. Das Recht auf Information kann im Rahmen des der Behörde zustehenden Ermessens sowohl durch Gewährung von Akteneinsicht als auch durch Erteilung von Auskünften erfüllt werden. Insoweit wird auf die Ausführungen unter **B.I.3.e.** verwiesen.

Im übrigen, d.h. insbesondere bezüglich der Anspruchsgegner, des Verfahrens und der Ablehnungsgründe, findet das AIG entsprechende Anwendung auf das Recht der Bürgerinitiativen und Verbände aus Art. 21 Abs. 3 BbgVerf (§ 9 Abs. 1 AIG).

(b) Vergleich mit dem Akteneinsichtsrecht des AIG

Das Informationsrecht der Bürgerinitiativen und Verbände unterscheidet sich vom Akteneinsichtsrecht des AIG in zweierlei Hinsicht: Zum einen steht es lediglich bestimmten Personenmehrheiten zu, zum anderen ist Gegenstand des Rechts nicht die *Akteneinsicht*, sondern ein *Anspruch auf Information*. Wegen des Anspruchinhalts im Einzelnen wird auf die vorhergehenden Ausführungen verwiesen.

Im übrigen sind auf den Anspruch aus Art. 21 Abs. 3 BbgVerf die Regelungen des AIG nach § 9 Abs. 1 AIG ohnehin anwendbar, so dass sich die Ansprüche im weiteren nicht unterscheiden.

(c) Konkurrenzverhältnis zum Akteneinsichtsrecht aus AIG

Zu einem gleichzeitigen Eingreifen des Anspruchs aus AIG und des Anspruchs aus Art. 21 Abs. 3 S. 2 BbgVerf kann es nur dann kommen, wenn die antragstellende Bürgerinitiative bzw. der Verband als juristische Person zu qualifizieren ist. Nur in diesem Falle ist die Bürgerinitiative oder der Verband gleichzeitig Anspruchsinhaber des Akteneinsichtsanspruchs aus § 1 AIG mit der Folge, dass sowohl der Anspruch aus § 1 AIG als auch der Anspruch aus Art. 21 Abs. 3 S. 2 AIG eingreifen kann. In der Regel wird auf der Grundlage des Anspruchs aus § 1 AIG ein 'Mehr' an Informationen zu erlangen sein. Bei der Erfüllung des Anspruchs aus § 21 Abs. 3 S. 2 BbgVerf steht der Behörde hinsichtlich des „Wie" der Anspruchserfüllung ein Ermessen zu; das Recht auf Information kann - wie bereits oben ausgeführt - sowohl durch Gewährung von Akteneinsicht als auch durch Erteilung von Auskünften erfüllt werden. Die Behörde wird im Rahmen ihres Ermessens häufig lediglich eine "verkürzte" Information erteilen und keine Akteneinsicht gewähren. Aus dem AIG ergibt sich dagegen regelmäßig ein Anspruch auf Akteneinsicht. Der Anspruch aus § 21 Abs. 3 S. 2 BbgVerf kann im Einzelfall allenfalls dann für die Bürgerinitiative oder den Verband "weitergehender" bzw. nützlicher sein, wenn lediglich eine Information und keine Akteneinsicht begehrt wird, weil die Akteneinsicht wegen des Umfanges des Aktenmaterials oder der Kompliziertheit der Materie mit einem erheblichen Aufwand verbunden wäre. In diesen Fällen dürfte aber regelmäßig auch ein Anspruch auf Auskunft nach § 6 Abs. 2 AIG bestehen.

Der Auffassung, es könne bei der Antragstellung vorteilhaft sein, wenn sich eine Bürgerinitiative als solche erkennen gebe, weil ihr ein hervorgehobenes Informationsrecht zustehe und man bei einer Bürgerinitiative einen politischen Mitgestaltungswillen von vornherein unterstellen könne,[1120] kann nicht gefolgt werden. Dass einer Bürgerinitiative ein "höherwertiges" Informationsrecht zusteht, kann - entsprechend den vorhergehenden Ausführungen - gerade nicht angenommen werden. Das Vorhandensein eines politischen Mitgestaltungsinteresses, das im übrigen lediglich im Rahmen des § 5 Abs. 2 Nr. 3 AIG zu prüfen ist,[1121] kann bei einer Bürgerinitiative - wie auch bei einer Einzelperson - nicht von vornherein, d.h. ohne nähere Ermittlungen angenommen werden.

[1120] Vgl. Tätigkeitsbericht des LDA Bbg 2000, LT-Drucks. 3/2481= http://www.brandenburg.de/land/lfdbbg/tb/tb9/tb9b02.htm, zuletzt besichtigt am 05.03.2001, Teil B 3.5.

[1121] Und nicht etwa bei der Frage, wie viel Zeit dem Antragsteller für die Akteneinsicht zur Verfügung zu stellen ist. So aber wohl: Tätigkeitsbericht des LDA Bbg 2000, LT-Drucks. 3/2481= http://www.brandenburg.de/land/lfdbbg/tb/tb9/tb9b02.htm, zuletzt besichtigt am 05.03.2001, Teil B 3.5.

Der Auskunftsanspruch der Bürgerinitiativen und Verbände tritt nicht anstelle, sondern neben das Recht auf Akteneinsicht aus AIG.[1122] Zwar ergibt sich der Anspruch der Bürgerinitiativen und Verbände aus dem Verfassungsrecht und jener aus dem AIG aus einfachem Gesetzesrecht. Dies bedeutet jedoch lediglich, dass der Anspruch aus Art. 21 Abs.3 BbgVerf dann vorrangig ist, wenn im konkreten Fall sich Voraussetzungen und Rechtsfolgen decken. Hier ist die Verfassungsnorm lediglich Rechtsgrundlage für den "Anspruch auf Information". Aus dem AIG kann sich dagegen ein weitergehender Anspruch, ein Anspruch auf Akteneinsicht ergeben. Dieser Anspruch aus dem einfachen Recht findet ergänzend neben der Verfassungsnorm Anwendung.

Die Gegenüberstellung der Ansprüche aus § 1 AIG und Art. 21 Abs. 3 S. 2 BbgVerf zeigt, dass der Anspruch der Bürgerinitiativen und Verbände zur Beeinflussung der öffentlichen Angelegenheiten nach Erlass des AIG irreführend ist. Der Anspruch aus § 1 AIG gewährt in aller Regel ein ´Mehr´ an Informationen. Macht eine Bürgerinitiative, die zwar nicht als juristische Person zu qualifizieren ist, aber dennoch beteiligtenfähig ist, ihren Anspruch aus Art. 21 Abs. 3 S. 2 BbgVerf geltend,[1123] dürfte sie regelmäßig ein ´Weniger´ an Informationen erlangen als ein einzelnes Mitglied, das im eigenen Namen Akteneinsicht nach § 1 AIG begehrt. Tritt die Bürgerinitiative oder der Verband als solcher auf, läuft sie/er zudem auch noch Gefahr, dass mangels Beteiligtenfähigkeit ein Anspruch abzulehnen ist und es - wie bereits ausgeführt[1124] - zu einer zeitverzögernden Anhörung der Behörde mit dem Hinweis, den Antrag umzustellen, kommt. Aus den genannten Gründen ist es unverständlich, warum der Gesetzgeber die Bürgerinitiativen nicht in den Kreis der Anspruchsberechtigten des AIG aufgenommen hat. Den Bürgerinitiativen und Verbänden steht - jedenfalls nach der hier vertretenen Auffassung - ein 'Weniger' an Informationsrechten zu als ihren einzelnen Mitgliedern. Der Anspruch der Bürgerinitiativen und Verbände ist nach Erlass des AIG in der bestehenden Fassung weitgehend überflüssig und deshalb irreführend.

(2) Art. 56 Abs. 3, 4 BbgVerf: Informationsrechte der Abgeordneten

Die Brandenburgische Landesverfassung regelt in Art. 56 Abs. 3 und 4 BbgVerf ein umfassendes Informations-, Zugangs- und Aktenvorlagerecht der Landtagsabgeordneten gegenüber Behörden und Dienststellen des Landes. Normzweck der Vorschrift des Art. 56 Abs. 3, 4 BbgVerf ist die Durchsetzung der Kon-

[1122] So auch: Kneifel-Haverkamp, DuD 1998, 438 (439).
[1123] Vgl. hierzu ausführlicher B.I.1.b.
[1124] Vgl. hierzu B.I.1.b.

trollfunktion des Parlaments gegenüber der Regierung.[1125] Im Vergleich zu anderen Bundesländern hat der Brandenburgische Verfassungsgeber das umfassenste Informationsrecht für Abgeordnete vorgesehen.[1126]

(a) Ausgestaltung des Informationsrechts

Nach Art. 56 Abs. 3 S. 1 und 2 ist den Abgeordneten des Landtages Zugang zu den Behörden und Dienststellen des Landes zu gewähren; die Behörden und Dienststellen haben ihnen auf Verlangen Auskünfte auch aus Dateien zu erteilen sowie Akten und sonstige amtliche Unterlagen vorzulegen.[1127]

Der Anspruch des Art. 56 Abs. 3 BbgVerf besteht gegenüber alle Behörden und Dienststelle des Landes.[1128]

Die Verfassungsnorm gewährt drei selbständige, unterschiedliche Ansprüche: Das Recht auf Zugang zu den Behörden und Dienststellen des Landes, das Recht auf Vorlage von Akten und amtlichen Unterlagen und einen Anspruch auf Erteilung von Auskünften.[1129] Das Informationsrecht der Abgeordneten erstreckt sich damit auf alle denkbaren Formen der Informationsgewährung.

Das Informationsrecht ist auch hinsichtlich des Gegenstandes umfassend: Es ist kaum eine elektronisch gespeicherte oder schriftlich fixierte Information denkbar, die nicht unter Art. 56 Abs. 3 BbgVerf fiele.[1130]

[1125] BbgVerfG, Urteil vom 20.06.1996, NJW 1996, 3334 (3335) = NJ 1997, 136 (137); BbgVerfG, Urteil vom 20.11.1997, NVwZ-RR 1998, 209 (211)=NJ 1998, 83 (83) m. Anm. Jutzi; so auch bereits: Neßler, LKV 1995, 12 (13); Breidenbach/Kneifel-Haverkamp, in: Sachs, Handb. BbgVerf, § 21 Rn. 2 betonen das Kontrollrecht gegenüber der Ministerialbürokratie.

[1126] Näheres hierzu unter A.II.1.b.; vgl. auch: Neßler, LKV 1995, 12 (13); Breidenbach/Kneifel-Haverkamp in: Sachs, Handb. BbgVerf, § 21 Rn. 30; auch: Franke/Kneifel-Haverkamp in: Sachs, Handb. BbgVerf, § 2 Rn. 23.

[1127] Mit der Akteneinsicht von Abgeordneten hatte sich das Brandenburgische Verfassungsgericht bereits zwei Mal zu befassen, vgl. VerfGBbg, Urteil vom 20.11.1997, NJW-RR 1998, 209 ff.=NJ 1998, 83 ff. m. Anm. Jutzi; VerfGBbg, Urteil vom 20.06.1996, NJW 1996, 3334 (3334 ff.)=NJ 1997, 136 (136 ff.).

[1128] Zum Behördenbegriff des Art. 56 BbgVerf vgl. BbgVerfG, NJW 1996, 3334 (3334)=NJ 1997, 136 (137).

[1129] Breidenbach/Kneifel-Haverkamp, in: Sachs, Handb. BbgVerf, § 21 Rn. 31.

[1130] Neßler, LKV 1995, 12 (13).

Nach Art. 56 Abs. 3 S. 3 BbgVerf ist das Zugangs- bzw. Auskunfts- oder Einsichtsverlangen an die Landesregierung oder, sofern es ihn betrifft, an den Landesrechnungshof[1131] zu richten.

Die Auskunft sowie die Vorlage der Akten und sonstigen amtlichen Unterlagen haben unverzüglich und vollständig[1132] zu erfolgen (Art. 56 Abs. 3 S. 4 BbgVerf).

Die Erteilung von Auskünften oder die Vorlage von Akten und sonstigen amtlichen Unterlagen darf nach Art. 56 Abs. 4 S. 1 BbgVerf nur dann abgelehnt werden, "wenn überwiegende öffentliche oder private Interessen an der Geheimhaltung dies zwingend erfordern." Hier hat der Verfassungsgeber ausdrücklich eine von Art. 21 Abs. 4 BbgVerf abweichende Formulierung gewählt. Die Informationsrechte der Abgeordneten sollten weiter gehen als das Jedermannrecht des Art. 21 Abs. 4 BbgVerf.[1133] Bei der Ablehnung von Informationsverlangen der Abgeordneten muss deshalb ein besonders strenger Maßstab angelegt werden.[1134] Die Formulierung des Ablehnungsgrundes ist allerdings missglückt: Ein *überwiegendes* Interesse an der Geheimhaltung macht diese immer erforderlich und ist deshalb immer zwingend.[1135] Voraussetzung ist - korrekt formuliert - vielmehr, dass ein "zwingendes" öffentliches oder privates Geheimhaltungsinteresse besteht.[1136] Bei dem insoweit erforderlichen Abwägungsvorgang ist zu beachten, dass dem Informationsinteresse des Abgeordneten als Vertreter des Volkes ein besonderes Gewicht zugemessen werden muss.[1137]

Der Landesregierung steht - trotz des nicht ganz eindeutigen Wortlautes des Art. 54 Abs. 4 BbgVerf - bei der Entscheidung, ob der Informationsanspruch besteht oder ausgeschlossen ist, keinerlei Ermessen zu.[1138] Die Ablehnungstat-

---

1131 Zur Akteneinsicht von Abgeordneten in Akten des Landesrechnungshofes vgl. VerfGBbg, Urteil vom 20.11.1997, NJW-RR 1998, 209 ff.=NJ 1998, 83 ff. m. Anm. Jutzi

1132 Zum Begriff der Vollständigkeit vgl. BbgVerfG, NJW 1996, 3334 (3334)=NJ 1997, 136 (137).

1133 Vgl. BbgVerfG, NVwZ-RR 1998, 209 (211) m.w.N.; Breidenbach/Kneifel-Haverkamp, in: Sachs, Handb. BbgVerf, § 21 Rn. 34 m.w.N.

1134 Breidenbach/Kneifel-Haverkamp, in: Sachs, Handb. BbgVerf, § 21 Rn. 34.

1135 So auch: Breidenbach/Kneifel-Haverkamp, in: Sachs, Handb. BbgVerf, § 21 Rn. 34; Hölscheidt, DÖV 1993, 593 (595); anders aber wohl: Neßler, LKV 1995, 12 (14), der in dem zwingenden Erfordernis der Geheimhaltung eine weitere Voraussetzung sieht.

1136 So auch: Breidenbach/Kneifel-Haverkamp, in: Sachs, Handb. BbgVerf, § 21 Rn. 34.

1137 Breidenbach/Kneifel-Haverkamp, in: Sachs, Handb. BbgVerf, § 21 Rn. 34.

1138 Neßler, LKV 1995, 12 (16); Hölscheidt, DÖV 1993, 593 (595).

bestände enthalten zwar unbestimmte Rechtsbegriffe, diese können aber vom Brandenburgischen Verfassungsgericht uneingeschränkt überprüft werden.[1139]

Weitere Ablehnungsgründe können sich aus dem Grundgesetz, insbesondere dem Grundsatz des "Kernbereichs der exekutiven Eigenverantwortung", auf den sich der Parlamentsvorbehalt nicht erstreckt,[1140] aus dem allgemeinen Missbrauchsverbot,[1141] aus sonstigem Bundesrecht (Datenschutz, Steuergeheimnis)[1142] oder aus der brandenburgischen Verfassung selbst ergeben.[1143]

Das Akteneinsichtsrecht des Abgeordneten findet nach der Rechtsprechung des Brandenburgischen Verfassungsgerichts seine Grenzen im Kernbereich der exekutiven Eigenverantwortung und bezieht sich deshalb grundsätzlich nur auf abgeschlossene Vorgänge.[1144] Im Verhältnis zum Landesrechnungshof erstreckt sich das Akteneinsichtsrecht des Abgeordneten deshalb nicht auf Prüfberichtsentwürfe und andere vorbereitende Unterlagen.[1145]

Die Ablehnungsentscheidung ist dem Abgeordneten mitzuteilen und zu begründen (Art. 56 Abs. 4 S. 2 BbgVerf).

(b) Vergleich mit dem Akteneinsichtsrecht des AIG

Die Brandenburgische Landesverfassung gewährt den Abgeordneten ausdrücklich weitergehende Informationsrechte als den Bürgern außerhalb des Parlaments.[1146]

Im Gegensatz zu dem Akteneinsichtsanspruch der Bürger sind sie nicht darauf gerichtet, die "politischen Mitgestaltung" zu fördern, sondern dienen der Durchsetzung der Kontrollfunktion des Parlaments gegenüber der Regierung.[1147]

1139 Neßler, LKV 1995, 12 (16).

1140 BbgVerfG, NVwZ-RR 1998, 209 (210f.); BbgVerfG, NJW 1996, 3334 (3334)=NJ 1997, 136 (137); ausführlich hierzu auch: Neßler, LKV 1995, 12 (14f.); Breidenbach/Kneifel-Haverkamp, in: Sachs, Handb. BbgVerf, § 21 Rn. 35f.

1141 Neßler, LKV 1995, 12 (15).

1142 Neßler, LKV 1995, 12 (15); BbgVerfG, NVwZ-RR 1998, 209 (210).

1143 Neßler, LKV 1995, 12 (14, 15); vgl. BbgVerfG, NJW 1996, 3334 (3335f.) zum Verhältnis zu Art. 11 BbgVerf.

1144 BbgVerfG, NVwZ-RR 1998, 209 (209, 211) auch zu der Frage, wann ein Vorgang als abgeschlossen anzusehen ist.

1145 BbgVerfG, NVwZ-RR 1998, 209 (209, 210).

1146 BbgVerfG, NVwZ-RR 1998, 209 (211) unter Hinweis auf die Entstehungsgeschichte.

1147 BbgVerfG, Urteil vom 20.06.1996, NJW 1996, 3334 (3335) = NJ 1997, 136 (137); BbgVerfG, Urteil vom 20.11.1997, NVwZ-RR 1998, 209 (211)=NJ 1998, 83 (83) m.

Für den beschränkten Personenkreis "Abgeordnete" gewährt die Verfassungsnorm einen Informationsanspruch, der hinsichtlich des Verpflichtetenkreises von jenem des § 1 AIG abweicht und der durch die vorgesehenen Ablehnungsgründe geringere Einschränkungen erfährt.

Art. 56 Abs. 3 BbgVerf erfasst als Anspruchsgegner des Informationsanspruchs *alle* "Behörden und Dienststellen des Landes", d.h. der Anspruch unterliegt in dieser Hinsicht nicht den Einschränkungen des § 2 Abs. 2 und 3 AIG und ist deshalb weitergehend als der Anspruch aus § 1 AIG. Es wird z.B. auch die Kontrolltätigkeit des Landesrechnungshofes erfasst. Andererseits richtet sich der Anspruch des Art. 56 Abs. 3 BbgVerf aber nur gegen "Behörden und Dienststelle *des Landes*". Damit sind alle Stellen der unmittelbaren und mittelbaren Landesverwaltung gemeint, wie sie etwa in §§ 3, 6, 7 und 12 LOG aufgeführt sind.[1148] Aus dem Gegenschluss zu Art. 21 Abs. 4 BbgVerf ergibt sich, dass die Kommunen nicht den Informationsrechten der Abgeordneten unterliegen, soweit nicht Oberbürgermeister der kreisfreien Städte und Landräte als untere Landesbehörde tätig werden.[1149] Die Einschränkung folgt konsequenterweise aus der verfassungsmäßig garantierten Selbstverwaltung der Gemeinden, die der parlamentarischen Kontrolle nicht unterliegt. Ein Abgeordneter kann damit Akteneinsicht nur auf der Grundlage des AIG erlangen, wenn er Akteneinsicht in Akten bei Kommunen begehrt, die diese im Rahmen ihrer Selbstverwaltungstätigkeit angelegt haben.

Im Gegensatz zu § 1 AIG gewährt Art. 56 Abs. 3, 4 BbgVerf den Abgeordneten ein umfangreiches Zugangs-, Akteneinsichts-, Aktenvorlage- und Auskunftsrecht. Der Anspruch des AIG richtet sich dagegen lediglich auf Akteneinsicht, nur in Ausnahmefällen besteht ein Auskunftsanspruch.[1150]

Die in Art. 56 Abs. 4 S. 1 BbgVerf geregelten Ablehnungsgründe schränken den Informationsanspruch der Abgeordneten in weit geringerem Maße ein als jene des AIG (vgl. dort: § 2 Abs. 5, §§ 4 und 5 AIG) das Jedermann-Akteneinsichtsrecht des brandenburgischen AIGs. Die Erteilung von Auskünften oder die Vorlage von Akten und sonstigen amtlichen Unterlagen darf nach Art. 56 Abs. 4 S. 1 BbgVerf nur abgelehnt werden, wenn überwiegende öffentliche oder private Interessen an der Geheimhaltung dies zwingend erfordern, d.h. ein zwingendes öffentliches oder privates Geheimhaltungsinteresse be-

---

Anm. Jutzi; so auch bereits: Neßler, LKV 1995, 12 (13); Breidenbach/Kneifel-Haverkamp, in: Sachs, Handb. BbgVerf, § 21 Rn. 2 betonen das Kontrollrecht gegenüber der Ministerialbürokratie.

1148 Breidenbach/Kneifel-Haverkamp, in: Sachs, Handb. BbgVerf, § 21 Rn. 32.

1149 Breidenbach/Kneifel-Haverkamp, in: Sachs, Handb. BbgVerf, § 21 Rn. 32.

1150 Vgl. hierzu B. I.3.b.,c.,d.

steht.[1151] Bei der erforderlichen Interessenabwägung ist zu berücksichtigen, dass dem Informationsinteresse des Abgeordneten als Vertreter des Volkes ein besonderes Gewicht zugemessen werden muss (s.o.).

(c) Konkurrenzverhältnis zum Akteneinsichtsrecht aus AIG

Der Informationsanspruch des Abgeordneten aus Art. 56 Abs. 3 BbgVerf geht dem landesgesetzlich geregelten Anspruch aus § 1 AIG deshalb vor, weil es sich um einen Anspruch aus Verfassungsrecht handelt. Im Einzelfall kann ein Abgeordneter allerdings dann weitergehende Informationen auf der Grundlage des AIG erlangen, wenn er Akteneinsicht in Akten bei Kommunen begehrt, die diese im Rahmen ihrer Selbstverwaltungstätigkeit angelegt haben. In diesem Fall besteht ein Anspruch aus Art. 56 Abs. 3 BbgVerf nicht.

(3) Art. 71 Abs. 2 BbgVerf, § 5 Petitionsgesetz (PetG); Art. 72 Abs. 3 BbgVerf, § 16 Untersuchungsausschussgesetz (UAG): Informationsrechte des Petitionsausschusses und der Untersuchungsausschüsse

Die Brandenburgische Verfassung enthält besondere Informationsrechte für den Petitionsausschuss und den Untersuchungsausschuss des Landtages, die im Petitionsgesetz (PetG) und im Untersuchungsausschussgesetz (UAG) näher geregelt sind.

Im Einzelnen:

(a) Ausgestaltung der Informationsrechte

Dem *Petitionsausschuss* haben nach Art. 71 Abs. 2 S. 1 BbgVerf alle Behörden und Verwaltungseinrichtungen des Landes und der Kommunen auf sein Verlangen hin jederzeit Zutritt zu gestatten, Auskünfte (auch aus Dateien) zu erteilen sowie Akten und sonstige amtliche Unterlagen vorzulegen. Die Gerichte haben in Angelegenheiten der Rechtsprechung allerdings nur Auskunftshilfe zu leisten (Art. 71 Abs. 2 S. 2 BbgVerf). Das Nähere regelt ein das Gesetz (Art. 71 Abs. 3 BbgVerf), das Gesetz über die Behandlung von Petitionen an den Landtag Brandenburg (Petitionsgesetz - PetG).[1152]
Nach § 5 Abs. 3 S. 1 PetG hat der Petitionsausschuss oder ein von ihm beauftragtes Mitglied das Recht,

---

[1151] Zum Verständnis des Ablehnungsgrundes vgl. die vorhergehenden Ausführungen.
[1152] Vom 13.12.1991, GVBl. I 1991, S. 643,

- vom Ministerpräsidenten (Nr. 1),
- von der Landesregierung (Nr. 2) oder
- unmittelbar von allen Mitgliedern der Landesregierung (Nr. 3),
- von allen der Landesregierung oder einem ihrer Mitglieder unterstellten, ihrer Aufsicht oder ihren Weisungen unterliegenden Behörden, Verwaltungsstellen und Landesbetrieben (Nr. 4) und
- von allen Körperschaften, Anstalten und Stiftungen des öffentlichen Rechts des Landes Brandenburg in dem Umfang, wie diese gegenüber dem Landtag Verantwortlichen der Aufsicht unterworfen sind (Nr. 5)

Informationen zu verlangen.
Im Einzelnen können verlangt werden:
a) mündliche oder schriftliche Auskünfte und Berichte,
b) Vorlage von Akten und amtlichen Unterlagen und
c) Gestattung der Ortsbesichtigung.
Dies gilt nicht, soweit die Mitglieder der Landesregierung durch Gesetze, Bestimmungen oder Weisungen anderer Institutionen gebunden sind (§ 5 Abs. 2 S. 2 PetG).
Einem Ersuchen nach § 5 Abs. 2 PetG braucht nach § 5 Abs. 4 PetG nur dann nicht entsprochen werden, wenn
1. über die allgemeine Verschwiegenheitspflicht im öffentlichen Dienst hinaus besondere rechtliche Vorschriften über die Wahrung des Berufsgeheimnisses bestehen,
2. zu besorgen ist, dass dem Bund, einem Lande oder einem Dritten ein erheblicher, nicht wiedergutzumachender Schaden entstehen würde.

Für *Untersuchungsausschüsse des Landtages* gilt: Werden sie auf der Grundlage ihres Rechts, Beweise zu erheben (Art. 72 Abs. 3 S. 1 BbgVerf), tätig, dann sind nach Art. 72 Abs. 3 S. 4 BbgVerf Gerichte, Behörden und Verwaltungseinrichtungen des Landes *und* der Kommunen zur Rechts- und Amtshilfe, einschließlich der Beweiserhebung und Aktenvorlage verpflichtet. Die Beweiserhebung (und damit auch die Geltendmachung des Informationsrechtes) ist dann unzulässig, wenn sie offensichtlich nicht im Rahmen des Untersuchungsauftrages liegt (Art. 72 Abs. 3 S. 2 BbgVerf). Das Nähere regelt ein Gesetz (Art. 72 Abs. 5 BbgVerf), das Gesetz über die Einsetzung und das Verfahren von Untersuchungsausschüssen des Landtages Brandenburg (Untersuchtungsausschussgesetz - UAG).[1153] Nach § 16 Abs. 1 UAG sind die Landesregierung und alle Behörden des Landes sowie die Körperschaften des öffentlichen Rechts, die der Aufsicht des Landes unterstehen, verpflichtet, dem Untersuchungsausschuss jederzeit Zutritt zu den von ihnen verwalteten öffentlichen Einrichtungen zu gestatten, die erforderlichen Aussagegenehmigungen zu erteilen und die Akten

[1153] Vom 17.05.1991, GVBl. I 1991, S. 86 ff., zuletzt geändert durch Art. 3 des Gesetzes vom 14.10.1996, GVBl. I 1996, S. 283 ff.

vorzulegen. Die Ersuchen nach § 16 Abs. 1 UAG können nach § 16 Abs. 3 UAG "*insbesondere*" zurückgewiesen werden,

a) bei offensichtlichem Fehlen der räumlichen, zeitlichen oder sachlichen Untersuchungskompetenz,
b) bei Vorliegen von Geheimhaltungsvorschriften, wenn keine Vorkehrungen zur Geheimhaltung solcher Geheimnisse durch den Untersuchungsausschuss getroffen worden sind.

(b) Vergleich mit dem Akteneinsichtsrecht des AIG

Die Informationsrechte des Petitionsausschusses und der Untersuchungsausschüsse sind weitergehend als jene der Abgeordneten aus Art. 56 BbgVerf und damit auch erheblich weitreichender als das Akteneinsichtsrecht aus AIG.

Die Ansprüche der Ausschüsse stehen lediglich qualifizierten Personenmehrheiten (Petitionsausschuss und Untersuchungsausschüsse des Landtages) zu.

Sie richten sich im Gegensatz zum Informationsrecht der Abgeordneten auch gegen die Kommunen (für den Petitionsausschuss vgl. § 5 Abs. 3 S. 1 Nr. 5 PetG: "Körperschaften des öffentlichen Rechts"), wie auch der Anspruch aus § 1 AIG. Hinsichtlich des Adressatenkreises sind die Ansprüche jedoch umfangreicher als der Anspruch des AIG (vgl. § 5 Abs. 3 PetG, § 16 Abs. 1 UAG).

Auch der Gegenstand der Ansprüche der Ausschüsse ist weitergehender als jener des AIG, er umfasst nicht nur ein Akteneinsichtsrecht, sondern für den Petitionsausschuss ein Auskunfts- und Aktenvorlagerechte (vgl. § 5 Abs. 3 S. 1 a. und b. PetG) und für die Untersuchungsausschüsse ein Zutritts- und Aktenvorlagerecht (§ 16 Abs. 1 UAG).

Eine Ablehnung der Informationsansprüche der Ausschüsse ist - im Vergleich zu AIG - nur unter erheblich engeren Voraussetzungen zulässig: Ein Ersuchen des Petitionsausschusses darf nur dann abgelehnt werden, wenn besondere rechtliche Vorschriften über die Wahrung des Berufsgeheimnisses bestehen oder die Gefahr besteht, dass dem Bund, einem Lande oder einem Dritten ein erheblicher, nicht wiedergutzumachender Schaden entstehen würde (vgl. § 5 Abs. 4 PetG). Die Ersuchen der Untersuchungsausschüsse dürfen in der Regel nur bei offensichtlichem Fehlen der Untersuchungskompetenz oder bei Vorliegen von Geheimhaltungsvorschriften zurückgewiesen werden (vgl. § 16 Abs. 3 UAG).

(c) Konkurrenzverhältnis zum Akteneinsichtsrecht aus AIG

Ein Konkurrenzverhältnis zwischen dem Akteneinsichtsrecht des AIG und den Informationsrechten der Ausschüsse des Landtages besteht nicht, da die Rechte des AIG den Ausschüssen des Landtages ohnehin nicht zustehen. Die Ausschüsse sind nicht als "Jeder" i.S.d. § 1 AIG zu qualifizieren, insbesondere sind sie keine juristischen Personen des Privatrechts.

(4) Art. 74 Abs. 1 BbgVerf, § 26 Brandenburgisches Datenschutzgesetz (BbgDSG): Informationsrechte des Landesbeauftragten für den Datenschutz und das Recht auf Akteneinsicht

Der Vollständigkeit halber wird an dieser Stelle auch auf das Akteneinsichts- und Auskunftsrecht des Landesbeauftragten für den Datenschutz und das Recht auf Akteneinsicht (LDA Bbg) hingewiesen, das sich aus der Verfassung ergibt (Art. 74 Abs. 1 BbgVerf) und in § 26 des Brandenburgischen Datenschutzgesetzes (BbgDSG) im Einzelnen geregelt ist. Selbstverständlich ist das Akteneinsichtsrecht des LDA Bbg erheblich weitergehender als das Jedermannrecht des AIG. Dem LDA Bbg obliegt ja gerade neben der Überwachung der Einhaltung datenschutzrechtlicher Vorschriften auch die Wahrung des Grundrechts auf Akteneinsicht und Informationszugang (Vgl. § 23 Abs. BbgDSG, § 11 Abs. 1 AIG).

Nach Art. 74 Abs. 1 S. 6 BbgVerf sind alle Verwaltungseinrichtungen des Landes und der Kommunen verpflichtet, dem LDA Bbg auf Verlangen Akten und sonstige amtlicher Unterlagen vorzulegen und herauszugeben, Auskunft auch aus Dateien zu erteilen sowie Zutritt zu allen Diensträumen zu gewähren. Das Nähere regelt ein Gesetz (Art. 74 Abs. 3 BbgVerf). Nach § 26 S. 1 des Brandenburgischen Datenschutzgesetzes (BbgDSG) sind die öffentlichen Stellen verpflichtet, den LDA Bbg und seine Beauftragten bei der Erfüllung ihrer Aufgaben zu unterstützen, ihnen sind insbesondere

1. Auskunft auf ihre Fragen zu erteilen sowie Einsicht in alle Vorgänge und Aufzeichnungen, insbesondere in die gespeicherten Daten und in die Datenverarbeitungsprogramme, zu gewähren, die im Zusammenhang mit der Verarbeitung personenbezogenener Daten stehen,
2. jederzeit Zutritt zu allen Diensträumen zu gewähren.

Gegenüber den Behörden des Verfassungsschutzes, der Staatsanwaltschaft und der Polizei, den Landesfinanzbehörden gilt das Informationsrecht des Datenschutzbeauftragten nur eingeschränkt (vgl. §§ 26 Abs. 2, 18 Abs. 7 BbgDSG).

Das Informationsrecht des LDA Bbg ist in jeder Hinsicht weitreichender als der Akteneinsichtsanspruch des AIG. Als verfassungsrechtlicher Anspruch geht es dem Anspruch aus AIG vor.

(5) § 5 Brandenburgisches Landespressegesetz (BbgPG): Informationsanspruch der Presse

§ 5 des Brandenburgischen Pressegesetzes (BbgPG) enthält einen Informationsanspruch der Presse.

(a) Ausgestaltung des Informationsrechts

Nach § 5 Abs. 1 BbgPG sind die Behörden verpflichtet, den Vertretern der Presse die der Erfüllung ihrer öffentlichen Aufgaben dienenden Auskünfte zu erteilen.

Anspruchsinhaber des Informationsanspruchs sind "Vertreter der Presse". Dies sind alle Personen, die an der Gestaltung und Verbreitung von Presseerzeugnissen mitwirken.[1154] Über die Verweisungsnorm des § 17 BbgPG gilt der Anspruch des § 5 BbgPG auch für den Rundfunk.

Informationsverpflichtete des Anspruchs aus § 5 Abs. 1 BbgPG sind sämtliche Behörden. Behörde ist nach § 1 Abs. 2 VwVfGBbg jede Stelle, die Aufgaben der öffentlichen Verwaltung wahrnimmt (vgl. auch § 1 Abs. 4 VwVfG des Bundes). Der Auskunftsverpflichtung des § 5 BbgPG unterliegen damit nicht nur Behörden des Landes und der Gemeinden, sondern ebenso die des Bundes.[1155] Dies folgt daraus, dass der Auskunftsanspruch zum Kernbereich des Presserechts gehört, für das (mit Ausnahme der aus Art. 75 Nr. 2 GG folgende Rahmenkompetenz) allein der Landesgesetzgeber zuständig ist.[1156] Behörden i.S.d. § 5 BbgPG sind nicht nur Stellen der Exekutive, sondern auch solche der Legislative und der Judikative.[1157]

Gegenstand des Anspruchs ist die "Erteilung von Auskünften". Dies bedeutet, dass die Behörde verpflichtet ist, Fakten zu einem bestimmten, im Auskunfts-

---

1154 Wenzel in Löffler, Presserecht, § 4 LPG Rn. 37, 41; Soehring, Presserecht, Rn. 4.9.

1155 Wenzel in Löffler, Presserecht, § 4 LPG Rn. 54; Soehring, Presserecht, Rn. 4.17.

1156 Wenzel in Löffler, Presserecht, § 4 LPG Rn. 54; Soehring, Presserecht, Rn. 4.17, jeweils m.w.N.

1157 So die nahezu einhellige Auffassung: vgl. Wenzel in Löffler, Presserecht, § 4 LPG Rn. 56; Soehring, Presserecht, Rn.4.18, jeweils m.w.N.

verlagen bezeichneten Tatsachenkomplex mitzuteilen.[1158] Auf eine bestimmte Form der Auskunftserteilung besteht kein Anspruch,[1159] d.h. über das "Wie" der Informationsgewährung entscheidet grundsätzlich die Behörde. Ein Anspruch auf Akteneinsicht besteht damit dem Grundsatz nach nicht. Die Form der Auskunftserteilung muss aber sachgerecht sein.[1160]

Ein Frist für die Erteilung der Auskunft ist nicht vorgesehen. Aus der Natur der Sache folgt aber, dass die Auskunftserteilung so rasch wie möglich zu erfolgen hat; in diesem Zusammenhang ist insbesondere das Gleichbehandlungsprinzip zwischen Mitbewerbern zu beachten.[1161]

Die Beschränkung der Auskunftspflicht auf Fälle, in denen die Presse "öffentliche Aufgaben" wahrnimmt, ist praktisch bedeutungslos.[1162]

Auskünfte können von den Behörden nach § 5 Abs. 2 BbgPG verweigert werden, wenn und soweit

- durch sie die Durchführung eines schwebenden Verfahrens vereitelt oder gefährdet werden könnte (Nr. 1),
- Vorschriften über die Geheimhaltung entgegenstehen (Nr. 2),
- ein überwiegendes öffentliches oder schutzwürdiges privates Interesse verletzt würde (Nr. 3),
- ihr Umfang das zumutbare Maß überschreitet (Nr. 4).

Durch § 5 Abs. 2 BbgPG wird der Behörde ein Ermessensspielraum bei der Ablehnungsentscheidung eingeräumt.[1163] Die Ermessensentscheidung erfordert eine Güterabwägung zwischen der Notwendigkeit der öffentlichen Information und den entgegenstehenden öffentlichen oder privaten Belangen.[1164] Bei der Entscheidung ist der Grundsatz der Verhältnismäßigkeit zu beachten.[1165] Das Ermessen kann jedoch im Einzelfall "auf Null" schrumpfen, z.B. dann, wenn dem Auskunftsbegehren eine gesetzliche Geheimhaltungsvorschrift, z.B. das Steuergeheimnis nach § 30 der Abgabenordnung (AO) entgegensteht.[1166] Die

---

[1158] Wenzel in Löffler, Presserecht, § 4 LPG Rn. 78.
[1159] Wenzel in Löffler, Presserecht, § 4 LPG Rn. 80.
[1160] Wenzel in Löffler, Presserecht, § 4 LPG Rn. 80.
[1161] Wenzel in Löffler, Presserecht, § 4 LPG Rn. 80; Schröer-Schallenberg, Informationsansprüche der Presse, S. 102.
[1162] Wenzel in Löffler, Presserecht, § 4 LPG Rn. 86.
[1163] Wenzel in Löffler, Presserecht, § 4 LPG Rn. 90; vgl. auch: OVG Bremen, NJW 1989, 926 (926).
[1164] Wenzel in Löffler, Presserecht, § 4 LPG Rn. 90; vgl. auch: OVG Bremen, NJW 1989, 926 (926).
[1165] Wenzel in Löffler, Presserecht, § 4 LPG Rn. 90.
[1166] Wenzel in Löffler, Presserecht, § 4 LPG Rn. 92.

Einhaltung der an die Ermessensentscheidung zu stellenden Anforderungen ist gerichtlich überprüfbar.[1167]

Die Regelung, die vorsieht, dass Auskünfte verweigert werden können, wenn und soweit durch sie die Durchführung eines schwebenden Verfahrens vereitelt oder gefährdet werden könnte (die sich in den meisten Landespressegesetzen findet, in Brandenburg: § 5 Abs. 2 Nr. 1 BbgPG), wird in der Literatur heftig diskutiert.[1168] Insbesondere wird darauf verwiesen, dass die Presse mit der Erörterung abgeschlossener Verfahren ihren Verfassungsauftrag nicht erfüllen würde.[1169] Angesichts dieser Bedenken wird überwiegend eine restriktive Auslegung der Vorschrift für geboten gehalten.[1170]

Nach wohl h.M. ist unter einem Verfahren i.S.d. § 5 Abs. 2 Nr. 1 BbgPG die rechtlich geregelte Behandlung eines Einzelfalles zu verstehen.[1171] Es muss sich um ein förmliches Verfahren handeln, ein formloses Verfahren fällt nach h.M. nicht unter § 5 Abs. 2 Nr. 2 BbgPG.[1172] Als Verfahren in Sinne der Vorschrift kommen insbesondere in Betracht: gerichtliche Verfahren, staatsanwaltliche und polizeiliche Ermittlungsverfahren, Bußgeldverfahren, Verwaltungsverfahren, auch Disziplinarverfahren, schließlich bestimmte Verfahren des Legislative, z.B. solche vor einem Untersuchungsausschuss.[1173]

Schwebend ist ein Verfahren nach der wohl h.M., wenn die in den gesetzlichen Verfahrensvorschriften vorgesehene erste Maßnahme ergriffen, der letzte abschließende Akt aber noch nicht vollzogen ist.[1174] Gerichtliche Verfahren sind danach nicht erst mit Rechtskraft des Urteils abgeschlossen, sondern bereits mit der Verkündung des Urteils.[1175]

Weitere Voraussetzung für die Ablehnung der Auskunftserteilung nach § 5 Abs. 2 Nr. 1 BbgPG ist, dass die Durchführung eines schwebenden Verfahrens ver-

---

1167 Wenzel in Löffler, Presserecht, § 4 LPG Rn. 90.

1168 Vgl. hierzu z.B. Löffler/Ricker, Handbuch Presserecht, S, 123; Schröer-Schallenberg, Informationsansprüche der Presse, S. 109 ff. jeweils m.w.N.

1169 Löffler/Ricker, Handbuch Presserecht, S, 123; Schröer-Schallenberg, Informationsansprüche der Presse, S. 109 ff.

1170 Wenzel in Löffler, Presserecht, § 4 LPG Rn. 94; Löffler/Ricker, Handbuch Presserecht, S, 123; Schröer-Schallenberg, Informationsansprüche der Presse, S. 109.

1171 Wenzel in Löffler, Presserecht, § 4 LPG Rn. 95; A.A. aber ; Schröer-Schallenberg, Informationsansprüche der Presse, S. 111 ff. für einen engeren Verfahrensbegriff.

1172 Wenzel in Löffler, Presserecht, § 4 LPG Rn. 95 m.w.N.; Einschränkend auch: Schröer-Schallenberg, Informationsansprüche der Presse, S. 113 ff.

1173 Wenzel in Löffler, Presserecht, § 4 LPG Rn. 95.

1174 Wenzel in Löffler, Presserecht, § 4 LPG Rn. 96; Schröer-Schallenberg, Informationsansprüche der Presse, S. 115.

1175 Wenzel in Löffler, Presserecht, § 4 LPG Rn. 96.

eitelt oder gefährdet werden könnte. Auch diese Voraussetzung ist nach h.M. restriktiv zu interpretieren.[1176] Erforderlich ist eine konkrete Gefährdung.[1177]

Geheimhaltungsvorschriften, die der Ankunftspflicht nach § 5 Abs. 2 Nr. 2 BbgPG entgegenstehen können, sind Vorschriften, die öffentliche Geheimnisse schützen sollen und auskunftsverpflichtete Behörden zumindest auch zum Adressaten haben.[1178] Hinunter fallen z.B. §§ 93 ff., 203, 353 b StGB, 174 Abs. 2 GVG, § 43 DRiG, die Vorschriften der Geschäftsordnung des Bundestages (§ 69 Abs. 7 Geschäftsordnung des Deutschen Bundestages i.V.m. der Geheimschutzordnung des Deutschen Bundestages) und § 45 Außenwirtschaftsgesetz.[1179]

Der Anspruchsausschluss nach § 5 Abs. 2 Nr. 3 BbgPG, nach dem die Auskunft verweigert werden kann, wenn und soweit ein überwiegendes öffentliches Interesse verletzt würde, hat generalklauselartigen Charakter.[1180] Die Vorschrift soll über die ausdrücklich in Nr. 1 und 2 enthaltenen Regelungen hinaus all jene Fälle erfassen, die einer kasuistischen Aufzählung der Natur der Sache nach entzogen sind.[1181]

Die Beurteilung, ob private Interessen schutzwürdig sind, und ihr Vorliegen damit eine Auskunftsverweigerung nach § 5 Abs. 2 Nr. 3 BbgPG rechtfertigen kann, setzt eine Interessenabwägung voraus.[1182] Hierbei ist zu berücksichtigen, dass die Behörde umso eher zur Informationserteilung berechtigt sind, je intensiver das private Interesse bereits Gegenstand öffentlicher Erörterungen war.[1183]

1176 Wenzel in Löffler, Presserecht, § 4 LPG Rn. 97; Schröer-Schallenberg, Informationsansprüche der Presse, S. 116.

1177 Wenzel in Löffler, Presserecht, § 4 LPG Rn. 97; Schröer-Schallenberg, Informationsansprüche der Presse, S. 116 ff.

1178 Wenzel in Löffler, Presserecht, § 4 LPG Rn. 100; Soehring, Presserecht, Rn. 4.46; OLG Schleswig, NJW 85, 1090 (1091).

1179 Vgl. Beispiele bei Wenzel in Löffler, Presserecht, § 4 LPG Rn. 100; ausführlich zum Steuergeheimnis des § 30 AO vgl. Rn. 101 ff; hierzu auch Soehring, Presserecht, Rn. 4.50 ff.

1180 Wenzel in Löffler, Presserecht, § 4 LPG Rn. 108.

1181 Wenzel in Löffler, Presserecht, § 4 LPG Rn. 108f. mit Beispielen.

1182 Wenzel in Löffler, Presserecht, § 4 LPG Rn. 111; Soehring, Presserecht, Rn. 4.24 ff.

1183 VG Berlin, AfP 1994, 175(178); Wenzel in Löffler, Presserecht, § 4 LPG Rn. 111; Schöer-Schallenberg, Informationsansprüche der Presse, S. 136.

Schutzwürdig ist insbesondere das Persönlichkeitsrecht,[1184] aber auch das Recht am eingerichteten und ausgeübten Gewerbebetrieb.[1185]

§ 5 Abs. 2 Nr. 4 BbgPG enthält einen allgemeinen Missbrauchstatbestand.[1186]

(b) Vergleich mit dem Akteneinsichtsrecht des AIG

Der Informationsanspruch des § 5 BbgPG weicht von jenem des AIG erheblich ab.

Inhaber des Anspruchs aus § 5 Abs. 1 BbgPG ist nicht "jeder" sondern lediglich der Personenkreis der "Vertreter der Presse".

Der Kreis der Anspruchsverpflichteten des § 5 BbgPG ist dagegen wesentlich weiter als jener des AIG. Der Anspruch richtet sich gegen *sämtliche* Bundes- und Landesbehörden - ohne Einschränkungen, d.h. auch z.B. gegen Gerichte und Staatsanwaltschaften, anders als das AIG auch unabhängig vom der Wahrnehmung von Verwaltungsaufgaben.

Der Anspruch ist jedoch auf die Erteilung von *Auskünften* beschränkt. Ein Anspruch auf Akteneinsicht besteht grundsätzlich nicht.

Eine Gesamtschau der Ablehnungsgründe des § 5 Abs. 2 BbgPG ergibt, dass diese den Anspruch inhaltlich weniger einschränken als die Ablehnungsgründe des AIG den Akteneinsichtsanspruch des AIG. Allerdings besteht - wie bereits gesagt - nur ein Auskunftsanspruch. Im Gegensatz zum AIG (vgl. § 2 Abs. 5 AIG) ist der Anspruch auch nicht zwingend während laufender Verfahren ausgeschlossen. Bei der Ablehnung des Antrages während eines "schwebenden Verfahrens" steht der Behörde vielmehr ein Ermessen zu. Voraussetzung ist zudem, dass die Durchführung des Verfahrens gefährdet oder vereitelt werden könnte. Auch ist der Verfahrensbegriff des § 5 Abs. 2 Nr. 1 BbgPG nach Auffassung der h.M. enger als jener der § 2 Abs. 5 AIG[1187] auszulegen (s.o.). Zudem

---

1184 Wenzel in Löffler, Presserecht, § 4 LPG Rn. 112 mit Beispielen; Soehring, Presserecht, Rn. 4.23.

1185 Wenzel in Löffler, Presserecht, § 4 LPG Rn. 113 mit Beispielen.

1186 Vgl. hierzu: Wenzel in Löffler, Presserecht, § 4 LPG Rn. 120; Soehring, Presserecht, Rn. 4.39.

1187 Vgl. die hier vertretenen Auffassung zum Verfahrensbegriff des § 2 Abs. 5 AIG unter B.II.1.a.

wird für den Zeitraum des Schwebens des Verfahrens ein engerer Zeitraum angenommen als jener für das Laufen des Verfahrens nach § 2 Abs. 5 AIG.[1188]

Der Anspruch aus § 5 Abs. 1 BbgPG ist im Gegensatz zum Akteneinsichtsanspruch des AIG nicht gebührenpflichtig.

(c) Konkurrenzverhältnis zum Akteneinsichtsrecht aus AIG

Der presserechtliche Informationsanspruch des § 5 BbgPG bleibt vom AIG unberührt und tritt neben das Akteneinsichtsrecht aus § 1 AIG.[1189] Die Vorschrift ist nicht spezieller. § 5 BbgPG gewährt lediglich einem begrenzten Personenkreis einen besonderen Informationszugang.[1190] Keine der beiden Normen geht völlig in der anderen Norm auf. Bezüglich einzelner Anfragen kann im konkreten Einzelfall jeweils der eine oder der andere Anspruch ein 'Mehr' an Informationen gewähren. Die Einsicht in (Original-)Akten kann etwa regelmäßig nur nach AIG und nicht nach § 5 BbgPG verlangt werden. Der Auskunftsanspruch aus § 5 BbgPG greift andererseits im Gegensatz zu § 1 AIG z.B. auch gegenüber Gerichten, der Staatsanwaltschaft und dem Landtag - auch wenn diese keine Verwaltungsaufgaben wahrnehmen - und u.U. auch während laufender Verfahren im Sinne des § 2 Abs. 5 AIG (s.o.). Die Tatbestände des § 1 AIG und des § 5 BbgPG decken sich nur teilweise. Keine der beiden Normen ist als erschöpfende Regelung für einen bestimmten Regelungsbereich zu betrachten. Die Normen sind deshalb nebeneinander anwendbar.[1191]

1188 Vgl. zu der hier vertretenen Auffassung zum "Laufen des Verfahrens" i.S.d. § 2 Abs. 5 AIG B.II.1.b.

1189 So auch: Erste Hinweise des Ministeriums des Inneren, ABl. Bbg 1998, 842, 1.2; Kneifel-Haverkamp, DuD 1998, 438 (439); ebenso zum IFG S-H: Stellungnahme des Landesbeauftragten für den Datenschutz Schleswig-Holstein zu den Gesetzentwürfen eines Informationsfreiheitsgesetzes des Fraktion des SSW im Schleswig-Holsteinischen Landtag (E-SSW) und des Innenministers des Landes Schleswig-Holstein (E-IM) vom 11. November 1999, http://www.rewi.hu-berlin.de/Datenschutz/DSB/SH/material/recht/infofrei/stellifg.htm, zuletzt besichtigt am 29.03.2000, 3.g); unzutreffend: Scherzberg, Öffentlichkeit der Verwaltung, S. 400, der von einer bereichspezifischen Regelung (wohl i.S.d. § 1 AIG a.E.) ausgeht.

1190 So auch: Erste Hinweise des Ministeriums des Inneren, ABl. Bbg 1998, 842, 1.2.

1191 So auch: Tätigkeitsbericht des LDA Bbg 1999, http://www.brandenburg.de/land/lfdbbg/tb/tb8/tb8b.htm, zuletzt besichtigt am 09.03.2000, Teil B 3.1.

Es überrascht deshalb nicht, dass das Akteneinsichtsrecht des AIG als erstes von Journalisten für Recherchezwecke genutzt wurde.[1192] Insgesamt hat die Presse allerdings nicht sehr häufig Akteneinsichtsrechte nach dem AIG geltend gemacht.[1193] Dies dürfte damit zusammenhängen, dass das Verfahren bis zur Einscheidung über den Informationszugang nach AIG zu schwerfällig und für schnelle Recherchen zu zeitaufwendig ist und der presserechtliche Auskunftsanspruch häufig schneller zum Ziel führt.[1194] Für Hintergrundberichte oder längerfristige Recherchen kann es durchaus jedoch sinnvoll sein, vom Recht auf Einsicht in Originalunterlagen nach dem AIG Gebrauch zu machen,[1195] das allerdings im Gegensatz zum presserechtlichen Informationsanspruch gebührenpflichtig ist.

(6) § 16 Abs. 3 Gemeindeordnung für das Land Brandenburg (GO Bbg): Recht der Einwohner zur Einsichtnahme in Beschlussvorlagen

§ 16 Abs. 3 GO Bbg enthält einen Informationsanspruch der Einwohner brandenburgischer Gemeinden.

Die nachfolgenden Ausführungen gelten entsprechend für § 15 Abs. 3 Landkreisordnung für das Land Brandenburg (LKrO Bbg), der einen gleichartigen Informationsanspruch der Einwohner der Landkreise vorsieht.

(a) Ausgestaltung des Informationsrechts

Nach § 16 Abs. 3 S. 1 GO Bbg hat jeder Einwohner einer Gemeinde das Recht, Beschlussvorlagen der in öffentlichen Sitzungen zu behandelnden Tagesordnungspunkte einzusehen. Der Informationsanspruch des § 16 Abs. 3 S. 1 GO Bbg ergänzt die allgemein bestehende Verpflichtung der Gemeindevertretung, die Einwohner über die bedeutsamen Angelegenheiten der Gemeinde zu unterrichten und ihre Mitwirkung an der Lösung kommunaler Ausgaben zu fördern (vgl. § 16 Abs. 1, 2 GO Bbg) § 16 Abs. 3 gibt der Einwohnerschaft ein Instru-

---

[1192] Presse-Information des LDA Bbg vom 07.06.1999 (Run auf Akten?).

[1193] Tätigkeitsbericht des LDA Bbg 1999, http://www.brandenburg.de/land/lfdbbg/tb/tb8/tb8b.htm, zuletzt besichtigt am 09.03.2000, Teil B 3.1.

[1194] Tätigkeitsbericht des LDA Bbg 1999, http://www.brandenburg.de/land/lfdbbg/tb/tb8/tb8b.htm, zuletzt besichtigt am 09.03.2000, Teil B 3.1.

[1195] Tätigkeitsbericht des LDA Bbg 1999, http://www.brandenburg.de/land/lfdbbg/tb/tb8/tb8b.htm, zuletzt besichtigt am 09.03.2000, Teil B 3.1.

ment, um die Erfüllung der Informationspflicht der Gemeindevertretung zu kontrollieren.[1196] Das Nähere des Informationsanspruchs aus § 16 Abs. 3 S. 1 GO Bbg kann nach § 16 Abs. 3 S. 2 GO Bbg eine Hauptsatzung regeln.[1197] Ob eine Regelung in einer Hauptsatzung getroffen wird, steht im Ermessen der Gemeinde.[1198] Dem praktischen Bedürfnis entspricht es, in der Hauptsatzung festzuschreiben, dass die Unterlagen an einer Stelle der Verwaltung zur Einsichtnahme bereitzuhalten sind.[1199] Die Gemeinde darf in der Hauptsatzung keine Regelung treffen, die das Einsichtsrecht des § 16 Abs. 3 S. 1 GO Bbg aushöhlt.[1200]

Das Einsichtsrecht ist nach dem Wortlaut des § 16 Abs. 3 S. 1 GO Bbg ausdrücklich auf den Personenkreis "Einwohner der Gemeinde" beschränkt. Es steht nicht "jedermann" zu.[1201] Nicht mit der Gemeindeordnung zu vereinbaren ist es deshalb, Beschlussvorlagen im Sitzungssaal zur Einsichtnahme offen auszulegen.[1202] Da die Teilnahme an den öffentlichen Sitzungen grundsätzlich auch Ortsfremden zusteht (vgl. § 44 Abs. 1 S. 1 GO Bbg) würde eine derartige Verfahrensweise die in der Gemeindeordnung vorgesehene Beschränkung des Einsichtsrechts auf Gemeindebewohner verletzen.[1203]

(b) Vergleich mit dem Akteneinsichtsrecht des AIG

Das Einsichtsrecht des § 16 Abs. 3 S. 1 GO Bbg ist im Gegensatz zum Akteneinsichtsrecht des AIG kein "Jedermann-Recht", sondern steht ausschließlich dem beschränkten Personenkreis der Einwohner der Gemeinde zu.

Der Einsichtsanspruch des § 16 Abs. 3 S. 1 GO Bbg bezieht sich ausschließlich auf "Beschlussvorlagen der in der öffentlichen Sitzung zu behandelnden Tagesordnungspunkte" und nicht wie jener des AIG auf alle bei der jeweiligen Behörde geführten Akten.

1196 Muth, GOBbg, § 16 GO Nr. 5; Cronauge, GOBbg, G § 16 Rn. 10, der zudem darauf hinweist, dass die Vorschrift helfe, demokratische Grundprinzipien zu schützen.

1197 Muth, GOBbg, § 16 GO Nr. 5; Muster für die Regelung in der Hauptsatzung bei Schumacher, GO Bbg, Anhang 1 a, S. 1 ff., 10, 26, 29.

1198 Schumacher, GO Bbg, Anhang 1 a, S. 10 (Zu § 3, 1.).

1199 Schumacher, GO Bbg, Anhang 1 a, S. 10 (Zu § 3, 2.), Beispiele für eine entsprechende Regelung in der Hauptsatzung vgl. S. 3, 26; so auch: Cronauge, GO Bbg, G § 16 Rn. 10.

1200 Schumacher, GO Bbg, Anhang 1 a, S. 10 (Zu § 3, 2.); Muth, GOBbg, § 16 GO Nr. 5.

1201 Muth, GOBbg, § 16 GO Nr. 5.

1202 Schumacher, GO Bbg, Anhang 1 a, S. 10 (Zu § 3, 3.).

1203 Schumacher, GO Bbg, Anhang 1 a, S. 10 (Zu § 3, 3.).

Ein Einsichtsanspruch nach AIG in Beschlussvorlagen im Sinne des § 16 Abs. 3 S. 1 GO Bbg besteht während laufender Verfahren schon wegen des Eingreifens des Ausschlussgrundes des § 2 Abs. 5 AIG grundsätzlich nicht. Wie bereits zu § 2 Abs. 5 AIG ausgeführt, gilt für die Frage, ob ein laufendes Verfahren im Sinne dieser Vorschrift gegeben ist, bei Beschlussverfahren: Beginn des Verfahrens ist regelmäßig mit Einbringung einer Beschlussvorlage anzunehmen, Ende des Verfahrens mit Inkrafttreten des Beschlusses. Daraus folgt, dass ein Einsichtsrecht in "Beschlussvorlagen der in der öffentlichen Sitzung zu behandelnden Tagesordnungspunkte" nach AIG grundsätzlich nicht besteht.

§ 16 Abs. 3 S. 1 GO Bbg gewährt dagegen *keinen* Anspruch auf Einsicht in Beschlussvorlagen *außerhalb* laufender Verfahren. Der Anspruch richtet sich dem Wortlaut nach vielmehr auf "zu behandelnde", d.h. in Zukunft (im Rahmen bestimmter Tagesordnungspunkte) zu behandelnde Beschlussvorlagen. An einem Anspruch auf Einsicht in Beschluss*vorlagen* nach Fassung bzw. Ablehnung eines Beschlusses dürfte in der Praxis auch kaum ein Interesse bestehen.

Nach Beschlussfassung, d.h. nach Abschluss von Verfahren gewährt das AIG einen Akteneinsichtsanspruch für Jedermann, der sich nicht nur auf Beschlussvorlagen beschränkt, sondern grundsätzlich die gesamten Vorgänge umfasst, wenn und soweit nicht die Ausschlussgründe der §§ 4 oder 5 AIG eingreifen.

Der Anwendungsbereich der Vorschriften des AIG und jener des § 16 Abs. 3 S. 1 GO Bbg überschneiden sich damit nicht.

Der Anspruch des § 1 AIG ist zwar - wie § 16 Abs. 3 S. 1 GO Bbg - im Grundsatz auf solche Vorgänge beschränkt, die "in öffentlichen Sitzungen" behandelt werden bzw. werden sollen. Nach § 4 Abs. 2 Nr. 1 AIG soll der Antrag auf Akteneinsicht aber abgelehnt werden, "soweit sich der Inhalt der Akten auf Vorgänge bezieht, die nach § 44 der Gemeindeordnung (GO) oder § 38 der Landkreisordnung (LKrO) in nichtöffentlicher Sitzung zu beraten oder zu beschließen sind oder in nichtöffentlicher Sitzung beraten oder beschlossen worden sind."[1204] Allerdings wird der zuständigen Behörde ein Ermessen eingeräumt, unter Berücksichtigung des Regel-Ausnahme-Verhältnisses dem Bürger Akteneinsicht zu gewähren, wenn überwiegende öffentliche Interessen nicht entgegenstehen. Dies ist z.B. der Fall, wenn die Gründe für die Beratung unter Ausschluss der Öffentlichkeit nachträglich durch Zeitablauf entfallen sind. Nach Abschluss von Verfahren ist der Ausschluss des Akteneinsichtsrechts nur - und nur dann - gerechtfertigt, wenn die Gründe für die Nichtöffentlichkeit fortbestehen.

[1204] Näheres zu dieser Vorschrift unter B.II.2.a.bb.(1).

(c) Konkurrenzverhältnis zum Akteneinsichtsrecht aus AIG

Der Anwendungsbereich des Informationsanspruchs aus § 16 Abs. 3 GO Bbg und jener des Akteneinsichtsrechts aus § 1 AIG überschneiden sich nicht. Der Anspruch aus § 16 Abs. 3 GO Bbg regelt eine - auf Beschlussvorlagen beschränkte - Akteneinsicht *während* laufender Beschlussverfahren, der Anspruch aus § 1 AIG besteht lediglich *außerhalb* laufender Verfahren. Die Frage der Konkurrenzverhältnisses den Vorschriften stellt sich damit nicht.

(7) § 36 Abs. 2 und 3 GO Bbg: Auskunfts- und Akteneinsichtsansprüche der Gemeindevertreter

§ 36 Abs. 2 und Abs. 3 GO Bbg enthalten Informationsrechte der Gemeindevertreter gegenüber dem hauptamtlichen Bürgermeister, dem Amtsdirektor und den Beigeordneten.
Die nachfolgenden Ausführungen gelten entsprechend für die Auskunfts- und Akteneinsichtsrechte der Kreistagsabgeordneten aus § 30 Abs. 2 und Abs. 3 LKrO.

(a) Ausgestaltung des Informationsrechts

Die Vorschrift des § 36 GO Bbg regelt drei unterschiedlich ausgestaltete Informationsansprüche, die der Kontrolle der Verwaltung durch die Gemeindevertreter dienen sollen.[1205] Im Einzelnen:

(aa) § 36 Abs. 2 GO Bbg: Auskunftsanspruch der einzelnen Gemeindevertreter

Nach § 36 Abs. 2 GO Bbg sind der hauptamtliche Bürgermeister oder Amtsdirektor und die Beigeordneten verpflichtet, jedem Gemeindevertreter auf Verlangen Auskunft zu erteilen oder zu einem Punkt der Tagesordnung vor der Gemeindevertretung Stellung zu nehmen. Die Vorschrift gewährt *jedem Ge-*

[1205] Vgl. amtliche Überschrift der Vorschrift ("Kontrolle der Verwaltung"); auch: OVG Frankfurt (Oder), LKV 1999, 34 (34); Muth, GO Bbg, § 36 Nr. 1; Meder, GOBbg, Einführung S. 19; VG Potsdam, LKV 1997, 142 (142) zu § 30 Abs. 3 Bbg LKrO.

meindevertreter einen Anspruch auf Auskunft.[1206] Der Anspruch steht darüber hinaus auch einer Fraktion zu.[1207]

Die Regelung des § 36 Abs. 2 GO Bbg wurde in der nunmehr geltenden Fassung erst in der parlamentarischen Diskussion formuliert. Ursprünglich hatte man beabsichtigt, das Auskunftsrecht - ähnlich dem Akteneinsichtsrecht des § 36 Abs. 3 S. 2 GO Bbg (hierzu im Folgenden) - nur der Gemeindevertretung als Ganzes bzw. einem Fünftel der Gemeindevertreter oder einer Fraktion oder Gruppe zuzugestehen.[1208]

Der Auskunftsanspruch des § 36 Abs. 2 GO Bbg besteht in erster Linie gegen den Hauptverwaltungsbeamten.[1209] Beigeordnete, die Auskünfte erteilen, unterliegen insoweit dem Weisungsrecht des Hauptverwaltungsbeamten.[1210] Auf die Mitarbeiter der Verwaltung bezieht sich der Anspruch grundsätzlich nicht.[1211]

§ 36 Abs. 2 GO Bbg verpflichtet den Bürgermeister, Amtsdirektor und die Beigeordneten, grundsätzlich jedem Gemeindevertreter zu *jedem Thema* Auskunft zu erteilen.[1212] Ohne ausdrückliche erwähnt zu sein, kann sich das Auskunftsverlangen allerdings nur auf Angelegenheiten der Gemeinde oder des Amtes beziehen,[1213] die sachliche Motivierung der Frage muss nachvollziehbar sein und gegebenenfalls vom Fragesteller dargelegt werden.[1214] Allgemeinpolitische Themen gehören nicht in die Zuständigkeit der Gemeinde und können damit auch nicht zum Thema eines Auskunftanspruches gemacht werden.[1215]

Mit dem Auskunftsanspruch gewährt § 36 Abs. 2 GO Bbg einen Anspruch auf eine sachgerechte Antwort auf gestellte Anfragen.[1216] Der hauptamtliche Bürgermeister, der Amtsdirektor und die Beigeordneten sind verpflichtet, das Auskunftsersuchen nach bestem Wissen und umfassend zu beantworten.[1217]

1206 Schumacher, GO Bbg, § 36 2.1; Cronauge, GOBbg, G § 36 Rn. 2; OVG Frankfurt (Oder), LKV 1999, 34 (34).
1207 OVG Frankfurt (Oder), LKV 1999, 34 (34); Cronauge, GOBbg, G § 36 Rn. 2a.
1208 Muth, GO Bbg, § 36 Nr. 3.
1209 Schumacher, GO Bbg, § 36 2.1.
1210 Schumacher, GO Bbg, § 36 2.1.
1211 Muth, GO Bbg, § 36 Nr. 3; Cronauge, GOBbg, G § 36 Rn. 3.
1212 Meder, GOBbg, Einführung S. 19.
1213 Cronauge, GO Bbg, G § 36 Rn. 2; OVG Frankfurt (Oder), LKV 1999, 34 (34).
1214 Cronauge, GO Bbg, G § 36 Rn. 2; OVG Frankfurt (Oder), LKV 1999, 34 (34).
1215 Cronauge, GO Bbg, G § 18 Rn. 2.
1216 Muth, GO Bbg, § 36 Nr. 3.
1217 Cronauge, GOBbg, G § 36 Rn. 3.

Es besteht kein Anspruch darauf, dass die Auskunft in schriftlicher Form erteilt wird.[1218] Die Beantwortung von Auskunftsersuchen erfolgt nicht zwingend, jedoch in der Praxis regelmäßig in Sitzungen der Gemeindevertretung.[1219] Bei vertraulichen Angelegenheiten kann es geboten sein, die Auskunft in nichtöffentlicher Sitzung zu erteilen.[1220]

Eine vollständige oder teilweise Ablehnung der Auskunftserteilung kann bzw. muss (bei Ermessensreduzierung auf Null) unter entsprechender Anwendung des § 36 Abs. 3 S. 3 GO Bbg erfolgen.[1221] Nach § 36 Abs. 3 S. 3 GO Bbg darf die Einsicht nur verweigert werden, wenn der Akteneinsicht schutzwürdige Belange Betroffener oder Dritter oder ein dringendes öffentliches Interesse entgegenstehen (hierzu im Einzelnen im Folgenden). Unter Hinweis auf besondere Datenschutzgrundsätze (Sozialgeheimnis, Geschäftsgeheimnis Dritter) kann in bestimmten (seltenen) Fällen eine Auskunftserteilung verweigert werden.[1222] Es stellt sich die Frage, ob darüber hinaus - etwa unter Berufung auf den Kernbereich der exekutiven Eigenverantwortung - die Auskunftserteilung abgelehnt werden kann.[1223] Dies ist zu verneinen, da die Gemeindevertretung nicht als Parlament anzusehen ist, dem eine Exekutive gegenübersteht, sondern als ehrenamtlicher Teil der Selbstverwaltung.[1224]
Ein "dringendes öffentliches Interesse" im Sinne des § 36 Abs. 3 S. 3 GO kann der Akteneinsicht entgegenstehen, wenn infolge der Auskunftserteilung die Funktions- und Arbeitsfähigkeit der Gemeindeverwaltung nicht mehr gegeben wäre.[1225] Nicht vom Anfrage- und Unterrichtungsrecht abgedeckt sind rechtsmissbräuchliche Fragen, Scheinfragen ohne jeglichen realen Hintergrund, Fragen "ins Blaus hinein", die allein auf eine allgemeine Ausforschung gerichtet sind,[1226] Unterstellungen, rechtlich unzulässige und strafbare Fragen.[1227]

[1218] Muth, GO Bbg, § 36 Nr. 3; Schumacher, GO Bbg, § 36 2.2, 2.5: dies kann auch nicht durch die Geschäftsordnung angeordnet werden.

[1219] Schumacher, GO Bbg, § 36 2.2; Muth, GO Bbg, § 36 Nr. 3.

[1220] Schumacher, GO Bbg, § 36 2.3; Muth, GO Bbg, § 36 Nr. 3.

[1221] So auch: Schumacher, GO Bbg, § 36 2.3; Muth, GO Bbg, § 36 Nr. 3.

[1222] Schumacher, GO Bbg, § 36 2.3.; vgl. auch Gern, Kommunalrecht, 204.

[1223] Schumacher, GO Bbg, § 36 2.3.

[1224] So auch: Schumacher, GO Bbg, § 36 2.3.

[1225] Schumacher, GO Bbg, § 36 2.3; ähnlich auch: OVG Frankfurt (Oder), LKV 1999, 34 (34).

[1226] OVG Frankfurt (Oder), LKV 1999, 34 (34); Cronauge, GOBbg, G § 36 Rn. 2a.

[1227] Muth, GO Bbg, § 36 Nr. 3; ; Gern, Kommunalrecht, 203.

Gemeindevertreter können grundsätzlich auch Fragen zu Gegenständen stellen, hinsichtlich derer sie wegen Befangenheit ausgeschlossen sind.[1228] Soweit bei der Beantwortung der Anfrage vertrauliche Angelegenheiten zur Sprache kommen, die nur in nichtöffentlicher Sitzung beantwortet werden dürfen, ist der befangene Gemeindevertreter analog § 36 Abs. 3 S. 5 GO Bbg von der Erörterung der Angelegenheiten ausgeschlossen.[1229]

(bb) § 36 Abs. 3 S. 1 GO Bbg: Anspruch auf Akteneinsicht der einzelnen Gemeindevertreter

Nach § 36 Abs. 3 S. 1 GO Bbg ist jedem Gemeindevertreter vom hauptamtlichen Bürgermeister oder Amtsdirektor Einsicht in Akten zu gewähren, soweit die Akten im Zusammenhang mit Vorbereitung oder Kontrolle von Beschlüssen der Gemeindevertretung oder von Ausschüssen stehen. Die Vorschrift gewährt *jedem einzelnen Gemeindevertreter einen Anspruch auf Akteneinsicht,*[1230] soweit die Akte in dem genannten Zusammenhang steht.

Die Vorschrift ist erst im Laufe der parlamentarischen Beratungen ins Gesetz eingefügt worden.[1231] In den Beratungen wurde gefordert, ein allgemeines Informationszugangsrecht in die Kommunalverfassung einzuführen, und hierbei insoweit auf Art. 21 Abs. 4 der BbgVerf verwiesen.[1232] Die Auffassung konnte sich jedoch nicht durchsetzen. Gegenüber diesem weitergehenden Vorschlag war die Einfügung des § 36 Abs. 3 Satz 1 GO Bbg ein Kompromiss, der § 30 Abs. 1 der Gemeindeordnung des Landes Schleswig-Holstein als Vorbild hat.[1233] Durch die Akteneinsicht sollen Zweifel an der Vollständigkeit oder Richtigkeit einer Auskunft oder von vorbereitenden Verwaltungsvorlagen behoben werden.[1234] Das Recht auf Akteneinsicht soll helfen, Misstrauen zwischen den Gemeindeorganen abzubauen bzw. gar nicht erst entstehen zu lassen.[1235]

[1228] Schumacher, GO Bbg, § 36 2.3.; vgl. auch: VG Köln, NVwZ 1982, 208 (208) zu §§ 23 Abs. 1, 31 Abs. 2 S. 2 GO NRW (Ausschluss von der Sitzungsteilnahme in diesem Fall unzulässig).

[1229] Schumacher, GO Bbg, § 36 2.3.

[1230] Schumacher, GO Bbg, § 36 3.1; Cronauge, GO Bbg, G § 36 Rn. 5.

[1231] Schumacher, GO Bbg, § 36 3.1.

[1232] Schumacher, GO Bbg, § 36 3.1.

[1233] Schumacher, GO Bbg, § 36 3.1; Zu § 30 GO Schleswig-Holstein vgl. Dehn in Bracker, GO S-H, § 30.

[1234] Schumacher, GO Bbg, § 36 3.3; Muth, GO Bbg, § 36 Nr. 4.

[1235] Schumacher, GO Bbg, § 36 3.3; Muth, GO Bbg, § 36 Nr. 4.

Das Akteneinsichtsrecht nach § 36 Abs. 3 S. 1 GO Bbg ist ein persönliches Recht des einzelnen Gemeindevertreters, kein Minderheitenrecht mehrerer Personen[1236] (wie § 36 Abs. 3 S. 2 GO Bbg, hierzu im Folgenden). Es steht auch dem ehrenamtlichen Bürgermeister zu (vgl. § 59 Abs. 1 S. 2 GO Bbg).[1237]

Akten im Sinne des § 36 Abs. 3 S. 1 GO Bbg sind nicht nur schriftliche Unterlagen im herkömmlichen Sinne, sondern auch Dateien, Karteien, Tonbänder und andere Informationsträger, auch wenn diese in der brandenburgischen Gemeindeordnung (anders als z.B. in der Gemeindeordnung des Landes Schleswig-Holstein[1238]) nicht ausdrücklich genannt sind.[1239]

Das Akteneinsichtsrecht des § 36 Abs. 3 S. 1 GO Bbg bezieht sich ausdrücklich nur auf *Akten, die im Zusammenhang mit Beschlüssen der Gemeindevertretung und der Ausschüsse stehen.* Daraus folgt, dass das Recht nur bestehen kann, wenn nicht nur eine Verbandszuständigkeit der Gemeinde, sondern auch eine Organzuständigkeit der Gemeindevertretung und ihrer Ausschüsse gegeben ist.[1240] Hat eine Gemeindevertretung unter Verletzung ihrer Organzuständigkeit einen Beschluss in einer Angelegenheit gefasst, für die der Hauptverwaltungsbeamte zuständig ist (Beispiel: Auftragsangelegenheit), dann kann ein solcher Beschluss nicht das Recht eines Mitgliedes der Gemeindeverwaltung begründen, in dieser Angelegenheit Akteneinsicht zu nehmen[1241] (etwas anderes gilt jedoch für die Akteneinsicht nach § 36 Abs. 3 S. 2 GO Bbg, hierzu im Folgenden).

Nach § 36 Abs. 3 S. 3 GO Bbg darf die Einsicht nur verweigert werden, wenn der Akteneinsicht schutzwürdige Belange Betroffener oder Dritter oder ein dringendes öffentliches Interesse entgegenstehen. Die Gründe, aus denen das Akteneinsichtsrecht im Ausnahmefall verweigert werden kann, sind insgesamt eng auszulegen.[1242] Allein der Umstand, dass eine Angelegenheit vertraulich zu behandeln ist, wie z.B. Personal-, Grundstücks- oder Steuerangelegenheiten, schließt eine Akteneinsicht nicht aus.[1243] In diesen Angelegenheiten unterliegt der Gemeindevertreter dem Gebot der Amtsverschwiegenheit nach § 38 Abs. 2 und § 27 GO Bbg.[1244] Da das Akteneinsichtsrecht nach § 36 Abs. 3 S. 1 GO Bbg

---

1236 Schumacher, GO Bbg, § 36 3.2; Muth, GO Bbg, § 36 Nr. 4.
1237 Schumacher, GO Bbg, § 36 3.2; ; Muth, GO Bbg, § 36 Nr. 4.
1238 Vgl. hierzu Dehn in Bracker, GO S-H, § 30 Zu Abs. 5.
1239 Vgl. Schumacher, GO Bbg, § 36 3.4, der dies aus dem Sinn und Zweck der Regelung ableitet; vgl. auch: ; Muth, GO Bbg, § 36 Nr. 5.
1240 Schumacher, GO Bbg, § 36 3.5; Muth, GO Bbg, § 36 Nr. 4.
1241 Schumacher, GO Bbg, § 36 3.5.
1242 Vgl. Meder, GOBbg, Einführung S. 19.
1243 Schumacher, GO Bbg, § 36 5.1; Muth, GO Bbg, § 36 Nr. 5.
1244 Schumacher, GO Bbg, § 36 5.1; Muth, GO Bbg, § 36 Nr. 5.

voraussetzt, dass die Angelegenheit in der Gemeindevertretung behandelt wird oder bereits behandelt worden ist, stehen Gründe des Datenschutzes einer Akteneinsicht in der Regel nicht entgegen.[1245] Die Angelegenheit ist vielmehr den Gemeindevertretern schon bekannt, diese sind - gegebenenfalls - aufgrund der Behandlung in nichtöffentlicher Sitzung zur Verschwiegenheit verpflichtet oder die Angelegenheit wird noch in nichtöffentlicher Sitzung behandelt, so dass ebenfalls eine Verschwiegenheitspflicht besteht.[1246] Anders stellt sich die Situation bei dem Anspruch aus § 36 Abs. 3 S. 2 GO Bbg dar (hierzu im Folgenden).

Auch wenn aus allgemeinen Grundsätzen des Datenschutzes kein Recht auf Verweigerung der Akteneinsicht hergeleitet werden kann,[1247] hat die Ausübung der Kontrollbefugnis dem Datenschutz doch Rechnung zu tragen.[1248] Spezialgesetzliche Regelungen, wie das Sozialgeheimnis (§ 35 SGB Allgemeiner Teil, § 67 SGB X) oder das Steuergeheimnis können z.B. dem Recht auf Akteneinsicht entgegenstehen.[1249]

Ein dringendes öffentliches Interesse kann der Akteneinsicht entgegenstehen, wenn infolge der Gewährung der Akteneinsicht die Funktions- und Arbeitsfähigkeit der Gemeindeverwaltung nicht mehr gegeben wäre.[1250]

Einem Gemeindevertreter, bei dem ein Ausschließungsgrund nach § 28 GO Bbg (Mitwirkungsverbote) vorliegt, darf die Akteneinsicht nicht gewährt werden (§ 36 Abs. 2 S. 4 GO Bbg). Durch diese Vorschrift soll verhindert werden, dass sich z.B. ein Gemeindevertreter, der als Unternehmer tätig ist, durch die Einsicht in Steuerstundungsakten eines Konkurrenten Einblicke in dessen wirtschaftliche Situation verschafft und so Wettbewerbsvorteile erlangt.[1251]

Die Verweigerung der Akteneinsicht ist schriftlich zu begründen (§ 36 Abs. 2 S. 5 GO Bbg). Diese Regelung wurde ebenfalls erst im Laufe der Beratungen des Innenausschusses des Landtages eingefügt und soll eine zusätzliche Hemmschwelle gegen eine zu leichtfertige oder missbräuchliche Verweigerung der Akteneinsicht bilden.[1252]

1245 Schumacher, GO Bbg, § 36 3.7.

1246 Schumacher, GO Bbg, § 36 3.7; vgl. auch: VG Potsdam, LKV 1997, 142 (143) zu § 30 Abs. 3 Bbg LkrO; zur Verwirkung des Akteneinsichtsrechts durch Rechtsmissbrauch (Verletzung der Verschwiegenheitspflicht) vgl. VG Greifswald, LKV 1999, 106 (107f.).

1247 Schumacher, GO Bbg, § 36 5.1.

1248 Muth, GO Bbg, § 36 Nr. 5.

1249 Schumacher, GO Bbg, § 36 5.1; Muth, GO Bbg, § 36 Nr. 5.

1250 Schumacher, GO Bbg, § 36 5.1, 2.3.

1251 Schumacher, GO Bbg, § 36 5.3; Muth, GO Bbg, § 36 Nr. 5.

1252 Schumacher, GO Bbg, § 36 5.2; Muth, GO Bbg, § 36 Nr. 5.

(cc) § 36 Abs. 3 S. 2 GO Bbg: Anspruch auf Akteneinsicht auf Antrag eines Fünftels der Gemeindevertreter

Unabhängig von § 36 Abs. 3 S. 1 GO Bbg ist nach § 36 Abs. 3 S. 2 GO Bbg auf Antrag eines Fünftels der Mitglieder der Gemeindevertretung oder einer Fraktion einem von den Antragstellern zu benennenden Mitglied der Gemeindevertretung Akteneinsicht zu gewähren (§ 36 Abs. 2 S. 2 GO Bbg).

Die Vorschrift gewährt damit *einer qualifizierten Minderheit* (einem Fünftel der Mitglieder der Gemeindevertretung oder einer Fraktion) *ein Akteneinsichtsrecht.*[1253] Ein besonderes Quorum wird gefordert, weil der Gegenstand des Akteneinsichtsrechts gegenüber dem aus § 36 Abs. 3 S.1 GO Bbg umfangreicher ist: Nicht nur in Akten, die einen Bezug zu Beratungen der Gemeindevertretung haben, kann Einsicht genommen werden, sondern auch in Akten, die sich auf *alle Angelegenheiten der Gemeinde* beziehen.[1254] Im Gegensatz zu § 36 Abs. 3 S. 1 GO Bbg wird zugunsten der genannten Personenmehrheiten damit die generelle Einsicht in Akten ermöglicht, d.h. auch in Akten über Angelegenheiten, die über Vorbereitung und Durchführung von Beschlüssen der Gemeindevertretung hinausgehen.[1255] Es kann auch Einsicht in Akten genommen werden, die in die ausschließliche Zuständigkeit des Hauptverwaltungsbeamten fallen, wie z.B. Auftragsangelegenheiten oder Pflichtaufgaben zur Erfüllung nach Weisung.[1256] Voraussetzung ist jedoch, dass die Akteneinsicht in Akten begehrt wird, die die Gemeinde im Rahmen ihrer Verbandszuständigkeit angelegt hat und nicht in den (selteneren) Fällen der Tätigkeit als untere Landesbehörde (vgl. z.B. § 18 Abs. 1 S. 2 Stiftungsgesetz des Landes Brandenburg).[1257]

Nach § 36 Abs. 2 S. 4 GO Bbg darf die Einsicht nur verweigert werden, wenn der Akteneinsicht schutzwürdige Belange Betroffener oder Dritter oder ein dringendes öffentliches Interesse entgegenstehen. Insoweit wird auf die Ausführungen zu § 36 Abs. 3 S. 1 GO Bbg verwiesen. Anders als bei dem Anspruch aus § 36 Abs. 3 S. 1 GO Bbg können bei dem Anspruch aus § 36 Abs. 3 S. 2 GO Bbg jedoch durchaus Gründe des Datenschutzes als "schutzwürdige Belange Betroffener oder Dritter" einer Akteneinsicht entgegenstehen.[1258] In diesem Fall hat eine Abwägung zwischen dem Kontrollrecht der Gemeindevertretung

[1253] Schumacher, GO Bbg, § 36 4.1; vgl. auch: Muth, GO Bbg, § 36 Nr. 4.

[1254] Schumacher, GO Bbg, § 36 4.1; vgl. auch: Muth, GO Bbg, § 36 Nr. 4.

[1255] Muth, GO Bbg, § 36 Nr. 4.

[1256] Schumacher, GO Bbg, § 36 4.1; vgl. auch: Muth, GO Bbg, § 36 Nr. 4.

[1257] Schumacher, GO Bbg, § 36 4.1; so auch: VG Potsdam, LKV 1997, 142 (142) zu § 30 Abs. 3 Bbg LkrO für die Landkreise, wenn diese Aufgaben des Kreistages als Pflichtaufgabe zur Erfüllung nach Weisung wahrnehmen.

[1258] Vgl. hierzu: Cronauge, GO Bbg, G § 36 Rn. 8.

und dem Persönlichkeitsschutz bzw. dem Persönlichkeitsrecht des Einzelnen stattzufinden.[1259] Hier ist jeweils eine Einzelfallentscheidung zu treffen, bei der der Zweck der Einsichtnahme und die Sensibilität der betroffenen Daten zu berücksichtigen sind.[1260]

Die Verweigerung der Akteneinsicht ist schriftlich zu begründen (§ 36 Abs. 2 S. 5 GO Bbg).

(b) Vergleich mit dem Akteneinsichtsrecht des AIG

§ 36 Abs. 2 und Abs. 3 enthalten im Gegensatz zum "Jedermann-Akteneinsichtsrecht" des AIG Informationsrechte für einen bestimmten Personenkreis, für die einzelnen Gemeindevertreter bzw. eine qualifizierte Personenmehrheit von mehreren Gemeindevertretern.

Anders als das AIG (vgl. § 2 Abs. 5 AIG) gewähren § 36 Abs. 2 und Abs. 3 GO Bbg für die Gemeindevertreter Auskunfts- und Akteneinsichtsrechte auch während laufender Verfahren. Zu einem gleichzeitigen Eingreifen der Ansprüche kann es deshalb allenfalls außerhalb laufender Verfahren kommen.

Insoweit unterscheiden sich die Informationsrechte wie folgt:

Im Gegensatz zum AIG gewährt *§ 36 Abs. 2 GO Bbg* einen *Auskunfts*anspruch und keinen Akteneinsichtsanspruch.[1261]

§ 36 Abs. 3 S. 1 GO Bbg enthält dagegen - wie auch § 1 AIG - einen Anspruch auf Akteneinsicht. Der Anspruch ist jedoch auf solche Akten beschränkt, die im Zusammenhang mit der Vorbereitung oder der Kontrolle von Beschlüssen der Gemeindevertretung oder der Ausschüsse stehen. Eine solche Beschränkung sieht das Akteneinsichtsrecht des AIG nicht vor. Es ist deshalb grundsätzlich denkbar, dass einem einzelnen Gemeindevertreter, der einen Antrag auf Akteneinsicht stellt, weitergehende Akteneinsicht nach AIG zu gewähren ist, wenn nicht ein Ausschluss- oder Ablehnungsgrund des AIG (aus § 2 Abs. 5, § 4 oder § 5) eingreift.
Weitergehend ist das Akteneinsichtsrecht des Gemeindevertreters aus § 36 Abs. 3 S. 1 GO Bbg neben der Tatsache, dass es die Akteneinsicht auch während laufender Verfahren zulässt, auch, weil es - wegen des Bestehens der Möglichkeit der Durchführung von nichtöffentlichen Sitzungen und der bestehenden

[1259] Vgl. hierzu: Cronauge, GO Bbg, G § 36 Rn. 9.
[1260] Ausführlich mit Beispielen hierzu: Cronauge, GO Bbg, G § 36 Rn. 9.
[1261] Zur Unterscheidung vom Akteneinsicht und Auskunft vgl. B.I.3.b. und B.III.1.und 2.

Verschwiegenheitspflicht - auch Einsicht in Akten zulässt, die nach AIG wegen des Schutzes überwiegender privater Interessen (§ 5 AIG) nicht zugänglich wären.
Die Einschränkungen der §§ 4 und 5 AIG gelten für das Akteneinsichtsrecht des § 36 Abs. 3 S. 1 GO Bbg nicht. Zwar ist auch bei der Akteneinsicht durch den Gemeindevertreter der Schutz von privaten und öffentlichen Interesse nach § 36 Abs. 3 S. 3 GO zu gewährleisten. Diese allgemein gefassten Ablehnungsgründe sind jedoch schon unter Berücksichtigung des Zwecks der Akteneinsicht (Kontrolle der Verwaltung) wesentlich enger auszulegen als jene des AIG.

Auch *§ 36 Abs. 3 S. 2 GO Bbg* gewährt einen gegenüber dem AIG weitergehenden Akteneinsichtsanspruch während laufender Verfahren, für den lediglich die Einschränkungen des § 36 Abs. 2 S. 3 GO Bbg gelten (s.o.). Voraussetzung ist jedoch, dass Akteneinsicht in solche Akten begehrt wird, die die Gemeinde im Rahmen ihrer Verbandszuständigkeit angelegt hat und nicht im Rahmen ihrer Tätigkeit als untere Landesbehörde.[1262] Diese Einschränkung sieht das AIG nicht vor.[1263] Im Einzelfall kann deshalb - außerhalb eines laufenden Verfahrens - Einsicht nach AIG auch in Akten genommen werden, die die Gemeinde nicht im Rahmen ihrer Verbandszuständigkeit angelegt hat. Hier ist jedoch jeweils zu prüfen, ob die Ablehnungsgründe der §§ 4, 5 AIG eingreifen.

(c) Konkurrenzverhältnis zum Akteneinsichtsrecht aus AIG

§ 36 GO Bbg bleibt unberührt neben dem AIG, die Vorschrift ist nicht spezieller.[1264] Sie gewährt lediglich einem begrenzten Personenkreis einen besonderen Informationszugang.[1265]

Außerhalb laufender Verfahren kann ein Akteneinsichtsanspruch eines einzelnen Gemeindevertreters im Einzelfall nur auf der Grundlage des AIG, nicht aber aufgrund des § 36 GO Bbg bestehen. Im Gegensatz zu § 36 Abs. 3 GO Bbg ist der Anspruch aus AIG weder auf Akten, die im Zusammenhang mit Vorbereitung und Kontrolle von Beschlüssen der Gemeindevertretung oder der Ausschüsse stehen, beschränkt noch auf Akten, die im Rahmen der Verbandszuständigkeit der Gemeinde angelegt worden sind.

1262 S.o.; vgl. auch Schumacher, GO Bbg, § 36 4.1.

1263 Nach § 3 Abs. 3 AIG müssen sich die Akten jedoch auf das Land Brandenburg beziehen, nach § 4 Abs. 1 Nr. 2 AIG dürfen Angaben und Mitteilungen öffentlicher Stellen, die nicht dem Anwendungsbereich des AIG unterfallen, nur mit deren Zustimmung offenbart werden.

1264 So wohl auch: Erste Hinweise des Ministeriums des Inneren, ABl. Bbg 1998, 842, 1.2.

1265 So auch: Erste Hinweise des Ministeriums des Inneren, ABl. Bbg 1998, 842, 1.2.

dd. Datenschutzrechtliche Informationsansprüche

Datenschutzrechtliche Informationsansprüche sind Ansprüche, die Auskunft über oder Einsicht in personenbezogene Daten des jeweiligen Antragstellers (Betroffenen) selbst gewähren. Solche Ansprüche enthalten z.B. die folgenden landesrechtlichen Vorschriften:

(1) § 18 Brandenburgisches Datenschutzgesetz (BbgDSG): Informationsanspruch des Betroffenen

§ 18 Abs. 1 S. 1 BbgDSG[1266] gewährt einen Informationsanspruch des Betroffenen über die zu seiner Person gespeicherten Daten.

(a) Ausgestaltung des Informationsrechts

Nach § 18 Abs. 1 S. 1 BbgDSG ist dem Betroffenen von der datenverarbeitenden Stelle auf Antrag Auskunft zu erteilen über die zu seiner Person gespeicherten Daten (Nr. 1), den Zweck und die Rechtsgrundlage der Speicherung (Nr. 2) sowie die Herkunft der Daten, den Zweck der Übermittlung und die Empfänger von regelmäßigen Übermittlungen und die Teilnehmer eines automatisierten Abrufverfahrens, auch soweit diese Angaben nicht zu seiner Person gespeichert sind, aber mit vertretbarem Aufwand festgestellt werden können (Nr. 3).

Anspruchsgegner des Anspruchs aus § 18 BbgDSG sind jene öffentlichen Stellen, auf die das BbgDSG Anwendung findet. Dies sind die Behörden, Einrichtungen und sonstigen öffentlichen Stellen des Landes Brandenburg, die Gemeinden und Gemeindeverbände sowie die sonstigen der Aufsicht des Landes unterstehenden juristischen Personen des öffentlichen Rechts und deren Vereinigungen (öffentliche Stellen), soweit diese personenbezogene Daten verarbeiten (§ 2 Abs. 1 S. 1 BbgDSG). Für die Gerichte sowie für die Behörden der Staatsanwaltschaft gilt das BbgDSG grundsätzlich nur, soweit sie Verwaltungsaufgaben wahrnehmen (§ 2 Abs. 1 S. 2 BbgDSG).[1267] Nimmt eine nichtöffentliche Stelle hoheitliche Aufgaben einer öffentlichen Stelle des Landes wahr, ist sie insoweit öffentliche Stelle im Sinne des BbgDSG (§ 2 Abs. 1 S. 3).

1266 Gesetz zum Schutz personenbezogener Daten im Land Brandenburg (Brandenburgisches Datenschutzgesetz - BbgDSG) in der Fassung der Bekanntmachung vom 9. März 1999, GVBl. I, S. 66 ff.

1267 Ausnahme für die Behörden der Staatsanwaltschaft vgl. aber § 2 Abs. 1 S. 2 2. HS BbgDSG.

Gegenstand des Rechts aus § 18 Abs. 1 S. 1 BbgDSG ist zunächst ein *Auskunftsanspruch*. Nach § 18 Abs. 4 A. 1 2. HS BbgDSG ist dem Betroffenen jedoch auf Verlangen *Akteneinsicht* zu gewähren, wenn die Daten in Akten oder nicht-automatisiert gespeichert sind. In diesem Falle steht dem Betroffen mithin ein Wahlrecht zu. Die Akteneinsicht ist dann jedoch auf die Teile der Akte beschränkt, die personenbezogene Daten des Betroffenen enthalten, soweit sich aus dem Verwaltungsverfahrensgesetz nichts anderes ergibt (§ 18 Abs. 4 S. 2 BbgDSG).

Personenbezogene Daten i.S.d. § 18 Abs. 1 S.1 Nr. 1 BbgDSG sind Einzelangaben über persönliche oder sachliche Verhältnisse einer bestimmten oder bestimmbaren Person bzw. des Betroffenen (§ 3 Abs. 1 BbgDSG).

Die Verpflichtung zur Auskunftserteilung oder zur Gewährung der Akteneinsicht entfällt nach § 18 Abs. 5 Abs. 5 BbgDSG, soweit die personenbezogenen Daten oder die Tatsache ihrer Speicherung nach einer Rechtsvorschrift oder wegen der überwiegenden berechtigten Interessen eines Dritten geheimgehalten werden müssen, und deswegen das Interesse des Betroffenen an der Auskunftserteilung zurücktreten muss.

Die Auskunftsverweigerung ist grundsätzlich zu begründen. Eine Ausnahme besteht nur dann, wenn durch die Mitteilung der Gründe der mit der Auskunftsverweigerung verfolgte Zweck gefährdet würde (vgl. § 18 Abs. 6 BbgDSG).

Auskunftserteilung und Akteneinsicht nach § 18 Abs. 1 BbgDSG sind gebührenfrei; die Erstattung von Auslagen kann verlangt werden (§ 18 Abs. 4 S. 3 BbgDSG).

(b) Vergleich mit dem Akteneinsichtsrecht des AIG

Das Auskunftsrecht des Betroffenen über ihn selbst betreffende Daten gegenüber öffentlichen Stellen, das einer Kernforderung des Volkszählungsurteils[1268] - der Bürger soll wissen, "wer was, wann und bei welcher Gelegenheit über ihn weiß"- entspringt, dient der Wahrung des informationellen Selbstbestimmungsrechts des Einzelnen (vgl. auch § 1 Bbg DSG). Es hat damit eine völlig andere Zweckrichtung als das Akteneinsichtsrecht des AIG.

Anspruchsinhaber ist - wie auch bei § 1 AIG - grundsätzlich "jeder." Allerdings kann lediglich ein "Betroffener", d.h. eine Person, zu der überhaupt Daten bei

[1268] BVerfGE 65, 1 (43).

der öffentlichen Stelle vorhanden sind, den Anspruch mit Erfolg geltend machen.

Der Kreis der Anspruchsverpflichteten deckt sich im wesentlich mit jenem des AIG.

Der Gegenstand des Informationsrechts unterscheidet sich jedoch in zweierlei Hinsicht:
Zum einen gewährt § 18 BbgDSG nicht lediglich ein Akteneinsichtsrecht, sondern grundsätzlich einen Auskunftsanspruch und - wenn die Daten in Akten oder nicht-automatisiert gespeichert sind - ein Wahlrecht des Antragstellers dahingehend, ob er Auskunft oder Akteneinsicht gewährt werden soll.
Darüber hinaus bezieht sich der Anspruch aus § 18 Abs. 1 BbgDSG nicht - wie jener des AIG - auf Akten insgesamt, sondern lediglich auf bestimmte, in § 18 Abs. 1 BbgDSG bezeichnete Informationen: Auf die Person des Antragstellers bezogene Daten, Zweck und die Rechtsgrundlage der Speicherung, Herkunft der Daten, Zweck der Übermittlung und die Empfänger von Übermittlungen.

Hinsichtlich der erfassten Informationen unterliegt der Anspruch des § 18 BbgDSG erheblich geringeren Einschränkungen als der Akteneinsichtsanspruch des AIG. Insbesondere ist er nicht während laufender Verfahren ausgeschlossen. Er darf nur abgelehnt werden, soweit die personenbezogenen Daten oder die Tatsache ihrer Speicherung nach einer Rechtsvorschrift oder wegen der überwiegenden berechtigten Interessen eines Dritten geheimgehalten werden müssen und deswegen das Interesse des Betroffenen an der Auskunftserteilung zurücktreten muss.

Im Gegensatz zu dem Anspruch aus § 1 AIG ist die Informationsgewährung nach § 18 Abs. 1 BbgDSG gebührenfrei.

(c) Konkurrenzverhältnis zum Akteneinsichtsrecht aus AIG

Die Anwendungsbereiche der Vorschriften des § 1 AIG und des § 18 Abs. 1 BbgDSG können sich im Einzelfall überschneiden. Hinsichtlich der im konkreten Fall begehrten Informationen kann je nach Fallkonstellation jeweils der eine oder der andere Anspruch ein 'Mehr' an Informationen verschaffen.

Der Anspruch aus § 18 Abs. 1 BbgDSG ist grundsätzlich neben dem Anspruch aus § 1 AIG anwendbar.[1269] Die Vorschrift ist nicht spezieller gegenüber dem AIG. Keiner der beiden Ansprüche geht vollständig in dem anderen auf.

(2) Spezielle datenschutzrechtliche Informationsansprüche

Mehrere landesrechtliche Vorschriften enthalten spezielle datenschutzrechtliche Informationsansprüche für bei bestimmten Behörden vorhandene personenbezogene Daten. Diese Vorschriften gehen § 18 Abs. 1 BbgDSG jeweils als leges speciales vor. Sie sind - wie auch § 18 BbgDSG - neben dem AIG anwendbar.[1270]

Beispielhaft sei auf die folgenden Vorschriften verwiesen:

Nach § 71 Abs. 1 des Brandenburgischen Polizeigesetzes (BbgPolG) hat die Polizei, einem Antragsteller gebührenfrei Auskunft zu erteilen über die zu ihm gespeicherten Daten (Nr.1), den Zweck und die Rechtsgrundlage der Speicherung (Nr. 2) sowie die Herkunft der personenbezogenen Daten, die Empfänger von Übermittlungen und die Teilnehmer an automatisierten Abrufverfahren. Die Vorschrift enthält eine Spezialvorschrift für bei den Polizeibehörden vorhandene Daten.

Nach § 12 Abs. 1 S. 1 des erteilt die Verfassungsschutzbehörde Brandenburgischen Verfassungsschutzgesetzes (BbgVerfSchG) auf Antrag unentgeltlich Auskunft über die zur antragstellenden Person gespeicherten Daten sowie den Zweck und die Rechtsgrundlage der Speicherung. Nach S. 2 ist auf Antrag Akteneinsicht zu gewähren, soweit sich die personenbezogenen Daten in Akten befinden. Diese Vorschrift enthält eine Spezialvorschrift, die dem BbgDSG vorgeht, soweit es sich um Auskünfte durch die Verfassungsschutzbehörde handelt.

[1269] Entsprechend zum IFG S-H: Stellungnahme des Landesbeauftragten für den Datenschutz Schleswig-Holstein zu den Gesetzentwürfen eines Informationsfreiheitsgesetzes des Fraktion des SSW im Schleswig-Holsteinischen Landtag (E-SSW) und des Innenministers des Landes Schleswig-Holstein (E-IM) vom 11. November 1999, http://www.rewi.hu-berlin.de/Datenschutz/DSB/SH/material/recht/infofrei/stellifg.htm, zuletzt besichtigt am 29.03.2000, 3.g).

[1270] Entsprechend zum IFG S-H: Stellungnahme des Landesbeauftragten für den Datenschutz Schleswig-Holstein zu den Gesetzentwürfen eines Informationsfreiheitsgesetzes des Fraktion des SSW im Schleswig-Holsteinischen Landtag (E-SSW) und des Innenministers des Landes Schleswig-Holstein (E-IM) vom 11. November 1999, http://www.rewi.hu-berlin.de/Datenschutz/DSB/SH/material/recht/infofrei/stellifg.htm, zuletzt besichtigt am 29.03.2000, 3.g).

Nach § 9 Abs. 1 des Brandenburgischen Meldegesetzes (BbgMeldeG) hat die Meldebehörde dem Betroffenen auf Antrag Auskunft über die zu seiner Person gespeicherten Daten einschließlich der zum Nachweis ihrer Richtigkeit erforderlichen Hinweise schriftlich zu erteilen. Die Vorschrift enthält ein Spezialvorschrift für die Auskünfte der Meldebehörde über personenbezogene Daten des Antragstellers.

c. Ergebnis und Zusammenfassung

Soweit nicht die im AIG enthaltenen Konkurrenzregelungen bzw. Ausschlussgründe (§ 1 AIG e.E. und § 2 Abs. 5 AIG) bereits das Verhältnis des Akteneinsichtsanspruchs des AIG zu bestehenden landesrechtlichen Informationsansprüchen regeln, finden die allgemein geltenden Kollisionsregeln Anwendung. Dies bedeutet:

Da Verfassungsnormen einfachem Gesetzesrecht vorgehen, gilt für die sich aus der Verfassung des Landes Brandenburg ergebenden Informationsansprüche für bestimmte Personen bzw. Personenmehrheiten:[1271] Soweit der Anspruch aus der Verfassungsnorm und der Anspruch aus AIG gleichzeitig eingreifen, findet der verfassungsrechtliche Anspruch vorrangig Anwendung. Die Anwendung des AIG ist jedoch nicht ausgeschlossen, wenn der verfassungsrechtliche Anspruch nicht greift, und kann dann im Einzelfall einen weitergehenden Anspruch verschaffen. Der Anspruch aus dem AIG kann den jeweiligen verfassungsrechtlich geregelten Informationsanspruch dann ergänzen. Beispielsweise erfasst der Informationsanspruch des Abgeordneten aus Art. 56 Abs. 3 BbgVerf keinen Akteneinsichtsanspruch gegenüber den Kommunen. Akteneinsicht bei den Kommunen kann der Abgeordnete aber - bei Vorliegen der Voraussetzungen - auf der Grundlage des AIG erlangen.

Bei Normenkollisionen zwischen Rechtsnormen gleicher Rangstufe gilt der Satz vom Vorrang der lex specialis. Zwei Normen stehen nur dann im logischen Verhältnis der Spezialität zueinander, wenn der Anwendungsbereich der spezielleren Norm völlig in dem der allgemeineren Norm aufgeht. Dies ist jedoch bei keinem der landesrechtlich geregelten Informationsrechte der Fall, das nicht bereits von der Konkurrenzregel des § 1 AIG a.E. erfasst wird. Die nicht von §

1271 Vgl. insbesondere: Art. 21 Abs.3 S. 2 BbgVerf: Informationsanspruch der Bürgerinitiativen und Verbände zur Beeinflussung öffentlicher Angelegenheiten, Art. 56 Abs. 3, 4 BbgVerf: Informationsrechte der Abgeordneten, Art. 71 Abs. 2 und Art. 72 Abs. 3 BbgVerf: Informationsrechte des Petitionsausschusses und der Untersuchungsausschüsse, Art. 74 Abs. 1 BbgVerf: Informationsrechte des Landesbeauftragten für den Datenschutz und das Recht auf Akteneinsicht.

1 AIG a.E erfassten Informationsansprüche, z.B. der presserechtliche Anspruch aus § 5 BbgPG oder der datenschutzrechtliche Informationsanspruch aus § 18 BbgDSG sind deshalb durchweg neben dem AIG anwendbar. Keine diese Normen ist als erschöpfende Regelung zu betrachten. Diese Rechtsgrundlagen können im Einzelfall einen weitergehenden Informationszugang ermöglichen als das AIG.

Angesichts der komplizierten Rechtslage kann vom Bürger nicht erwartet werden, dass er sein Anliegen auf die richtige Rechtsgrundlage stützt.[1272] Stellt ein Bürger einen Akteneinsichtsantrag bei einer Behörde unter Berufung auf das AIG, das aber in seinem Fall den Anspruch nicht oder nicht in vollem Umfang rechtfertigt, so sollte er von der Behörde auf die gegebenenfalls erforderlichen weiteren Angaben bzw. Möglichkeiten hingewiesen werden, bevor diese den Antrag abweist.[1273]

3. Von der Rechtsprechung anerkannte Akteneinsichtsrechte

Wie bereits oben ausgeführt, anerkennt die Rechtsprechung in Einzelfällen - unter engen Voraussetzungen - einen Akteneinsichtsanspruch auch außerhalb der gesetzlich geregelten Tatbestände.

a. Voraussetzungen und Anwendungsbereich

Ein allgemeines Akteneinsichtsrecht wird von der Rechtsprechung zwar abgelehnt,[1274] jedoch hat nach der Rechtsprechung des Bundesverwaltungsgerichts die Behörde nach pflichtgemäßem Ermessen, über einen Antrag auf Akteneinsicht zu entscheiden, wenn ein "berechtigtes Interesse" bzw. ein „eigenes, gewichtiges und auf andere Weise nicht zu befriedigendes Interesse des Antrag-

---

[1272] So zu Recht auch: Tätigkeitsbericht des LDA Bbg 1999, http://www.brandenburg.de/land/lfdbbg/tb/tb8/tb8b.htm, zuletzt besichtigt am 09.03.2000, Teil B 3.2.; Tätigkeitsbericht des LDA Bbg 2000, LT-Drucks. 3/2481= http://www.brandenburg.de/land/lfdbbg/tb/tb9/tb9b02.htm, zuletzt besichtigt am 05.03.2001, Teil B 3.2.

[1273] Vgl. auch Tätigkeitsbericht des LDA Bbg 1999, http://www.brandenburg.de/land/lfdbbg/tb/tb8/tb8b.htm, zuletzt besichtigt am 09.03.2000, Teil B 3.2.; Tätigkeitsbericht des LDA Bbg 2000, LT-Drucks. 3/2481= http://www.brandenburg.de/land/lfdbbg/tb/tb9/tb9b02.htm, zuletzt besichtigt am 05.03.2001, Teil B 3.2.

[1274] S.o. unter A.I.1.b.

stellers“ an der Akteneinsicht besteht.[1275] Dieser Anspruch ergibt sich aus der verfassungsrechtlichen Gewährleistung der sozialen Rechtsstaatlichkeit (Art. 20 Abs. 1 GG)[1276] bzw. dem "Grundsatz von Treu und Glauben."[1277]
Neben einem glaubhaft gemachten berechtigten Interesse setzt die Gewährung der Akteneinsicht voraus, dass dieses Interesse das öffentliche Interesse an der Geheimhaltung überwiegt.[1278]

Das Ermessen kann im Einzelfall so reduziert sein, dass ein Anspruch auf Akteneinsicht oder jedenfalls ein Anspruch auf Information besteht.[1279] So hat die Rechtsprechung in bestimmten Fällen bei persönlicher Betroffenheit bzw. rechtlichem Interesse ein Informationszugangsrecht angenommen, dies insbesondere dann wenn der Akteneinsicht Begehrende Sekundäransprüche geltend machen will, und die Kenntnis des Akteninhalts Voraussetzung für die wirksame - nicht offensichtlich aussichtslose - Rechtsverfolgung ist.[1280] Weiterhin ist ein Akteneinsichts- bzw. Auskunftsanspruch bejaht worden in den sog. „Denunziantenfällen“, d.h. wenn der Betroffenen den Namen eines Denunzianten oder sonstigen Informanten erfahren wollte,[1281] in Fällen der Einsicht in Perso-

---

1275 BVerwGE 30, 154 (160); BVerwG, DVBl. 1984, 1078 (1979); ähnlich bereits: BVerwGE 61, 15 (22f.); OVG Münster, OVGE 14, S. 199 (201); vgl. auch: BVerwGE 67, 300 (304); BVerwG, NJW 1983, 2954 (2954); OVG Hamburg, NJW 1983, 2404 (2405); VG Braunschweig, NJW 1987, 459 (459); OVG Berlin, NVwZ 1987, 817 (818); OVG Münster, NJW 1989, 544 (544f.); OVG Koblenz, NVwZ 1992, 384 (384); OVG Schleswig, NVwZ 1996, 408 (409); ähnlich auch VG Potsdam, LKV 1999, 155 (156); VGH München, NVwZ 1999, 889 (890).

1276 BVerwGE 30, 155 (160); so auch: OVG Hamburg, NJW 1983, 2405 (2405); OVG Lüneburg, MDR 1975, 786 (787), VGH München, NVwZ 1999, 889 (889); OVG Schleswig, NVwZ 1996, 408 (409); auch: VG Potsdam, LKV 1999, 155 (156).

1277 VG Potsdam, LKV 1999, 155 (156); ähnlich VGH Mannheim, NJW 1996, 613 (613); BVerwG, DVBl. 1984, 53 (55).

1278 OVG Münster, OVGE 14, 199 (202f.); Diese Rspr. des OVG Münster ist in der Folgezeit immer wieder bestätigt worden, vgl. z.B.: OVG Lüneburg, MDR 1975, 786 (787); OVG Berlin, NVwZ 1987, 817 (819); VG Braunschweig, NJW 1987, 459 (459f.); vgl. auch VG Potsdam, LKV 1999, 155 (156), das Art. 21 Abs. 4 BbgVerf den Grundsatz ent nimmt, das Akten nur offengelegt werden sollen, soweit nicht öffentliche oder private Interessen entgegenstehen.

1279 BVerwGE, 30, 154 (160); BVerwG, DVBl. 84, 1078 (1079); BVerwG, DVBl. 1984, 53 (55); auch: OVG Lüneburg, MDR 1975, 786 (787f.); OVG Münster, OVGE 14, 199 (202); VGH Mannheim, NJW 1996, 613 (614); Ule/Laubinger, Verwaltungsverfahrensrecht, § 25 Rn. 1; Kopp/Ramsauer, VwVfG, § 29 Rn. 8; Knack, VwVfG, § 29 Rn. 4, so wohl auch VG Potsdam., LKV 1999, 155 (156), das jedoch nicht ausdrücklich von einem Ermessen ausgeht.

1280 VG Potsdam, LKV 1999, 155 (156); VGH Mannheim, NJW 1996, 613 (613); VG Braunschweig, NJW 1987, 459 (459); OVG Münster, NJW 1989, 544 (545).

1281 Vgl. Zusammenstellung der (älteren) Rspr. bei Perschel, JuS 1966, 231 (232).

nalakten,[1282] in sonstige, die Person der Antragstellers betreffende Unterlagen[1283] oder bei Akteneinsicht zum Zwecke der Geltendmachung von Mitwirkungsrechten.[1284]

b. Vergleich mit dem Akteneinsichtsrecht nach AIG

Der Anspruch auf Akteneinsicht aus allgemeinen rechtsstaatlichen Gründen bzw. aus dem Grundsatz von Treu und Glauben dient dem Indiviualrechtsschutz bzw. der Geltendmachung von Interessen des Antragstellers und nicht - wie das AIG - der "politischen Mitgestaltung". Er hat damit eine andere Zweckrichtung als der Akteneinsichtsanspruch des AIG.

Wie auch das Akteneinsichtsrecht aus § 1 AIG steht der Anspruch jedermann zu. Der Anspruch des AIG besteht jedoch im Gegensatz zu jenem aus allgemeinen rechtsstaatlichen Gründen unabhängig von der Glaubhaftmachung eines "berechtigten Interesses."

Der Informationsanspruch aus rechtsstaatlichen Gründen greift nicht nur gegenüber den nach dem AIG verpflichteten Behörden, sondern grundsätzlich gegenüber allen Bundes- und Landesbehörden und Gemeinden.

Hinsichtlich der Ablehnungsgründe unterliegt der Anspruch aus rechtsstaatlichen Gründen bei Vorliegen bzw. Glaubhaftmachung eines "berechtigten Interesses" nicht den Einschränkungen des AIG. Zwar hat auch insoweit eine Abwägung von privaten und öffentlichen Interessen zu erfolgen, der Anspruch aus rechtsstaatlichen Gründen kann im Einzelfall aber auch dann bestehen, wenn dieser nach dem AIG wegen des Eingreifens eines Ausnahmetatbestandes versagt werden müsste.[1285] Dies hat auch das VG Potsdam in seiner ersten Entscheidung zum AIG festgestellt. In dem entschiedenen Fall hat das Gericht einen Akteneinsichtsanspruch aus allgemeinen rechtsstaatlichen Gründen bejaht, obgleich ein Anspruch aus AIG wegen des Eingreifens des Ausschlussgrundes

---

1282 Z.B. BVerfGE 36, 134 (137ff.) im Zusammenhang mit den beamtenrechtlichen Akteneinsichtsrechten bzgl. Personalakten.

1283 Z.B. BVerwG, DVBl. 1984, 53 (55) - Akteneinsicht nach Abschluß eines Stellenbesetzungsverfahrens; vgl. auch VG Frankfurt, NVwZ 1986, 864 (864); BVerwG, JZ 1966, 77 (77f.) - Akteneinsicht in Bauaufsichtsakten, i.E. jedoch ablehnend.

1284 Z.B. OVG Hamburg, VerwRspr 11, S. 272 (275 ff.) - Akteneinsicht der Eltern in Schülerberichte, hier aus Art. 6 Abs. 2 S. 1 GG abgeleitet.

1285 Vgl. auch: VG Potsdam, LKV 1999, 155(155f.); Tätigkeitsbericht des LDA Bbg 1999, Tätigkeitsbericht des LDA Bbg 1999, http://www.brandenburg.de/land/lfdbbg/tb/tb8/tb8b.htm, zuletzt besichtigt am 09.03.2000, Teil B 3.2.

aus § 4 Abs. 1 Nr. 5 AIG abzulehnen war, da es sich um Unterlagen handelte, die der Antragsgegner im Rahmen der Kommunalsaufsicht gefertigt hatte, d.h. es sich um Akten handelte, die der Aufsicht über eine andere Stelle i.S.d. § 4 Abs. 1 Nr. 5 AIG dienten.[1286]

Der rechtsstaatliche Informationsanspruch ist im Gegensatz zu jenem aus AIG gebührenfrei.

c. Verbleibender Anwendungsbereich für das Akteneinsichtsrecht der Rechtsprechung neben dem AIG

Nach dem oben gesagten bleibt auch nach Erlass des AIG ein Anwendungsbereich für das von der Rechtsprechung anerkannte Akteneinsichtsrecht aus rechtsstaatlichen Gründen bzw. dem Grundsatz von Treu und Glauben. Der Geltendmachung dieses Anspruch steht das AIG nicht entgegen. Bei Glaubhaftmachung eines "berechtigten Interesses" kann der Akteneinsichtsanspruch aus rechtsstaatlichen Gründen auch dann bestehen, wenn dieser nach dem AIG aufgrund einer Ausnahme versagt werden müsste.[1287] Der Vorrang des Anspruchs gegenüber jenem des AIG ergibt sich bereits daraus, dass der Anspruch in diesen Fällen unmittelbar aus dem elementaren Verfassungsgrundsatz der Rechtsstaatlichkeit folgt.

1286 VG Potsdam, LKV 1999, 155(156).

1287 VG Potsdam, LKV 1999, 155(155f.); vgl. auch: Tätigkeitsbericht des LDA Bbg 1999, http://www.brandenburg.de/land/lfdbbg/tb/tb8/tb8.htm, zuletzt besichtigt am 09.03.2000, Teil B 3.2.

V. Ergebnis

Der Anwendungsbereich des AIG bestimmt sich nach den im AIG geregelten Voraussetzungen, Ausschlusstatbeständen und Rechtsfolgen. Eingeschränkt wird er durch bereits bestehende, für bestimmte Bereiche abschließende Regelungen des Bundes- und des brandenburgischen Landesrechts. Der Anwendungsbereich des brandenburgischen AIG lässt sich folgendermaßen umschreiben:

1. Im AIG geregelter Anspruchsinhalt

Das AIG enthält ein "Jedermann-Recht" auf Einsicht in Akten der Verwaltung des Landes Brandenburg.
Anspruchsinhaber des Akteneinsichtsrechts des AIG ist jede natürliche oder juristische Person des Privatrechts. Juristische Personen des öffentlichen Rechts steht der Anspruch nicht zu.
Auf das den Bürgerinitiativen und Verbänden zur Beeinflussung öffentlicher Angelegenheiten zustehende Recht auf Information aus Art. 21 Abs. 3 BbgVerf ist das AIG lediglich entsprechend anzuwenden (§ 9 Abs. 1 AIG), der Anspruch selbst ergibt sich unmittelbar aus der Verfassungsnorm.
Verpflichtete des Anspruchs aus dem AIG sind alle Behörden, Einrichtungen, Gemeinden und Gemeindeverbände des Landes Brandenburg. Bedient sich eine Behörde zur Erledigung hoheitlicher Aufgaben Privater, so besteht das Akteneinsichtsrecht auch gegenüber diesen. Nicht nach dem AIG verpflichtet sind die in § 1 Abs. 2 LOG genannten Stellen, d.h. die Verwaltung des Landtages, des Landesrechnungshofes, die staatlichen Rechnungsprüfungsämter, Landesbeauftragte und Bevollmächtige, die Organe der Rechtspflege und die staatlichen Hochschulen, soweit sie andere als Verwaltungsaufgaben wahrnehmen. Gegenüber Forschungsanstalten, zentralen Forschungseinrichtungen, Schulen und Prüfungseinrichtungen besteht der Anspruch nur, soweit sie nicht im Bereich von Forschung, Lehre, Unterricht oder Prüfung tätig werden. Gegenüber Behörden, die das Land Brandenburg gemeinsam mit anderen Ländern unterhält (z.B. der gemeinsamen Landesplanungsabteilung der Länder Berlin und Brandenburg) oder deren Zuständigkeitsbereich sich auch auf das Gebiet anderer Bundesländer erstreckt (z.B. dem Oberbergamt), besteht der Anspruch nach dem AIG nur, soweit sich die Akten ausschließlich auf das Land Brandenburg beziehen. Sonstige Körperschaften, Anstalten und Stiftungen des öffentlichen Rechts sind nicht Verpflichtete des Akteneinsichtsanspruchs des AIG.
Gegenstand des Anspruchs aus § 1 AIG ist die *Einsicht in Akten.*
Der *Aktenbegriff* des AIG ist im Hinblick auf die Art der Informationsträger weit zu verstehen. Erforderlich ist aber, dass die Unterlagen ausschließlich amtlichen oder dienstlichen Zwecken dienen. Nicht unter den Aktenbegriff fallen

Vorentwürfe und Notizen, die nicht Bestandteil des Vorgangs sind und spätestens nach dessen Abschluss vernichtet werden.
Der Anspruch des AIG ist in erster Linie auf die *Einsicht in die Originaldokumente* gerichtet. Ein Anspruch auf Auskunft oder ein Wahlrecht des Antragstellers zwischen Akteneinsicht und Auskunft, wie es die inzwischen erlassenen Informationsfreiheitsgesetze Berlins und Schleswig-Holsteins vorsehen, besteht nach dem AIG nicht. Mit Zustimmung des Antragstellers kann die Behörde jedoch die Informationen anders als durch Akteneinsicht (z.B. durch Übersendung von Fotokopien oder Dokumentationen) zur Verfügung stellen (§ 7 S. 2 AIG). Eine Auskunftserteilung anstelle der Akteneinsicht ist nur in den im Gesetz geregelten Fällen zulässig. Sie steht in diesen Fällen im Ermessen der Behörde. Eine Auskunftserteilung ist nur dann vorgesehen, wenn die erforderliche Aussonderung von Aktenteilen zum Schutz privater oder öffentlicher Interessen mit einem unverhältnismäßig hohen Aufwand verbunden wäre (§ 6 Abs. 2 S. 2 AIG) oder wenn mehr als 50 Anträge vorliegen, die auf die gleiche Information gerichtet sind (§ 8 Abs. 1 AIG).
Der Gegenstand des Anspruchs der Bürgerinitiativen und Verbände zur Beeinflussung öffentlicher Angelegenheiten aus § 21 Abs. 3 S. 2 BbgVerf ist nicht identisch mit jenem des "Jedermann-Rechts" aus § 1 AIG. Bei dem Recht auf Information der Bürgerinitiativen und Verbände handelt es sich um einen Anspruch, bei dessen Erfüllung der Behörde hinsichtlich des „Ob" kein Ermessen, hinsichtlich des „Wie" jedoch ein Ermessen zusteht. Das Recht auf Information kann sowohl durch Gewährung von Akteneinsicht als auch durch Erteilung von Auskünften erfüllt werden.
Nicht erforderlich ist für die Gewährung der Akteneinsicht nach § 1 AIG die Geltendmachung eines berechtigten Interesses oder eine Begründung des Antrages.

Der Anspruch aus § 1 AIG besteht nicht, wenn und soweit einer der *Ausschlussgründe aus § 2 Abs. 5, § 4, § 5* oder *§ 6 Abs. 4 AIG* eingreift.
Aus *§ 2 Abs. 5 AIG* ergibt sich, dass während *laufender Verfahren* der Anspruch aus dem AIG grundsätzlich ausgeschlossen ist. Die Vorschrift ist ein materieller Ausschlussgrund. Der Behörde steht bei Vorliegen der Voraussetzungen kein Ermessen zu. Sowohl der Begriff des "Verfahrens", als auch der Begriff des "Laufens" des Verfahrens sind weit auszulegen. Unter Verfahren im Sinne der § 2 Abs. 5 AIG sind keinesfalls nur Verwaltungsverfahren, sondern alle Handlungen und Maßnahmen der Verwaltung zu verstehen, die in einer gewissen Zeitspanne ablaufen und die auf eine bestimmte Entscheidung oder Handlung gerichtet sind. Hierunter fallen damit auch fiskalische/verwaltungsprivatrechliche, Planungsverfahren, Rechtssetzungsverfahren und sonstige Verfahren der Verwaltung, unabhängig davon, ob sie eine verfahrensrechtliche Regelung erfahren haben und ob sie Außenwirkung entfalten. Wann Beginn und Ende eines konkreten Verfahrens anzunehmen sind, bestimmt sich nach der Art des Verfah-

rens. Insgesamt ist der zwischen Beginn und Ende des Verfahrens liegende Zeitraum weit auszulegen. Die Beweislast für das Vorliegen eines laufenden Verfahrens liegt bei der Behörde. Während des laufenden Verfahrens bestehen Informationsansprüche lediglich nach dem anzuwendenden Verfahrensrecht, d.h. in Verwaltungsverfahren z.B. regelmäßig nur nach § 29 VwVfGBbg und nach den datenschutzrechtlichen Bestimmungen. Auch während laufender Verfahren, die keine rechtliche Regelung erfahren haben, besteht wegen § 2 Abs. 5 AIG kein Anspruch aus dem AIG.
§ 4 AIG enthält eine enumerative Aufzählung von Ablehnungsgründen zum Schutz überwiegender öffentlicher Interessen. Hier ist teilweise eine zwingende, teilweise eine in das Ermessen der Behörde gestellte Ablehnung von Akteneinsichtsanträgen vorgesehen.
§ 5 AIG regelt Ablehnungsgründe zum Schutz überwiegender privater Interessen. Die Vorschrift enthält zwingende Ablehnungsgründe (Abs. 1) und Ausnahmetatbestände von den Ablehnungstatbeständen (Abs. 2). Bei Vorliegen der Ausnahmetatbestände wird die Akteneinsichtsgewährung in das Ermessen der Behörde gestellt.
§ 6 Abs. 4 AIG enthält im wesentlichen zwei in das Ermessen der Behörde gestellte Ablehnungsgründe. Zum einen kann hiernach ein Antrag auf Akteneinsicht abgelehnt werden, wenn die begehrten Informationen bereits zugänglich sind oder in zumutbarer Weise von Antragsteller beschafft werden können, d.h. wenn die Akteneinsichtsgewährung nicht erforderlich ist, um die gewünschten Informationen zu erhalten. Zum Anderen ist eine Ablehnung der Antrages möglich, wenn der Antrag zum Zweck der Vereitelung oder Verzögerung von Verwaltungshandlungen, also missbräuchlich, gestellt wurde.

2. Verbleibender Anwendungsbereich des AIG neben anderen Informationsansprüchen

Mit Blick auf andere Informationsansprüche stellt sich der Anwendungsbereich des AIG folgendermaßen dar:

Die einzige ausdrückliche Konkurrenzvorschrift, die das Verhältnis des Akteneinsichtsrechts des AIG zu anderen Informationsrechten bestimmt, findet sich in *§ 1 AIG a.E.* Diese Vorschrift stellt klar, dass bestehende landesrechtliche Akteneinsichts- und Auskunftsrechte, die ein "Jedermann-Informationsrecht" in Bezug auf bestimmte Aktentypen, d.h. Register, Kataster, Verzeichnisse und öffentliches Archivgut, enthalten, nicht durch die Einführung des AIG geändert bzw. obsolet werden sollten. Diese Aktentypen, für die bereits abschließende spezialgesetzliche Regelungen bestehen, sind dem Akteneinsichtsanspruch des AIG entzogen. In Bezug auf öffentliches Archivgut führt die Regelung dazu, daß Akten, die zunächst nach dem AIG zugänglich waren, nach der Abgabe an die Landesarchive den Schutzfristen des BbgArchivG unterliegen.

Das Verhältnis des AIG zu sonstigen Informationsrechten bestimmt sich nach den *allgemein geltenden Kollisionsregeln* bzw. *allgemeinen Regeln über die Rangordnung von Rechtsnormen.* Dies bedeutet im Ergebnis:

Für das *Verhältnis des AIG zu bundesrechtlich geregelten Informationsrechten* gilt: Da das Akteneinsichtsrecht des AIG während laufender Verfahren ausgeschlossen ist, kommt es zu keiner Überschneidung des Anwendungsbereiches des AIG mit sämtlichen bundesrechtlich geregelten Informationsrechten in laufenden Verfahren. Hierzu gehören die Akteneinsichts- und Auskunftsansprüche während laufender Gerichts- und Verwaltungsverfahren, die bundesrechtlich geregelt sind. Weiterhin besteht kein Konkurrenzproblem zu Vorschriften, die ausschließlich Akteneinsichts- oder Auskunftsrechte gegenüber Bundesbehörden enthalten, da das AIG gegenüber diesen ohnehin keine Anwendung findet.
Differenziert zu betrachten sind die Bereiche, in denen der Bundesgesetzgeber Regelungen getroffen hat, die von Landesbehörden anzuwenden sein. Eindeutig vorrangig sind hier jene Ansprüche, mit denen der Bundesgesetzgeber unter erschöpfender Gebrauchmachung von seiner (konkurrierenden) Gesetzgebungskompetenz den Zugang zu bestimmten Akten, Registern oder Verzeichnissen abschließend geregelt hat (z.B. § 12 Abs. 1 GBO, § 9 Abs. 1 HGB, § 79 BGB und § 1563 BGB). Auf von den Gerichten zu führende Register wie Grundbuch, Handelsregister, Vereinsregister oder Güterrechtsregister ist das AIG damit nicht anwendbar, da diese abschließenden bundesrechtlichen Regelungen unterliegen.
Ansprüche gegenüber Körperschaften des öffentlichen Rechts, wie z.B. § 6 Abs. 3 Handwerksordnung (HandwO) gegenüber der Handwerkskammer, überschneiden sich hinsichtlich des Anwendungsbereiches bereits nicht mit dem AIG, da diese Körperschaften nicht Verpflichtete des Anspruchs aus dem AIG sind.
Problematisch sind die Fälle, in denen der Bundesgesetzgeber im Rahmen seiner Gesetzgebungskompetenz Regelungen für von den Landesbehörden zu führende (Verwaltungs-)Verfahren getroffen hat. Insoweit ist - unabhängig davon, ob der Bundesgesetzgeber das Verfahren selbst nur teilweise oder abschließend/erschöpfend geregelt hat - davon auszugehen, dass das AIG nach Abschluss der jeweiligen Verfahren, d.h. mit Bestandskraft bzw. Rechtskraft der das Verfahren abschließenden Entscheidung, durchaus Anwendung finden kann, wenn dem nicht andere bundesrechtliche Vorschriften entgegenstehen. So ist eine Anwendung des AIG nach Abschluss von Verfahren, die nach der AO oder dem SGB X zu führenden waren, keinesfalls grundsätzlich ausgeschlossen. Allerdings sind die besonderen Vorschriften dieser Gesetze zu beachten. So enthalten §§ 67 ff. SGB X eine abschließende Regelung für die Behandlung von

"Sozialdaten". Das Steuergeheimnis des § 30 AO ist auch im Rahmen des Anspruchs aus dem AIG zu beachten (Vgl. § 4 Abs. 3 und § 5 Abs. 1 S. 2 AIG). Einziger ausdrücklich neben dem AIG geltender bundesrechtlich geregelter Informationsanspruch ist aufgrund der ausdrücklichen Regelung des § 4 Abs. 2 UIG der Anspruch auf Umweltinformationen aus § 4 Abs. 1 UIG.

Das *Verhältnis des AIG zu landesrechtlich geregelten Informationsrechten* stellt sich folgendermaßen dar: Da Verfassungsnormen einfachem Gesetzesrecht vorgehen, gilt für die sich aus der Verfassung des Landes Brandenburg ergebenden Informationsansprüche für bestimmte Personen bzw. Personenmehrheiten: Soweit der Anspruch aus der Verfassungsnorm und der Anspruch aus dem AIG gleichzeitig eingreifen, ist der verfassungsrechtliche Anspruch vorrangig. Die Anwendung des AIG ist jedoch nicht ausgeschlossen, wenn der verfassungsrechtliche Anspruch nicht eingreift und kann dann einen weitergehenden Anspruch verschaffen. Der Anspruch aus dem AIG kann den jeweiligen verfassungsrechtlich geregelten Informationsanspruch in diesem Fall ergänzen. Beispielsweise erfasst der Informationsanspruch des Abgeordneten aus Art. 56 Abs. 3 BbgVerf keinen Akteneinsichtsanspruch gegenüber den Kommunen. Hier kann der Abgeordnete aber - bei Vorliegen der Voraussetzungen - auf der Grundlage des AIG Akteneinsicht verlangen.
Bei Normenkollisionen zwischen Rechtsnormen gleicher Rangstufe gilt der Satz vom Vorrang der lex specialis. Zwei Normen stehen nur dann im logischen Verhältnis der Spezialität zueinander, wenn der Anwendungsbereich der spezielleren Norm völlig in dem der allgemeineren Norm aufgeht. Dies ist jedoch bei keinem landesrechtlich geregelten Informationsrecht der Fall, das nicht bereits von der Konkurrenzregel des § 1 AIG a.E. erfasst wird.
Die nicht von § 1 AIG a.E. erfassten Informationsansprüche (z.B. § 5 BbgPG, § 18 BbgDSG) sind durchweg neben dem AIG anwendbar. Keine diese Normen ist als erschöpfende Regelung zu betrachten. Diese Rechtsgrundlagen können im Einzelfall einen weitergehenden Informationszugang ermöglichen als das AIG.

Das von der Rechtsprechung anerkannte Akteneinsichtsrecht aus rechtsstaatlichen Gründen bzw. dem Grundsatz von Treu und Glauben, das Behörden verpflichtet, nach pflichtgemäßem Ermessen über einen Antrag auf Akteneinsicht zu entscheiden, wenn ein "berechtigtes Interesse" bzw. ein „eigenes, gewichtiges und auf andere Weise nicht zu befriedigendes Interesse des Antragstellers" an der Akteneinsicht besteht, bleibt grundsätzlich neben dem AIG bestehen. Der Geltendmachung dieses Anspruch steht das AIG nicht entgegen. Bei Glaubhaftmachung eines "berechtigten Interesses" kann der Akteneinsichtsanspruch aus rechtsstaatlichen Gründen auch dann bestehen, wenn dieser nach dem AIG aufgrund einer Ausnahme versagt werden müsste. Der Vorrang dieses Anspruchs gegenüber jenem des AIG besteht schon deshalb, weil sich der Anspruch unmittelbar aus dem elementaren Verfassungsgrundsatz der Rechtsstaatlichkeit ergibt.

C. Kritische Würdigung des AIG

Voranzustellen ist, dass der Erlass der AIG grundsätzlich zu begrüßen ist. Mehr Transparenz der Verwaltung und die Schaffung von Informationsrechten sind aus verschiedenen Gründen erstrebenswert: Hierdurch kann eine stärkere Kontrolle von Verwaltungshandeln erreicht werden mit der Folge, dass zum einen das Vertrauen und die Akzeptanz der Bürger gegenüber der Verwaltung gestärkt wird, zum anderen die Verwaltung selbst unter dem Eindruck der ständigen Kontrollierbarkeit besser arbeitet. Auch kann mit der Gewährung von Informationsrechten gegenüber der Verwaltung die qualitative und quantitative Verbesserung der Nutzung vorhandener politischer Mitgestaltungsrechte erreicht werden, wie dies mit dem AIG auch angestrebt wurde.
Da die Bundesrepublik bei der Schaffung von Informationsfreiheitsrechten im internationalen Vergleich derzeit noch als "Entwickungsland" eingestuft werden muss, ist es den Verfassern des AIG hoch anzurechnen, dass sie sich auf dieses in Deutschland bis dahin im wesentlichen unbekannte Terrain begeben und massive Widerstände aus verschiedenen Richtungen überwunden haben. Als erster Schritt auf dem Weg zu bundesweiten Informationsfreiheitsrechten ist das brandenburgische Gesetz nicht zu unterschätzen. Es war und wird Anstoss und Ermutigung für weitere Landesgesetze und sicherlich auch für ein Bundes-Informationsfreiheitsgesetz sein. Bei neuen Gesetzgebungsvorhaben können die aus dem AIG geschöpften Erfahrungen genutzt werden.
Über die grundsätzlich positiv zu beurteilende Tatsache der Existenz des AIG hinaus besteht jedoch in verschiedenen Punkten Grund zur Kritik und Nachbesserung des Gesetzes:

1. Schwerwiegendstes Versäumnis des brandenburgischen Gesetzgebers ist der grundsätzliche Ausschluss der Akteneinsicht während laufender Verfahren mit der derzeitigen Fassung des § 2 Abs. 5 AIG. Hierdurch wird die Erreichung des Zwecks der Verfassungsvorschrift des § 21 BbgVerf und des AIG - die Förderung der "politischen Mitgestaltung" - und die grundsätzlich mit der Gewährung von Akteneinsicht mögliche Kontrolle der Verwaltung weitgehend vereitelt. Die Einsicht in abgeschlossene Vorgänge ist nur wenig geeignet, die aktuelle polititsche Mitgestaltung durch den einzelnen Bürger und die Kontrolle der Verwaltung zu fördern. Die weite Fassung des Wortlautes des Ausschlusstatbestandes ermöglicht bzw. erzwingt eine derart extensive Auslegung der Begriffe des "Verfahrens" und des "Laufens" des Verfahrens, dass nahezu das gesamte aktuelle Verwaltungshandeln der Akteneinsicht entzogen ist. Der Akteneinsichtsanspruch des AIG wird insgesamt erheblich entwertet. Als zwingender Ausschlussgrund führt § 2 Abs. 5 AIG auch dazu, dass für etliche, teilweise in das Ermessen der Behörde gestellte Ausschlussgründe der §§ 4 und 5 AIG nur noch ein sehr geringer Anwendungsbereich verbleibt. Darüber hinaus ist § 2 Abs. 5 AIG systematisch unrichtig im Gesetz eingeordnet. Als materieller Aus-

schlussgrund hätte diese Vorschrift - wenn überhaupt - gleichrangig neben den Ausschlussgründen der §§ 4 und 5 AIG Platz finden müssen.

2. Auch die Ausschlussgründe in §§ 4, 5 AIG, die in dieser Arbeit allerdings keiner vertieften Untersuchung unterzogen wurden, sind zum Teil verbesserungsbedürftig. Problematisch ist etwa der Ablehnungsgrund des § 4 Abs. 1 Nr. 5 5. Alt. AIG, der einen zwingenden Ausschluss der Einsicht in Akten, die der Aufsicht über eine andere Stelle dienen, vorsieht. Hierauf sollte verzichtet werden, da ein ausreichender Schutz öffentlicher und privater Interessen bereits durch die anderen Alternativen der §§ 4, 5 AIG gewährleistet ist. § 4 Abs. 2 Nr. 1 und 3 AIG, die die Ablehnung des Antrages auf Einsicht in Akten in dem dort genannten Fällen als "Soll"-Entscheidung vorsehen, müssten anders ausgestaltet werden. Hier müßte die Einsichtsgewährung der Regelfall sein und die Ablehnung des Antrages der Ausnahmefall. Auf § 4 Abs. 2 Nr. 4 AIG, nach dem der Antrag auf Akteneinsicht abgelehnt werden soll, wenn die ordnungsgemäße Erfüllung von Aufgaben der öffentlichen Stelle erheblich beeinträchtigt würde, sollte verzichtet werden. Da die Gewährung der Akteneinsicht mit Erlaß des AIG selbst zu einer Aufgabe der öffentlichen Stelle geworden ist, ist die Vorschrift widersinnig.
Die Ausgestaltung des § 5 Abs. 2 AIG (Ausnahmen von den zwingenden Ablehnungsgründen des Abs. 1 zum Schutz privater Interessen) als Ermessensentscheidung ist bezüglich einiger Tatbestände nicht verständlich, so z.B. bei Zustimmung des Betroffenen zur Offenbarung seiner personenbezogenen Daten, § 5 Abs. 2 Nr.1 AIG).

3. Grundsätzlich überlegenswert ist, ob der Anspruch des AIG, der derzeit primär nur auf Akteneinsicht, d.h. Einsicht in die Originalakten, gerichtet ist und nicht, wie im IFG Bln und im IFG S-H geschehen, als Wahlrecht zwischen Akteneinsicht und -auskunft nicht im Zukunft als solches ausgestaltet werden sollte. Hierdurch könnte möglicherweise nicht nur dem jeweiligen Antragsteller sondern auch der Behörde gedient sein. Für die Behörde könnte dies in Einzelfällen sogar eine Arbeitsersparnis bedeuten. Nach der derzeitigen Gesetzesfassung steht es der Behörde nur in den ausdrücklich geregelten Fällen zu, Auskunft statt Akteneinsicht zu erteilen. Die derzeit in § 8 Abs. 1 AIG vorgesehene Beschränkung des Akteneinsichtsrechts auf ein Auskunftsrecht, wenn mehr als 50 Anträge vorliegen, die auf die gleiche Information gerichtet sind, ist problematisch. Sie sieht gerade in den Fällen eine Einschränkung des Akteneinsichtsrechts vor, in denen ein besonderes öffentliches Interesse an einer Angelegenheit besteht und Bürger möglicherweise ihre "Mitgestaltungsrechte" nutzen wollen. Sie widerspricht damit der Zielrichtung des AIG. Darüber hinaus macht sie den Anspruchsinhalt abhängig von dem von Antragsteller nicht beeinflussbaren Verhalten Dritter. Auf die Vorschrift sollte in Zukunft verzichtet werden.

4. Die Gegenüberstellung der Ansprüche aus § 1 AIG und Art. 21 Abs. 3 S. 2 BbgVerf zeigt, dass der Anspruch der Bürgerinitiativen und Verbände zur Beeinflussung öffentlicher Angelegenheiten nach Erlass des AIG nicht nur im wesentlichen überflüssig, sondern auch irreführend ist. Der Anspruch aus § 1 AIG gewährt regelmäßig ein 'Mehr' an Informationen. Es wäre deshalb sinnvoll, Bürgerinitiativen und Verbände zur Beeinflussung öffentlicher Angelegenheiten in den Berechtigtenkreis des AIG einzubeziehen. Hierdurch könnten auch mögliche Streitigkeiten und Zeitverzögerungen wegen etwaiger Unklarheit über die Beteiligungsfähigkeit der Vereinigungen (i.S.d. § 11 Nr. 2 VwVfG) reduziert bzw. vermieden werden.

5. Problematisch ist, daß das AIG keine Regelung über den von der Behörde einzuhaltenden Zeitraum für die Entscheidung über Anträge auf Akteneinsicht enthält. Auch dieser Mangel entwertet das Akteneinsichtsrecht in erheblichem Maße. Er führt dazu, dass frühestens drei Monate nach Stellung des Antrages Untätigkeitsklage nach § 75 VwGO erhoben werden kann. Vorgeschlagen wird die Regelung einer Monatsfrist für die *Entscheidung* über die Anträge, die unter bestimmten Voraussetzungen, insbesondere wenn eine Anhörung von Betroffenen zu erfolgen hat oder die Komplexität der begehrten Information dies rechtfertigt, auf zwei Monate verlängert werden kann. Allerdings dürfte ohne eine Änderung des grundsätzlichen Ausschlusses der Akteneinsicht in laufenden Verfahren (§ 2 Abs. 5 AIG) auch eine Regelung des Zeitraumes der Entscheidung über Akteneinsichtsanträge die Effektivität des AIG in Bezug auf die Förderung der politischen Mitgestaltungsrechte und der Kontrollfunktion gegenüber der Verwaltung keine nennenswerte Verbesserung bringen. Auch eine ausdrücklich angeordnete Entscheidungsfrist wird zudem nur dann mit der Frist zur tatsächlichen Gewährung der Akteneinsicht gleich zu setzen sein, wenn die Behörde nicht die Bestandskraft der Entscheidung, die Information zugänglich zu machen, abwarten muss. Darüber hinaus bleibt grundsätzlich zweifelhaft, ob die Regelung einer Entscheidungsfrist zügigere Akteneinsicht zu verschaffen vermag, da bei abgelehnter Akteneinsicht und Widerspruchseinlegung die Behörde sich mit der Entscheidung über den Widerspruch wiederum drei Monat Zeit lassen kann, bis mittels einer Untätigkeitsklage eine Entscheidung erzwungen werden kann. Hier scheint die im AIG vorgesehene Möglichkeit, sich an den LDA Bbg zu wenden (vgl. § 11 Abs. 2 S. 1 AIG), als der effektivste "Rechtsbehelf" und stellt damit eine gute, in der Praxis brauchbare und unbedingt erhaltenswerte Lösung dar.

6. Auch die Gebührenregelung in § 10 AIG ist missglückt und sollte geändert werden. Mit § 10 AIG ist zwar letztlich eine sachgerechte Regelung zugunsten des Äquivalenzprinzips getroffen worden, die jedoch durch das Erfordernis eines "angemessenen Verhältnisses" zu "dem Recht auf Akteneinsicht" verwirrt. Auch die inzwischen auf Grundlage des § 10 Abs. 2 AIG erlassene AIGGebO

ist korrekturbedürftig. Die in der AIGGebO vorgesehen Höchstgebühren für die Übermittlung von Informationen von bis zu 2000 DM sind zu hoch und geeignet, Interessierte von der Antragstellung abzuschrecken. Auch die zu erstattenden Auslagen sind z.T. deutlich überhöht. Unter Zugrundelegung der derzeitigen Gesetzesfassung des § 10 AIG sollte die Gebührenordnung einen Gebührenrahmen von etwa 20 bis 100 DM für die Entscheidung über einen Antrag auf Akteneinsicht vorsehen. Mit einer geringen Mindestgebühr sollte der Stellung von leichtfertigen oder mißbräuchlichen Anträgen entgegengewirkt werden. Auch die Ablehnung von Anträgen auf Akteneinsicht ist nach der derzeitigen Fassung des § 10 AIG als gebührenpflichtig vorzusehen. Eine Berücksichtigung des Zwecks der Akteneinsicht (z.B. der wirtschaftlichen Nutzung) darf aber keinesfalls in der Gebührenentscheidung Niederschlag finden, da ein solcher Zweck in dem Akteneinsichtsantrag gerade nicht genannt werden muss und seine Nennung deshalb nicht zu Nachteilen für den Antragsteller führen darf.

7. Problematisch ist, daß der von der Konkurrenzregelung in § 1 AIG a.E. angeordnete Vorrang bereichsspezifischer Regelungen für einen unbeschränkten Personenkreis auch die Regelungen des BbgArchivG ohne Einschränkungen erfaßt. Dies hat zur Folge, dass Akten, die nach AIG zugänglich waren, mit der Abgabe an ein Archiv zunächst unter die Schutzfirsten des Archivrechts fallen und damit über einen längeren Zeitraum nicht mehr zugänglich sind. Allein durch eine Kennzeichnung von Akten können die Schutzfirsten des Archivrechts nicht umgangen werden. Hier wäre eine Sonderregelung für Archivgut sinnvoll.

8. Das Verhältnis des Akteneinsichtsrechts des AIG zu anderen Informationsrechten ist, soweit diese nicht von § 1 AIG a.E. erfaßt werden, unübersichtlich. Selbst der Gesetzgeber scheint sich bei Erlass des Gesetzes nicht eindeutig im Klaren darüber gewesen zu sein, wie sich der Akteneinsichtsanspruch des AIG zu anderen Auskunfts- und Akteneinsichtsrechten verhält. Mit dieser Arbeit ist der Versuch unternommen worden, etwas Licht in das Dunkel dieser Problematik zu bringen. Jedenfalls in den "Zweiten Hinweisen zum AIG" bzw. in einer Verwaltungsvorschrift wäre es sinnvoll, der Verwaltung mehr und verbesserte Hilfen zu den Fragen der Konkurrenz des AIG zu anderen Informationsansprüchen an die Hand zu geben.

D. Zusammenfassung

1. Mit der Verabschiedung des AIG hat der brandenburgische Gesetzgeber die Vorschrift des Art. 21 Abs. 4 BbgVerf ausgefüllt, die Verfassungsnorm "mit Leben erfüllt". Das Grundrecht des Art. 21 Abs. 4 BbgVerf enthält jedoch weder einen Gesetzgebungsauftrag zum Erlass eines allgemeinen Akteneinsichtsgesetzes, noch einen unmittelbar vollziehbaren Anspruch auf Akteneinsicht über die nach Gesetzesrecht bestehenden Akteneinsichtsrechte hinaus. Die Formulierung des Art. 21 Abs. 4 BbgVerf „nach Maßgabe der Gesetze“ stellt - im Gegensatz zu der häufig verwendeteten Formulierung „das Nähere regelt ein Gesetz“ (so z.B. auch in Art. 21 Abs. 3 S. 3 BbgVerf) - keinen Gesetzgebungsauftrag dar. Soweit und solange andere Akteneinsichtsrechte im Landes- und Bundesrecht geregelt sind, ergibt sich hieraus kein Auftrag an den Gesetzgeber dahingehend, weitergehende Akteneinsichtsrechte oder gar ein allgemeines Akteneinsichtsgesetz zu schaffen.

2. Das Informationsrecht der Bürgerinitiativen und Verbände zur Beeinflussung öffentlicher Angelegenheiten ergibt sich dagegen unmittelbar aus Art. 21 Abs. 3 S. 2 BbgVerf. Dies beruht auf der in Art. 21 Abs. 3 S. 3 verwendeten Formulierung „Das Nähere regelt ein Gesetz.“ Auf das den Bürgerinitiativen und Verbänden zustehende "Recht auf Information" aus Art. 21 Abs. 3 BbgVerf ist das AIG lediglich entsprechend anzuwenden (§ 9 Abs. 1 AIG). Der Gegenstand dieses Anspruchs ist nicht identisch mit jenem des "Jedermann-Recht" aus § 1 AIG. Bei dem "Recht auf Information" handelt es sich um einen Anspruch, bei dessen Erfüllung der Behörde hinsichtlich des „Ob“ kein Ermessen, hinsichtlich des „Wie“ jedoch ein Ermessen zusteht. Das Recht auf Information kann sowohl durch Gewährung von Akteneinsicht als auch durch Erteilung von Auskünften erfüllt werden.

3. Das Akteneinsichtsrecht des AIG soll dem „Recht auf politische Mitgestaltung“ aus Art. 21 Abs.1 BbgVerf dienen. Dies ergibt sich aus der Einordnung des Akteneinsichtsrechts in Abs. 4 des Art. 21 BbgVerf, der Begründung des Gesetzentwurfes und mittelbar aus der Vorschrift des § 5 Abs. 2 Nr. 3 AIG. Das Recht des einzelnen auf politische Mitgestaltung in Art. 21 Abs. 1 BbgVerf bezeichnet die Gesamtheit der dem Einzelnen bereits aus der Verfassung und anderen Rechtsquellen zustehenden Rechte, die ihm die Mitwirkung am politischen und gesellschaftlichen Willensbildungs- und -betätigungsprozess ermöglichen. Das Akteneinsichtsrecht des AIG schafft keine neuen Mitgestaltungsrechte, sondern zielt darauf ab, die Nutzung vorhandener politischer Mitgestaltungsrechte sowohl in qualitativer als auch in quantitativer Hinsicht zu verbessern. Weitergehende Zweckbestimmungen, insbesondere eine Kontrollfunktion gegenüber der

öffentlichen Verwaltung, verfolgt das AIG nicht. Dies ergibt sich aus dem Mangel einer ausdrücklichen Nennung weiterer Zwecke und lässt sich auch angesichts der Ausgestaltung des Akteneinsichtsrechts nicht dem AIG entnehmen. Vor allem, da ein Akteneinsichtsrecht während laufender Verfahren nach dem AIG nicht besteht (§ 2 Abs. 5 AIG), ist eine aktuelle Kontrolle der Verwaltung durch den Bürger außerhalb der Nutzung politischer Mitgestaltungsrechte kaum mehr möglich.

4. Der Anwendungsbereich des AIG ergibt sich zum einen aus dem gesetzlich ausdrücklich geregelten Umfang des Anspruchs des § 1 AIG, d.h. aus den im AIG geregelten Voraussetzungen, dem Anspruchsinhalt und den Ausschlusstatbeständen, zum anderen danach, welcher Anwendungsbereich für das AIG neben anderen bundes- und landesrechtlichen Informationsrechten bleibt.

5. Der Anspruch aus § 1 AIG ist grundsätzlich auf Einsicht in Akten, d.h. auf die Einsicht in die Originaldokumente gerichtet. Ein Anspruch auf Auskunft oder ein Wahlrecht des Antragstellers zwischen Akteneinsicht und Auskunft besteht nicht. Eine Auskunftserteilung anstelle der Akteneinsicht ist nur in den wenigen im Gesetz vorgesehenen Fällen zulässig (vgl. § 6 Abs. 2 S. 2 AIG und § 8 Abs. 1 AIG). Sie steht in diesen Fällen im Ermessen der Behörde.

6. Der Anspruch aus § 1 AIG besteht nicht, wenn und soweit einer der Ausschlussgründe aus § 2 Abs. 5, § 4, § 5 oder § 6 Abs. 4 AIG eingreift. Zum Teil handelt es sich hierbei um Ermessensentscheidungen.

7. Die massivste Einschränkung erfährt das Akteneinsichtsrecht des AIG durch den Ausschlussgrund in § 2 Abs. 5 AIG. Aus § 2 Abs. 5 AIG ergibt sich, dass während laufender Verfahren der Anspruch aus dem AIG zwingend ausgeschlossen ist. Die Vorschrift ist ein materieller Ausschlussgrund. Sowohl der Begriff des "Verfahrens", als auch der Begriff des "Laufens" des Verfahrens sind weit auszulegen. Während des laufenden Verfahrens bestehen Informationsansprüche lediglich nach dem anzuwendenden Verfahrensrecht. Auch während laufender Verfahren, die keine rechtliche Regelung erfahren haben, besteht kein Anspruch aus dem AIG. Die derzeitigen Fassung des § 2 Abs. 5 AIG sollte verändert werden. Hierdurch wird die Erreichung des Zwecks der Verfassungsvorschrift des § 21 BbgVerf und des AIG - die Förderung der "politischen Mitgestaltung" - und die grundsätzlich mit der Gewährung von Akteneinsichtsrechten bezweckbare Kontrolle der Verwaltung weitgehend vereitelt. Die Einsicht in abgeschlossene Vorgänge ist nur wenig geeignet, aktuelle politische Mitgestaltung und die Kontrolle der Verwaltung zu fördern. Die weite Fas-

sung des Wortlautes des Ausschlusstatbestandes zwingt zu einer derart extensive Auslegung des Ausschlußgrundes, dass nahezu das gesamte aktuelle Verwaltungshandeln der Akteneinsicht entzogen ist. Hierdurch wird der Akteneinsichtsanspruch des AIG insgesamt erheblich entwertet. Als zwingender Ausschlussgrund führt § 2 Abs. 5 AIG auch dazu, dass für etliche, teilweise ins Ermessen der Behörde gestellte Ausschlussgründe der §§ 4 und 5 AIG nur noch ein geringer Anwendungsbereich verbleibt. Darüber hinaus ist § 2 Abs. 5 AIG systematisch unrichtig im Gesetz eingeordnet. Als materieller Ausschlussgrund hätte diese Vorschrift - wenn überhaupt - gleichrangig neben den Ausschlussgründen der §§ 4 und 5 AIG Platz finden müssen.

8. Die einzige ausdrückliche Konkurrenzvorschrift, die das Verhältnis des Akteneinsichtsrechts des AIG zu anderen Informationsrechten bestimmt, findet sich in § 1 AIG a.E. Diese Vorschrift stellt klar, dass bestehende landesrechtliche Akteneinsichts- und Auskunftsrechte, die ein "Jedermann-Informationsrecht" in Bezug auf bestimmte Aktentypen, d.h. Register, Kataster, Verzeichnisse und öffentliches Archivgut, enthalten (z.B. § 144 BbgWG, § 32 Abs. 3 S. 4 BbgNatSchG, § 9 Abs. 3 BbgDenkmSchG, § 13 Abs. 3 S. 3 VermLiegG Bbg, § 9 BbgArchivG), nicht durch die Einführung des AIG geändert bzw. obsolet werden sollten, sondern für die jeweiligen Aktentypen eine abschließende Regelung enthalten. Das AIG ist auf diese Aktentypen nicht anwendbar. Um zu verhindern, dass Akten, die zunächst nach dem AIG zugänglich waren, nicht nach ihrer Abgabe an Landesarchive den Schutzfristen des BbgArchivG unterliegen und damit für einen längeren Zeitraum nicht mehr zugänglich sind, sollte eine Sonderregelung für Archivgut getroffen werden.

9. Das Verhältnis des AIG zu sonstigen Informationsrechten bestimmt sich nach den allgemein geltenden Kollisionsregeln bzw. allgemeinen Regeln über die Rangordnung von Rechtsnormen.

10. Für das Verhältnis des AIG zu bundesrechtlich geregelten Informationsrechten gilt: Da das Akteneinsichtsrecht des AIG während laufender Verfahren ausgeschlossen ist (§ 2 Abs. 5 AIG) und ausschließlich gegenüber Landesbehörden besteht, kommt es nur zu wenigen Überschneidungen des Anwendungsbereiches des AIG mit bundesrechtlich geregelten Informationsrechten. Die Frage der Konkurrenz stellt sich nur bei Informationsrechten in Bereichen, in denen der Bundesgesetzgeber Regelungen getroffen hat, die von Landesbehörden anzuwenden sind. Vorrangig sind hier jene Ansprüche, mit denen der Bundesgesetzgeber unter erschöpfender Gebrauchmachung von seiner (konkurrierenden) Gesetzgebungskompetenz den Zugang zu bestimmten Akten, Registern oder Verzeichnissen ab-

schließend geregelt hat (z.B. § 12 Abs. 1 GBO, § 9 Abs. 1 HGB, § 79 BGB und § 1563 BGB). Auf von den Gerichten zu führende Register wie Grundbuch, Handelsregister, Vereinsregister oder Güterrechtsregister ist das AIG damit nicht anwendbar, da diese abschließenden bundesrechtlichen Regelungen unterliegen. Etwas anderes gilt für die Bereiche, in denen der Bundesgesetzgeber im Rahmen seiner Gesetzgebungskompetenz Regelungen für von den Landesbehörden zu führende (Verwaltungs-)Verfahren getroffen hat (z.B. mit der AO oder dem SGB X). Insoweit ist - unabhängig davon, ob der Bundesgesetzgeber das Verfahren selbst nur teilweise oder abschließend/erschöpfend geregelt hat - davon auszugehen, dass das AIG nach Abschluss der jeweiligen Verfahren, d.h. mit Bestandskraft bzw. Rechtskraft der das Verfahren abschließenden Entscheidung, durchaus Anwendung finden kann, wenn dem nicht andere bundesrechtliche Vorschriften entgegenstehen. Einziger ausdrücklich neben dem AIG geltender bundesrechtlich geregelter Informationsanspruch ist aufgrund der ausdrücklichen Regelung des § 4 Abs. 2 UIG der Anspruch auf Umweltinformationen aus § 4 Abs. 1 UIG. Sind sowohl AIG als auch UIG bei einem Akteneinsichtsgesuch einschlägig, so hat die Behörde die jeweils weitergehende Anspruchsgrundlage heranzuziehen.

11. Für das Verhältnis des AIG zu landesrechtlich geregelten Informationsrechten gilt: Die sich aus der Verfassung des Landes Brandenburg ergebenden Informationsansprüche für bestimmte Personen bzw. Personenmehrheiten finden grundsätzlich vorrangig Anwendung, wenn und soweit der Anspruch aus der Verfassungsnorm und der Anspruch aus dem AIG gleichzeitig eingreifen. Die Anwendung des AIG ist jedoch nicht ausgeschlossen, wenn der verfassungsrechtliche Anspruch nicht eingreift (z.B. der Informationsanspruch des Abgeordneten aus Art. 56 Abs. 3 BbgVerf gegenüber Kommunen) und kann dann im Einzelfall einen weitergehenden Anspruch verschaffen. Der bei Normenkollisionen zwischen Rechtsnormen gleicher Rangstufe geltende Satz vom Vorrang der lex specialis führt bei keinem landesrechtlich geregelten Informationsrechte, das nicht bereits von der Konkurrenzregel des § 1 AIG a.E. erfasst wird, zu einer vorrangigen Geltung gegenüber dem Anspruch aus dem AIG. Die nicht von § 1 AIG a.E erfassten landesrechtlich geregelten Informationsansprüche (z.B. § 5 BbgPG, § 18 BbgDSG) sind durchweg nicht spezieller und deshalb neben dem AIG anwendbar. Die Behörde hat jeweils die weitergehende Anspruchsgrundlage heranzuziehen.

12. Das von der Rechtsprechung anerkannte Akteneinsichtsrecht aus rechtsstaatlichen Gründen bzw. dem Grundsatz von Treu und Glauben, das Behörden verpflichtet, nach pflichtgemäßem Ermessen über einen Antrag auf Akteneinsicht zu entscheiden, wenn ein "berechtigtes Interesse" bzw. ein

„eigenes, gewichtiges und auf andere Weise nicht zu befriedigendes Interesse des Antragstellers“ an der Akteneinsicht besteht, bleibt grundsätzlich neben dem AIG bestehen. Bei Glaubhaftmachung eines "berechtigten Interesses" kann der Akteneinsichtsanspruch aus rechtsstaatlichen Gründen auch dann gegeben sein, wenn dieser nach dem AIG aufgrund einer Ausnahme versagt werden müsste.

Literatur- und Zitierverzeichnis

Angelov, Jean: Grundlagen und Grenzen eines staatsbürgerlichen Informationszugangsanspruchs, Frankfurt a. M., Berlin, Bern, Bruxelles, New York, Oxford, Wien 2000 (zitiert: Angelov, Informationszugangsanspruch)

Alternativkommentar zum Grundgesetz für die Bundesrepublik Deutschland, Gesamtherausgeber: Rudolf Wassermann, Band 2, Art. 38 - 146, 1. Aufl., Neuwied 1989 (zitiert: Bearbeiter in AK GG)

Askelöf, Thomas / *Fernemann Heuregen*, Ragna: Akteneinsicht in Schweden, in: *Winter*, Gerd (Hrsg.): Öffentlichkeit von Verwaltungsinformationen, Baden-Baden 1990, S. 473ff. (zitiert: Askelöf/Fernemann Heuregen, Akteneinsicht in Schweden)

Bäumler, Helmut: Neue Informationsverarbeitungsgesetze in Schleswig-Holstein, NJW 2000, S. 1982-1986

Becker, Florian: Das Urteil des Europäischen Gerichtshofes zum deutschen Umweltinformationsgesetz, NVwZ 1999, S. 1187-1190

Bieber, Roland: Informationsrechte Dritter im Verwaltungsverfahren; Ansätze zu legislativer und dogmatischer Neubewertung, DÖV 1991, S. 857-867

Bleyl, Dietmar: Allgemeines Informationszugangsrecht und Recht auf informationelle Selbstbestimmung, DuD 1998, S. 32-35

Bracker, Reimer / *Dehn*, Klaus-Dieter: Gemeindeordnung für Schleswig-Holstein Neufassung 1996/1998, Kommentar, Wiesbaden 1996 (zitiert: Bearbeiter in Bracker, GO S-H)

Breidenbach, Rolf / *Palenda*, Bernd: Das Akteneinsichts- und Informationszugangsgesetz des Landes Brandenburg - Ein Vorbild für die Rechtsentwicklung in Deutschland!, NJW 1999, S. 1307-1309

Breidenbach, Rolf / *Palenda*, Bernd: Das neue Akteneinsichts- und Informationszugangsgesetz des Landes Brandenburg, LKV 1998, S. 252-258

Brockhaus, Wahrig, Deutsches Wörterbuch, 6. Band, Stuttgart 1984

Creifels, Carl: Rechtswörterbuch, 15. Aufl., München 1999

Cronauge, Ulrich / *Lübking*, Uwe: Gemeindeordnung und Amtsordnung für das Land Brandenburg; Ergänzbarer Kommentar mit weiterführenden Vorschriften, Berlin 1995, Stand: September 1999 (zitiert: Cronauge, GOBbg)

Däubler, Wolfgang / *Klebe*, Thomas / *Wedde*, Peter: Bundesdatenschutzgesetz, Basiskommentar mit der neuen EG-Datenschutzrichtlinie, 1. Aufl., Köln 1996 (zitiert: Däubler, BDSG)

Der gläserne Bürokrat, 2. Nachfragekonferenz zur "Korruption in Deutschland", Konferenz der Friedrich-Ebert-Stiftung, Forum Berlin in Kooperation mit Transparency International, Deutsche Sektion e.V., 29. Oktober 1999, herausgegeben von der Friedrich-Ebert-Stiftung, Forum Berlin, Berlin 2000 (zitiert: Der gläserne Bürokrat, Dokumentation)

Dietlein, Johannes: Die Grundrechte in den Verfassungen der neuen Bundesländer; Zugleich ein Beitrag zur Auslegung der Art. 31 und 146 GG, München 1993

Dissars, Ulf-Christian: Das Recht auf Akteneinsicht der Beteiligten im Steuerrecht, NJW 1997, S. 418-486

Dix, Alexander: Informationszugang als Bürgerrecht, DuD 1999, S. 316

Dreier, Horst (Hrsg.): Grundgesetz Kommentar, Bd. 1, 1. Aufl., Tübingen 1996 (zitiert: Bearbeiter in Dreier, GG-Kommentar)

Dreher, Meinrad: Die Zukunft des untergesetzlichen Vergaberechts; Zur Neuordnung von Vergabeverordnung und Verdingungsordnungen, NVwZ 1999, S. 1265-1273

DUDEN, Das große Wörterbuch der deutschen Sprache, 9. Bd., 3. Aufl., Mannheim 1999 (zitiert: Duden, Bd. 9)

Düwel, Peter: Das Amtsgeheimnis, Schriftenreihe der Hochschule Speyer, Bd. 23, Berlin 1965

Ehlers, Dirk: Die Klagebefugnis nach deutschem, europäischem Gemeinschafts- und U.S.-amerikanischem Recht, VerwArch (84) 1993, S. 139-177

Engelbert, Anke / *Kutscha*, Martin: Staatliche Öffentlichkeitsarbeit und Demokratieprinzip, NJW 1993, S. 1233-1237

Erichsen, Hans-Uwe (Hrsg.): Allgemeines Verwaltungsrecht, 11. Aufl., Berlin 1998 (zitiert: Bearbeiter in Erichsen, Allgem. VerwR)

Fellner, Michael: Zur Regelung des Verwaltungsverfahrens in den Ländern, VerwArch (48) 1957, S. 95-111

Finkelnburg, Klaus / *Lässig*, Curt Lutz: Kommentar zum Verwaltungsverfahrensgesetz, Band 1, Düsseldorf 1979 (1. Lieferung)

Franke, Dietrich / *Kneifel-Haverkamp*, Reiner: Die brandenburgische Landesverfassung, Verfassungsgebung in einem neuen Bundesland als Teil der gesamtdeutschen Verfassungsdiskussion, JöR 42 (1994), S. 111-148

Frenzel, Sabine: Zugang zu Informationen der deutschen Behörden; Mit einer Dokumentation aus- und inländischer Rechtsquellen, Speyerer Arbeitshefte 131, Speyer 2000 (zitiert: Frenzel, Zugang zu Informationen)

Garstka, Hansjürgen: Das Berliner Informationsfreiheitsgesetz; Eine Einführung, http://www.datenschutz-berlin.de/doc/bln/ifg_ein.htm, zuletzt besichtigt am 04.09.2000 (zitiert: Garstka, IFG Bln, Einführung)

Gassner, Ulrich M.: Rechtsgrundlagen und Verfahrensgrundsätze des Europäischen Verwaltungsverfahrensrechts, DVBl. 1995, S. 16-24

Gern, Alfons: Deutsches Kommunalrecht, 2. Aufl., Baden-Baden 1997 (zitiert: Gern, Kommunalrecht)

Götz, Volkmar: Das neue Verwaltungsverfahrensgesetz, NJW 1979, S. 1425-1430

Gurlit, Elke: Europa auf dem Weg zur gläsernen Verwaltung? Zum Vorschlag der EG-Kommission für eine Richtlinie über den freien Zugang zu Informationen über die Umwelt, ZPR 1989, S. 253-257

Häfner, Gerald / *Gerlach*, Frauke: Wissen ist Macht - Nichtwissen macht auch nichts?; Vorstellung des Entwurfs für ein Informationsfreiheitsgesetz der Bundestagsfraktion Bündnis 90 / Die Grünen, ZPR 1998, S. 123-127

Hatje, Armin: Anmerkung zu EuGH, Urteil vom 17.06.1998 - C 321/96 -, NJ 1999, S. 99-100

Hirschberger, Winfried: Zugang des Bürgers zu staatlichen Informationen, Diss., Speyer 1983.

Höfler, Heiko / *Bert*, Birgit: Die neue Vergabeverordnung, NJW 2000, S. 3310-3316

Höfler, Heiko: Die Novelle erobert die Praxis - Erste Entscheidungen zum neuen Vergaberecht, NJW 2000, S. 120-122

Hölscheidt, Sven: Information der Parlamente durch die Regierungen, DÖV 1993, S. 593-600

Hüttemann, Frank: Nochmals: Das Recht auf Akteneinsicht der Beteiligten im Steuerrecht, NJW 1997, S. 2020-2021

Iwers, Steffen Johann: Entstehung, Bindung und Ziele der materiellen Bestimmungen der Landesverfassung Brandenburg, Aachen 1998 (zitiert: Iwers, Entstehung BbgVerf)

Jarass, Hans: Bundes-Immissionsschutzgesetz, 4. Aufl. München 1999 (zitiert: Jarass, BImSchG)

Jellinek, Walter: Verwaltungsrecht, 3. Aufl., Berlin 1931, Neudruck: Bad Homburg v.d.H. 1966 (zitiert: Jellinek, VerwR)

Kanther, Wilhelm: Die neuen Landesverfassungen im Lichte der Bundesverfassung, Köln 1993

Kempen, Otto Ernst: Grundgesetz, amtliche Öffentlichkeitsarbeit und politische Willensbildung; Ein Aspekt des Legitimationsproblems in Verfassungsrecht und Verfassungstheorie, Berlin 1975 (zitiert: Kempen, Grundgesetz)

Kilian, Michael / *Malinka*, Hartmut: Die Verfassungen der neuen Bundesländer im Spiegel der Kommentarliteratur, DÖV 1996, S. 265-272

Kimber, Cliona J.M. / *Ekart*, Felix: Zugang zu Umweltinformationen in Großbritannien und Deutschland; Eine rechtsvergleichende und empirische Untersuchung, NuR 1999, S. 262-268

Klein, Franz / *Orlopp*, Gerd: Abgabenordnung - einschließlich Steuerstrafrecht, Kommentar, 6. Aufl., München 1998 (zitiert: Bearbeiter in Klein, AO)

Knack, Hans Joachim: Verwaltungsverfahrensgesetz, Kommentar, 6. Aufl., Köln, Berlin, Bonn, München 1998

Kneifel-Haverkamp, Reiner: Das Akteneinsichts- und Informationszugangsgesetz in Brandenburg, DuD 1998, S. 438-441

Kneifel, Reiner: Ausnahmebestimmungen des U.S. Freedom of Information Act (FOIA), CR 1990, S. 352-354

Kneifel, Reiner: Freedom of Information in den USA; Vorbild für deutsches Informationsrecht?, CR 1990, S. 134-138

Köbler, Gerhard: Juristisches Wörterbuch, 9. Aufl., München 1999

Köhler, Karl-Heinz: Einsicht in Behördenakten, NJW 1956, S. 1460-1464

König, Doris: Das Umweltinformationsgesetz - ein Modell für mehr Aktenöffentlichkeit?, DÖV 2000, S. 45-56

Kopp, Ferdinand O. / *Ramsauer*, Ulrich: Verwaltungsverfahrensgesetz, 7. Aufl., München 2000 (zitiert: Kopp/Ramsauer, VwVfG)

Kus, Alexander: Auswirkungen der EuGH-Entscheidung "Alcatel Austria AG" auf das deutsche Vergaberecht, NJW 2000, S. 533-548

Landmann, Robert von / *Rohmer*, Gustav: Umweltrecht, Kommentar, herausgegeben von Klaus Hansmann, Band I, Bundes-Immissionsschutzgesetz, Band II, Durchführungsvorschriften zum Bundes-Immissionsschutzgesetz, 92. Ergänzungslieferung, Stand: Mai 2000 (zitiert: Bearbeiter in Landmann/Rohmer, Bd. I/II)

Lange, Klaus / *Jobs*, Thorsten: Brauchen wir eine Verfassungsreform? Vom Beruf unserer Zeit zur Landesverfassungsgebung, in: 50 Jahre Hessische Verfassung, Eine Festschrift, Herausgegeben von Hans Eichel und Klaus Peter Möller, Wiesbaden 1997, S. 445-476

Larenz, Karl: Methodenlehre der Rechtswissenschaft, 6. Aufl., Berlin, Heidelberg 1991 (zitiert: Larenz, Methodenlehre)

Linck, Joachim / *Jutzi*, Siegfried / *Hopfe*, Jörg: Die Verfassung des Freistaates Thüringen, Kommentar, 1. Aufl., Stuttgart, München, Hannover, Berlin, Weimar, Dresden 1994

Lodde, Stephan W. H.: Informationsrechte des Bürgers gegen den Staat, Köln, Berlin, Bonn, München 1996

Löffler, Martin: Presserecht, Kommentar zu den Pressegesetzen der Bundesrepublik Deutschland, 4. Aufl., München 1997 (zitiert: Bearbeiter in Löffler, Presserecht)

Löffler, Martin / *Ricker*, Reinhart: Handbuch des Presserechts, 3. Aufl. München 1994 (zitiert: Löffler/Ricker, Handbuch Presserecht)

Lutterbeck, Bernd: Die Europäische Informationsgesellschaft und das deutsche Amtsgeheimnis - Abschied von der heiligen Kuh des Obrigkeitsstaates?, Vortrag auf der Konferenz Der gläserne Bürokrat, veranstaltet von Transparency International und der Friedrich-Ebert-Stiftung in Berlin, 29.10.1999, http://ig.cs.tu-berlin.de/bl/044/index.html, zuletzt besichtigt am 29.10.1999 (zitiert: Lutterbeck, Europäische Informationsgesellschaft)

Lutterbeck, Bernd: Informationsfreiheitsgesetz in Brandenburg - ein entscheidender Schritt in die Informationsgesellschaft, http://ig.cs.tu-berlin.de/bl/029/index.html, zuletzt besichtigt am 27.10.1999 (zitiert: Lutterbeck, Informationsfreiheitsgesetz)

Lutterbeck, Bernd: Schriftliche Stellungnahme zur Anhörung zum Gesetzentwurf der Landesregierung für ein Akteneinsichtsgesetz (AERG) - Landtagsdrucksache DS 2/4417 vom 5.9.1997 - am 11. Dezember im Landtagsgebäude Potsdam, http://ig.cs.tu-berlin.de/bl/026/index.html, zuletzt besichtigt am 27.10.1999 (zitiert: Lutterbeck, Stellungnahme)

Maeder, Erich: Geheimhaltungs- und Öffentlichkeitsprinzip im Informationsrecht, Diss., Basel 1983

v. Mangold, Hans: Die Verfassungen der neuen Bundesländer, Einführung und synoptische Darstellung, 2. Aufl., Tübingen 1997

v. Mangold, Hans: Die Verfassungen des Freistaates Sachsen - Entstehung und Gehalt, SächsVBl. 1993, S. 25-35

Martens, Joachim: Die Praxis des Verwaltungsverfahrens, 1. Aufl., München 1985 (zitiert: Martens: Verwaltungsverfahren)

Maunz, Theodor / *Dürig*, Günter / *Herzog*, Roman / *Scholz*, Rupert: Grundgesetz Kommentar, Band I, Art. 1-10; Band II, Art. 12-21; Band III, Art. 22-69; Band IV, Art. 70-91b; Band V, Art. 92-146, 36. Ergänzungslieferung, Stand: Oktober 1999 (zitiert: Bearbeiter in Maunz/Dürig)

Maurer, Hartmut: Allgemeines Verwaltungsrecht, 12. Auflage, München 1999 (zititert: Maurer, VerwR)

Mayer, Hans / *Borgs - Maciejewski*, Hermann: Verwaltungsverfahrensgesetz, 2. Aufl., Frankfurt a. M. 1982 (zitiert: Meyer/Borgs, VwVfG)

Mayer, Franz: Verfahrensgrundsätze in der Verwaltung, BayVBl. 1960, S. 332-336

Mayer, Otto: Deutsches Verwaltungsrecht, Bd. 1, 1. Aufl., 1895

Meder, Götz: Gemeindeordnung, Landkreisordnung, Amtsordnung für das Land Brandenburg, Textausgabe mit einer erläuternden Einführung, 2. Aufl., Stuttgart, München, Hannover, Berlin, Weimar, Dresden 1998

Misselwitz, Joachim: Erweiterung rechtsstaatlicher Möglichkeiten für Volksentscheide, NJ 1991, S. 189-193

v. Münch, Ingo / *Kunig*, Philip: Grundgesetz-Kommentar, Band 1, Präambel bis Art. 20, 5. Aufl., München 2000, Band 2, Art. 21 bis Art. 69, 3. Aufl., München 1995, Band 3 Art. 70 bis Art. 146 und Gesamtregister, 3. Aufl., München 1996 (zitiert: Bearbeiter in v. Münch, GG-Kommentar)

Muth, Michael (Hrsg.): Potsdamer Kommentar zur Gemeindeordnung, Amtsordnung und Landkreisordnung, Kronach, München, Bonn, Potsdam, Stand: November 1999 (zitiert: Muth, GO Bbg)

Nessler, Volker: Art. 56 III BbgVerf. - Ein Beitrag zu den Informationsbeziehungen zwischen Regierung und Parlament, LKV 1995, S. 12-16

Nolte, Georg: Die Herausforderung für das deutsche Recht der Akteneinsicht durch europäisches Verwaltungsrecht, DÖV 1999, S. 363-374

Obermayer, Klaus: Kommentar zum Verwaltungsverfahrensgesetz, 3. Aufl., Neuwied, Kriftel 1999

Partsch, Christoph J.: Brandenburgs Akteneinsichts- und Informationszugangsgesetz (AIG) - Vorbild für Deutschland?, NJW 1998, S. 2559-2563

Partsch, Christoph J.: Das Brandenburger Akteneinsichts- und Informationszugangsgesetz, NJ 1998, S. 346-350

Partsch, Christoph J.: Das Gesetz zur Förderung des Informationsfreiheit in Berlin, LKV 2001, S. 98-102

Perschel, Wolfgang: Der geheime Behördeninformant - BVerwG, DÖV 1965, 488 - , JuS 1966, S. 231-237

Pieper, Stefan Ulrich: Keine Flucht ins öffentliche Recht; Die Vergabe öffentlicher Aufträge durch öffentlich-rechtlichen Vertrag, DVBl. 2000, S. 160-165

Pitschas, Rainer / *Lessner*, Jan: Anmerkung zu EuGH, Urteil vom 17.06.1998 - C 321/96 -, DVBl. 1999, S. 226-228.

Pitschas, Rainer / *Lessner*, Jan: Anmerkung zu EuGH, Urteil vom 9.9.1999 - C 217/97 -, DVBl. 2000, S. 332-335.

Rotta, Christian: Nachrichtensperre und Recht auf Information, Stuttgart 1986

Röger, Ralf: Umweltinformationsgesetz, Kommentar, 1. Aufl., Köln, Berlin, Bonn, München 1995 (zitiert: Röger, UIG)

Rösch, Ulrich: Geheimhaltung in der rechtsstaatlichen Demokratie; Demokratische Überlegungen zum Informationsverhältnis zwischen Staat und Bürger sowie zwischen den Staatsgewalten, Baden-Baden 1999

Sachs, Michael: Zur Verfassung des Landes Brandenburg, LKV 1993, S. 241-248

Schaar, Peter: Das Recht auf freien Zugang zu Informationen öffentlicher Stellen; Ein Überblick über die internationale Situation, CILIP 54 (1996), S. 20-28

Scherer, Joachim: Datenschutz und Datenzugang, JZ 1979, S. 389-394

Scherer, Joachim: Verwaltung und Öffentlichkeit, 1. Aufl., Baden-Baden 1978

Scherzberg, Arno: Die Öffentlichkeit der Verwaltung, Baden-Baden 2000 (zitiert: Scherzberg, Öffentlichkeit der Verwaltung)

Schillig, Theodor: Rang und Geltung von Normen in gestuften Rechtsordnungen, Berlin 1994 (zitiert: Schilling, Rang und Geltung von Normen)

Schlabach, Erhard: Verwaltungskostenrecht; Vorschriftensammlung und Kommentar zum Verwaltungskostengesetz des Bundes sowie zum Landesgebührengesetz Baden-Württemberg, Stuttgart, München, Hannover, Berlin, Weimar, Dresden, Stand: Mai 1999

Schlachter, Jörg: Mehr Öffentlichkeit wagen; Eine Kritik des geltenden deutschen Verwaltungstransparenzrechts mit Vorschlägen für eine Neuregelung unter Berücksichtigung rechtsvergleichender Gesichtspunkte, Heidelberg 1998 (zitiert: Schlachter, Mehr Öffentlichkeit)

Schmidt-Bleibtreu, Bruno / *Klein*, Franz: Kommentar zum Grundgesetz, 9. Aufl. Neuwied, Kriftel 1999 (zitiert: Schmidt-Bleibtreu, GG)

Schneevogel, Kai-Uwe / *Horn*, Lutz: Das Vergaberechtsänderungsgesetz, NVwZ 1998, S. 1242-1245

Schomerus, Thomas / *Schrader*, Michael / *Wegener*, Bernhard W.: Umweltinformationsgesetz, Kommentar, 1. Aufl., Baden-Baden 1995

Schrader, Christian: Europäische Anstöße für einen erweiterten Zugang zu (Umwelt-)Informationen, NVwZ 1999, S. 40-42

Schraut, Lena: Gesetzentwürfe der GRÜNEN zu einem allgemeinen Akteneinsichtsrecht, Datenschutz kontra Informationszugang, CILIP 54 (1996), S. 14-19

Schreckenbach, Hans-Joachim: Archivgesetze in den Bundesländern Brandenburg, Mecklenburg-Vorpommern, Sachsen, Sachsen-Anhalt und Thüringen, LKV 1998, S. 289-294

Schröder, Meinhard: Staatstheoretische Aspekte einer Aktenöffentlichkeit im Verwaltungsbereich; Dargestellt am amerikanischen Information Act vom 4.7.1967, DV 1971, S. 301-324

Schroeder-Printzen, Günther: Sozialgesetzbuch, Verwaltungsverfahren - SGB X, Kommentar, 3. Aufl., München 1996 (zitiert: Bearbeiter in Schroeder-Printzen, SGB X)

Schröer-Schallenberg, Sabine: Informationsansprüche der Presse gegenüber Behörden, Berlin 1997 (zitiert: Schröer-Schallenberg, Informationsansprüche der Presse)

Schumacher, Paul / *Augustensen*, Jens / *Benedens*, Niels Peter / *Erdmann*, Christian: Gemeindeordnung für das Land Brandenburg (Gemeindeordnung - GO), Kommentar, in: Kommunalverfassungsrecht Brandenburg, Kommunalverfassung des Landes Brandenburg, Wiesbaden 1993, Stand: Januar 2000 (zitiert: Schumacher, GO Bbg)

Schwan, Eggert: Amtsgeheimnis oder Aktenöffentlichkeit? Der Auskunftsanspruch des Betroffenen, das Grundrecht auf Datenschutz und das Prinzip der Aktenöffentlichkeit, München 1984 (zitiert: Schwan, Amtsgeheimnis oder Aktenöffentlichkeit)

Simon, Helmut / *Franke*, Dietrich / *Sachs*, Michael (Hrsg.): Handbuch der Verfassung des Landes Brandenburg, 1. Aufl., Stuttgart, München, Hannover, Berlin 1994 (zitiert: Verfasser, in: Sachs, Handb. BbgVerf)

Simon, Helmut: Wegweisendes Verfassungsmodell aus Brandenburg, NJ 1991, S. 427-429

Soehring, Jörg: Presserecht, Recherche, Berichterstattung, Ansprüche im Recht der Presse und des Rundfunks, 2. Aufl., Stuttgart 1995 (zitiert: Soehring, Presserecht)

Stelkens, Paul / *Bonk*, Heinz Joachim / *Sachs*, Michael: Verwaltungsverfahrensgesetz, Kommentar, 5.Aufl., München 1998

Stern, Klaus: Das Staatsrecht der Bundesrepublik Deutschland, Band III/1, München 1988; Band III/2, München 1994

Stollmann, Frank: Aktuelle Rechtsprechung zum Umweltinformationsrecht, NuR 1998, S. 78-83

Thieme, Hinrich / *Correll*, Cathrin: Deutsches Vergaberecht zwischen nationaler Tradition und europäischer Integration - Zur Neuregeung des Vergabewesens 1999 - , DVBl. 1999, S. 884-891

Tipke, Klaus / *Kruse*, Heinrich Wilhelm: Abgabenordnung Finanzgerichtsordnung, Kommentar zu AO und FGO (ohne Steuerstrafrecht), Bd. I, 90. Lieferung, Stand: Februar 2000, Köln (zitiert: Tipke/Kruse, AO/FGO)

Turiaux, André: Zugangsrechte zu Umweltinformationen nach der EG-Richtlinie 90/313 und dem deutschen Verwaltungsrecht, Frankfurt a. M. 1995

Turiaux, André: Das neue Umweltinformationsgesetz, NJW 1994, S. 2319-2324

Turiaux, André: Umweltinformationsgesetz (UIG), 1. Aufl., München 1995 (zitiert: Turiaux, UIG)

Ule, Carl Hermann: Das Verwaltungsverfahrensgesetz, DVBl. 1976, S. 421-429

Ule, Carl Hermann / LAUBINGER, Hans-Werner: Verwaltungsverfahrensrecht, 4. Aufl., Köln, Berlin, Bonn, München 1995

Ule, Carl Hermann: Verwaltungsverfahren und Verwaltungsgerichtsbarkeit, DVBl. 1957, S. 597-603

Ule, Carl Hermann: Verwaltungsverfahren und Verwaltungsprozess, VerwArch (62) 1971, S. 114-134

Vassilaki, Irini E.: Recht auf Zugang zu Informationen des öffentlichen Sektors; Akteneinsicht und Aktenauskunft nach dem Entwurf des Strafverfahrensänderungsgesetzes 1994, CR 1997, S. 90-96, S. 162-169

Waldhausen, Hubertus: Verwaltungsverfahrensgesetz Brandenburg, Kommentar, Potsdam 1994 (zitiert: Waldhausen, VwVfGBbg)

Weichert, Thilo: Informationsfreiheitsgesetz Schleswig-Holstein, DuD 2000, S. 262-266

Weichert, Thilo: Neue Verfassungsregelungen zur informationellen Selbstbestimmung, CR 1992, S. 738-745

Wiethaupt, H.: Einsichtnahme in Behördenakten außerhalb eines Verwaltungsgerichtsverfahrens, MDR 1958, S. 474-476

Wolff, Hand J. / *Bachoff*, Otto / *Stober*, Rolf: Verwaltungsrecht; Ein Studienbuch, Bd. 1, 11. Auflage, München 1999 (zitiert: Wolff/Bachoff/Stober)

Zschiedrich, Knut: Der staatsbürgerliche Informationsanspruch aus Art. 5 Abs. 1 S. 1 GG, Diss., Mainz 1989

Volkmar Teichmann

Die Finanzbeziehungen zwischen den öffentlich-rechtlichen Rundfunkanstalten der Bundesrepublik Deutschland

Bestandsaufnahme und Reformvorschläge

Frankfurt/M., Berlin, Bern, Bruxelles, New York, Oxford, Wien, 2001.
226 S., 14 Abb., 16 Tab.
Schriften des Instituts für Finanzen. Universität Leipzig.
Herausgegeben von Udo Hielscher und Thomas Lenk. Bd. 5
ISBN 3-631-38011-9 · br. DM 74.– / € 37.80*

Ausgehend von der historischen Entwicklung wird der öffentlich-rechtliche Rundfunk der Bundesrepublik Deutschland auf bestehende Strukturprobleme hin untersucht. Dabei werden Vor- und Nachteile eines dezentralen Rundfunkangebots gegeneinander abgewogen. Den Schwerpunkt bildet eine Analyse der Kostenwirtschaftlichkeit und der Kostenwirksamkeit der Landesrundfunkanstalten. Die Analyseergebnisse bilden die Grundlage für einen Vorschlag zur Reform der Finanzbeziehungen und zur Neuverteilung der Gebühreneinnahmen.

Aus dem Inhalt: Charakteristika des Rundfunkangebots · Vor- und Nachteile eines dezentralen Rundfunkangebots · Beurteilung der Struktur des bundesdeutschen öffentlich-rechtlichen Rundfunks · Reformalternativen für den öffentlich-rechtlichen Rundfunk

FSC
www.fsc.org
MIX
Papier | Fördert
gute Waldnutzung
FSC® C083411

Kolibri 360 GmbH
Ferdinand-Jühlke-Straße 7
99095 Erfurt, Deutschland
produktsicherheit@kolibri360.de

Druck:
CPI Druckdienstleistungen GmbH
im Auftrag der
Kolibri 360 GmbH
Ferdinand-Jühlke-Str. 7
99095 Erfurt